業種別アカウンティング・シリーズⅡ ❷

証券業の会計実務

あずさ監査法人［編］

中央経済社

©2018 KPMG AZSA LLC, a limited liability audit corporation incorporated under the Japanese Certified Public Accountants Law and a member firm of the KPMG network of independent member firms affiliated with KPMG International Cooperative ("KPMG International"), a Swiss entity. All rights reserved.
The KPMG name and logo are registered trademarks or trademarks of KPMG International.

　ここに記載されている情報はあくまで一般的なものであり，特定の個人や組織が置かれている状況に対応するものではありません。私たちは，的確な情報をタイムリーに提供するよう努めておりますが，情報を受け取られた時点及びそれ以降においての正確さは保証の限りではありません。何らかの行動を取られる場合は，ここにある情報のみを根拠とせず，プロフェッショナルが特定の状況を綿密に調査した上で提案する適切なアドバイスをもとにご判断ください。

は じ め に

　家計（個人）が保有している金融資産は2000年末には約1,400兆円であった
ものが2016年末には約1,800兆円を超えているという。この間，現金・預金は
約750兆円から約930兆円に達しており，「貯蓄から投資へ」といわれて久しいが，
これを見てもその流れは順調に進んでいるとは言えない。一方社会環境におい
ては少子高齢化がさらに進み，65歳以上の総人口の割合は2015年の約26％から
2035年には32％になると予測されている。そのため将来の増加する社会保障費
用等の負担を現役世代や国が担うのは限界があるため，家計に投資による運用
手段の多様化を促すことにより長期的かつ分散された資産形成を導き，自らが
その負担をカバーしていく必要があるといわれている。また同時に直接金融に
よるリスクマネーの供給を促すことで，証券市場や経済活動の活性化を図って
いくことが期待されている。

　家計の安定した金融資産ポートフォリオの形成は金融行政上の重点施策であ
り，こうした方針を実現するため金融機関側に真に顧客本位の観点に立った業
務運営の取組みを強く求めており，「フィデューシャリー・デューティ」が重
要なキーワードとなっている。特に証券業は投資家と証券市場との取引の仲介
をなすメインプレーヤーであり，その役割の重要性がさらに増す一方で，販売
手数料中心のビジネスから顧客のライフサイクルに応じた長期の投資サービス
を提供して，預り資産残高に連動したフィーを得る資産管理型ビジネスなどへ
の移行等も唱えられてきている。

　次に，本書が対象とする証券業（または証券会社）の形態はどのようなもの
であろうか。我が国の証券会社はリーマンショック直前では300社を超えてい
たが，それ以降は減少したものの常時250社を維持している。証券会社は大き
く国内大手総合証券会社（メガバンク証券子会社を含む），外資系証券会社，
リテール業務中心の中堅・中小証券会社，地場証券会社，地方銀行の証券子会
社，店舗を持たないインターネット専業型証券会社に分類されるが，大半は個
人投資家を顧客とするリテール業務中心であり，主として対面営業によって株
式，投資信託等のブローカレッジ（取次ぎ）を主な業務とする。一般に顧客基
盤の年齢層は相対的に高く若年層の取り込みが課題となっている。大手総合証

券会社はリテール業務に加えて事業法人や機関投資家の顧客を対象とするホールセール業務もビジネスの中心としており，証券発行市場における証券引受等やセカンダリー市場におけるトレーディング業務（ブローカレッジ業務および証券やデリバティブのマーケットメイクによる流動性の供給）を行うが証券在庫保有に対する高度のリスク管理が必要とされる。一方，証券会社の分類にかかわらず，証券業の業務は，一貫して売買，清算，決済というプロセスを基本とする。売買（注文・約定）成立後，清算機関で発生した当事者間で授受すべき証券および資金の計算を行い確定させ，最後に証券決済を行う証券保管振替機構（CSD）と資金決済を行う銀行（日本銀行や決済銀行）でそれぞれ口座振替の形で決済する流れである。

　本書は2012年9月に初版を刊行した同書名の改訂版である。その後，バーゼル規制の進展，金融機関のコーポレートガバナンスの強化，店頭デリバティブについて中央清算機関（CCP）を通した清算集中およびCCP決済がなされないデリバティブの証拠金規制やカウンターパーティリスク管理方法の進展，金融庁による「顧客本位の業務運営に関する原則」の公表など証券業に影響を与える規制の強化が行われており，改訂にあたってはこれらを随所に反映させている。また監査人の視点から重要なポイントを平易な言葉でコラムとして新たに加筆し実務の参考になるようにした。

　本書の特色としては1冊で一通りの商品内容，業務内容，会計を理解できるよう網羅してあり，専門的な事項も平易な解説に努めたことである。したがって現在，証券会社の管理部門やフロント部署に従事されている方々や証券業の監査に従事している公認会計士等の方々はもとより，証券会社と取引する機関投資家や他の金融業種のように証券のバイサイド側に所属されている方々にとってもセルサイドの証券会社の業務に触れることは自らの業務遂行上も参考となる事項が多いのではないかと思われる。

　本書の構成について触れたい。

　「第1編　経営」においては証券業の概要，外部環境，今後の展望等や関連する外部機関等のインフラ，ガバナンスとリスク管理を含めて証券会社のビジネス全般について理解できるように記述している。

　「第2編　業務プロセス・会計」においては，証券業経理の全般について述

べた後，株式，信用取引，債券，投資信託，証券貸借取引・現先取引，上場デリバティブ，店頭デリバティブ，投資銀行，資金調達・資金決済といった代表的な業務プロセスごとに，業務フローと会計処理，あるべき内部統制について記述して，最後にIFRSについて言及している。

これらの業務プロセスごとに，どのような取引内容や業務フローになっているのか，その過程でどのような会計処理が行われるか，またキーとなるべき内部統制はどうあるべきであり，それはどのような目的によるものなのか，会計処理については具体的な仕訳例を示して理解を助け，内部統制についてはその着眼点と対応する例を示した。このように本書は単に平面的に会計論点に触れただけのものではなく，業務プロセスにおける取引内容や業務フローの説明，会計処理，内部統制の例示と一連の流れのなかで融合させることにより立体的に説明しておりこのような書籍は少ない。これは本書の画期的な部分であり，専門知識，経験およびノウハウを多く記述している。また店頭デリバティブ業務等一般に難解とされるプロセスについても理解しやすい表現に努めたことも特徴となっている。

「第3編　監査」は我々が証券会社の監査を実施するうえでの典型的もしくは特徴的な監査手続について紹介している。また顧客資産の分別管理の基本となる事項とその保証業務について解説している。

有限責任　あずさ監査法人の金融事業部では，LOB（Line of Business）と称して，銀行，証券，保険，不動産，ノンバンク，アセットマネジメントなどのLOBごとに，その業種特有の知識および情報を集約して共有するための研究および研修を行い，業種および業務の専門性を高め，組織的に人材を育成する取組みを行っているが，本書の執筆はこの証券LOBに所属し，証券業に関する会計監査の実務経験が豊富な公認会計士を中心として行った。長い間にわたって基本書として多くの方々にお使いいただけると幸いである。

本書の出版に際しては，初版の編集責任者である貞廣篤典氏には引き続き適切な指導をいただいた。また㈱中央経済社の末永芳奈氏に多大なご協力をいただいた。この紙面を借りて感謝の意を表したい。

2018年2月

編集責任者　小澤　陽一

目　　次

第1編　経営

第1章
証券業の概要 ―――――――――――――――――――――― 3

- 1 証券会社とは／3
- 2 証券会社の役割・業務内容／5
  - (1) 証券会社とその関係者／5
    - ① 証券会社／5
    - ② 投資家／5
    - ③ 証券取引所等／6
    - ④ 規制当局・自主規制団体／7
    - ⑤ 振替機関・清算機関／7
    - ⑥ 日本投資者保護基金／8
    - ⑦ その他／8
  - (2) 証券会社のビジネス／8
    - ① 投資家による資金運用の支援ビジネス／8
    - ② 企業による資金調達の支援ビジネス／10
    - ③ 企業等のリスクヘッジツールとしてのデリバティブ取引／11
    - ④ M&Aに関する支援サービス／12
- 3 証券会社の事業環境／12
  - (1) マーケット概観／13
    - ① 金融危機から金融緩和へ／13
    - ② 規制強化／14
    - ③ サービスの多様化，収益の安定化／14

④　金融技術の発達／*14*

　⑵　経営指標と財務分析／*15*

　　①　収益性のドライバー／*15*

　　②　収益の安定性／*15*

　　③　自己資本比率とリスクプロファイル／*16*

　　④　証券会社とシステミックリスク／*17*

第2章
証券会社を取り巻く外部環境 ——————— 18

① 関連する法規制等／*18*

　⑴　金融商品取引法上の規制／*18*

　　①　金融商品取引法上の区分／*18*

　　②　業務に関する規制／*19*

　　③　経理に関する規制／*23*

　　④　有価証券の取引に関する規制／*24*

　⑵　日本証券業協会による自主規制／*25*

　⑶　取引所による規制／*25*

　⑷　監督官庁等の検査／*26*

　　①　金融庁および証券取引等監視委員会／*26*

　　②　日本証券業協会および証券取引所／*26*

　　③　日本銀行／*27*

　⑸　その他の法令による規制／*27*

　　①　金融商品の販売等に関する法律／*27*

　　②　犯罪による収益の移転防止に関する法律／*27*

　⑹　国際および国内の規制動向／*28*

　　①　バーゼル規制／*28*

　　②　顧客本位の業務運営に関する原則／*32*

目　次　　3

第3章
証券会社に関連する外部機関 —————— 36

1 　証券取引所／36
　　(1)　証券取引所の役割と意義／36
　　(2)　日本の主な証券取引所／37
　　　　①　立会時間／37
　　　　②　取扱商品／38
　　(3)　新興企業向け市場／38
　　　　①　東証マザーズ／39
　　　　②　JASDAQ／39
　　(4)　PTS／40
　　(5)　海外の証券取引所／40
　　　　①　NYSEユーロネクスト／40
　　　　②　ロンドン証券取引所／40
　　　　③　香港，上海，深圳証券取引所／41

2 　清算機関，決済機関／41
　　(1)　清算機関／41
　　　　①　清算機関の役割と意義／41
　　　　②　清算集中／42
　　　　③　国内清算機関／42
　　(2)　決済機関／44
　　　　①　決済機関の役割と意義／44
　　　　②　国内決済機関（振替機関）／45
　　(3)　海外の主な決済機関／47
　　　　①　DTCC（The Depository Trust & Clearing Corporation）／47
　　　　②　ユーロクリア（Euroclear）／47

3 　日本証券業協会／48
　　(1)　日本証券業協会／48
　　(2)　自主規制業務／48

① 自主規制ルールの制定，実施／48

② 協会員に対する監査およびモニタリングの実施／49

③ 外務員制度／50

④ 証券取引等の苦情・相談，あっせん／50

第4章
証券会社のガバナンスとリスク管理 ——— 51

① 証券会社のガバナンス／51

(1) コーポレート・ガバナンス／51

(2) ボードガバナンス／52

(3) 組織ガバナンス／52

① エグゼクティブガバナンス／52

② 内部統制／53

(4) リスクガバナンスフレームワーク／54

② 証券会社のリスクと管理／54

(1) 市場リスクと管理／56

(2) 流動性リスクと管理／56

(3) 信用リスクと管理／57

(4) オペレーショナルリスクと管理／57

(5) 法務リスクと管理／58

(6) その他のリスクと管理／59

① 規制リスク／59

② レピュテーションリスク／59

③ 財務報告リスク／59

(7) 組織体制／60

① フロント部門／60

② ミドル部門／60

③ バック部門／61

目　次　　5

第5章
証券業の今後の経営課題と展望 ——————— 62

[1] 日本版金融ビッグバン以降の証券市場の改革／62
[2] 証券業における経営課題／62

(1) 社会環境の変化と経営課題／63

① 少子高齢化／63

② 企業年金制度の変化／63

③ 社会環境の変化による経営課題／63

(2) 個人投資家の動向と経営課題／64

① 個人の保有金融資産／64

② 個人投資家の動向に対する経営課題／66

(3) 証券取引の変化と経営課題／66

① 株式取引主体／66

② 株式取引機能の強化／67

③ 金融商品の拡大／68

④ 証券取引の変化に対する経営課題／68

[3] 証券業の今後の展望／68

第2編　業務プロセス・会計

第1章
証券業経理総論 ——————————— 73

[1] 有価証券関連業経理の統一に関する規則／73
[2] 証券会社特有の会計処理・開示項目／73

(1) 証券会社の財務諸表／74

(2) 証券会社特有の会計処理／76

① 貸借対照表科目—資産／76

② 貸借対照表科目—負債／*79*

　　③ 貸借対照表科目—特別法上の準備金／*81*

　　④ 損益計算書項目—営業収益／*81*

　　⑤ 損益計算書項目—特別利益および特別損失／*82*

　(3) 証券会社特有の開示項目／*83*

　　① 担保注記／*83*

　　② 差入有価証券等，受入有価証券等の注記／*83*

　　③ 金融商品に関する注記／*83*

③ **経理・決算業務，内部統制**／*84*

　(1) 社内規程の整備／*84*

　(2) 総　記　法／*84*

　(3) 内部統制／*86*

④ **証券会社の経理に関する最近の動向**／*90*

　(1) 金融商品および公正価値測定に関する会計基準／*90*

　(2) 収益認識に関する会計基準／*91*

第2章
株式等業務 ———————————————— 92

① **商品内容**／*92*

　(1) （普通）株式／*92*

　(2) 種類株式／*92*

　(3) 外国株式／*92*

② **取引内容**／*93*

　(1) 委託取引／*93*

　(2) 自己取引／*94*

　　① プリンシパル取引とプロップ取引／*94*

　　② リスクヘッジとトレーディング戦略／*95*

　(3) 信用取引／*96*

　(4) 株券貸借取引／*96*

目　次　7

3 取引所取引と取引所外取引／97

　(1)　取引所取引／97

　　　①　取引所立会内取引／97

　　　②　取引所立会外取引／98

　(2)　取引所外取引／99

4 決済の仕組み／99

　(1)　保護預り顧客との決済／99

　　　①　保護預りと振替決済／99

　　　②　保護預り顧客との証券決済と資金決済／100

　(2)　市場清算，証券決済／101

　　　①　ストリートサイドの清算，決済／101

　　　②　カスタマーサイドの清算，決済／103

5 業務フローと会計処理／106

　(1)　委託取引／106

　　　①　委託取引の約定／106

　　　②　清算・決済／108

　(2)　自己取引／110

　　　①　自己取引の約定／111

　　　②　清算・決済／112

　(3)　自己取引―取引所立会外取引／113

　　　①　取引所立会外取引の約定／114

　　　②　清算・決済（カスタマーサイドの決済）／114

　(4)　フェイル／117

　(5)　配当金プロセス／117

　　　①　権利落ち日の会計処理／117

　　　②　入金日の会計処理／118

　(6)　総記法の期末処理および時価評価／118

6 内部統制／118

7 開示・注記事項／123

(1) 差入有価証券等，受入有価証券等／123

第3章
信用取引 ———————————————————— 125

1 取引内容／125
(1) 取引概要／125
(2) 取引の仕組み／126
① 取引の流れ／126
② 証券会社の役割とリスク管理／128
③ 制度信用取引と一般信用取引／130

2 決済の仕組み／131
(1) 買建て・売建て／131
(2) 建玉管理に関連した決済／132
(3) 反対売買／135

3 業務フローと会計処理／135
(1) 委託保証金の受入れ／135
(2) 信用買い／136
(3) 信用売り／139

4 内部統制／142

5 開示・注記事項／146
(1) 差入有価証券等，受入有価証券等／146
(2) 勘定科目と注記との関係／147

第4章
債券業務 ———————————————————— 149

1 商品内容／149
(1) 発行体による区分／149
① 国　債／149
② 地方債／149

③　政府保証債，財投機関債／149

④　社債（事業債）／150

(2)　商品性による区分／151

①　利息による区分／151

②　償還条件による区分／151

③　仕組債／153

④　外国債券／153

② 取引内容／154

(1)　顧客取引／154

(2)　自己取引／154

(3)　現先取引・貸借取引／155

(4)　証券化取引／155

①　証券化取引とは／155

②　代表的なスキーム／156

③ 決済の仕組み／158

(1)　国　　債／158

①　振替機関／158

②　照合システム／160

③　清算機関／160

④　約定照合／160

⑤　決　済／161

(2)　一般債／165

①　振替機関／165

②　照合システム／165

③　約定照合／165

④　決　済／166

(3)　債券取引の決済期間／167

④ 業務フローと会計処理／168

(1)　約　　定／168

① 顧客取引／*168*

② 業者間取引／*170*

③ 約定照合／*170*

④ 約定管理／*171*

⑤ 会計処理／*171*

(2) 決　　済／*171*

① 債券および資金の決済／*171*

② ポジション残高の確認／*173*

③ 会計処理／*173*

④ フェイル処理／*173*

(3) 利金・償還金／*174*

① 日銀・保振機構からの元利金の受取り／*174*

② 顧客への元利金の支払い／*175*

③ 会計処理／*175*

(4) 時価評価および時価検証／*176*

① 時価評価／*176*

② 時価検証／*177*

(5) 会計処理のまとめ／*179*

5 **内部統制**／*181*

6 **開示・注記事項**／*186*

(1) 差入有価証券等，受入有価証券等／*186*

第5章
投資信託業務 ——————————— 188

1 **商品内容**／*188*

(1) 投資信託とは／*188*

(2) 投資信託の特徴／*189*

(3) 投資信託の種類／*190*

① 単位型（ユニット型）・追加型（オープン型）／*190*

　　　　②　オープン・エンド型とクローズド・エンド型／*191*

　　　　③　上場投資信託／*191*

　　　　④　外国籍投信／*193*

　　　　⑤　商品性／*193*

　　(4)　投資一任契約／*196*

② 取引内容／*196*

　　(1)　取引の仕組み／*196*

　　　　①　関係者／*196*

　　　　②　投資信託の仕組み／*197*

　　(2)　投資信託の手数料／*198*

　　　　①　販売手数料／*198*

　　　　②　信託報酬／*199*

③ 決済の仕組み／*200*

　　(1)　振　　替／*200*

　　(2)　決　　済／*200*

　　　　①　新規記録（当初募集，追加設定）／*201*

　　　　②　抹消（解約，償還）／*201*

　　　　③　日々決算型ファンド／*201*

④ 業務フローと会計処理／*202*

　　(1)　投資信託／*202*

　　　　①　手数料率登録／*202*

　　　　②　投資家からの注文受注・発注／*203*

　　　　③　約　定／*203*

　　　　④　振替・決済／*203*

　　　　⑤　振　替／*207*

　　　　⑥　償還・分配／*207*

　　　　⑦　代行手数料／*209*

　　(2)　ファンドラップ／*210*

　　　　①　手数料率登録／*210*

② 投資一任契約の締結／210

③ 運用開始と手数料の徴収／211

⑤ 内部統制／212

第6章
貸借取引・現先取引 ——————————— 216

① 取引内容／216

(1) 貸借取引・現先取引の意義／216

① 取引概要／216

② レポ取引におけるその他の利用目的／219

③ レポ市場の動向／220

(2) 貸借取引／221

① 有担保取引と無担保取引／221

② 債券貸借取引／221

③ 株券貸借取引／225

(3) 現先取引／226

① 取引の概要／226

② 新現先取引の特徴／228

③ 取引の基本的仕組み／229

② 決済の仕組み／231

(1) 債券貸借取引，現先取引／231

(2) 銘柄後決めレポ取引／231

① 清算対象取引／231

② 約　定／233

③ 清　算／233

④ 銘柄割当て／234

⑤ 決　済／234

(3) 株券貸借取引／235

③ 業務フローと会計処理／235

目　次　13

- (1)　債券貸借取引／*235*
  - ①　取引先に対する与信審査，基本契約の締結／*235*
  - ②　個別取引の約定／*236*
  - ③　オペレーション部門による照合および債券・担保金の決済／*236*
  - ④　担保管理およびマージンコール／*237*
  - ⑤　貸借料および担保金利息，配当金相当額の受払指示／*238*
  - ⑥　債券および担保金の返済／*239*
- (2)　株券貸借取引／*240*
  - ①　株式・担保金の決済／*240*
  - ②　配当金相当額の決済／*240*
- (3)　現先取引／*241*
  - ①　取引先に対する与信審査，基本契約の締結／*241*
  - ②　個別取引の約定／*241*
  - ③　取引明細書の作成および債券・担保金の受払い／*242*
  - ④　担保管理，マージンコール／*242*
  - ⑤　債券および担保金の返済／*243*
  - ⑥　未収収益，未払費用の計上／*244*
- ④　内部統制／*244*
- ⑤　開示・注記事項／*248*
  - (1)　差入有価証券等，受入有価証券等／*248*

第7章
上場デリバティブ取引業務──────── 249

- ①　商品内容／*249*
  - (1)　主要な取引所／*249*
  - (2)　先物取引／*249*
    - ①　先物取引とは／*249*
    - ②　各取引所における商品内容／*250*
  - (3)　オプション取引／*251*

① オプション取引とは／251

② 各取引所における商品内容／252

② 取引内容／252

(1) 委託取引／253

(2) 自己取引／253

① ヘッジとしての利用／253

② 裁定取引での利用／253

③ マーケットメイカー／254

③ 取引・決済の仕組み／254

(1) 上場デリバティブ取引の決済方法／254

① 反対売買／254

② 最終決済／254

③ オプション取引の権利行使／255

(2) 上場デリバティブ取引の清算・決済の仕組み／255

① 清算機関／255

② ギブアップ制度／256

③ 建玉移管制度／256

(3) 証拠金制度／257

① 証拠金制度の概要／257

② 証拠金所要額（取引証拠金所要額）／257

③ 緊急証拠金制度／258

④ 取引証拠金の差入れ・払出し／258

⑤ クロスマージン制度／259

(4) 値洗差金／259

(5) マーケットメイカー制度／260

④ 業務フローと会計処理／260

(1) 先物取引―委託取引／260

① 約　定／260

② 証拠金／261

目　次　15

　　　　③　値洗差金／262

　　　　④　建玉解消／263

　　(2)　先物取引―自己取引／263

　　　　①　約　定／263

　　　　②　証拠金／264

　　　　③　値洗差金／264

　　　　④　建玉解消／264

　　(3)　オプション取引―自己取引／265

　　　　①　約　定／265

　　　　②　証拠金／266

　　　　③　建玉解消／266

　　(4)　決算プロセス／268

　　　　①　時価評価／268

　　　　②　時価検証／269

5　内部統制／269

6　開示・注記事項／274

　　(1)　デリバティブ資産・デリバティブ負債／274

　　　　①　銘柄別の相殺表示／274

　　(2)　差入有価証券等，受入有価証券等／274

第8章
店頭デリバティブ取引業務―――――276

1　商品内容／276

　　(1)　店頭デリバティブ取引とは／276

　　(2)　さまざまな店頭デリバティブ取引／277

　　　　①　先渡取引／277

　　　　②　オプション取引／277

　　　　③　スワップ取引／278

　　(3)　原資産別に見たデリバティブ取引の具体例／278

① 通貨・金利デリバティブ取引／279

② 株式デリバティブ取引／282

③ クレジットデリバティブ取引／283

② 取引内容／284

(1) 顧客取引／284

(2) 業者間取引／285

③ リスク管理／286

(1) カウンターパーティリスク管理／286

① カウンターパーティリスクとは／286

② リスク管理方法／287

(2) 市場リスク管理／289

① マクロヘッジトレーディング／289

② リスク管理方法／295

④ 決済の仕組み／297

(1) 店頭デリバティブ取引の決済／297

① 決済の流れ／297

② 担　保／298

(2) 決済リスク管理／298

① 決済リスクとは／298

② CCP の利用／299

⑤ 業務フローと会計処理／300

(1) デリバティブ基本契約の締結と個別取引の約定／301

① デリバティブ基本契約の締結／301

② 個別取引の約定／301

③ 約定管理／303

④ 会計処理／303

(2) 取引照合／304

① 電子コンファメーション／305

② 紙面コンファメーション／305

③　取引照合の管理／306
(3)　決　　済／306
　　　①　オプション取引の権利行使／306
　　　②　決済照合／307
　　　③　会計処理／307
(4)　区分経理処理／308
　　　①　区分経理処理とは／308
　　　②　業務フロー／309
　　　③　会計処理／311
(5)　担　　保／313
　　　①　業務フロー／313
　　　②　会計処理／314
　　　③　損益差金／315
(6)　時価評価および時価検証／316
　　　①　時価評価／316
　　　②　リスク管理部門によるモニタリング／320
　　　③　時価検証／320
　　　④　会計処理／324
(7)　会計処理のまとめ／325
　　　①　先渡取引／325
　　　②　オプション取引／326
　　　③　スワップ取引／328
6　内部統制／329
7　開示・注記事項／335
(1)　デリバティブ資産・負債の相殺表示／335
(2)　差入有価証券等，受入有価証券等／336

第9章
投資銀行業務 ——————————— 339

1 引受業務／339

- (1) 業務内容／339
  - ① 証券会社の引受業務／339
  - ② 諸制度／341
  - ③ 引受業務に関連して発生する手数料／342
- (2) 業務フローと会計処理／344
  - ① 業務フロー／344
  - ② 会計処理／346
- (3) 内部統制／348

2 アドバイザリー業務／349

- (1) 業務内容／349
  - ① M&Aアドバイザリー業務／349
  - ② 株式公開準備アドバイザリー業務／349
  - ③ フィナンシャルアドバイザリー業務／351
- (2) 業務フローと会計処理／351
  - ① 業務フロー／351
  - ② アドバイザリー業務に関連して発生する手数料／352
  - ③ 会計処理／353
- (3) 内部統制／353

第10章
資金調達・資金決済 ——————— 354

1 資金調達手段／354

- (1) コールマネー／354
  - ① 無担保コールマネー／354
  - ② 有担保コールマネー／355
- (2) 電子CP／356
- (3) 日銀共通担保オペ／357
- (4) 現先取引／358

目　次　19

(5)　債券貸借取引／*358*

(6)　社　　債／*359*

(7)　借 入 金／*359*

(8)　資金調達手段のまとめ／*360*

② **証券会社の資金繰り**／*360*

(1)　流動性管理／*360*

(2)　複数の部門による資金調達／*361*

③ **業務フローと会計処理**／*361*

(1)　資金繰り／*361*

(2)　コールマネー／*361*

(3)　電子 CP／*362*

(4)　日銀共通担保オペ／*364*

(5)　現先・貸借取引／*365*

(6)　社債・借入金／*365*

(7)　証券会社の資金決済／*365*

①　日銀口座による決済／*365*

②　日銀口座以外の当座預金口座による決済／*366*

③　海外口座による外貨決済／*367*

④　国内口座による外貨決済／*368*

④ **内部統制**／*368*

第11章
IFRS ——————————————————— 370

① **IFRS とは**／*370*

(1)　IFRS の特徴／*370*

(2)　我が国における IFRS 適用状況／*370*

② **証券業に対する主な影響**／*371*

(1)　金融商品の認識／*372*

① IFRS 適用による影響／372

　(2)　金融商品の分類および測定／372

　　① IFRS における金融商品の分類および測定の概要／372

　　② 適用上の主な影響／374

　(3)　組込デリバティブの区分処理／374

　　① 日本基準との相違／374

　　② 適用上の主な影響／376

　(4)　金融商品の公正価値測定／376

　　① 日本基準との相違／376

　　② IFRS 第13号の概要／377

　　③ IFRS 第13号適用上の論点／378

　(5)　金融資産・金融負債の相殺表示および開示／382

　　① 日本基準との相違／383

　　② IFRS 改訂基準公表の背景／384

　　③ 改訂 IAS 第32号の概要／384

　　④ 改訂 IFRS 第 7 号の概要／386

　(6)　特別法上の準備金（金融商品取引責任準備金）／387

第3編　監査

第1章
証券会社の監査—————————————————— 391

　1　証券会社監査の概略／391

　(1)　証券会社の監査の特徴／391

　(2)　IT 統制／392

　　① 証券会社の IT を利用した情報システム／392

　　② IT 全般統制と IT 業務処理統制／393

　　③ IT 業務処理統制／394

目　次　21

2 監査手続／395

(1) 店頭デリバティブ取引の残高は適切か／395

① リスクの概要およびその背景／395

② 監査手続／396

(2) 店頭デリバティブ取引の評価は適切か／399

① リスクの概要およびその背景／399

② 監査手続／399

(3) 商品有価証券等の残高は適切か／401

① リスクの概要およびその背景／401

② 監査手続／401

(4) 商品有価証券等の評価は適切か／402

① リスクの概要およびその背景／402

② 監査手続／403

(5) 委託手数料やトレーディング損益は適切に認識されているか／403

① リスクの概要およびその背景／403

② 監査手続／404

(6) 投資銀行業務等の手数料収益認識は適切か／405

① リスクの概要およびその背景／405

② 監査手続／405

(7) 繰延税金資産の回収可能性は適切か／405

① リスクの概要およびその背景／405

② 監査手続／406

(8) 貸倒引当金の見積りは合理的か／406

① リスクの概要およびその背景／406

② 監査手続／406

第2章
顧客資産の分別管理保証業務 ────── 408

1 顧客資産分別管理の制度／408

(1) 制度概要と背景／408

① 分別管理とは／408

② 分別管理の制度趣旨／408

② 有価証券の分別管理／409

(1) 分別管理の対象となる有価証券／409

① 有価証券関連の市場デリバティブ取引に関する証拠金代用有価証券として顧客から預託を受けた有価証券（金商法43条の2第1項1号）／410

② 信用取引の保証金代用有価証券として顧客から預託を受けた有価証券（金商法43条の2第1項1号）／410

③ 有価証券関連業または付随する業務としての一定のものに係る取引に関し，顧客の計算において証券会社等が占有する有価証券または顧客から預託を受けた有価証券（金商法43条の2第1項2号）／410

(2) 有価証券の管理方法／411

① 単純保管／411

② 混蔵保管／411

③ 振替法にもとづく口座管理／412

③ 金銭の分別管理／412

(1) 対象有価証券関連店頭デリバティブ取引等以外に係る金銭／413

① 顧客分別金必要額／413

② 顧客分別金信託の要件（金商業等府令141条）／415

(2) 対象有価証券関連店頭デリバティブ取引等に係る金銭／416

① 顧客分別金必要額（金商業等府令140条の2，140条の3）／416

② 顧客分別金信託の要件（金商業等府令141条の2）／417

④ 監査法人等による保証業務／417

(1) 保証業務の建付け／417

① 合意された手続業務の廃止／418

② 監査法人等による保証業務にかかる保証報告書の開示の義務
化／418

(2) 保証業務の概要／418

① 全般的な社内体制に関する手続例／419

② 有価証券に関する手続例／419

③ 金銭に関する手続例／420

参考文献／423

索引／427

凡　例

法令，会計基準等	略　称
金融商品取引法	金商法
金融商品取引法施行令	金商法施行令
金融商品取引業等に関する内閣府令	金商業等府令
財務諸表等の用語，様式及び作成方法に関する規則	財務諸表等規則，財規
連結財務諸表等の用語，様式及び作成方法に関する規則	連結財務諸表等規則
投資信託及び投資法人に関する法律	投信法
投資信託及び投資法人に関する法律施行令	投信法施行令
金融商品に関する会計基準	金融商品会計基準
金融商品会計に関する実務指針	金融商品会計実務指針
会社法	会
会社計算規則	会計規
商法	商
民法	民
有価証券関連業経理の統一に関する規則	統一経理基準
金融商品の販売等に関する法律	金販法
社債，株式等の振替に関する法律	振替法
金融機関等が行う特定金融取引の一括清算に関する法律	一括清算法

経営

第1章

証券業の概要

1 証券会社とは

　本書では，現在では通称ともいうべき「証券会社」もしくは「証券業」という用語を統一して用いている。旧証券取引法では，冒頭の第1章総則の第2条第8項および第9項において「証券業」および「証券会社」が定義されていた。「証券会社」とは，第28条の規定により内閣総理大臣の登録を受けた株式会社をいい，この第28条では，「証券業は，内閣総理大臣の登録を受けた株式会社でなければ，営んではならない」としていた。さらに，同法第31条第1項では，「証券会社は，その商号のうちに証券という文字を用いなければならない」とされ，第2項では，「証券会社でない者は，その商号のうちに証券会社であると誤認されるおそれのある文字を用いてはならない」としていた。証券会社という名称は法律によって明確に定義された用語であったのである。

　ところが，現在の金融商品取引法（以下「金商法」）の該当箇所をみると，同法第2条第8項では「金融商品取引業」が定義され，同条第9項では，「金融商品取引業者」が定義されている。この「金融商品取引業」は，同法第28条において，「第一種金融商品取引業」，「第二種金融商品取引業」，「投資助言・代理業」，「投資運用業」の4種類に分けられている。このうち，旧証券取引法における証券業に相当するのは，第一種金融商品取引業であり，第28条第1項および第2条第8項において，以下の行為のいずれかを業として行うことと定義されている。

- 有価証券（第2条第2項のみなし有価証券を除く）についての売買，市場デリバティブ取引または外国上場デリバティブ取引（第2条第8項第1号），これらの媒介，取次ぎまたは代理（同項第2号），取引所金融商品市場または外国金融市場における上記第1号の委託の媒介，取次ぎまたは代理（同項第3号），有価証券等清算取次ぎ（同項第5号），有価証券の売出しまたは特定投資家向け売付け勧誘等（同項第8号），有価証券の募集もしくは売出しの取扱いまたは私募もしくは特定投資家向け売付け勧誘等の取扱い（同項第9号）
- 商品関連市場デリバティブ取引の媒介，取次ぎもしくは代理，またはその委託の媒介，取次ぎもしくは代理，および清算取次ぎ（同項第2号，第3号および第5号）
- 店頭デリバティブ取引またはその媒介，取次ぎもしくは代理，清算取次ぎ（同項第4号および第5号）
- 有価証券の引受け（同項第6号）
- 私設取引システム（PTS）に係る行為（同項第10号）
- 有価証券等の受託または振替（同項第16号または第17号）

このため，現行の金商法にしたがうならば，第一種金融商品取引業者という名称を用いるべきなのかもしれないが，この用語がいわゆる証券会社を指すことが，いまだ世に広く浸透しているとはいえない。現行法下でも，○○証券株式会社という名称が用いられている。このため，本書でも証券会社という名称で統一することとしたい。

日本における証券会社という用語は，米国における Broker and Dealer および Investment bank を合わせたものと考えてよいであろう。Securities Exchange Act of 1934において，Broker が 3(a)(4)に，Dealer が 3(a)(5)に，それぞれ定義されている。流通市場において，有価証券の売買の媒介，取次ぎまたは代理を行うものが Broker であり，有価証券の売買を行うものが Dealer である。Investment bank は，有価証券の引受けおよび売出しやアドバイザリー業務を行う。グラス・スティーガル法と呼ばれる Banking Act of 1933において，こうした Investment banking 業務と Commercial banking 業務は，

自らあるいはグループ会社を通じて同時に行うことを禁止されていた。この規制は，1980年代以降徐々に緩和され，1999年にグラム・リーチ・ブライリー法と呼ばれる Financial Services Modernization Act of 1999において，持株会社を通じた両業務の相互参入が可能になったことにより，実質的に禁止業務ではなくなった。日本における銀行業務と証券業務との規制（いわゆる銀証分離の規制）は，旧証券取引法第65条に定められていた。また，銀行が自ら証券業を営むことについては，現在でも金商法第33条において一定の規制がある。日本における両業務の規制も1980年代後半から緩和の検討が進み，1993年金融制度改革法における業態別子会社方式による参入を経て，1996年11月に橋本首相が発表して順次実施されていった金融システム改革（「日本版金融ビッグバン」）において，持株会社を通じた相互参入が可能となった。

2 証券会社の役割・業務内容

(1) 証券会社とその関係者

　証券会社は金融市場を基礎とした日本経済の円滑な運営を図るべく，そのビジネス運営や各種取組みをその関係者とともに展開している（**図表1-1-1**参照）。

① 証券会社

　証券市場においては，株式・公社債等の有価証券が，投資家を参加者とする市場で流通することを通じて，資金が移転していく。資金の移転が金融機関を通じて行われる間接金融においては，資金の最終的な貸手と最終的な借手の間に銀行等の金融機関が介在しているが，証券市場を通じて行われる直接金融では，証券会社は一定の仲介機能を果たすものの最終的な貸手である投資家が資金回収のリスクを負う。

　その証券会社の業務に関連する各関係者を以下整理する。

② 投資家

　ここでいう投資家とは，個人・企業はもちろん，銀行・保険会社・年金基金

図表1-1-1　関係者イメージ図

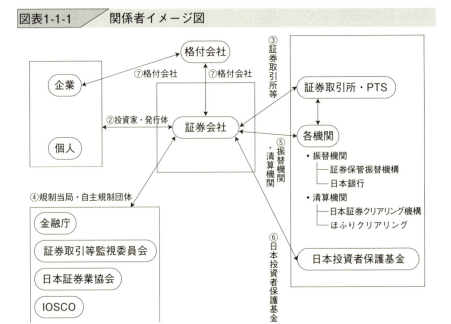

などの機関投資家，外国人投資家なども含まれ，金融市場において投資とその回収を行う。資金需要者と投資家または投資家間において，金融市場の円滑な運営を支えている仲介者が証券会社である。

③　証券取引所等

　証券市場は発行市場と流通市場に分類される。発行市場では，企業等が資金調達目的で発行する有価証券が，仲介者である証券会社を介して，投資家である個人・企業に取得される市場である。一方，流通市場では，すでに発行されている有価証券が，仲介者である証券会社を介して，取引所を経由してあるいは投資家同士で直接に売買され流通する市場である。発行市場が成立するためには有価証券を換金できる流通市場の存在が不可欠であり，両者は密接にかかわっている。

　日本における上場株式の発行市場・流通市場としては，東京証券取引所・名古屋証券取引所・札幌証券取引所・福岡証券取引所等がある（大阪証券取引所の株式市場は，2013年に東京証券取引所と統合）。そのほかに，上場株式の流

通市場として，証券会社が運営している私設取引システム（PTS；Proprietary Trading System）が，金商法における認可業務として認められている。

④ 規制当局・自主規制団体

　直接金融においては投資家自身が自己の投資判断に関して責任を負う「自己責任原則」が前提となっているが，投資家に対して正しい情報が提供されるよう金融商品取引法上，投資家保護の規制が設けられている。加えて，仲介者である証券会社や証券取引所等の業務が適正に行われるための規制として，金融庁・証券取引等監視委員会による公的規制と，自主規制機関である証券取引所や日本証券業協会による諸規則等がある。また，世界各国・地域の証券監督当局や証券取引所等から構成されている国際的な機関である証券監督者国際機構（International Organization of Securities Commissions；IOSCO）により，証券監督に関する原則・指針等の国際的なルールの策定等が行われている。

⑤ 振替機関・清算機関

　証券市場の拡大に伴う有価証券の発行量・流通量の増大を背景に，売買取引や担保取引に伴う有価証券の決済を，証券現物の授受によらず，一定の機関に設けた帳簿上の口座間の振替によって行う制度（振替決済制度）が導入されており，1984年に制定された「株券等の保管及び振替に関する法律」にもとづき，国債以外は株式会社証券保管振替機構（以下「保振機構」という），国債については日本銀行が振替機関である。これらは有価証券集中保管機関（Central Securities Depository；CSD）とも呼ばれている。証券決済を集中管理している振替機関とともに，証券売買代金の資金決済事務を集中化させる機関として清算機関が存在する。金融商品債務引受業として内閣総理大臣の免許を受け（金商法156条の2），債務引受け・決済の履行保証・ネッティング・決済指図を行っている。取引参加者は清算機関の存在により信用リスク・決済リスクを軽減することができる。日本における清算機関は株式会社日本証券クリアリング機構（JSCC）および株式会社ほふりクリアリング（JDCC）である（株式会社日本国債清算機関（JGBCC）は，2013年にJSCCと統合）。

8 | 第1編 経営

⑥ 日本投資者保護基金

　金商法の規定により，投資家保護を目的として日本投資者保護基金が設立された。証券会社は必ず基金に加入しなければならず，会員たる証券会社が破綻した際，顧客の預り有価証券・金銭の返還が困難な場合に，顧客に対して金銭による補償を行う。

⑦ その他

　証券金融会社は，証券会社に金銭または有価証券を担保として融資を行う会社であり，金商法第156条の24にもとづき，資本金1億円以上の株式会社で一定の要件を満たすものが免許を受けることができる。主要業務は，①証券取引所の取引参加者である証券会社に信用取引の決済に必要な資金や有価証券を貸し付ける貸借取引業務，②公社債の引受け・売買業務を行う証券会社に融資を行う公社債業務，③証券会社の運転資金を融資する一般貸付業務，である。

　格付会社は，各証券発行者の信用力を一定の等級として示す業務を行っている。証券発行側・投資家側の双方の判断に影響を及ぼすため，2008年の金融商品取引法改正により格付会社に対する規制も導入されている。

⑵ 証券会社のビジネス

　資金の供給者と需要者と投資家の間で金融市場の円滑な運営を支える証券会社のビジネスは多岐にわたっている。すなわち，投資家に対しては金融資産を運用する際に，資金需要者に対しては有価証券発行の際に，金融市場等のリスクをヘッジする際に，M&Aでビジネスを拡大する際に，それぞれ証券会社が重要な役割を担っている。

① 投資家による資金運用の支援ビジネス

　投資家が株式を売買する場合，証券取引所の会員となっている証券会社に取引仲介を委託するか，証券会社と直接売買して取引を行う。証券会社にとってはターゲットとする顧客層の違いによって，個人顧客を対象としたリテール業務と，有価証券の発行体や機関投資家などの法人顧客を対象としたホールセール業務に区分される。

従来は株式の委託手数料が主な収益源であったが，手数料自由化以後，手数料率が低下したことを受けて，商品・サービスが多様化している。投資信託関連収益の拡大を図るほか，金利収入ニーズをターゲットとした，外国債券やオプションなどのデリバティブを組み込んだ仕組債の販売を強化するとともに，米国のリテールビジネスをベースとしたPB・ラップ口座など資産管理型営業への取組みなどを行っている。その取引の円滑な運営を支えるため，店舗でのコンサルティング営業のほか，インターネット取引で自由に取引できるインフラを揃える証券会社が多い。

　また，インターネット専業の証券会社も1999年10月の株式委託手数料の自由化以後に台頭した。リテール専業であるが，対面営業と異なり，営業拠点や営業員を有しないため固定費を圧縮できる特徴を生かして，安い手数料でシェアを伸ばしたものの，大手証券会社の参入により，価格競争が激化し，サービスの多様化など各社独自の戦略をとっている。システム高度化による取引機能の強化，ブローカー機能の強化，海外拠点の強化，銀行グループのネットワークを利用した販売戦略の強化など，次の成長戦略への取組みを各社がそれぞれ行っている。加えて，テクノロジーの発展を背景に，FinTechと呼ばれる情報技術と金融技術を組み合わせたロボアドバイザー等のサービスが出現するほか，顧客とのインターフェースも，インターネットから，スマートフォンやそのアプリに拡大している。

　証券取引所においても，株式の取引所市場集中義務の撤廃によりPTSが創設可能となり（1998年），取引の電子化開始（1999年），東京証券取引所の高速性と信頼性を兼ね備えた世界最高水準の取引所システムであるアローヘッド導入（2010年）と，投資家のニーズに対応している。振替機関・清算機関と証券会社はITシステムで連動させることで，決済コストの低減が図られている。さらに，規制当局および自主規制団体の規制により投資家を保護する仕組みができている。このように投資家としては，日々進歩している取引環境のメリットを享受し，1999年以降の手数料自由化によりその取引コストも低減傾向にあり，かつ投資家保護の各種規制が整備されるなど投資環境が年々整備されている。

　金融庁は，2017年に「顧客本位の業務運営に関する原則」を公表した。これ

は，国民の安定的な資産形成を図るためには，すべての金融事業者が，インベストメント・チェーンにおけるそれぞれの役割を認識し，自ら主体的に創意工夫を発揮し，ベスト・プラクティスを目指して顧客本位の良質な金融商品・サービスの提供を競い合い，より良い取組みを行う金融事業者が顧客から選択されていくメカニズムが望ましいとして，金融事業者が目指すべき原則を策定したものである。証券会社には，ミニマム・スタンダードへの形式的・画一的な対応ではなく，主体的な創意工夫により，顧客から選択される金融商品・サービスの提供が求められている。

② 企業による資金調達の支援ビジネス

資金需要者である企業の資金調達方法としては，株式公開・株式新規発行等による方法のほか，普通社債・転換社債・劣後債・ユーロ円債・MTN プログラムにもとづく社債発行等の社債発行による方法，SPC 等を利用した証券化商品組成にもとづく方法等，多岐にわたる。また，資金需要者としては，国や地方公共団体も存在し，国債・地方債を発行する。

証券会社は格付会社情報や株価・金利・為替動向を考慮に入れながら，それぞれの企業の立場に応じた資金調達方法を提案する。また，新規公開の場合は，新規に証券市場で売買される企業としてふさわしいかどうか，証券取引所の自主規制法人によって審査されるとともに，証券会社の審査部門によっても審査する。そのうえで，単独またはシンジケート団を組成しながら株式・社債等を引き受け，資金供給者へ販売する。その引受責任を負わない方法として募集・売出しという方法も存在する。

このように，証券会社は資金調達に関する提案力・事務力のほか，引き受けた株式・社債を売り残ることなく完売できる販売力が求められる。また，その販売先は日本国内だけにとどまらず，海外投資家も対象となることから，海外とのネットワーク・顧客基盤が必要となる。近年，海外投資家の存在が大きくなっていることから，シンジケート団を組成する際には日本の証券会社のほか，外資系証券会社が共同幹事となる場合が見受けられる。

③　企業等のリスクヘッジツールとしてのデリバティブ取引

　証券会社が行う業務は第一種金融商品取引業として金商法に記載されており，上述の株式売買業務や引受業務はその代表的な業務であるが，その他，本業と切り離すことが難しい業務または切り離すことが合理的でない業務で，社会一般の利益や投資者保護を損なわないものについては，証券会社の業務として認められており，その内容により付随業務・届出業務・承認業務の三つに分類される。デリバティブ取引は，第一種金融商品取引業の業務の一つであり，証券会社は，銀行等とともに，市場へ流動性を供給する役割を担っている。

　企業は日々多くのリスクにさらされており，そのリスクをヘッジするためにデリバティブ取引を証券会社と約定する。たとえば借入金利息の変動リスクをヘッジするための金利デリバティブ取引，株式の投資リスクをヘッジするためのエクイティデリバティブ取引，信用リスクをヘッジするためのクレジットデリバティブ取引等と，さまざまである。また，たとえば通貨オプションのオプションプレミアムを金利や価格に変換したり，株券貸借にエクイティデリバティブを組み合わせ，オプションプレミアムを金利等に変換する等，利回りを追求する投資家のニーズに対応する商品を提供している。このような店頭デリバティブ取引のほか，証券取引所に上場されているデリバティブ取引として，日経平均株価先物オプション取引（大阪取引所）や TOPIX 先物オプション取引（東京証券取引所）等がある。

　証券会社には多種多様で大量のデリバティブ取引が集中するため，それらのリスクを総合的に管理し，上場デリバティブ取引や店頭デリバティブ取引を組み合わせてマクロヘッジを行ったり，個々のデリバティブ取引と同等の条件のデリバティブ取引を別の証券会社や銀行につなぐことでリスクをヘッジし一定のスプレッドを確定させることで収益を獲得している。また，過去，デリバティブ取引業者が倒産することで，資金回収が困難になった事例があることから，デリバティブ取引の評価損益に対して担保を授受する制度・実務が拡大している。

　このように，デリバティブ取引においては，契約者の高度な商品理解が必要であるため，店頭デリバティブ取引の契約書は一般的に International Swap and Derivatives Association（ISDA：国際スワップ・デリバティブ協会）の

ひな型が用いられる。また，国際的に，店頭デリバティブ取引の清算について
は，2012年以降中央清算機関（CCP）の利用が順次，義務づけられている。

　このように，証券会社にとっては，デリバティブ取引を業とする際には，取
引相手の顧客基盤はもちろんのこと，デリバティブ取引を運営できる充実した
社内インフラ(取引執行・モニタリング・リスク管理・契約管理等)が必要となる。

④　M&A に関する支援サービス

　金融市場の仲介者である証券会社の役割として，M&A 支援業務が挙げられ
る。これは，企業が M&A を行う際に資金需要があることから，企業に対し
て M&A とともに資金調達の提案を行うものであり，米国のいわゆるインベ
ストメント・バンクにおいて発展したビジネスである。企業に対して，買収先
の発掘・提案から，その買収先の価値がいくらであるかという企業価値算定書
の提供，各種買収スキームの提案等を行う。

　M&A アドバイザーとして指名された証券会社は，多くの場合，その手掛ける
案件の買収金額に一定の率を乗じた金額が手付金・成功報酬等として支払われる。

　最近の M&A 市場においては，円高を背景とした IN-OUT（日本企業によ
る海外企業の M&A）案件の増加，海外企業の日本進出のための OUT-IN（海
外企業による日本企業の M&A）が活性化しており，クロスボーダービジネス
における証券会社間の競争が激化している。

　このように，資金の需要者・供給者である投資家・企業等にとってよき相談
役である証券会社が，各種関係者・インフラとともに金融市場を支えている。

3　証券会社の事業環境

　証券会社の事業環境は元来市場動向に左右される傾向が強い。特に大手では，
金融市場のグローバル化に伴い投資銀行業務を中心に業務内容を拡大した結果，
世界経済の動向が業績にさまざまな影響を与えるとともに，世界規模での規制
強化の動きの影響を受けている。一方で我が国の証券会社の収益の源泉として
第一に挙げられるリテール業務においては，顧客基盤の拡大とそこから得られ

る安定した収益の拡大を目指す各証券会社の動きと，政府の国民の資産形成に向けた施策が相まって，市場の構造変化の大きな要因となっている。

(1) マーケット概観

① 金融危機から金融緩和へ

2007年頃から発生した金融危機は，主に米国の低所得者向け住宅ローンの証券化商品とそのレバレッジによる運用が，住宅市場の反転とともに主に欧米の金融機関に多額の損失を発生させたものであった。さまざまな手法の違いはあるものの，政府債務の増大による金融機関の支援という方法で，各国政府は金融システムの維持・安定化を図った結果，各国の国債残高が高水準となった。2010年には，EUという枠組みの下，自国で通貨発行権を持たず，自国通貨安という為替市場を通じた調整メカニズムがうまく機能しなくなった欧州の一部の国の債務返済能力に市場が懸念を持ち，ソブリン危機と呼ばれる状況となった。その後，危機的状況は脱したものの，金融システムの安定，デフレ脱却を目的とした金融緩和政策の出口を探る状況が継続している。日本においては，2016年に日本銀行が「マイナス金利付き量的・質的金融緩和」を導入している（図表1-1-2参照）。

図表1-1-2　マネタリーベース（平均残高）

（出所）　日本銀行ホームページをもとに著者作成。

② 規制強化

金融危機において金融市場の混乱が世界経済危機に発展した反省から，大手銀行等の金融機関等に対する国際的な規制強化が行われている。これらの規制動向については，本編第2章①(6)を参照。

③ サービスの多様化，収益の安定化

規制緩和・競争激化による，伝統的なブローカレッジ業務の収益率低下から，これまで証券会社はさまざまな収益機会を探り拡大してきた。そのなかでも投資銀行業務（M&A，仕組商品・証券化商品等の組成），バランスシートを使ったビジネス（自己勘定トレーディングや貸借取引など）はサービス多様化の一例である。しかしながら，前述の市場動向や規制強化に伴い，リテール業務を核とした選択と集中への揺り戻しが見られる。

また，証券会社にとって長年の課題である収益の安定化に向けて，売買を中心としたサービスから，より安定的な預り資産に対するサービスへのシフトが見られる。投資信託単独の販売のほか，投資情報の提供や投資一任契約を通じた資産管理，富裕層向けサービスや相続などのサービス拡大を行っている。

金融庁は，国民の安定的な資産形成を支えることを背景に，2017年に「顧客本位の業務運営に関する原則」を公表している。現状，日本の家計の金融資産の過半が，現金および預金で保有されているが，コーポレートガバナンス・コード，スチュワードシップ・コードによる企業価値の向上，証券会社による顧客本位の業務運営，少額投資非課税制度（NISA）や確定拠出年金制度といった長期投資を対象とした優遇税制など，さまざまな投資を通じた資産形成が促す政策がとられており，ますます証券会社の金融市場における役割の高まりが期待される。

④ 金融技術の発達

金融技術の発達によって，デリバティブ取引，仕組商品，証券化商品等の複雑な金融商品が開発され，顧客への付加価値提供の手段の一つとして提供されることで，市場規模が拡大してきた。しかし足元では，金融危機とその反省としてのグローバル金融規制の影響で市場は縮小し，過度に複雑な金融商品は過

去のものとなる趨勢にある。

　一方で，IT 技術の発達が，FinTech と呼ばれる新たな金融技術の開発に寄与しつつある。ブロックチェーンによる有価証券取引は未だ実現していないものの，人工知能や IT 技術を用いた投資アドバイスや運用サービスが始まっており，仮想通貨による資金調達も行われている。今後 IT 技術の発達が金融サービスに大きな影響を与える可能性が高い。

⑵　経営指標と財務分析

①　収益性のドライバー

　証券会社の収益源泉として最も大きいものは，各種手数料収入（株式委託手数料，株式・債券の引受手数料，投資信託などの募集手数料，M&A 等の助言手数料等）である。リテール業務の手数料は顧客や預り資産の量と取引の活発さ，引受けは発行市場の状況に左右される。次がトレーディング損益であるが，トレーディング損益は，顧客との取引による手数料相当の損益のほか，リスクポジションから生じる損益を含んでいるため，顧客との取引量に加えて，リスクポジションの大きさとポジションがさらされている市場の変動の影響を受ける。トレーディングとして，どの程度のリスクを取るかは，証券会社によって異なっており，リテール業務を中心とする証券会社においては，リスクポジションはさほど取らない一方で，在庫ポジションを相場観により保有している場合や，デリバティブ取引を含む複雑な金融商品を顧客に提供している場合には，リスクポジションが比較的大きくなる。そのため，トレーディングとして，どの程度のリスクを取っているかを把握することは，証券会社の経営を理解するうえで，重要な要素である。

　費用面では，基本的な経費率などを見るほか，システム投資や店舗網の固定費負担があり，取引量がどの程度減少すると損益分岐点を下回るか，といった大まかなブレイクイーブン分析等も有用であろう。

②　収益の安定性

　多様かつ状況もさまざまなビジネスを展開している証券会社の収益の変動性に関しては，個別にビジネスミックス・収益源の分散を見たうえで全体の変動

性を検討する必要がある。店舗網を利用した個人向けブローカレッジは固定費の重さから手数料収入の変動が損益に大きく跳ね返るため，安定した顧客基盤と取引フローを確保できるかが，収益の安定性に大きく影響する。

一方で，機関投資家や海外投資家向けビジネスにおいては，たとえば図表1-1-3にみられるような投資家の比率の動向は，収益基盤に影響するものとして考慮する必要がある。特に外国人投資家の存在感の高まりが顕著であり，趨勢が注目される。

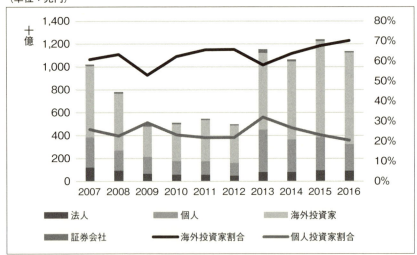

（出所）　日本取引所グループ。投資部門別株式売買状況をもとに著者作成。
　　　　2012年までは，大阪証券取引所を含む。

③　自己資本比率とリスクプロファイル

一般的な金融機関向けの財務分析で用いられる安全性の指標としての自己資本比率は，証券会社にも適用されているものの，収益性と同様に個々の会社が取り組むビジネスによってリスク特性が変わる点に注意が必要である。

証券会社のビジネスは銀行のようにストック（保有している資産）から一定料率の利鞘を得るようなビジネスではなく，手数料収入やトレード等のようにフロー（仲介業務）から収益を得るビジネスであるため，バランスシートの拡

大がそのまま収益性の向上に直結するとは限らない。証券会社の場合には特に
レポ取引等がバランスシートを大きく増大させていることも多いため，総資産
の金額よりもむしろその資産構成に十分に留意する必要がある。証券会社に
とってリスクとリターンのバランスはビジネス上だけでなく規制上も非常に重
要な概念であり，リスクのあるトレーディング商品をどの程度保有しているの
か，といった観点とそれに伴う自己資本の十分性に関する吟味が必要である。

④ 証券会社とシステミックリスク

　最終的な資金繰りを決するという意味で特に重要な流動性に関しては，運用
資産の流動性，レポ市場など市場調達へのアクセス度合いに加え，金融システ
ム不安リスクに対するサポートの検討が必要であろう。

　過去に国内証券に対する日銀特融があったことからもわかるように，金融シ
ステム不安リスク（システミックリスク）に対するサポートが国内に存在して
いる点は考慮すべきである。また，金融危機時，店頭デリバティブ取引を要因
としたリスク伝播の懸念が発生した反省を受けて，一定の取引に関して中央清
算機関での清算を義務づけるなど，国際金融市場のシステミックリスク軽減の
取組みが進められている。

18 | 第1編 経営

第2章

証券会社を取り巻く外部環境

1 関連する法規制等

　証券会社の行う業務は，証券市場に大きな影響をもたらすことから，金商法などの法令や関係機関の定める規制などの適用を受ける。

(1) 金融商品取引法上の規制

① 金融商品取引法上の区分

　金商法では有価証券の取次ぎ業務や募集・引受け業務，投資顧問契約または投資一任契約の締結などの行為を「金融商品取引業」とし，さらに業務の内容に応じた規制を設けるために金融商品取引業を第一種金融商品取引業，第二種金融商品取引業，投資助言・代理業，投資運用業の四つに区分している（金商法2条8項，28条）。

　金融商品取引業を行うためには，内閣総理大臣の登録を受ける必要があり，この登録を受けた者を金融商品取引業者と規定している（金商法2条9項）。証券会社の主な業務である取次ぎ業務やトレーディング業務等は第一種金融商品取引業に該当する（金商法28条1項）。

　なお，第一種金融商品取引業を行う金融商品取引業者は，金融商品取引業に付随する業務として，信用取引に付随して行われる金銭の貸付けや投資信託の収益分配金の支払いに係る業務の代理などを行うことができる（金商法35条1項）。これらの業務は「付随業務」と呼ばれ，内閣総理大臣への届出や承認を得る必要はない。金商法における，第一種金融商品取引業に関する規制は具体

的に以下のとおりである。

② 業務に関する規制

ⅰ）書面交付義務（金商法37条の3，37条の4）

顧客が自己の判断により投資を行うためには，金融商品や取引内容に関する十分な情報の提供を受けることが必要である。

このため，金融商品取引業者は，金融商品取引契約を締結しようとするときにはあらかじめ「契約締結前交付書面」(1)を，金融商品取引契約が成立したときには遅滞なく「契約締結時交付書面」(2)を作成し，これを顧客に交付しなければならないとされている。ここでいう契約締結時交付書面とは，一般的に「取引報告書」と呼ばれ，顧客が取引の内容を確認するための書面である。

また，上記の書面以外にも，一定の期間において成立した取引の内容や当該期間末日の残高等を記載した「取引残高報告書」などの交付が義務づけられている（金商業等府令98条，108条）。

なお，上場されている有価証券を取引する場合において過去1年以内に「上場有価証券等書面」を交付しているときは契約締結前交付書面が不要となるほか，投資信託の収益分配金による再投資やMRFの買付け・売付けについては契約締結時交付書面の交付が不要となるなどの例外規定も設けられている（金商業等府令80条，110条）。

ⅱ）禁止行為（金商法38条，金商業等府令117条）

投資者の保護および公正な取引の確保という観点から，金商法では金融商品取引業者またはその役員もしくは使用人が行う，以下の行為を「禁止行為」として規制している。

ア　金融商品取引契約の締結またはその勧誘に関して，顧客に対し虚偽のことを告げる行為（虚偽告知の禁止）

イ　顧客に対し，不確実な事項について断定的判断を提供し，または確実であると誤解させるおそれのあることを告げて金融商品取引契約の締結の勧

---

(1) 記載すべき項目は，主に金融商品取引業者の概要や，契約の概要，支払うべき手数料などである（金商業等府令82条～96条）。

(2) 記載すべき項目は，主に成立した取引の内容などである（金商業等府令99条等）。

誘をする行為（断定的判断の提供による勧誘の禁止）

ウ　店頭デリバティブ取引のうち一定の契約(3)の締結の勧誘を要請していない顧客に対し，訪問しまたは電話をかけて，当該契約の締結の勧誘をする行為（不招請勧誘の禁止）

エ　契約締結前交付書面等の書面交付に関し，あらかじめ顧客（特定投資家を除く）に対して書面の内容について顧客の知識，経験，財産の状況および金融商品取引契約を締結する目的に照らして当該顧客に理解されるために必要な方法および程度による説明をすることなく，金融商品取引契約を締結する行為（説明義務）

オ　金融商品取引契約につき，顧客もしくはその指定した者に対し，特別の利益の提供を約し，または顧客もしくは第三者に対し特別の利益を提供する行為（特別の利益提供等の禁止）

カ　顧客から有価証券の買付けの委託等を受け，当該委託等に係る売買等を成立させる前に自己の計算において当該有価証券と同一の銘柄の有価証券の売買等を成立させることを目的として，当該顧客の有価証券の買付けの委託等に係る価格と同一またはそれよりも有利な価格で有価証券の買付けもしくは売付け等をする行為（フロントランニングの禁止）

キ　あらかじめ顧客の同意を得ずに，当該顧客の計算により有価証券の売買その他の取引またはデリバティブ取引等（有価証券等清算取次ぎを除く）をする行為（無断売買の禁止）

ⅲ）損失補てん等の禁止（金商法39条）

　有価証券の売買などの投資は，顧客である投資者自身の判断と責任において行われるべきである（自己責任の原則）。ここで金融商品取引業者が顧客に生じた損失を何らかの方法で補てんした場合には，市場の公平性や自己責任の原則を歪める結果となるため，金商法では損失補てん等を禁止している。

　具体的には，金融商品取引業者が有価証券の売買やデリバティブ取引などにおいて，顧客に生じた損失の補てんや利益の追加を行うために，実際に財産上

---

(3) 具体的には個人を相手方とする店頭金融先物取引に係る契約（継続的取引関係にあるものなどを除く）などが挙げられる。

の利益を提供する行為を禁止しており，また，取引の事前または事後に同様の目的で財産上の利益の提供等の申込みや約束をすることも禁止している（金商法39条１項）。

なお，同様の行為を顧客側から要求することも禁止されている（金商法39条２項）。

ただし，いわゆる証券事故⁽⁴⁾のような証券会社の不適切な行為などにより顧客に損失が生じた場合，当該損失を補てんすることを禁止することは投資者にとって不測の損害をもたらす結果になるため，その補てん等が証券事故に起因するものである場合には損失補てん禁止の対象とはならない（金商法39条３項，４項）。

ⅳ）適合性の原則等（金商法40条１号，金商業等府令123条）

金融商品取引業者は，金融商品取引業に該当する行為について，顧客の知識，経験，財産の状況および金融商品取引契約を締結する目的に照らして不適当と認められる勧誘を行って投資者の保護に欠けることにならないようにその業務を行わなければならない（適合性の原則。金商法40条１号，２条８項）。

ⅴ）分別管理（金商法43条の２）

証券会社等の金融商品取引業者が有価証券関連業（金商法28条８項）等に関し顧客から預託を受けた有価証券や金銭については，自己の固有財産と分別して管理しなければならない。これには，市場デリバティブ取引や信用取引の証拠金，有価証券の売買，有価証券関連デリバティブ取引に関して顧客から預託を受けたものが含まれる。

また，分別管理の状況については，公認会計士または監査法人の監査が義務づけられている（金商法43条の２第３項）。

なお，分別管理の制度概要や監査の詳細については第３編第２章を参照。

ⅵ）区分管理（金商法43条の２の２，43条の３）

金融商品取引業者が行うデリバティブ取引（上記の金商法43条の２で分別管理の対象となるものを除く）に関し顧客から預託を受けた有価証券および金銭

---

(4) 未確認売買，誤認勧誘，事務過誤，システム異常，その他法令違反行為が該当する（金商業等府令118条）。

については，自己の固有財産と区分して管理（区分管理）しなければならない
とされている（金商法43条の2の2，43条の3）。これには，商品関連市場デ
リバティブ取引や店頭デリバティブ取引（前記の金商法43条の2で分別管理の
対象となる有価証券関連店頭デリバティブ取引を除く）が含まれる。

vii）特定投資家制度（金商法45条，2条31項）

適格機関投資家などは，投資に関する知識や経験からみて金融商品に関する
適切なリスク管理が可能であると考えられるため，金商法において適格機関投
資家や国，日本銀行，上場会社，資本金の額が5億円以上の株式会社などを
「特定投資家」と規定している。いわゆるプロ投資家である。このような特定
投資家の位置づけに鑑み，原則として特定投資家が相手方となる金融商品取引
契約については，主に以下の規制は適用されない。

ア　契約締結前および契約締結時交付書面の交付

イ　不招請勧誘の禁止

ウ　適合性の原則

viii）投資者保護基金（金商法79条の21）

投資者保護基金とは，証券会社が破綻した場合，何らかの要因により顧客か
らの預り資産（有価証券や金銭）の返還が困難となった場合に，顧客に対する
支払いなどの業務を行うことにより，投資者の保護を図る目的で設立される機
関である（金商法79条の21）。

証券会社などの金融商品取引業者（第一種金融商品取引業を行わない金融商
品取引業者等を除く）は，日本投資者保護基金に加入することが義務づけられ
ている[5]（金商法79条の27，金商法施行令18条の7の2）。

日本投資者保護基金では，顧客の取引（店頭デリバティブ取引等一部の取引
を除く）に関して証券会社が預託を受けた金銭や有価証券などを補償対象とし
ている（顧客1人につき1,000万円を上限とする）。

---

(5) 金商法第79条の27では「いずれか一の基金」に加入しなければならないとされてい
るが，現在法令上の投資者保護基金は「日本投資者保護基金」のみである。

③ 経理に関する規制

ⅰ）法定帳簿（金商法46条の２）

金融商品取引業者には，その業務に関する帳簿書類の作成と保存が義務づけられている。作成義務のある具体的な帳簿書類については金商業等府令第157条以降に規定があり，具体的には注文伝票や取引日記帳，顧客勘定元帳などの書類が該当する。

ⅱ）事業報告書および説明書類（金商法46条の３および46条の４）

金融商品取引業者は，事業年度ごとに金商業等府令の規定や様式にしたがい事業報告書および説明書類を作成する必要がある。事業報告書は金融商品取引業者の監督を目的とするため，内閣総理大臣への提出が求められるのに対し，説明書類は投資者が金融商品取引業者の情報を入手するための手段を確保することが目的であるため，すべての営業所等に備え置き公衆縦覧に供することが求められる。

ⅲ）金融商品取引責任準備金（金商法46条の５）

金融商品取引業者は，有価証券の売買その他の取引またはデリバティブ取引等の取引金額等について，各取引種類に応じて定められている率を乗じて算出した金額の合計額を金融商品取引責任準備金として積み立てなければならない。また，当該準備金が事故による損失の補てんにのみ用いられることを目的として積み立てられることから，超過額の取崩しを除いて他の目的のために使用することは認められていない。

ⅳ）自己資本規制比率（金商法46条の６）

金融商品取引業者は自己資本規制比率を算出し，毎月末に内閣総理大臣に届け出なければならない。当該比率の計算方法については金商業等府令第176条から第178条および金融庁告示において規定されており，具体的な計算式は図表1-2-1のとおりである。

自己資本規制比率が140％を下回った場合には内閣総理大臣への届出が必要となり（金商業等府令179条），120％を下回った場合には業務改善命令の対象となる（金商法53条１項）。さらに100％を下回った場合には３ヵ月以内の期間にわたり業務の全部または一部停止処分の対象となる。

24 | 第1編 経営

| 図表1-2-1 | 自己資本規制比率 |

$$\text{自己資本規制比率(\%)} = \frac{\text{固定化されていない自己資本の額}}{\text{リスク相当額}} \times 100$$

$$= \frac{\text{基本的項目}_{(注1)} + \text{補完的項目}_{(注2)} - \text{控除資産}_{(注3)}}{\text{市場リスク相当額}_{(注4)} + \text{取引先リスク相当額}_{(注5)} + \text{基礎的リスク相当額}_{(注6)}} \times 100$$

(注1) 資本金, 資本剰余金, 利益剰余金, 評価差額金 (一の場合), 自己株式
(注2) 引当金, 劣後債務, 評価差額金 (+の場合)
(注3) 固定的資産 (会計上の固定資産とは異なる)
(注4) 保有する有価証券等の価格の変動等により発生するリスクに相当する額
(注5) 取引の相手方の契約不履行等により発生するリスクに相当する額
(注6) 事務処理ミス等日常的な業務遂行上発生するリスクに相当する額

(出所) 日本取引所グループホームページ「総合取引参加者の自己資本規制比率」より引用。

v) 特別金融商品取引業者に対する特例 (金商法57条の2等)

総資産が1兆円を超える金融商品取引業者 (外国法人を除く) は, 当局への届出が必要となり, 届出を行った金融商品取引業者は「特別金融商品取引業者」としての規制が適用される。

特別金融商品取引業者に子法人等が存在する場合には, 子法人等を含む集団 (いわゆる,「川下連結」) での規制が適用され, 川下連結ベースの事業報告書の作成および提出が求められ, さらに川下連結ベースの連結自己資本規制比率について四半期ごとの届出が求められる (金商法57条の2等)。

なお, 特別金融商品取引業者の親会社のうち, 連結ベースでの業務の健全かつ適切な運営を確保することが公益または投資者保護のために特に必要であると認められるときは, 当局が, 当該親会社を「指定親会社」に指定し, 当該親会社を頂点とする連結ベース (いわゆる,「川上連結」) での規制が適用される (金商法57条の12等)。当該規制では川上連結ベースでの事業報告書の作成や, 連結自己資本規制比率の届出等が求められる (金商法57条の15および57条の17等)。

④ 有価証券の取引に関する規制

金商法では金融商品取引業者であるかを問わず, 不公正な有価証券取引等を禁止している。よって証券会社が有価証券の売買等を行う場合においても以下

の行為を行うことが禁止される。

　ⅰ）不正行為の禁止（金商法157条）

　有価証券の売買やデリバティブ取引等について不正の手段や計画をすること，重要な事項について虚偽の表示がある文書などを使用して金銭その他の財産を取得することが禁止されている。

　ⅱ）風説の流布，偽計取引の禁止（金商法158条）

　有価証券の売買やデリバティブ取引等のため，または有価証券等の相場の変動を図る目的をもって風説を流布することや，偽計を用いることが禁止されている。

　ⅲ）相場操縦行為等の禁止（金商法159条）

　有価証券の売買やデリバティブ取引等の取引の状況に関し，他人に誤解を生じさせる目的をもって権利の移転を目的としない仮装の取引や金銭の授受を目的としない仮装の取引をすることなどが禁止されている。

　当該禁止規定は，人為的に相場を変動させる行為により，一般の投資家に不測の損失を与えることを防ぐ目的がある。

　なお，募集・売出し等の場合の例外（安定操作取引）については，第2編第9章①(1)②ⅱ)を参照。

(2)　日本証券業協会による自主規制

　日本証券業協会における協会員は主に証券会社などの第一種金融商品取引業を行う者である。協会員は日本証券業協会において定められる規則を遵守する必要がある。

　なお，日本証券業協会の概要や，協会員が遵守すべき具体的な規制等は本編第3章③を参照。

(3)　取引所による規制

　金融商品取引所において有価証券の売買等を行う場合，証券会社は当該金融商品取引所の取引参加者となることが必要である（金商法112条1項，2条19項等）。

　取引参加者である証券会社は，金融商品取引所が定める業務規程などにした

26 第1編 経営

がい業務を行う必要がある（金商法117条）。

　各取引所において規定の方法は異なるが，東京証券取引所の「取引参加者規程」には，取引参加者に対して売買管理体制や注文管理体制の整備を求める規定や，必要があると認める場合には取引参加者の営業または財産に関して参考となる資料の提出を請求し，または取引参加者の営業もしくは財産の状況または帳簿，書類その他の物件を検査することができる規定などが定められている。

(4) 監督官庁等の検査

　法令，規制または規則の遵守状況を確かめること等を目的として，さまざまな機関が証券会社に対する検査等の権限を有している。

① 金融庁および証券取引等監視委員会

　内閣総理大臣は，公益または投資者保護のため必要かつ適当であると認めるときは，金融商品取引業者の業務もしくは財産に関し参考となるべき報告もしくは資料の提出を命じ，または職員に対し業務もしくは財産の状況もしくは帳簿書類その他の物件の検査をさせることができる（金商法56条の2）。当該権限は金融庁および証券取引等監視委員会に委任されているため，実質的にはこれらの機関が検査を行う（金商法194条の7）。

② 日本証券業協会および証券取引所

　日本証券業協会に代表される金融商品取引業協会(6)は，定款において協会員である証券会社の法令や定款，その他の規則等または取引の信義則の遵守の状況の調査に関する事項を定めることが求められており（金商法67条の8），定款において当該事項を規定するとともに協会員に対する監査を行っている。

　また，証券取引所においても，市場における有価証券の売買および市場デリバティブ取引を公正にし，ならびに投資者を保護するため，取引参加者である証券会社の法令や定款，その他の規則等または取引の信義則の遵守の状況の調

---

(6) 認可金融商品取引業協会は日本証券業協会のみ。認定金融商品取引業協会として，社団法人投資信託協会などが挙げられる。

査などの自主規制業務を行うことが求められている（金商法84条）。東京証券取引所の場合はこの自主規制業務である考査を，日本取引所グループ内の日本取引所自主規制法人に委託している（金商法85条1項）。

なお，日本証券業協会の監査と各証券取引所の考査については，主に同時に臨店して一体的に行う，合同検査により実施されている。

③ 日本銀行

日本銀行は資金決済などの法令によって規定された業務を適切に行い，またこれらの業務の適切な実施に備えるために，当該業務の相手方となる金融機関との間で考査に関する契約を締結することができる（日本銀行法44条1項）。

(5) その他の法令による規制

上述の法令や規制以外の，証券会社が影響を受ける主な規制は以下のとおりである。

① 金融商品の販売等に関する法律

「金融商品の販売等に関する法律」（以下「金販法」という）においては，金融商品の販売時において重要事項を説明する義務を負うとともに，断定的な判断などを行うことを禁止している（金販法3条，4条）。

当該法律において対象となる金融商品は，有価証券のみならず預金や保険契約などさまざまな金融商品が対象となっていることから，証券会社が行う業務についても規制の対象となる（金販法2条）。

② 犯罪による収益の移転防止に関する法律

「犯罪による収益の移転防止に関する法律」第4条において，金融商品取引業者が顧客との間で有価証券の売買や市場デリバティブ取引，およびこれらの媒介や取次ぎなどを行う際には本人確認を行わなければならない旨が定められている。

⑹ 国際および国内の規制動向

① バーゼル規制

　バーゼル規制とは，バーゼル銀行監督委員会（以下「バーゼル委」）が公表している国際的に活動する銀行に対する自己資本比率規制等に係る国際統一基準のことである。バーゼル委は，2007年以降の世界的な金融危機を契機に見直しの検討を進め，2010年12月にバーゼルⅢテキストを公表し，自己資本の質・量の向上を求める自己資本比率規制の強化のほか，補完的な指標としてレバレッジ比率や流動性規制を新たに導入した。各国当局は，国際統一基準にもとづき国内法制の整備を進め，日本では預金取扱金融機関のほか，金商法上の最終指定親会社も対象とされている。したがって，総資産が大きい証券会社や銀行傘下の証券会社においても重要な影響を及ぼすものである。

ⅰ）自己資本比率の最低基準と各種バッファー

　自己資本比率とは，保有資産等のリスクを勘案して計算したリスクアセットに対する自己資本の割合のことであり，国際統一基準の場合，普通株式等 Tier 1（CET 1）で4.5％，Tier 1で6％，総自己資本（Tier 1 + Tier 2）で8％以上の維持が求められている。この最低水準を下回った場合は早期是正措置の対象となる。

　また，最低水準以上の規制資本の積み増しを CET 1 で満たすことを求める資本バッファーが導入された。資本バッファーは，一律2.5％の積立てを求める資本保全バッファー，各国当局が景気の状況に応じて0％から2.5％の範囲で設定するカウンターシクリカルバッファー，金融安定理事会（FSB）が指定するグローバルなシステム上重要な金融機関（G-SIBs），各国当局が指定する国内のシステム上重要な金融機関（D-SIBs）に対するシステム上の重要度に応じたバッファーで構成される。資本バッファーの所定の水準を満たさない場合，配当等の社外流出が制限される。2016年から段階的に適用され2019年に完全実施の予定となっている。

ⅱ）レバレッジ規制

　金融危機においてはリスクベースの指標である自己資本比率の最低水準を大きく上回る金融機関であっても過度なレバレッジの積み上げにより，経営破綻

の危機に瀕する事象が生じた。そのため，バーゼル委は2010年12月にバーゼルⅢテキストを公表し，レバレッジの積み上げを抑制することを目的に自己資本比率の補完的な非リスクベースの指標としてレバレッジ比率を導入した。レバレッジ比率は Tier 1資本を，オンバランス資産およびオフバランス項目を合算した値で除して算出する。2013年から試行期間が開始され，2018年以降に第一の柱に移行することを視野に入れてレバレッジ比率の定義や水準について引き続き検討されている。なお，2015年からレバレッジ比率およびその構成要素の開示が開始されている。

ⅲ）流動性規制

流動性規制は，流動性カバレッジ比率（以下「LCR」）と安定調達比率（以下「NSFR」）の二つの指標で構成する健全性規制である。

LCR は，ストレス状況下でも市場から相応の流動性を確保できることを求めるものであり，高品質の流動性資産にあたる適格流動資産を30日間のストレス期間中において必要となる資金流出額で除して算出する。バーゼル委は，2013年1月に最終規則文書「バーゼルⅢ：流動性カバレッジ比率および流動性リスク・モニタリング・ツール」を公表し，2015年から段階的適用を開始した。2015年には60％以上の水準が求められ，2019年には100％以上の完全実施となる予定である。

NSFR は，資金の運用調達構造のミスマッチを抑制することを目的に，長期資産に対して安定した負債による調達を確保することを求めるものである。安定調達額（資本に預金と市場性調達の一部を加えたもの）を所要安定調達額（資産に流動性に応じたヘアカットを乗じたもの）で除して算出する。バーゼル委は2014年10月に最終規則文書「バーゼルⅢ：安定調達比率」を公表し，2018年から実施見込みである。

ⅳ）マーケット・リスク計測手法の見直し

バーゼル委は，2016年1月に「マーケット・リスクの最低所要自己資本」を公表した。これは，自己資本比率規制におけるリスクアセットのうち，マーケット・リスクの計測手法を見直したものであり，この元となった2012年5月に公表された市中協議文書「Fundamental Review of the Trading Book」の頭文字をとって"FRTB"という呼び方が金融業界では定着している。

30 | 第1編 経営

　バーゼル銀行監督委員会は，金融機関のマーケット・リスクの見積りが保有する資産に内在するリスクを十分に捕捉できていなかったとして，マーケット・リスクの評価方法につき抜本的な見直しを行い，金融機関は特に以下のポイントについて高度化を進めることが期待されている。

- リスク計測モデルにおけるプライシングモデルの時価に対する説明力の強化
  - ✓ ベーシスリスク，非線形リスク等も含めたリスクの網羅的捕捉
  - ✓ プライシングロジック，リスクファクター，およびデータソースのフロントのプライシングモデルとの一致
- リスク計測モデルにおける適切なデータの使用
  - ✓ 透明性があり市場実勢が反映された市場データの使用
  - ✓ リスク計測に十分なヒストリカルデータの確保

　このような新しい規制要件を踏まえ，FRTB の対象となる金融機関における今後の対応の方向性として，以下の事項が考えられる。

- フロントとミドルのモデルの統一化
  - ✓ リスクファクターの拡充：時価の精緻な把握のためにきめ細やかなリスクファクターの設定
  - ✓ フロントプライシングの精緻化：価格の構成要素の明確化とフロントプライシングにおける説明力の強化
  - ✓ 計算エンジンの増強：精緻なプライシング実施による計算負荷対応
- データの見直し
  - ✓ 外部データソースの活用：自社取引をベースにしたデータ整備に限界がある金融機関における外部のデータソースの活用
  - ✓ データ検証体制の整備：FRTB 要件を満たすための検証の実施
  - ✓ フロントとミドルの共通データベース構築：データの共有による効率化

　このようなモデルおよびデータの見直しには，内部のオペレーションの見直し，フロント・ミドル・財務（含む，プロダクトコントロール）・IT の連携・役割の見直しも必要であり，FRTB 対応によって，今後，金融機関の市場業務の態勢は大きく変わっていく可能性がある。

　ⅴ）信用リスクアセット計測手法の見直し

　バーゼル委は，金融危機において明るみになった課題を踏まえ，自己資本比

率の分母を構成する信用リスクアセット計測手法の見直しの検討を進めている。

外部格付を参照して与信先の信用力に応じたリスク・ウェイトを適用する標準的手法（以下「SA」）について，バーゼル委は，2015年12月に第二次市中協議文書「信用リスクに係る標準的手法の見直し」を公表している。当該文書では，リスク感応度の向上やデューデリジェンス（貸出先の評価）の結果を踏まえてリスク・ウェイトを調整する等，過度に外部格付に依存しない計測方法の見直しが提案されている。

また，バーゼル委は，2016年3月に金融機関の内部格付制度を活用して与信先の信用力をより精緻に反映する内部モデル手法（以下「IRB」）に関して市中協議文書「信用リスクアセットのばらつきの削減：内部モデル手法の利用の制約」を公表している。各金融機関において計測された信用リスクの過度なばらつきを抑えるため，金融機関向けや大企業向け資産に対してSAを適用する等，内部モデル手法の利用範囲の制限や各パラメータの推計方法値に対するフロアを設定する等が提案されている。加えて，内部モデル手法で計測された所要自己資本が過小になることを防止するために設定された資本フロアについて，バーゼルIからSAにもとづくフロアの変更が提案されている。

vi）オペレーショナルリスクの見直し

現行の標準的手法（基礎的手法および粗利益配分手法）においては，個社の利益を用いて所要オペレーショナルリスク相当額を計算している。金融危機に際しては，オペレーショナルリスク・エクスポージャーが増大しているにもかかわらず，個社の利益が減少したため所要オペレーショナルリスク相当額が減少する，といった事態が発生した。

また，現行の先進的計測手法においては，個社の内部モデルを利用してオペレーショナルリスク量を計測しているが，モデルが多様かつ複雑で，比較可能性が乏しいとの課題が見出された。

そこで，バーゼル委は，2014年10月および2016年3月に公表した市中協議文書「オペレーショナル・リスクに係る標準的手法の見直し」において，標準的手法のStandardised Measurement Approach（SMA）への一本化と先進的手法の廃止を公表した。

SMAにおいては，粗利益ではなくビジネス規模を示す新指標（Business

Indicator）の採用，ビジネス規模の大きさに応じて大きくなる掛け目の設定，損失実績の反映といった見直しが提案されている。これらによりオペレーショナルリスク相当額計算手法が，よりリスク感応度の高いものとなることが期待されている。

② 顧客本位の業務運営に関する原則
　ⅰ）顧客本位の業務運営に関する原則
　経緯および背景：
　2016年4月19日の金融審議会総会において，金融担当大臣より，「情報技術の進展その他の市場・取引所を取り巻く環境の変化を踏まえ，経済の持続的な成長及び国民の安定的な資産形成を支えるべく，日本の市場・取引所を巡る諸問題について，幅広く検討を行うこと」との諮問が行われた。この諮問を受けて，金融審議会に市場ワーキング・グループが設置され，国民の安定的な資産形成と顧客本位の業務運営（フィデューシャリー・デューティー(7)）等について審議が行われた。

　この顧客本位の業務運営に関する原則（以下「本原則」）は，この市場ワーキング・グループの提言を踏まえ，金融事業者が顧客本位の業務運営におけるベスト・プラクティスを目指すうえで有用と考えられる原則を定めるものである。本原則では，対象となる「金融事業者」を特に定義しておらず，顧客本位の業務運営を目指す金融事業者において幅広く採択されることが期待されている。

　本原則の採用するアプローチは，金融事業者がとるべき行動について詳細に規定する「ルールベース・アプローチ」ではなく，金融事業者が各々の置かれた状況に応じて，形式ではなく実質において顧客本位の業務運営を実現できるよう，「プリンシプルベース・アプローチ」を採っている。金融事業者は，本原則を外形的に遵守することに腐心するのではなく，その趣旨・精神を自ら咀

---

(7) フィデューシャリー・デューティーの概念は，しばしば，信託契約等にもとづく受託者が負うべき義務を指すものとして用いられてきたが，欧米等でも近時ではより広く，他者の信認に応えるべく一定の任務を遂行する者が負うべき幅広いさまざまな役割・責任の総称として用いる動きが広がっている。

嚼したうえで，それを実践していくためにはどのような行動をとるべきかを適切に判断していくことが求められる。

金融事業者が本原則を採択する場合には，顧客本位の業務運営を実現するための明確な方針を策定し，当該方針にもとづいて業務運営を行うことが求められる。自らの状況等に照らして実施することが適切でないと考える原則があれば，一部の原則を実施しないことも想定しているが，その際には，それを「実施しない理由」等を十分に説明することが求められる。

具体的には，本原則を採択する場合，下記原則1にしたがって，
- 顧客本位の業務運営を実現するための明確な方針を策定・公表したうえで，
- 当該方針に係る取組状況を定期的に公表するとともに，
- 当該方針を定期的に見直すことが求められる。

さらに，当該方針には，下記原則2～7に示されている内容について，
- 実施する場合には，原則に付されている（注）も含めてその対応方針を，
- 実施しない場合にはその理由や代替策を，わかりやすい表現で盛り込むことが求められる。

顧客本位の業務運営に関する原則
【顧客本位の業務運営に関する方針の策定・公表等】
原則1．金融事業者は，顧客本位の業務運営を実現するための明確な方針を策定・公表するとともに，当該方針に係る取組状況を定期的に公表すべきである。当該方針は，より良い業務運営を実現するため，定期的に見直されるべきである。
【顧客の最善の利益の追求】
原則2．金融事業者は，高度の専門性と職業倫理を保持し，顧客に対して誠実・公正に業務を行い，顧客の最善の利益を図るべきである金融事業者は，こうした業務運営が企業文化として定着するよう努めるべきである。
【利益相反の適切な管理】
原則3．金融事業者は，取引における顧客との利益相反の可能性について正確に把握し，利益相反の可能性がある場合には，当該利益相反を適切に管理すべきである。金融事業者は，そのための具体的な対応方針をあらかじめ策定すべきである。
【手数料等の明確化】
原則4．金融事業者は，名目を問わず，顧客が負担する手数料その他の費用の詳細を，当該手数料等がどのようなサービスの対価に関するものかを含め，顧客が理解できるよう情報提供すべきである。

【重要な情報の分かりやすい提供】
原則5．金融事業者は，顧客との情報の非対称性があることを踏まえ，上記原則4に示された事項のほか，金融商品・サービスの販売・推奨等に係る重要な情報を顧客が理解できるよう分かりやすく提供すべきである。
【顧客にふさわしいサービスの提供】
原則6．金融事業者は，顧客の資産状況，取引経験，知識及び取引目的・ニーズを把握し，当該顧客にふさわしい金融商品・サービスの組成，販売・推奨等を行うべきである。
【従業員に対する適切な動機づけの枠組み等】
原則7．金融事業者は，顧客の最善の利益を追求するための行動，顧客の公正な取扱い，利益相反の適切な管理等を促進するように設計された報酬・業績評価体系，従業員研修その他の適切な動機づけの枠組みや適切なガバナンス体制を整備すべきである。

ⅱ）金融事業者に対する原則採択状況

本原則を採択し，取組方針を公表した金融事業者について，業態別に分類した結果は，2017年8月1日現在，以下のとおりである。

- 都市銀行等：50
- 地方銀行，第二地方銀行およびこれらの銀行持株会社：101
- 協同組織金融機関等：6
- 保険会社等：74
- 金融商品取引業者等：238
  （合計）：469

また，取組方針と併せて，顧客本位の業務運営の定着度合いを客観的に評価できるようにするための成果指標（KPI）についても一定数の金融事業者が公表している。金融庁は，KPIの内容についてはさまざまであるが，そのなかには投資信託の販売方針等を踏まえて，その金融事業者が目指す販売等の方向が相当程度端的に示されると考えられるKPIも見られ，これらは好事例と言えるものではないかと考えられるとしている。

（参考）KPIの好事例と考えられるもの
- 投資信託の販売額上位10銘柄
- 投資信託販売に占める毎月分配型の販売額とそれ以外との比較
- 投資信託残高に対する分配金の割合

- 投資信託販売額に占める自社グループ商品の比率
- インベスターリターン[8]と基準価額の騰落率との差

---

(8) 日々のファンドへの資金流入額と，期首および期末のファンドの純資産から求めた
内部収益率を年率換算したもの。

36 第1編 経営

第3章

証券会社に関連する外部機関

1 証券取引所

(1) 証券取引所の役割と意義

　証券取引所では証券会社を通じて注文された顧客からの株式などの売買取引が行われており，取引所により株式のほか，債券，デリバティブ取引，現物商品（コモディティ）など，さまざまな商品が取引されている。

　一般的に株式の売買等を証券取引所で集中して行うことにより大量の売買注文を安定的に成立させることが可能となるため，株式等の流動性が高まるとともに，公正な価格形成の実現が期待される。

　さまざまな商品が売買される一方で，取引所で形成される価格の公正性を維持するためには，いわゆるインサイダー取引や相場操縦取引等の不公正取引が行われていないことが前提となる。証券取引所は，このような不公正取引を未然に防止，発見するために，自主規制業務として取引の調査や審査を行っている。

　また，証券取引所に上場している商品の品質の維持や向上を目的とする上場時や上場廃止に係る上場適格性の審査を通じて，投資者からの信頼を確保している。

　なお，証券取引所は金商法において「金融商品取引所」として規定されており（金商法2条16項），上記のような重要な役割があることから，内閣総理大臣の免許を受けた者でなければ開設することはできないとされている（金商法

80条)。

(2) **日本の主な証券取引所**

　日本には東京証券取引所，大阪取引所，名古屋証券取引所，札幌証券取引所，および福岡証券取引所の五ヵ所が開設されている。国際的な証券取引所間競争が激化している状況を受け，東京証券取引所と大阪証券取引所は，規模の拡大や取扱金融商品の多様化による競争力強化を図るため，2013年7月に東京証券取引所は大阪証券取引所の現物有価証券市場を統合，2014年3月に大阪証券取引所は大阪取引所に商号変更し東京証券取引所の上場デリバティブ取引市場を統合した。この結果，現物有価証券は東京証券取引所，上場デリバティブ取引は大阪取引所という位置づけが明確となった。図表1-3-1を見ると，全国証券取引所の売買代金は，東京証券取引所が全体の99％を占めており，一部の取引所に取引が集中していることがわかる。ここでは取引量の大きい東京証券取引所について取り上げる。

① 立会時間

　現在，東京証券取引所は，株式やETFなどの現物有価証券取引については午前の立会時間（9：00～11：30）と午後の立会時間（12：30～15：00）に取

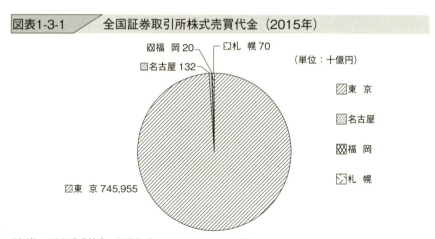

図表1-3-1　全国証券取引所株式売買代金（2015年）

(出所) 日本証券業協会　証券統計ポータルサイトより引用。

引されており，この立会時間中の取引については，価格優先の原則，時間優先の原則が適用され，オークション方式により価格形成されている。

なお大阪取引所では，日経225などの指数を対象とする先物取引やオプション取引などについて，16：30～翌日の5：30までの時間においても取引が可能となっている（ナイト・セッション）[1]。

② 取扱商品

東京証券取引所に上場している商品は，以下のとおりである。

ⅰ）株式，ETF，REIT 等

2017年6月末では東京証券取引所において2,500社（市場第一部，第二部の合計）を超える会社の株式が取引されている。株式市場の株価水準を表す指標である株価指数の主なるものとして，日経平均株価（日経225）とTOPIX（東証株価指数）が挙げられる。日経平均株価は，市場第一部上場銘柄のうち225銘柄の株価を平均する方法により算出されている一方で，TOPIXは市場第一部に上場する株式の1968年11月4日の時価総額を100として，その後の時価総額を指数化したものである。

また，日経平均株価やTOPIX，その他の指数をベンチマークとしたETFやREITについても100銘柄を超える種類の商品が取引されている。

ⅱ）先物・オプション取引等

大阪取引所においては，先物取引およびオプション取引が売買されており，指数を対象としたオプション取引以外にも，個別株式，ETF等の上場銘柄を対象とした有価証券オプション取引も売買されている。

(3) 新興企業向け市場

各証券取引所には，新興企業向け市場も開設されている。新興企業向け市場とは，ベンチャー企業や新しい産業に属する企業などの将来的に高い成長が見込まれる新興企業に対して資金を供給するための市場である。

---

(1) 国債先物，オプション取引については，15：30より，ナイト・セッションが開始される。

新興企業向けの市場は，「市場第一部」「市場第二部」などと比較して上場時の審査要件が緩和されており，より企業の成長性などに着目した要件となっている。国内の主な新興企業向けの市場は以下のとおりである。

① 東証マザーズ

東京証券取引所では「市場第一部」を大企業向け，「市場第二部」を中堅企業向けと位置づけたうえで，高い成長可能性を有する新興企業向けの市場として「マザーズ」を開設している。

マザーズに上場した企業は，その後一定の要件を満たすことにより「市場第一部」や「市場第二部」への市場変更も可能であり，「市場第一部」へのステップアップを狙う企業のための市場ともいえる。

マザーズへの上場時には成長可能性などの長期的な視点による評価が求められるため，上場申請時に利益に関する形式要件は設けられていない。

② JASDAQ

JASDAQ は，日本証券業協会が創設した「店頭市場」から証券取引所へと発展し，大阪証券取引所との経営統合を経て現在は東京証券取引所が運営する市場の一つであり，「マザーズ」と同じく新興企業向けの市場である。JASDAQ では一定の事業規模と実績を有し，事業の拡大が見込まれる企業群を対象とした「JASDAQ スタンダード」と，特色ある技術やビジネスモデルを有し将来の成長可能性に富んだ企業群を対象とした「JASDAQ グロース」の二つに市場を区分している。

なお，JASDAQ では通常の市場と同様のオークション方式での売買が行われているが，流動性を供給するためにあらかじめ指定された「リクイディティ・プロバイダー」と呼ばれる証券会社が，自己の計算による注文を毎営業日に必ず発注する制度がある。

「マザーズ」，「JASDAQ」は，両市場とも成長企業を対象としている点について共通しており，現在の市場のポジションとしては，「市場第一部」，「市場第二部」に続いて「JASDAQ スタンダード」，「マザーズ」，「JASDAQ グロー

ス」という順となっている。

市場の成り立ちや，市場第一部や市場第二部へのステップアップを目指しているか否かについて相違があり，上場審査基準についても異なっている。

⑷ PTS

PTS（Proprietary Trading System）は，金融商品取引所ではなく，証券会社などの金融商品取引業者が開設する「私設の取引システム」である。

金商法においてPTSによる業務は金融商品取引業の一つとして規定されており（金商法2条8項10号），業務を行う場合には内閣総理大臣の認可を受ける必要がある（金商法30条1項）。

PTS取引で取り扱われる銘柄は証券会社ごとに異なるが，一般的には証券取引所に上場している銘柄が対象となることが多く，開設者がそれぞれ取引時間や価格形成方法などを決めることができるため，証券取引所の立会時間外となる夜間における取引手法として活用されている。

⑸ 海外の証券取引所

海外における主要な取引所としては，以下のものが挙げられる。なお，日本の証券取引所と協力協定を結んでいる海外の取引所も多い。

① NYSEユーロネクスト

NYSEユーロネクストは2007年にニューヨーク証券取引所（NYSE）とユーロネクストが合併して誕生した証券取引所グループであり，株式や債券のみならず，先物取引やオプション取引など幅広い商品が取り扱われている。

なお，新興企業向けの市場としては，全米証券業協会（NASD）の開設する店頭市場であるNASDAQが世界有数の規模を有している。

② ロンドン証券取引所

ロンドン証券取引所は大企業の属する「メイン市場」と新興企業の属する「AIM市場」などに分かれている。

③　香港，上海，深圳証券取引所

　香港証券取引所においては，香港企業の株式のほか，中国本土に登記している中国企業の株式であるH株，主に中国政府系企業により支配されているが，香港やその他のオフショア地域等，中国本土以外に登記している企業の株式であるレッドチップおよび中国本土の個人により支配されているが中国本土以外に登記しているPチップが，メインボードと新興企業向けのGEMの二つの市場で取引されている。

　一方，上海・深圳証券取引所においては，中国内の投資家およびQFII（Qualified Foreign Institutional Investors）を取得した海外の機関投資家のみが人民元建てで取引可能なA株と，かつては海外投資家向けであったものの現在は中国本土の投資家も外貨建てで取引可能なB株が取引されている。

　2014年に上海・香港ストック・コネクトが，2016年に深圳・香港ストック・コネクトが開始され，海外の一般投資家も香港証券取引所経由で，A株の取引が可能となっている。

2 清算機関，決済機関

(1) 清算機関

①　清算機関の役割と意義

　有価証券の売買が成立した場合，有価証券の買手は売手に対して代金を支払う義務を負うとともに，有価証券を受け取る権利を取得する。一方，有価証券の売手は代金を受け取る権利を取得するとともに，有価証券を買手に引き渡す義務を負う。ここで取引相手が義務を履行しない場合には，自らが損失を被るといういわゆる決済リスクが存在する。1日に大量の有価証券の売買が成立する現代において，当該決済リスクの存在は，有価証券の取引全体に影響を及ぼすことから，決済リスクを削減するため清算機関が必要となる。

　清算機関は，金融商品取引の売方と買方に代わり，売方清算参加者，買方清算参加者の各債務を負担して決済の当事者となる債務引受を行い，対当する債権・債務を相殺するように，有価証券の売付数量と買付数量，支払金額と受取

42 | 第1編 経営

金額の差引計算を行い，差引額のみを決済するためのネッティングを行う。

　ネッティング後，清算機関は証券決済機関，資金決済機関に当該清算機関と各清算参加者との間で証券振替と資金決済を行うよう指図する。

　一連の清算・決済の過程において，清算機関は決済の当事者として清算参加者に対して決済を履行する義務を負う決済履行保証を行う。これらの清算機関の機能により，取引当事者は原取引相手方の決済リスクを意識することなく取引を行うことが可能となる。

② 清算集中

　清算集中とは，一定の金融商品取引について清算機関による清算を義務づけることをいう。金融危機において，CDS取引等の店頭デリバティブ取引の決済リスクが顕在化したことを踏まえ，2009年のG20ピッツバーグ・サミットにおいて，2012年までに標準化されたすべての店頭デリバティブ取引は中央清算機関を通じて清算する合意が行われた。これを受けた2010年金商法改正により，金融商品取引業者は，2012年11月から一定の店頭デリバティブ取引について，清算集中が義務づけられている。

　国内清算機関への清算集中が義務づけられている店頭デリバティブ取引としては，一定の店頭インデックスCDS取引がある。また，国内清算機関，外国清算機関等への清算集中が義務づけられている取引としては，プレーン・バニラ型の円金利スワップ取引が定められている。ただし，取引の当事者の一方が金融商品取引業者等でない場合，取引の相手方がグループ企業である場合，金利スワップ取引等の前年度月末平均残高が3,000億円未満の取引当事者である場合等，一定の適用対象外規定がある。

③ 国内清算機関

　決済の過程で行われる「債務引受」に係る業務は，金商法において「金融商品債務引受業」（金商法2条28項）として規定されている。

　金融商品債務引受業を行うためには，金融商品取引所以外の者が金融商品債務引受業を行う場合には金商法第156条の2の規定による内閣総理大臣の免許が必要となり，金融商品取引所が金融商品債務引受業を行う場合には金商法第

156条の19第1項の規定による内閣総理大臣の承認が必要となる。この免許または承認を受けた者を「金融商品取引清算機関」と呼ぶ（金商法2条29項）。

金融商品取引清算機関が業務を行う際には，業務方法書と呼ばれる書類を作成する必要があり，業務方法書の定めるところによりその業務を行わなければならない。業務方法書には債務引受の対象となる「取引」の条件など，清算・決済に関するルールを定める必要がある（金商法156条の7）。

当該免許または承認を受けた国内の清算機関として，以下の機関が挙げられる。なお，そのほかに，外国金融商品取引清算機関としてエルシーエイチ・リミテッド，Chicago Mercantile Exchange Inc.の2社がある。

ⅰ）日本証券クリアリング機構

日本で初めて清算機関として，金融商品債務引受業の免許を取得したのが，日本証券クリアリング機構（以下「JSCC」という）である。JSCCでは，取引所取引，店頭デリバティブ取引（CDS取引，金利スワップ取引）および国債店頭取引等，幅広い金融商品取引の清算業務を担っている。

ⅱ）ほふりクリアリング

ほふりクリアリング（以下「JDCC」という）は保振機構の全額出資により設立され，2004年4月に金融商品債務引受業の免許を取得している。

JDCCでは清算対象取引を有価証券の売買やその媒介，取次ぎまたは代理としており，また対象となる有価証券も保振機構において扱われる主な有価証券としているものの，一般振替のみを対象とする旨を定めているため，JSCCの清算対象取引とは範囲が異なる。つまり，JDCCが行う金融商品債務引受業は，DVP決済によるものとし，このDVP決済に係る有価証券の引渡しについては一般振替により行うものと定めている。一般振替とは，保振機構の行う口座振替のうち，金融商品市場における取引の決済に係る振替を除くと定められていることから，一般的な取引所取引は除外される。

これは，JDCCが当初より一般振替のDVP決済の実現を目的として設立されたためである。

ⅲ）東京金融取引所

東京金融取引所は，デリバティブ市場を開設する金融商品取引所であると同時に，清算業務を行う清算機関でもある。東京金融取引所の開設する金融商品

市場における市場デリバティブ取引等が清算対象取引として業務方法書に定められている。たとえば，証拠金取引である「くりっく365」や「くりっく株365」，金利先物などの市場デリバティブ取引が対象である。

(2) 決済機関

① 決済機関の役割と意義

　証券決済機関とは，証券を保管し，口座振替（ブックエントリー）による証券取引の処理を行う機関であり，証券集中保管機関や証券保管振替機関と呼ばれることもある。証券決済機関の主な役割としては，証券の保護預りを行うこと，口座振替による証券の決済サービスを提供することが挙げられる。

　我が国においては，2003年にコマーシャル・ペーパーと国債が電子化されて以来，2006年に一般債，2007年には投資信託の受益権が電子化され，さらに2009年１月に施行された「社債，株式等の振替に関する法律」（以下「振替法」という）により上場株式が電子化されたことをもって，証券の電子化に関する一連の法整備が完了し，ほとんどの有価証券が電子化され，株券などの券面は非上場株式などを除いて発行されることはなくなった。これにより株主権などの権利の管理は，証券決済機関，証券会社が管理する口座において電子的に管理されることとなった。

　我が国における証券決済機関は，振替法においては「振替機関」と定義されている（振替法２条２項）。振替機関とは法令にもとづき，株式等の有価証券の振替を行う機関であり，投資家の保有する権利は「振替口座簿」と呼ばれる電子的な帳簿に記録し，当該振替口座簿に増減を記録することにより，権利の発生や移転，消滅などが行われる。つまり振替機関は，単に電子化された有価証券のデータを保管するのみではなく，権利移転等のための振替を行っている。

　振替口座簿を用いた振替制度では，図表1-3-2のとおり振替機関を頂点とした階層構造となっている。具体的には，振替機関内に証券会社が口座を開設し，当該証券会社がそれぞれ顧客の有価証券のデータを管理するための振替口座簿を保有している。

　顧客のデータを管理するために振替機関に口座を開設する証券会社は「口座管理機関」と呼ばれる（振替法44条）。この口座管理機関には証券会社のほか

図表1-3-2　振替口座簿の構造

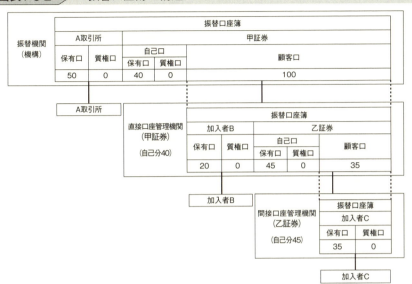

（出所）保振機構「株券等の電子化に係る制度要綱の概要」より引用。

に銀行，信託会社などの金融機関も口座管理機関となることができる。

　振替法上，株式等の権利は，口座が開設されている振替機関，口座管理機関の振替口座簿それぞれに記録されることによってその効力が生じる仕組みとなっている。

② 　国内決済機関（振替機関）
　ⅰ）証券保管振替機構
　振替機関となり有価証券の振替を行うためには，一定の要件を満たしたうえで，振替業を営む者としての指定を受ける必要がある（振替法3条1項）。証券保管振替機構（以下「保振機構」という）は，当該指定を受け，株式，一般債，短期社債，投資信託の受益権等のさまざまな有価証券の口座振替を行う振替機関である。
　株式等振替制度を例にすると，保振機構の主な機能には，預託，保管，口座振替，実質株主通知が挙げられる。
　保振機構の参加者は，自己保有の株式，および顧客から預託を受けた株式を

保振機構に預託する。預託された株式は，保振機構で集中的に管理され，参加者の自己保有分と顧客預託分の各口座において保管される。

保振機構に預託されている株式を売買した際の証券決済（受渡）は，保振機構の管理する参加者口座間の振替により行われる。

また，保振機構では，預託された株式の名義を株主名簿上は保振機構の名義に書き換える。そのうえで，口座管理機関からの報告を受けて，権利確定日における実質株主を発行会社に通知する総株主通知を行う。株主総会の議決権行使や剰余金の分配等は，発行会社が総株主通知から作成する株主名簿の記載にもとづき行われる。

なお，保振機構では，有価証券の保管や振替のみならず，決済照合サービスも行っている。これは証券会社や投資信託の運用会社など，膨大な有価証券の取引を行う機関について，当事者間での売買決済データ等の照合を行うものである。

ⅱ）日本銀行

振替法第47条では日本銀行が振替に関する業務を営む場合の特例が定められており，日本銀行は当該特例により振替業を営む者としての指定を受けている。振替法第47条で規定している振替業は，国債に限定されているため，日本銀行が取り扱うことのできる有価証券は国債のみである。

現物取引における清算機関，決済機関を横断的に示したものが図表1-3-3である。

図表1-3-3　清算機関，決済機関

<証券決済が完了するまでの流れと証券保管振替機構の役割>

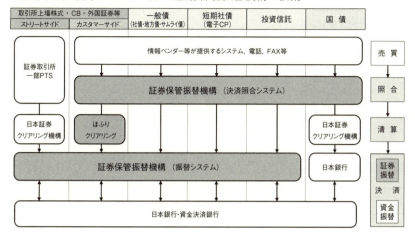

(注1) 投資信託の照合は，決済照合システムだけではなく振替システムで行っている。
(注2) ほふりクリアリング，日本証券クリアリング機構を利用しない取引もある。
(出所) 保振機構ホームページ会社概要より引用。

(3) 海外の主な決済機関

日本国内の証券会社が海外の有価証券を取り扱う場合には，下記のような海外の証券決済機関（カストディアン）を利用する。

① DTCC (The Depository Trust & Clearing Corporation)

DTCCはアメリカにおいて証券決済を行うグループであり，主な子会社としては証券決済機関であるDTC (The Depository Trust Company) と清算機関であるNSCC (National Securities Clearing Corporation) などを有している。

DTCでは株式，社債，地方債，投資信託，コマーシャル・ペーパーなどの幅広い商品が取り扱われている。

② ユーロクリア (Euroclear)

ユーロクリアグループは欧州最大の決済機関であり，Euroclear BankやEuroclear France, Euroclear UK & Ireland Limitedなどを子会社として有している。

各国内での決済業務を行うEuroclear FranceやEuroclear UK & Ireland Limitedに対し，Euroclear Bankは国際決済機関として国際取引の決済を行っている。

48 | 第1編　経営

3　日本証券業協会

(1)　日本証券業協会

　日本証券業協会は，証券会社や登録金融機関などの協会員[2]が行う有価証券等の売買その他の取引およびデリバティブ取引等を公正かつ円滑にならしめ，金融商品取引業の健全な発展を図り，もって投資者の保護に資することを目的として設立されている。

　日本証券業協会は，金商法第67条の2の規定により内閣総理大臣の認可を受けた認可金融商品取引業協会であり，認可を受けることにより法人格を付与されるとともに，店頭売買有価証券市場（グリーンシート）を開設することも可能となる。

　日本証券業協会は，①自主規制業務，②金融商品取引業および金融商品市場の発展に資する業務，③国際業務と国際交流の三つを主な業務としている。このうち，自主規制業務の主要なものについて，以下で詳述する。

(2)　自主規制業務

　日本証券業協会の自主規制業務は，具体的に以下のとおりである。

①　自主規制ルールの制定，実施

　日本証券業協会は証券会社等の協会員に対して主として次に記載する規則を設けている。

ⅰ）自主規制規則

　協会員の有価証券の売買その他の取引等に関する公正な慣習を促進して，不公正な取引を防止し，取引の信義則を助長するために定める規則である。

　具体的な規則としては「協会員の投資勧誘，顧客管理等に関する規則」や「協会員の従業員に関する規則」，「事故の確認申請，調査および確認等に関す

---

　(2) 協会員とは，会員（証券会社），特別会員（銀行，信用金庫，信用組合および保険会社等の登録金融機関）および特定業務会員をいう。

る規則」などがあり，協会員が行う勧誘や顧客の管理方法などについて規定している。

なお，証券会社の経理において固有の勘定科目や経理処理方法を規定する「有価証券関連業経理の統一に関する規則」や金商法第43条の2に定める顧客資産の分別管理について規定する「顧客資産の分別管理の適正な実施に関する規則」も自主規制規則の一つである（「有価証券関連業経理の統一に関する規則」の詳細については，第2編第1章を参照）。

ⅱ）統一慣習規則

協会員の有価証券の売買その他の取引等およびこれに関連する行為に関する慣習を統一して，取引上の処理を標準化し，その不確定，不統一から生じる紛争を排除するために定める規則である。

具体的な規則としては「債券等のフェイルの解消に関する規則」などがあり，フェイルや名義書換の失念，事故証券等の取扱いについて規定している。

ⅲ）紛争処理規則

有価証券の売買その他の取引等に関する顧客と協会員間および協会員相互間の紛争の迅速かつ適正な解決に資するために定める規則である。

具体的な規則としては「協会員と顧客の紛争等の解決のための業務委託等に関する規則」があり，顧客からの苦情や紛争解決の申立てに関しての対応が規定されている。

② 協会員に対する監査およびモニタリングの実施

金商法では認可金融商品取引業協会に対して，協会員が法令や諸規則，取引の信義則の遵守状況等の調査を実施しなければならない旨を定めているため，これに対応して，日本証券業協会では定款において監査に関する事項を定めている。

日本証券業協会の監査は，協会員に対して，法令・諸規則および信義則の遵守状況等を点検するために監査対象先の本支店等を直接訪問して実施する。なお，証券取引等監視委員会は，日本証券業協会の監査の状況を検査するとともに，協会員に対しても検査を実施している。両者は情報交換を行い，連携態勢を構築することで実効性を高めている。

50 第1編 経営

一方，日本証券業協会のモニタリング調査は，会員から財務状況や顧客資産の状況等に関する定期報告にもとづいて集計や分析を行うとともに，その状況等について適宜点検を行うもので，たとえば，財務状況が悪化した会員を抽出した場合には，今後の財務状況の改善計画等を調査する。

協会員が法令や行政官庁の処分，もしくは定款その他の規則に違反し，または取引の信義則に違反した場合には，当該協会員に対し，過怠金を科し，定款の定める協会員の権利の停止もしくは制限を命じ，または除名処分とすることができる。

③ 外務員制度

外務員とは，日本証券業協会の協会員となっている証券会社等に所属して，顧客に対して金融商品等を勧誘する等の金融商品取引業務を行う者をいう。外務員には投資者保護の観点から，金融商品に関する専門知識や法令・諸規則を遵守して公正かつ健全な取引を行うことが求められるため，日本証券業協会では外務員の資質の適格性を確保するための外務員資格試験制度を設けるとともに，国からの委託により外務員の登録事務を行っている（金商法64条の7）。

④ 証券取引等の苦情・相談，あっせん

日本証券業協会は，協会員および金融商品仲介業者の業務に関する顧客からの苦情・相談に応じるほか，顧客と協会員との間の証券取引等に関する紛争の解決を図るため，「あっせん」を行うこととなっているが，現在では，そうした苦情・相談およびあっせん業務については，特定非営利活動法人証券・金融商品あっせん相談センター（FINMAC）に業務委託している。

FINMACは，金融分野の裁判外紛争解決手続（金融ADR）の専門機関として，中立・公正立場で苦情・紛争を解決する業務やこれに付随する業務に取り組んでいる。業務委託元（協定締結元）の自主規制機関として，日本証券業協会だけでなく，一般社団法人投資信託協会，一般社団法人日本投資顧問業協会，一般社団法人金融先物取引業協会および一般社団法人第二種金融商品取引業協会がある。

第4章

証券会社のガバナンスと
リスク管理

1 証券会社のガバナンス

　証券会社は事業を行ううえでさまざまなリスクを取っており，これらのリスクを会社の戦略に沿って適切に，かつ，効率的に管理するため，コーポレート・ガバナンスを構築する必要がある。

　ここでは証券会社に求められるガバナンス体制について概要を説明する。

(1) コーポレート・ガバナンス

　コーポレート・ガバナンスの定義には諸説あるが，東京証券取引所が2015年6月に公表したコーポレートガバナンス・コードでは，「会社が，株主をはじめ顧客・従業員・地域社会等の立場を踏まえた上で，透明・公正かつ迅速・果断な意思決定を行うための仕組み」としており，2015年7月にバーゼル委より公表された「銀行(1)のためのコーポレート・ガバナンス諸原則」においては，「経営陣，取締役会，株主およびその他の利害関係者間の一連の関係であり，会社の目的を設定し，その目的を達成し，達成状況をモニターするための手段を決定する仕組みを提供するもの」と定義している。

　すなわち，コーポレート・ガバナンスは，会社の戦略を実現するために設定される仕組みであり，株式会社においては，株主を始めとする利害関係者への説明責任を果たすよう設定することが要請される。会社の事業内容，リスク，

---

(1) ここでいう銀行には，投資銀行である証券会社も含まれる。

図表1-4-1　ガバナンスのイメージ図

規模，複雑性や社会的影響力等によって，設定すべきコーポレート・ガバナンスは異なるが，一般的に，株式会社においてコーポレート・ガバナンスは，以下のボードガバナンスと組織ガバナンスで構成される（図表1-4-1参照）。

(2) ボードガバナンス

ボードガバナンスとは，利害関係者の要求にバランスよく応える経営執行を確保するために，取締役会が経営執行を監視・牽制する仕組みであり，利害関係者の要求事項を経営執行に反映させるための経営方針・戦略に関する意思決定プロセスである。

(3) 組織ガバナンス

組織ガバナンスとは，取締役会から経営執行を委託されたCEOが，ボードガバナンスで設定された経営方針にしたがい，組織を適切に機能させるための仕組みであり，エグゼクティブガバナンスと内部統制によって構成される。

① エグゼクティブガバナンス

エグゼクティブガバナンスとは，取締役会の意思決定を，健全に経営執行に反映させるための仕組みであり，CRO，CCO，CFOといったエグゼクティブの権限と責任を規定し，CEOの下で相互牽制関係を構築することで，CEOの意思決定の健全性を確保し，取締役会への説明責任を果たすというメカニズム

である。

② 内部統制

　内部統制とは，CEO が上記エグゼクティブガバナンスの下で，経営レベルにおける指標・目標を日常の活動レベル，活動単位に整合的にブレークダウンした目標や業務要件を達成するために，当該活動単位で設定される組織のあり方や人の動き方を定めたものであり，「業務の適正を確保するための体制」[2]である。こうした活動単位の内部統制が，相互に連関することで経営レベルの指標・目標が合理的に達成できる。

　バーゼル委は，金融機関の内部管理体制において，以下の三つの防衛線（Three Lines of Defense Model）の適用を要請している。

ⅰ）第一の防衛線（ビジネス部門）

　第一の防衛線とは，リスクを取得し，収益責任を負うビジネス部門のことであり，リスクの取得とその継続的な管理を行う。すなわち，リスクアペタイトやポリシー，手続等を遵守して，リスクを識別，評価，管理し，報告する責任を有する。

ⅱ）第二の防衛線（リスク管理部門）

　第二の防衛線とは，第一線から独立した全社的なリスク管理部門のことであり，第一線のリスク取得・管理活動の適切性について分析・評価・監視・牽制・支援を行う。すなわち，リスク管理部門は，第一線がしたがうべきリスク管理活動の枠組み，ポリシーや手続等を設定し，その運用の適切性をモニタリングする責任を有する。

ⅲ）第三の防衛線（内部監査部門）

　第三の防衛線とは，取締役会のための執行体制の検証機能である内部監査部門であり，（理論上）CEO から独立している必要がある。内部監査部門は，次の(4)のリスクガバナンスフレームワークが適切に設計，運営されているかについて独立の立場でレビューし，取締役会に保証する責任を有する。

---

(2) 会社法第362条4項6号。

(4) リスクガバナンスフレームワーク

　前述の「銀行のためのコーポレート・ガバナンス諸原則」において，金融機関は，継続的にリスクを識別，評価，監視することが要求されており，取締役会は，コーポレート・ガバナンスの一部として，強固なリスクガバナンスフレームワークを設定することが要求されている。また，日本の会社法施行規則第100条第1項第2号においても，取締役会は，「損失の危険の管理に関する規程その他の体制」，すなわち，リスク管理体制を整備することが要求されている。

　リスクガバナンスフレームワークとは，リスクを識別，測定，管理，コントロールするためのフレームワークであり，これにもとづき取締役会や経営陣は，会社の戦略やリスクアプローチを決定するとともに，戦略に対するリスクアペタイトやリスクリミットを明確化し，その遵守状況をモニターする。証券会社においても，リスクガバナンスフレームワークのもとで，リスクカルチャーを醸成し，リスクを識別，測定，管理，コントロールするリスク管理体制を整備する必要がある。

2 証券会社のリスクと管理

　このように，証券会社は事業を行ううえで直面するさまざまなリスクを適切に管理するためのリスク管理体制を整備する必要がある。証券会社は，一般に市場の変動の影響を受けやすい業種であるだけでなく，規制や決済インフラ等の外部環境の変化に対応しなければならないことに加え，顧客情報の保護やITを含むシステムの運用といった内部管理的な側面においても非常に多くのリスクを抱えている。以下では，図表1-4-2のとおりリスクを分類し，それぞれについて概観するとともに証券会社における管理手法，組織体制について説明する。リスクの分類については諸説あるが，本章では以下の分類にしたがって解説を進める。

第4章 証券会社のガバナンスとリスク管理

図表1-4-2 証券業における主なリスク

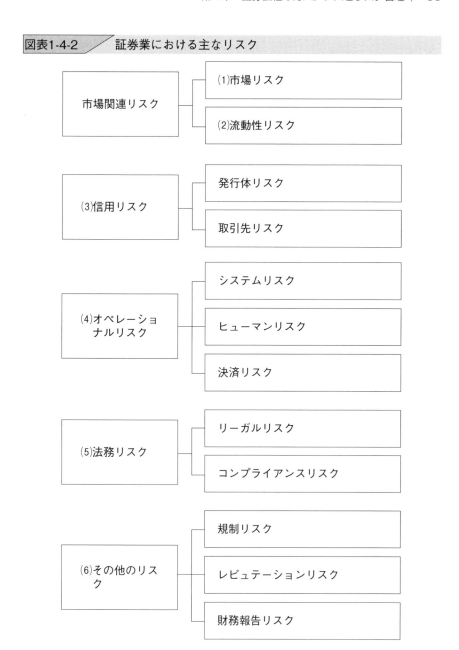

(1) 市場リスクと管理

　証券会社は，自己売買及び顧客取引のためにトレーディングポジションを保有する。このポジションは市場価格（公正価値）の変動リスクにさらされるが，この価格変動リスクを市場リスクという。市場リスクには，金利や為替レート，株価等あらゆる市場の変動が含まれる。

　市場リスクを管理するための指標の一つとして，Value at Risk（以下「VaR」とする）がよく知られている。VaR とは保有期間中に一定の確率でポートフォリオに発生しうる最大損失額を統計的に表示したリスク指標である。

　証券会社においては，リスク管理部門（ミドル部門）が VaR を日次で計算し，ポートフォリオが事前に設定された VaR のリミットを超えるようなハイリスクな状態になっていないかについて全体的にモニターしている。

　なお，VaR は一般に通常の市場変動と過去の相関を想定して計算された最大損失額となっており，市場が想定外の動きを見せた場合には有効ではないため，VaR とは別にストレステストを併せて実施することが求められる。

　VaR やストレステストは主に会社全体のリスクの把握・管理に使用されるものであるが，より直接的にフロント部門が負っているリスク量を把握・管理するための指標としてさらにデルタ，ガンマ，ベガ，セータ，ローといったリスク指標（ギリシャ指標）を用いている。これらのギリシャ指標は，それぞれ市場価格の変化がポートフォリオの損益にどの程度影響を与えるかを表すものであり，一つ一つのリスク指標についてリスクリミットを設定，管理する体制が一般的である。リスク指標にはデリバティブ取引特有のものもあることから，それぞれの内容や特性等については，第2編第8章③にて解説する。

(2) 流動性リスクと管理

　流動性リスクには，資金流動性と有価証券等のポジションの流動性の二つが含まれる。

　資金流動性は，想定外のクレジット・クランチや市場の急変で資金調達コストが急増したり資金繰りが厳しくなるリスクである。資金調達部門が，コンティンジェンシープランをあらかじめ策定し危機時においても一定期間は資金

を確保できる体制を整えておくこと，コミットメントライン契約等の締結により危機時の資金調達ルートを確保しておくこと，資金調達源を分散すること，運用と調達の期間のミスマッチがないかをモニターすること等によって管理される。

有価証券等のポジションの流動性リスクは，市場の混乱等により市場において有価証券等の取引ができない，または通常よりも著しく不利な価格での取引を余儀なくされ損失を被るリスクである。前述の市場リスクと一体となって管理されるものであるが，流動性の低い市場や商品にポジションが集中しないよう，あらかじめ限度枠を設定し管理するといった方法が考えられる。

⑶ 信用リスクと管理

信用リスクには，発行体リスクと取引先リスクの二つが含まれる。

発行体リスクとは，証券会社が債券等の弁済義務のある有価証券を保有している場合に，その発行体が義務を履行しないことにより損失を被るリスクをいう。証券会社は特定の発行体にリスクが集中しないよう，格付別の取引限度枠を設けて管理している。また，国別の限度枠も設けることにより，カントリーリスクの高い国に対して，過度にリスクをとらないよう管理されている。

取引先リスクとは取引先（顧客）に対して債権を保有している場合に，取引先（顧客）が弁済義務を履行しないことにより損失を被るリスクをいう。一般に，銀行業等と異なり証券業は信用力供与を主たる業務としていないため取引先リスクが最重要課題となる場合は少ないと考えられるが，店頭デリバティブ取引では顧客に対する債権が発生し，また信用取引や為替証拠金取引などは担保内での与信を前提としているものの，市場混乱局面では担保不足に陥り信用リスクが顕在化する可能性がある。顧客および取引先について内部格付を付与し，格付ごとに取引限度額を設ける，もしくは取引先（顧客）に対して正味の債権が発生した場合には担保もしくは追加の差入証拠金等を徴求するといった形で管理が行われる。

⑷ オペレーショナルリスクと管理

オペレーショナルリスクには，人為的な事務処理ミスを原因とするもの

（ヒューマンリスク）や IT システム上の不具合を原因とするもの（システムリスク）がある。また，バック部門の重要な機能に，金融商品の受渡し，売買代金の決済があるが，何らかの理由によりこれらの決済が適切に行われないリスクを決済リスクという。ヒューマンリスクを管理するためには，データの入力ミスや照合漏れを防ぐため，複数担当者によるチェックや上位者による承認手続をマニュアルやチェックリストの整備等により徹底するとともに，研修実施等の社員教育を行い担当者の業務知識の品質保持を図る必要がある。

　システムリスクについては，高度に IT 化された現在の証券業においては特に重要なリスクである。システムリスクは単なる IT システム上の不具合だけでなく，外部からの不正アクセスや災害時のシステムダウンといった脆弱性に起因するリスクも含まれる。システムリスク対策は証券会社の重要な経営課題であり，経営陣によって策定された管理方針にしたがい，海外のグループ会社を含め，IT 関連部門だけでなく各部門が協力して対応にあたる必要がある。

(5)　法務リスクと管理

　法務リスクとは，各種取引上の契約や法令等において契約違反や法令遵守違反が生じ，損害賠償や罰則の適用等により損害を被るリスクのことをいう。

　法務リスクをリーガルリスクとコンプライアンスリスクとに大別し，前者を法務部門，後者をコンプライアンス部門が管理していることもある。その場合のリーガルリスクは，個々の契約上の権利義務の不確実性から生じるさまざまなリスクを意味し，会計上も，たとえばM&Aアドバイザリー業務においては，契約書上で定義された役務の提供内容が収益認識ないしは手数料金額の算定の際に問題となることもある。証券会社はほかにもさまざまな契約を締結しているが，リーガルリスクを考慮して，これらの契約書の内容や文言を法務部門がチェックしている。一方，コンプライアンスリスクには，法令遵守全般が含まれ，たとえばインサイダー取引規制，金融商品販売時の顧客への説明義務，個人情報の保護等，対象となる法令・規制の内容は非常に広範囲にわたる。コンプライアンス部門は法令遵守違反が起こらないようさまざまな防止策を企画・運営する役割を担っており，法令等の更新状況を適宜把握するとともに，最新の法令等にもとづいて社内ルール・手続が策定されていることを確認する。

法務リスクは専門的な法律の解釈を要することもあることから，法務部門・コンプライアンス部門だけでなく，必要に応じて外部弁護士が関与する場合もある。

⑹　その他のリスクと管理

これまで挙げたリスク以外に，証券会社にとって重要なリスクとして下記のようなものが考えられる。

①　規制リスク

証券業は金商法や関連する規制を受け，業務範囲を制限されるほか，法令等の変更により，提供する商品やサービス，ビジネスプロセスの変更を余儀なくされる可能性がある。規制に違反した場合，監督官庁の検査により行政処分を受ける可能性もある（本編第2章参照）。

②　レピュテーションリスク

ビジネス形態により違いはあるが，一般に証券会社は幅広い顧客層を取引先に持つため，その社会的レピュテーション（評判）はビジネスに直接影響を与える。顧客が証券会社を選定する際には，手数料等の取引条件，商品・サービスだけでなく，証券会社自体のレピュテーションも重要な要素となり得る。監督官庁による行政処分や新聞報道されるような不祥事は，レピュテーションリスクの要因となる。

③　財務報告リスク

株式会社形態をとる証券会社は，会社法上，一般に公正妥当と認められる企業会計の慣行にしたがって計算書類を作成し，株主に報告しなければならない（会社法431条）。同様に，金商法上，証券会社には，事業報告書の作成が求められている（金商法46条の3，金商業等府令172条）。また，上場証券会社については，金商法の規定により有価証券報告書を作成し，投資家に報告する責任がある（金商法24条）。

不適切な財務報告により，自社の株主や投資家等の利害関係者に損害を与え

るリスクがあるだけではなく，自己資本規制比率の算定や顧客資産の分別管理義務を通じ，顧客その他の投資家に損害を与えるリスクや監督官庁の行政処分を受けるリスクもある。

(7) 組織体制

証券会社の組織は，ビジネスプロセスにしたがい，フロント部門，ミドル部門，バック部門の三つに分ける考え方がある。ミドル部門やバック部門はともに，顧客や市場と取引することのない内部部門であり，リスク管理上，重要な役割を担っているが，その定義や範囲については，ミドル部門が取引の複雑性と技術の進歩にしたがってバック部門から分離して，新たに定義されたという経緯もあり，会社によって異なっているが，一般的に以下のとおり分類される。

① フロント部門

顧客や市場と取引を約定する部門，顧客のための商品を設計開発する部門，トレーディングを行う部門等，ビジネスを行っている部門を総称してフロント部門と呼ぶ。具体的には，トレーディングビジネスであれば，対市場で取引を行ったり顧客に価格を提示したりするトレーダーや，顧客に対する営業を行うセールスなどがこれにあたる。投資銀行ビジネスであれば，M&Aアドバイザリーを行っている部門や引受部門などが該当する。また，セールス等と協働しながら顧客への情報提供を行うリサーチ部門や，市場動向を分析しつつ新商品の設計・開発等を行うマーケティング部門のようなビジネスを直接的にサポートする部門も一般にフロント部門に含まれる。フロント部門は，取締役会が設定したリスクアペタイトおよび経営陣の設定したリスクリミットに沿って，市場や顧客等と直接取引しサービスを提供することでリスクを取得し，収益を獲得することが求められる。

② ミドル部門

証券会社におけるミドル部門とは，フロント部門とバック部門の間に位置する部門であり，フロント部門を収益獲得の観点から，より直接的にサポートする部門をいう。具体的には，リスク管理を行うリスク管理部門や，社内ルール

や法規制等への遵守状況を監視するコンプライアンス部門，プロジェクトの企画運営を担う企画部門など，さまざまな部門が挙げられる。リスク管理部門においては，フロント部門が取得したリスク量の計測，リスク状況のモニタリング，リスクアペタイトステートメント等で設定されたリスク方針・リスクリミットに対するリスク状況を経営陣に報告することが主な役割となる。

③　バック部門

　証券会社のバック部門とは，管理業務やサポート業務など，会社が行う活動の裏方を担う部門であり，フロント部門が約定する取引の内容の確認や決済機能を担うオペレーション部門や，経理処理を行う経理部門，ポジションや損益を確定する機能を担うプロダクトコントロール部門，従業員の人事管理を行う人事部門等をいう。なお，証券会社の業務内容・業務分掌によっては，プロダクトコントロール部門や，資金管理・調達を行う財務部門，IT 部門については ミドル部門とされる場合もある。

62 | 第1編 経営

第5章

証券業の今後の経営課題と
展望

1 日本版金融ビッグバン以降の証券市場の改革

　1996年以降のいわゆる日本版金融ビッグバンの動きは，その後，証券業界へのさまざまな変化をもたらしたが，これらは規制緩和によるプレーヤーの拡大，金融商品の拡大，決済インフラの強化等を通じて，市場原理にもとづく自由・公正・国際的な証券市場への構造改革を進めてきたものである。

　具体的には証券業の許可制から登録制への移行，株式売買手数料の自由化，取引所集中義務の撤廃による取引所外取引の実施，銀行等投資信託窓販の開始，ETF（上場投信）・J-REIT（上場不動産投信）の開始，株券等の有価証券のペーパーレス化をはじめ，有価証券の電子決済システムの導入，証券仲介業制度の導入，証券・銀行のファイアーウォール規制の漸次的な見直し，証券取引所の再編等であり，この間，証券取引法から金融商品取引法への移行，改正が行われている。

2 証券業における経営課題

　このような証券市場の構造改革の背景には「貯蓄から投資」の促進が意図されているが，規制緩和による証券業の競争が激しくなる一方，個人投資家の「貯蓄から投資」への移行が十分に行われていない感がある。変化するビジネス環境のなかでいかに個人を有価証券投資へと導き，その金融資産形成に寄与していくことができるのかが証券業経営の大きな課題であり，同時に収益機会

であるといわれている。

(1) 社会環境の変化と経営課題

① 少子高齢化

2015年から2035年にかけて総人口は9％以上減少し，2015年には15～64歳人口の割合が60.8％であったものが2030年には56.4％に減少する一方，65歳以上人口の割合は，2015年には26.6％であったものが2035年には32.8％に上昇することが予測されている（国立社会保障・人口問題研究所「2017年日本の将来推計人口」）。このような少子高齢化が急速に進むことにより，公的年金・医療等の社会保障制度における負担増加と給付の削減について議論されている。

② 企業年金制度の変化

企業年金においては，確定給付型年金資産の運用利回りが予定利率を下回る事態が恒常化し，多くの企業で積立て不足により年金債務の増大による負担が増加した結果，確定拠出型年金（日本版401k）への移行が進んでいる。個人型確定拠出年金（iDeCo）は，2017年に適用範囲が拡大され，自営業者および勤務先に企業年金がない会社員のほか，勤務先に厚生年金基金または確定給付企業年金がある会社員，企業型確定拠出年金がある会社員，公務員，専業主婦（主夫）も利用できることとなり，ほぼすべての現役世代が利用できることとなった。

③ 社会環境の変化による経営課題

このような状況下では，老後資金の金融資産運用が今後一層重要となり，また現役世代においても運用意識が一層高まることになると思われる。図表1-5-1は世代別の金融資産保有残高を示したものであるが，特に60歳以上の保有割合が圧倒的に大きくなっており，所得はあるが相対的に金融資産が少ない現役世代と，金融資産に大きく依存する退職世代のライフサイクルに沿った運用をどのように支援していくのかも，証券会社の課題である。

図表1-5-1　世代別の金融資産残高

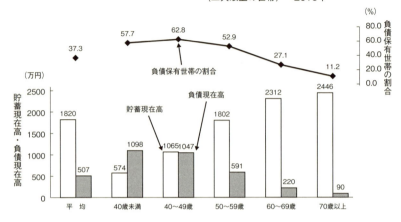

(出所)　総務省家計調査年報(家計収支編)平成28年(2016年)家計の概要。

(2) 個人投資家の動向と経営課題

① 個人の保有金融資産

　我が国における個人の保有金融資産は約1,800兆円に達している。

　個人は，金融資産を株式，債券，投資信託等の有価証券を直接保有するほかに，預金，保険，年金の拠出を受けた銀行，保険会社，年金基金等の機関投資家によって運用されることにより，間接的に有価証券を保有している。個人の有価証券への直接投資の状況は，図表1-5-2によれば，足元では，株式相場の回復を背景に，株式や投資信託等のリスク資産の保有割合が増加しているものの，長びく経済成長の低迷やデフレ，円高を背景にそれほど大きくなっていない。一方，現金・預金の保有割合は，依然として過半を占めている。さらに，日米欧の個人の保有する金融資産構成について比較しても，日本の個人が保有する金融資産は，株式，投資信託が少なく，現金・預金が極端に大きくなっている(図表1-5-3)。また，金融資産のうち外貨建てで保有している割合は3％程度と，きわめて低い(図表1-5-4)。

第5章 証券業の今後の経営課題と展望 | 65

図表1-5-2　我が国における個人の保有金融資産推移

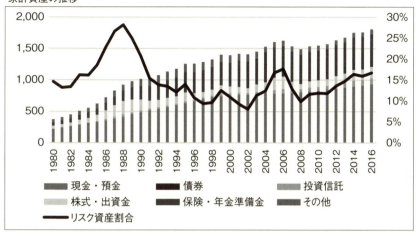

（注）　リスク資産割合は，株式・出資金，投資信託，その他のうち対外証券投資の割合を算出。
（出所）　日本銀行の資産循環統計をもとに著者作成。

図表1-5-3　個人の保有する金融資産の日米欧比較

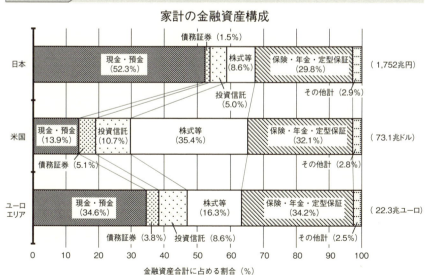

＊「その他計」は，金融資産合計から，「現金・預金」，「債務証券」，「投資信託」，「株式等」，「保険・年金・定型保証」を控除した残差。
（出所）　日本銀行資金循環統計。

図表1-5-4　家計の外貨資産

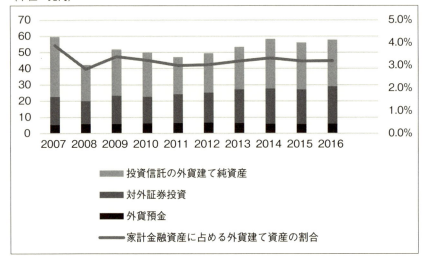

(出所)　外貨預金，外貨建て証券投資は，日本銀行 資金循環統計・家計。
　　　　投資信託の外貨建て純資産は，投資信託協会 資産運用状況に関する統計 外貨建純資産総額の推移。
　　　　家計金融資産に占める外貨建て資産の割合は，これらのデータより推計。

② 個人投資家の動向に対する経営課題

　このような背景にはバブル崩壊後，度重なる金融危機等における運用パフォーマンス低下によるリスク回避が一因といわれている。しかし，徐々にではあるが，インフレや円安に対する金融資産価値の保全や老後資金の資産形成の観点から，国内株式や投資信託への投資のほか，外貨建て資産への投資，新興国等の成長経済に対する投資，グローバルな地域やさまざまな資産クラスへの分散投資といったニーズが高まっている。今後一層証券業が個人の資産ポートフォリオについてのニーズをきめ細かく把握し，どのようにビジネスにつなげていくのかという課題がある。

(3) 証券取引の変化と経営課題

① 株式取引主体

　投資部門別株式売買状況（図表1-1-3参照）によれば，2016年の株式取引で

は金額ベースで70%以上が海外投資家であるように，日本株市場において海外投資家の存在が著しく高まっており，一方では個人投資家は減少している傾向にある。海外投資家の投資意思決定には，他国や他の商品との比較による日本株式の投資対象としての優位性・潜在性や政治リスクのほか，為替レートの動向が影響を与え，日本の個人投資家とは異なる投資行動をとることもあり，日本の株式市場では，売り買いが交錯する場面もある。

② 株式取引機能の強化

ⅰ）アルゴリズム高速取引

アルゴリズム取引とはコンピュータシステムが株価や出来高などに応じて，株式売買注文のタイミングや数量を決めて自動的に注文する取引をいう。また，HFT（High Frequency Trade）とは，情報技術の発展を背景に，処理速度に優れたコンピューターと，高速の通信技術やコロケーションサービスを用いて，アルゴリズムにより，ミリ秒未満の頻度で注文やキャンセルを繰り返す高速取引をいう。市場の流動性を供給し，海外投資家や機関投資家等が大口取引のマーケットインパクト等のコストリスクを削減する効果があるといわれている[1]。

ⅱ）取引の高速化

2010年1月に東京証券取引所は，注文執行処理速度を大きく高速化させた株式売買システムの「arrowhead（アローヘッド）」を導入し，よりアルゴリズム高速取引を取り込むことも可能となった。また，2015年9月には，処理能力の向上等のためのリニューアルを行っている。

ⅲ）取引時間延長

取引所外取引であるPTS（私設取引システム）により，海外市場の状況に対応した夜間取引等が可能となっている。

---

[1] 一方で，市場におけるボラティリティの急激な上昇，システムの脆弱性，等の懸念も指摘されている。日本でも，規制当局，取引所がHFTの実態を把握し，監督機能を果たせるよう，高速取引を行う者に対する登録制の導入，体制整備・リスク管理に係る措置，当局への情報提供等の枠組みを整備するため，2017年に金商法が改正されている。

68 | 第1編 経営

③ 金融商品の拡大

　個人投資家の投資対象商品は，主に国内外の株式，公募投資信託，外国債券，個人向け国債（債券），ETF および J-REIT 等である。最近の低金利やマイナス金利の環境下においては，国債に比して高金利の低格付債券や外国債券，仕組債等において，発行体や通貨，仕組条件において変化が見られる。また，投資信託についても，さまざまな公募投資信託が新たに募集される一方で，ETF についても，国内株価指数，米国等の先進国のみならず新興国を含む各国の株価指数，商品（コモディティ）に関連するもの等100銘柄を超えている。

　また，個人向けのサービスについても，現物取引や信用取引のみならず，証券担保貸付や，デリバティブ取引やラップ口座等，サービスの種類が拡大している。

④ 証券取引の変化に対する経営課題

　このような証券市場の変化に対して個人投資家をどのように証券取引に取り込むかが課題である。取引の高速化は機関投資家へのメリットが大きいといわれているが，一方では市場の安定性や効率性，投資家間の公平性，中長期的な企業価値にもとづく価格形成，システムの脆弱性などの観点から懸念を指摘する声があり，個人投資家にもどうメリットがあるのか，また個人投資家が取引時間の拡大をどう活かしていくのか，さらには金融商品の多様化により選択肢は広がったものの，むしろ金融商品の複雑性を増した結果，自らの判断でニーズに合った金融資産のポートフォリオをどう構築していくのか，等が課題となる。これは，証券取引インフラの拡充のメリットを，証券会社が個人投資家のニーズに合った形の商品，サービス，販売チャネルを通じて的確に提供し，投資家に享受させることにより，証券市場の拡大にどうつなげていけるのかという課題にほかならない。

3 証券業の今後の展望

　証券業は主に対面チャネルを中心とする証券会社，インターネット証券会社，銀行・証券連携型証券会社に区分されるが，共通する経営課題はいずれも増加

する余地があるといわれている個人投資家の有価証券投資を引き出し，また差別化により一定の地位を確保することにある。

　このなかで重要なことは情報提供力と多様で的確なソリューションの提供である。たとえば個人投資家のライフサイクルに沿った運用を実践するために各年齢層に応じた投資教育の提供が一層重要となるであろうし，また個人投資家と市場参加者との情報格差をいかに解消させ顧客ニーズに合った情報を適時に選択して提供し，さらには顧客資産のリスク管理におよぶこともあると考えられる。また，市場環境の変化に応じて，顧客に対して的確な投資商品または，多様な選択肢を合理的なコストで提供できるようにしていくことも競争力という点では重要なものと考えられる。そのためには人や IT システムによる情報提供力を一層高めることにより，適切な市場仲介者として顧客と強固な信頼関係を構築することが求められるほか，市場動向を踏まえながら，より顧客の立場に立った営業戦略や商品開発が求められる。

第2編

業務プロセス・会計

第1章

証券業経理総論

1 有価証券関連業経理の統一に関する規則

　証券会社は事業年度ごとに，一般に公正妥当と認められる企業会計の慣行にしたがって事業報告書を作成し，内閣総理大臣に提出しなければならないとされており（金商法46条の3第1項，金商業等府令172条2項），この「一般に公正妥当と認められる企業会計の基準」として，日本証券業協会が「有価証券関連業経理の統一に関する規則」（以下「統一経理基準」という）を定めている。有価証券報告書の経理の状況に記載される財務諸表に関しては，証券業は別記事業として定められていることから，一般の会計処理と異なり統一経理基準の定めにより作成する（財務諸表等の用語，様式及び作成方法に関する規則（以下「財規」という）2条）。四半期財務諸表，連結財務諸表等においても同様の規定がある。また，会社法による計算関係書類に関しても，別記事業として統一経理基準の定めにより作成する（会計規118条）。なお，統一経理基準は，金商法第28条第8項に規定する有価証券関連業固有の勘定科目や経理処理を定めており，その他の事項については一般の会計基準が適用される。

2 証券会社特有の会計処理・開示項目

　証券会社特有の会計処理や開示項目については，主に次のようなものが挙げられる。なお，次章以降でそれぞれの商品プロセスについて詳述することから，この章では次章以降の理解に資する範囲で概要を紹介するにとどめる。また，

74 | 第2編　業務プロセス・会計

実務にあたっては統一経理基準の原文を参照されたい。

(1) 証券会社の財務諸表

　統一経理基準に示されている証券会社の一般的な貸借対照表および損益計算書は，図表2-1-1および図表2-1-2のとおりである。

図表2-1-1　証券会社の貸借対照表（抜粋）

資産の部		負債の部		
流動資産		流動負債		
・・・		・・・		
預託金	①ⅰ）	トレーディング商品	②ⅰ）	
（顧客分別金信託）		（商品有価証券等）		
（金融商品取引責任準備預託金）		（デリバティブ取引）		
（その他の預託金）		約定見返勘定	②ⅱ）	
トレーディング商品	①ⅱ）	信用取引負債	②ⅲ）	
（商品有価証券等）		（信用取引借入金）		
（デリバティブ取引）		（信用取引貸証券受入金）		
約定見返勘定	①ⅲ）	有価証券担保借入金	②ⅳ）	
信用取引資産	①ⅳ）	（有価証券貸借取引受入金）		
（信用取引貸付金）		（現先取引借入金）		
（信用取引借証券担保金）		預り金	②ⅴ）	
有価証券担保貸付金	①ⅴ）	（顧客からの預り金）		
（借入有価証券担保金）		（募集等受入金）		
（現先取引貸付金）		（その他の預り金）		
立替金	①ⅵ）	受入保証金	②ⅵ）	
（顧客への立替金）		（信用取引受入保証金）		
（その他の立替金）		（先物取引受入証拠金）		
募集等払込金	①ⅶ）	（その他の受入保証金）		
短期差入保証金	①ⅷ）	有価証券等受入未了勘定	②ⅶ）	
（信用取引差入保証金）		受取差金勘定	②ⅷ）	
（先物取引差入証拠金）		・・・		
（その他の差入保証金）		固定負債		
有価証券等引渡未了勘定	①ⅸ）	・・・		
支払差金勘定	①ⅹ）	特別法上の準備金		
・・・		金融商品取引責任準備金	③ⅰ）	
固定資産				
・・・		純資産の部		
		株主資本		

※勘定科目の右に記載している番号は後述(2)「証券会社特有の会計処理」の番号に対応している。
（出所）　統一経理基準（一部加工）。

第1章　証券業経理総論　75

| 図表2-1-2 | 証券会社の損益計算書（抜粋） |

```
営業収益
  受入手数料                                                    ④ⅰ）
    （委託手数料）
    （引受け・売出し・特定投資家向け売付け勧誘等の手数料）
    （募集・売出し・特定投資家向け売付け勧誘等の取扱手数料）
    （その他の受入手数料）
  トレーディング損益                                            ④ⅱ）
  ・・・
  金融収益                                                      ④ⅲ）
    （信用取引収益）
    （現先取引収益）
    （有価証券貸借取引収益）
    （受取配当金）
    （受取債券利子）
    （収益分配金）
    （受取利息）
    （その他の金融収益）
  ・・・
金融費用
  金融費用                                                      ④ⅳ）
    （信用取引費用）
    （現先取引費用）
    （有価証券貸借取引費用）
    （支払債券利子）
    （支払利息）
    （その他の金融費用）
純営業収益
販売費・一般管理費
    （取引関係費）
    （人件費）
    （不動産関係費）
    （事務費）
    （減価償却費）
    （租税公課）
    （その他）
営業損益
営業外収益
営業外費用
経常損益
特別利益
  金融商品取引責任準備金戻入                                    ⑤ⅰ）
特別損失
  金融商品取引責任準備金繰入れ                                  ⑤ⅰ）
税引前当期純損益
法人税，住民税及び事業税
法人税等調整額
当期純損益
```

　※勘定科目の右に記載している番号は後述(2)「証券会社特有の会計処理」の番号に対応している。
（出所）　統一経理基準（一部加工）。

76 | 第2編 業務プロセス・会計

(2) 証券会社特有の会計処理

① 貸借対照表科目—資産

ⅰ）預託金

「顧客分別金信託」,「金融商品取引責任準備預託金」および「その他の預託金」の三つの中科目から構成される。

上記のうち,「顧客分別金信託」は,顧客から預託を受けた金銭等を金商法第43条の2にしたがい分別管理するために設定した金銭の信託を計上するものである。この信託財産を有価証券で運用している場合,当該有価証券は金融商品会計実務指針第97項にもとづき保有目的の区分（売買目的有価証券,満期保有目的の債券またはその他有価証券）にしたがって,時価評価および評価損益の会計処理を行う。

ⅱ）トレーディング商品

「商品有価証券等」および「デリバティブ取引」の二つの中科目から構成される。

「商品有価証券等」は,トレーディング目的をもって自己の計算で保有するロングポジションを約定基準で認識し,貸借対照表日の時価で計上する。個々の証券会社で異なるが,一例としては,顧客の売付けに対当するために自己の計算で顧客から買い取った有価証券や,顧客への販売に備えて保有する有価証券の在庫,引受けの結果として募残となったために自己の計算で保有する有価証券等が含まれる。なお,複数の部署やアカウントで同一銘柄の自己ポジションを保有している場合については,銘柄ごとに残高を集計した結果が借方残高であれば当該銘柄はロングポジションとして資産側に計上し,貸方残高であればショートポジションとして負債側の「商品有価証券等」に計上する。ただし,両建処理も許容されている[1]。

「デリバティブ取引」は,トレーディング目的をもって自己の計算で契約したデリバティブ取引のうち,時価が正の値であるものを計上する。具体例としては,自己勘定の株式ポートフォリオをヘッジするために取引した先物取引や,

---

[1] 統一経理基準 Ⅲ 1 .(1)ハ(ハ)。

顧客のニーズに応じて契約した店頭デリバティブ取引等を，貸借対照表日の時価で計上する。なお，貸借対照表日において時価が負の値であるものは負債の「デリバティブ取引」に計上する。統一経理基準に定めるトレーディング目的の有価証券は，金融商品会計基準の定める売買目的有価証券である。日々の売買取引が総記法（後述③(2)）で記帳されるなど会計仕訳には業種特有の慣行はあるが，金融商品の発生および消滅の認識ならびに時価評価については，一般事業会社等にも適用される金融商品会計基準にもとづく会計処理が行われる。これは，デリバティブ取引についても同様である。

ⅲ）約定見返勘定

約定基準で認識したトレーディング商品に係る約定代金相当額を，約定日から決済日までの期間，計上する勘定科目である。トレーディング商品に係る未収入金に相当する。

統一経理基準は，負債に計上される「約定見返勘定」と相殺表示することができると定めているため，相殺表示して資産または負債のいずれかに片寄せすることが一般的な経理実務となっている。この点について，金融商品会計実務指針第140項における相殺表示は同一の相手先に対する債権債務であることその他一定の要件を満たす場合にのみ認められるものであるため，統一経理基準による相殺表示は証券会社特有の会計処理である。

ⅳ）信用取引資産

中科目である「信用取引貸付金」には，顧客の信用取引の買付代金相当額を建玉が決済されるまでの期間計上し，「信用取引借証券担保金」には証券金融会社から貸借取引により調達した株式の時価相当額について差し入れている担保金を計上する。

ⅴ）有価証券担保貸付金

中科目である「借入有価証券担保金」は，貸借契約にもとづき借り入れた有価証券に対する差入担保金を計上し，「現先取引貸付金」には買い現先のスタート金額および差入担保金を計上する。いずれも，有価証券を担保として金銭を貸し付けるという経済実態を有することから，「有価証券担保貸付金」の大科目にまとめられている。

vi）立替金

「顧客への立替金」および「その他の立替金」から構成される。

「顧客への立替金」は顧客への一時的な立替金を計上するものであり，買付代金を立て替えた金額や，信用取引やデリバティブ取引の決済損について顧客から回収すべき金額が該当する。なお，1年以内に回収，精算が見込まれないものは含まない。

vii）募集等払込金

株式，債券または投資信託等の引受け，売出し等の際に，発行会社，売出人または受託銀行に支払う申込証拠金または払込金を計上する。

viii）短期差入保証金

「信用取引差入保証金」，「先物取引差入証拠金」および「その他の差入保証金」等から構成される。いずれの科目についても，その保証金を有価証券で代用した場合には経理処理せず，その時価を差入有価証券に係る注記として開示する。

「信用取引差入保証金」は，貸借取引または信用取引に関して，証券金融会社または他の証券会社に差し入れている保証金を計上する。

「先物取引差入証拠金」は，先物取引・上場オプション取引に関して金融商品取引所等に差し入れている取引証拠金および委託証拠金から直接預託した金額を控除して計上する。

「その他の差入保証金」には，清算機関へ差し入れる清算基金およびクリアリングファンド等ならびに取引相手に差し入れる店頭デリバティブ取引の保証金が含まれる。

ix）有価証券等引渡未了勘定

DVP決済においてフェイル[2]した際に未受領となる決済代金相当額を計上する勘定科目である。フェイルした取引については，約定時に約定見返勘定に計上した売却代金等が引き続き未収の状態となるため，これを当初の決済日後に計上するものである。

（2）決済期日までに売手から買手へ有価証券の引渡しができない事態をいう。

第1章　証券業経理総論　79

　ｘ）支払差金勘定

　先物取引等においては，評価損益に相当する金銭を，引直差金および更新差金等として清算機関等との間で授受する。これらの差金について先物取引等を決済する日までの期間計上する勘定科目である。発行日取引および先物取引等の目的ごとに貸方の「受取差金勘定」と相殺して計上する。

　なお，清算機関等との間では，先物取引等の値洗いによって生じる差金はその授受を行うことで決済済みとなるため，差金勘定の残高という概念は経理上のみのものである。このため自己のポジションに帰属する差金については，当該差金の授受をもって先物取引の実現損益として処理することが許容されている[3]。

② 貸借対照表科目—負債

　ｉ）トレーディング商品

　資産科目の「トレーディング商品」と同様であり，「商品有価証券等」のショートポジションおよび「デリバティブ取引」の負の時価を計上する。

　ｉｉ）約定見返勘定

　資産科目の「約定見返勘定」と同様であり，トレーディング商品に係る未払金に相当する。

　ｉｉｉ）信用取引負債

　中科目である「信用取引借入金」には証券金融会社から貸借取引により調達した金銭を計上し，「信用取引貸証券受入金」は顧客の信用取引の売付代金相当額（いわゆる本担保金）を建玉が決済されるまでの期間計上するものである。

　ｉｖ）有価証券担保借入金

　中科目である「有価証券貸借取引受入金」は，貸借契約にもとづき貸し付けた有価証券に対する受入担保金を計上し，「現先取引借入金」には売り現先のスタート金額および受入担保金を計上する。いずれも有価証券を担保として差し入れ，金銭を借り入れているという経済実態を有することから「有価証券担保借入金」の大科目にまとめられている。ただし，日本銀行の共通担保オペに

（3）統一経理基準　Ⅲ 1.(2)ヘ（注 3）。

よる金銭の借入れは「短期借入金」に計上し，「有価証券担保借入金」に計上しない。

　v）預り金

「顧客からの預り金」，「募集等受入金」および「その他の預り金」から構成される。

「顧客からの預り金」には，顧客の証券口座等において一時的に預っている金銭等が含まれる。顧客が証券口座の金銭をMRFで運用している場合には顧客による投資信託の買付けであることから，その運用金額はこの勘定科目に含まれない。

「募集等受入金」は引受け，売出し等に関して顧客から受け入れた申込証拠金または払込金を計上する。払込期日もしくは売出期間の最終日または投資信託の設定日において，「募集等払込金」と相殺する。

　vi）受入保証金

「信用取引受入保証金」，「先物取引受入証拠金」，および「その他の受入保証金」等から構成される。代用有価証券で受け入れた場合には経理処理せず，証券会社に自由処分権のあるもののみ，その時価を受入有価証券に係る注記として開示する。

「信用取引受入保証金」は顧客から受け入れた信用取引の委託保証金を計上する。

「先物取引受入証拠金」は顧客から先物取引・上場オプション取引の委託証拠金として受け入れた現金を計上するが，清算機関等へ直接預託した金額は控除する。

「その他の受入保証金」には，証券金融会社へ貸し付けた貸借超過銘柄に係る代り金，取引相手から受け入れる店頭デリバティブ取引の保証金，FX取引およびCFD取引の証拠金等が含まれる。

　vii）有価証券等受入未了勘定

DVP決済においてフェイルを受けた場合に未払いとなる決済代金相当額を計上する勘定科目である。フェイルを受けた取引については約定時に約定見返勘定に計上した買付代金等は引き続き未払いの状態となるため，これを当初の決済日後に計上するものである。

ⅷ）受取差金勘定

資産の「支払差金勘定」と同様であり，清算機関等から受け入れた差金を計上する。

③　貸借対照表科目―特別法上の準備金

ⅰ）金融商品取引責任準備金

金商法第46条の5にもとづき積み立てている金額（第1編第2章①参照）を計上する。積立ては特別損失の区分で「金融商品取引責任準備金繰入れ」として計上し，超過額の戻し入れは特別利益の区分で「金融商品取引責任準備金戻入」として計上する。

④　損益計算書項目―営業収益

ⅰ）受入手数料

「委託手数料」，「引受け・売出し・特定投資家向け売付け勧誘等の手数料」，「募集・売出し・特定投資家向け売付け勧誘等の取扱手数料」および「その他の受入手数料」の四つの中科目から構成される。

「委託手数料」は有価証券等の売買またはデリバティブ取引等の媒介，取次ぎまたは代理により顧客から受け入れる手数料を計上する。たとえば，上場株式や信用取引の売買を取引所に取次ぐ場合や，外国株式を海外のブローカーへ取次ぐ際に顧客から受け入れる手数料，上場デリバティブ取引の取次ぎに係る手数料等が含まれる。ただし，自己勘定で顧客取引の相手となる場合において，手数料に相当する金額について売買価額等を調整して取引金額に含めたときは，トレーディング商品の実現損益に含まれることになり，勘定科目としては「トレーディング損益」に計上する。

「引受け・売出し・特定投資家向け売付け勧誘等の手数料」には公募増資の引受け，新規公開の株式の引受け・売出し，社債または地方債等の引受け等により発行体等から受け入れる手数料を計上する。

引受けを行わず募集の取扱いによる場合には「募集・売出し・特定投資家向け売付け勧誘等の取扱手数料」として計上する。投資信託の追加設定に係る販売会社の手数料もこの勘定科目に計上する。

「その他の受入手数料」には，前記以外の営業に関する受入手数料を計上するが，代表的なものとして投資信託の代理事務手数料やM&A等のアドバイザリー手数料が挙げられる。

ⅱ）トレーディング損益

トレーディング商品の売買や決済，償還等から生じる実現損益およびトレーディング商品の時価評価により生じる評価損益であり，外貨預金等から生じる外国通貨に係る損益も含まれる。

ただし，トレーディング商品から生じる損益のうち，株式から生じる配当金や，債券から生じる債券利子については，金融収益または金融費用に計上する。

ⅲ）金融収益

「信用取引収益」，「現先取引収益」，「有価証券貸借取引収益」，「受取配当金」，「受取債券利子」，「収益分配金」，「受取利息」および「その他の金融収益」の八つの中科目から構成される。

株券貸借取引に係る株式等に関して配当金相当額を貸手等へ支払った場合には，金融費用の「有価証券貸借取引費用」に計上することが原則であるが，金融収益の「受取配当金」から控除することができる[4]。

ⅳ）金融費用

「信用取引費用」，「現先取引費用」，「有価証券貸借取引費用」，「支払債券利子」，「支払利息」および「その他の金融費用」の六つの中科目から構成される。一般事業会社では営業外費用に計上される借入金利息等も統一経理基準においては「金融費用」の「支払利息」に含まれ，営業損益を構成する。

⑤　損益計算書項目―特別利益および特別損失

ⅰ）金融商品取引責任準備金戻入，金融商品取引責任準備金繰入れ

前記③ⅰ）参照。

---

(4) 統一経理基準Ⅱ「受取配当金」注2。

(3) 証券会社特有の開示項目

① 担保注記

会社計算規則および財規等において，資産のうち担保に供されているものについて被担保債務とともに注記する旨の規定がある（会計規103条1号，財規43条等）。証券会社のビジネスにおいては有価証券を担保とした種々の取引が行われているため，その担保注記は多岐にわたる。たとえば，日本銀行に供した共通担保，債券貸借取引，売り現先，有担保のコールマネー等の担保である。

② 差入有価証券等，受入有価証券等の注記

金融商品会計実務指針によれば，担保や保証金の代用等として受け入れた有価証券について売却または（再）担保という方法で自由に処分できる権利を受入れ側が有する場合には，受入れ側はその旨および貸借対照表日の時価を注記することが求められており，また，その差入れ側もその旨および貸借対照表計上額の注記が求められる[5]。

証券会社は有価証券の貸し借りや有価証券を担保とした取引を多く行うことから注記対象が多岐にわたるため，統一経理基準は，この注記の例示をしている。これには，信用取引に関連する証券の貸し借りや，有価証券の消費貸借，現先取引，証拠金代用有価証券，保証金代用有価証券等が含まれる。

③ 金融商品に関する注記

金融商品会計基準において，金融商品の状況に関する事項および金融商品の時価等に関する事項の注記が求められている[6]。一般に証券会社は，総資産および総負債の大部分を占める金融資産および金融負債の双方が事業目的に照らして重要であり，主要な市場リスクに係るリスク変数（金利や為替，株価等）の変動に対する当該金融資産および金融負債の感応度が重要であることから，リスク管理上の市場リスクに関する定量的分析（VaR等）またはリスク変数の変動を合理的な範囲で想定した場合における時価の増減額等を注記しなけれ

---

(5) 金融商品会計実務指針第28項，128項，241-2項，242項，277項等。
(6) 金融商品会計基準第40-2項，財規第8条の6の2等。

84 | 第2編 業務プロセス・会計

ばならない[7]。

3 経理・決算業務，内部統制

　以下では，証券会社の経理・決算業務において特徴的な総記法を中心に紹介する。また，証券会社の各業務に共通する内部統制の要約を記載する。

(1) 社内規程の整備

　通常，証券会社は経理規程を定めたうえで，その細則に関する基準やガイドライン等を設けている。特にトレーディング商品の時価評価が重要な証券会社においては，時価の算定およびその検証に関する基準が整備される。また，時価の算定およびその検証にあたっては，時価算定者と検証者の職務分掌が基礎となるため，職務分掌規程も財務報告上重要な規程である。その他，トレーディング商品の認識に係る約定基準などの経理処理方針を定めておくことで，一貫した経理・決算業務を行う体制を構築することが重要である。

(2) 総 記 法

　トレーディング商品については，同一銘柄を頻繁に売買するため，一般的に総記法で記帳される。総記法は，買い付けたものは買付代金でトレーディング商品勘定の借方に記帳し，売り付けたものは売付代金でトレーディング商品勘定の貸方に記帳する処理であり，残高の調整は決算処理として行うものである。決算処理では期末に保有する有価証券等の残数量について算出した時価と，トレーディング商品勘定の残金額との差額をトレーディング損益として計上する。

| 設例2-1-1 | 総記法の設例 |

- 期首残：数量50，時価@101（計5,050）
- 取引1：買付け，数量10，買付@96，買付代金960

---

(7) 金融商品の時価等の開示に関する適用指針第3項(3)，財規第8条の6の2等。

（借）トレーディング商品	960	（貸）現 金 及 び 預 金	960

• 取引 2 ：売付け，数量15，売付@105，売付代金1,575

（借）現 金 及 び 預 金	1,575	（貸）トレーディング商品	1,575

• 取引 3 ：買付け，数量30，買付@111，買付代金3,330

（借）トレーディング商品	3,330	（貸）現 金 及 び 預 金	3,330

• 取引 4 ：売付け，数量20，売付@104，売付代金2,080

（借）現 金 及 び 預 金	2,080	（貸）トレーディング商品	2,080

• 期末残：数量55，時価@110（計6,050）

決算処理

（借）トレーディング商品	365	（貸）トレーディング損益	365[*]

※　図表 2 -1- 3 参照。

図表2-1-3　総記法の勘定イメージ

トレーディング商品勘定

期首　数量50×時価@101 ＝5,050	取引 2 　数量15×@105 （売付け）＝1,575
取引 1 　数量10×@96 （買付け）＝960	取引 4 　数量20×@104 （売付け）＝2,080
取引 3 　数量30×@111 （買付け）＝3,330	差額　△365[*]⇒トレーディング損益
	期末　数量55×時価@110＝6,050

（＊）　期首5,050＋取引 1 （買付け）960－取引 2 （売付け）1,575＋取引 3 （買付け）3,330－取引 4 （売付け）2,080－期末6,050＝△365

86　第2編　業務プロセス・会計

(3)　内部統制

　証券会社の各業務に共通する財務報告に係る内部統制を要約すると，以下のとおりである。各業務における詳細については，本編各章の内部統制の項を参照。

共通	内部統制の着眼点	内部統制の例示
1	（職務分掌） 　兼務すべきではない職務が分離されているか。	• 職務を適切に分離した組織体制の構築，職務分掌規程の運用 • セキュリティカードによる入室制限等 • IT システムにおける ID，パスワードの設定等によるアクセス制限
	（内部統制上のポイント） 　営業員やトレーダーと決済担当者，経理担当者など，兼務すべきではない職務が，適切に分離されていることが必要である。証券会社においては，フロント，ミドル，バック部門で職務を分離していることが多い。セキュリティカードや IT システムのアクセス権限により，適切に職務を分離した内部統制を整備する必要がある。	
2	（顧客口座の管理） 　顧客マスターの登録・管理は適切か。	• 口座開設時の本人確認 • 住所不明顧客等の取引制限 • フロントシステムのエディットチェック
	（内部統制上のポイント） 　架空口座の存在により，架空取引が記録されることを防止するため，本人確認後でなければ顧客口座を開設し，システム上の顧客マスターを作成できないよう内部統制を構築する。また，顧客口座の取引状況を監視し，違法な取引が疑われる場合や，住所不明により取引報告書が不達の顧客については，適時に取引を制限する。また，フロントシステムのエディットチェックにより，顧客マスターに登録のない顧客の注文や，権限者以外による注文は，受け付けない仕組みとする。	
3	（銘柄情報の管理） 　銘柄マスターの登録・管理は適切か。	• 新規商品，銘柄取扱いの承認 • 銘柄マスター登録時の照合・承認 • フロントシステムのエディットチェック
	（内部統制上のポイント） 　銘柄マスターは，法令や社内規定，社内の業務プロセス，経理処理等において問題がないことを関連部署が確かめたうえで登録されるよう内部統制を構築する。また，銘柄マスターの情報にもとづき，注文，決済，会計処理等が行われるため，銘柄マスターが正確に登録される必要がある。また，フロ	

	ントシステムのエディットチェックにより，銘柄マスターに登録のない銘柄の注文や，権限者以外による注文は受け付けない仕組みとする。	
4	（リスクリミットの設定） 　マネジメントは，フロント部門がとるリスク量の上限（リスクリミット）を設定しモニタリングしているか。	・マネジメントによるフロント部門のリスクリミットの設定とデスクやトレーダーへの配分 ・ミドル部門によるリスク量のモニタリング ・リスクリミット超過時のマネジメントによる承認プロセス
	（内部統制上のポイント） 　フロント部門は，マネジメントに設定されたリスクリミットの枠内で取引を行う権限が与えられている。ミドル部門は，フロント部門のリスク量をモニタリングする。フロント部門は，リスクリミットを超過した場合，マネジメント，ミドル部門による承認を得て対応する。	
5	（取引照合） 　自己および顧客の取引は，約定にもとづき正確かつ網羅的に記録されているか。	・取引所との約定照合 ・取引報告書，取引残高報告書等の送付 ・保振決済照合システム，その他の方法による照合
	（内部統制上のポイント） 　取引記録は，金商法上のトレーディング商品勘定元帳や取引日記帳として作成され，決済や会計処理の基礎となる重要なデータである。取引所取引については，取引所と日々，約定照合を実施する。また，取引記録は，金商法上の取引報告書や取引残高報告書等，あるいは，保振決済照合システムその他の方法により，顧客と照合する。取引照合は，不正防止の観点から，約定権限のないバック部門が実施する。	
6	（証券振替） 　有価証券は，振替結果にもとづき正確かつ網羅的に記録されているか。	・保振決済照合システム，その他の方法による照合 ・清算機関の決済予定データと社内の決済予定データの照合 ・決済結果のモニタリング
	（内部統制上のポイント） 　証券振替は，清算機関からの清算データ，振替機関からの振替予定データとの照合により適切に履行されていることを確認する必要がある。証券振替の結果は，振替機関からの通知や，フェイル情報等により確かめ，必要な修正をする。	
7	（資金決済） 　資金決済は，正確に記録されているか。	・保振決済照合システム，その他の方法による照合 ・清算機関の決済予定データと社内の決済予定データの照合 ・決済結果のモニタリング
	（内部統制上のポイント） 　資金決済は，約定データや清算機関による債務引受の記録にもとづき，正	

確に決済指示し会計処理する必要がある。決済の結果は，決済機関からの決済結果通知，フェイル情報，資金勘定残高と預金残高の照合，受渡勘定のバランスのチェックにより確かめ，必要な修正をする。

8	（残高照合） 　トレーディング商品の残高は適切に記録されているか。	• 振替機関との残高照合 • 商品有価証券勘定，注記との照合

（内部統制上のポイント）
　有価証券残高は，振替機関の振替結果にもとづき，正確に記録する必要がある。振替後の残高は，日々，振替機関と照合する。照合においては，自己残口と顧客残口を適切に区分したうえで，区分別，銘柄別に照合を行い，差異がある場合には原因を究明したうえで，必要な調整を実施する。
　また決算日の約定残高は商品有価証券勘定と，担保，貸借等の残高は，注記との整合を確かめる。
　なお，有価証券の振替機関は，株式，一般債，投資信託等は保振機構，国債は日本銀行である。

9	（約定訂正） 　取引記録の事後修正ができない仕組みとなっているか。	• 約定データを削除，修正できないシステム上の制限 • 修正記帳時の上席者やコンプライアンス部門による承認

（内部統制上のポイント）
　損失補てんや顧客資産の流用等の不正防止の観点から，一度記録された約定記録は，事後的に取消，訂正ができない仕組みとする。約定記録の修正が必要な場合には，顧客との認識の確認，コンプライアンス上の問題の有無を関連部署が確認のうえ，修正を記録する。

10	（トレーディング商品の時価評価） 　トレーディング商品が時価で評価されているか。	• 時価評価方針にもとづいたフロント部門による評価 • 時価検証方針にもとづいたプロダクトコントロール部門による検証

（内部統制上のポイント）
　フロント部門は，時価評価方針にしたがってトレーディング商品を時価評価する。フロントから独立した時価検証部門（プロダクトコントロール部門等）は，時価検証方針にしたがい，独自に外部時価等を入手・比較し，フロント部門の評価した時価が適切であるかを検証する。
　時価検証にあたっては，商品の特性を十分に勘案したうえで検証方法を構築する必要があり，検証差異については，時価検証方針にもとづき修正の要否を検討する。また，差異基準については，1取引ごとの差異基準のみならず，デスクレベル・部門レベルの合計ベースの差異基準も同時に設定し，検証により算出された差異を合計したとしても重要性がないことを確かめるプロセスを構築する必要がある。1件ごとでは差異が僅少でも，ポートフォリオレベルで合計した場合に差異が大きくなる場合には，不正の兆候が内在している場合もあるからである。差異基準はマネジメント等，適切な階層によって承認される必要がある。また，差異基準への抵触があった場合には，

第1章　証券業経理総論 | 89

適切な階層への報告が行われるとともに，時価の修正の必要性について協議する体制をルール化しておかなければならない。

　時価検証の実効性を保つためには，時価の見積りの不確実性が高い商品や取引が適切に抽出され，マネジメント層への報告や修正の協議がされる必要があるため，差異基準を適切な水準に設定し，時価検証部門によるフロント部門に対する牽制機能を確保することは非常に重要である。

　加えて，時価の検証ができなかった商品や入手できたエビデンスが十分ではない商品の残高等についてもマネジメント層等に報告がなされ，その重要性やリスク評価・対策等が協議される必要がある。

11	（時価乖離取引のモニタリング）取引が市場価格と著しく乖離した価格で行われていないか。	・フロントから独立した部門による，一定の閾値を用いた取引価格と市場価格の乖離分析・モニタリング
	（内部統制上のポイント）　時価と乖離した価格での取引にはフロント部門等による不正の可能性があるため，市場価格と乖離した取引が行われていないかフロントから独立した部門がモニタリングする必要がある。	
12	（損益・勘定残高の分析）異常な損益が発生していないか，もしくは残高に異常な増減が生じていないか。	・プロダクトコントロール部門等による日次・月次での損益分析・予実分析 ・経理部門による勘定科目レベルでの増減分析およびフロント管理損益もしくは管理上の損益との照合・差異分析
	（内部統制上のポイント）　プロダクトコントロール部門等が実施する日次でトレーディング損益の分析において，特に大きく市場が変動した際に説明不能な損益が発生していないか，予期せず多額の損益が発生した場合，リスク計測上の問題点はないか，現状のポジション量や設定しているリスクリミット等に問題はないか，といった観点から分析等を行う必要がある。 　会社のビジネスリスクや部門別・商品別の収益性を見きわめるうえでも実際の損益の分析は重要視される。経理部門は，財務諸表上の各勘定科目において異常な増減がないことを確かめることで，重要な不正の兆候がないこと，またフロント部門等が日常管理している管理会計上の損益との照合や差異分析を行う事により，不正のみならず誤謬による重要な財務数値への計上漏れ等がないことも確かめる。	
13	（ITシステムインターフェース）システム間でデータが正確かつ網羅的に転送されているか。	・データ受渡し件数等の整合性チェック ・システム間のデータ照合 ・システムデータの外部情報との照合
	（内部統制上のポイント）　取引データは，フロント部門が発注，約定に用いるフロントシステムに入力されたのち，バック部門が証券・資金決済に用いるバックシステムに転送	

され，決済データが作成される。また，取引データや決済データは，会計システムに転送されて，会計仕訳が起票される。データ転送の正確性と網羅性を確保するプログラムを設定するとともに，システム間のインターフェースが正確に行われない場合に備え，システム間のデータの整合性の確認や，外部情報との照合を実施する。誤りや漏れが発見された場合には適時に原因を調査し，適切にデータを修正する。

14	(ITシステムによる自動計算) 　手数料，金利等の計算が正しく行われているか。	• 計算ロジックの設定 • 手数料テーブル登録時の承認・照合 • 計算と出力の正確性の確認
	(内部統制上のポイント) 　株式の委託手数料や投資信託の販売手数料，信用取引や債券の金利等の計算はITシステムの顧客マスター，銘柄マスター，手数料テーブル等と，取引データや残高データを用い，設定された計算ロジックにしたがって行われる。各マスターと計算ロジックの登録・更新が，権限者の承認を経て正確に行われるための内部統制を整備するとともに，システム上，正しく計算され仕訳やレポートとして出力されることを確かめる。		
15	(ITシステムによる自動仕訳起票) 　会計仕訳がITにより正確に起票されているか。	• 仕訳マスター登録時の承認・照合 • 出力の正確性の確認
	(内部統制上のポイント) 　自動仕訳は，仕訳マスターの設定にしたがって作成されるため，仕訳マスターの登録・更新が，経理部門の承認を経て正確に行われるための内部統制を整備するとともに，システム上，正しく仕訳として出力されることを確かめる。		

4　証券会社の経理に関する最近の動向

⑴　金融商品および公正価値測定に関する会計基準

　2018年1月12日に企業会計基準委員会により公表された「現在開発中の会計基準に関する今後の計画」においては，「IFRS第9号「金融商品」については，適用に関する実務上の懸念の把握や着手するとした場合に3つの領域（①金融資産及び金融負債の分類及び測定，②金融資産の減損会計，及び③一般ヘッジ会計）を同時に扱うべきか等の検討を行い，その後，我が国における会計基準の改訂に向けた検討に着手するか否かの検討を行う」とし，今後，検討を開始することが予定されている。

同時に，「IFRS 第13号「公正価値測定」については，適用に関する実務上の懸念の把握や国際的な会計基準と整合性を図ることに対する必要性に関する検討を行い，その後，基準開発に向けた検討に着手するか否かの検討を行う」としており，2017年11月より検討が開始されている。

これらの会計基準が改訂された場合，証券会社の経理や開示に影響を与える可能性がある。IFRS と現行の日本基準との相違については，本編第11章を参照。

(2)　収益認識に関する会計基準

2017年7月20日に企業会計基準委員会は，企業会計基準公開草案第61号「収益認識に関する会計基準（案）」を公開した。この公開草案においては，金融商品会計基準の範囲に含まれる金融商品に係る取引や，金融商品の組成または取得に際して受け取る手数料は，適用範囲から除外されている。また，証券会社の主なビジネスである有価証券関連業については，統一経理基準が適用される。したがって，この範囲において証券会社の経理に与える影響は見込まれない。ただし，証券会社が行うビジネスのうち，統一経理基準に規定されていない有価証券関連業以外のビジネス，たとえばアドバイザリー業務における影響や，費用や負債（履行義務）の認識における影響については，検討が必要である。

第2章

株式等業務

1 商品内容

証券会社が取り扱う株式として，主に以下のものが挙げられる。

(1)（普通）株式

株式とは，株式会社の株主としての地位であり，株主権を指す。株主は議決権を行使し，配当（インカム・ゲイン）や株式売買による利益（キャピタル・ゲイン）を得る目的で株式を取得する。

証券会社は，投資者のこのようなニーズに応えるため，主に取引所に上場されている株式を取り扱っている。

(2) 種類株式

会社法第108条は，種類によって権利内容が異なる複数種類の株式を発行することを認めている。具体的には配当金や残余財産の分配，議決権などの権利内容が普通株式とは異なるものが挙げられる。種類株式は，株式会社の資金調達方法および支配関係を多様化する目的で発行される。

しかし，種類株式は，発行量が普通株式と比べると限られており，ほとんどが非上場であるため，一般的に流動性が低い。

(3) 外国株式

外国株式とは海外の企業が発行する株式のことである。現在は世界各国で取

引所が整備され株式が上場されており，投資家は日本国内においても証券会社に外国証券取引口座を開設することでさまざまな国の企業の株式を取引することが可能である。顧客需要に応じて，証券会社各社ともさまざまな市場の外国株式を取り扱い，商品ラインナップの充実を図っている。

2 取引内容

株式に関連した証券会社の取引内容として，主に以下の四つが挙げられる。

(1) 委託取引

委託取引とは，顧客からの売買注文を顧客の計算において証券会社の名をもって行う取引である。これは商法上の問屋に該当し，取次ぎやエージェンシー取引とも呼ばれている。顧客は営業店，電話，インターネット等により証券会社に対して注文を出し，その注文を証券会社が取引所に対して執行する。

委託取引では，証券会社は取引手数料を顧客から受け取ることで収益を得るため，売買代金と手数料率に収益の多寡が左右される。そのため，証券会社は顧客の注文をより多く自社に取り込み，取引手数料を確保するために，独自の手数料率の設定や，投資情報サービスの拡充，注文インフラの充実，通常の売買（現物取引）以外の取引の提供等を行っている。

たとえば，手数料に関しては，定額制や取引量に応じた割引または取引チャネルごとの手数料テーブルの設定がその例である。

また，投資情報サービスについては，一般的なマーケット情報に加え，アナリストやリサーチ部門を充実させ，調査レポートを顧客に提供することで注文を獲得している。

注文インフラについては，取引所のシステム高速化等を受け，証券会社もより高性能の取引システムを導入し高速の執行能力・サービスを提供するほか，証券会社の電子取引執行システムを通じた取引所への直接注文も行われている。

その他，現物取引のみではなく，信用取引をはじめ，株券貸借取引や店頭デリバティブ取引等を提供することで，関連するサービス全体としての価値を高めている。

(2) 自己取引

　自己取引は，証券会社が自己の資金で市場リスクをとって行う取引である。

　自己取引のなかにはさまざまな目的のものがあり，顧客の要望に応えるために相対で行う取引や，自らの相場観等に応じて行う取引等がある。また，自己勘定でポジションをとることで市場リスクを負うため，必要に応じてリスクヘッジが行われている。

① プリンシパル取引とプロップ取引

　プリンシパル取引とは，委託取引とは異なり，顧客の注文を取引所に取り次ぐのではなく，証券会社が取引相手となり自己の計算で行う取引，つまり顧客の注文に対して証券会社が売り向かうまたは買い向かう取引であり，決め商いとも呼ばれる。委託取引では，顧客が大口の売り（買い）注文を出した場合，それに見合う買い（売り）注文が取引所に出てこなければ取引は成立せず，また，想定した価格で取引が成立しない可能性がある。これらのリスクを避けたい顧客のニーズに応じ，顧客の注文を取引所を通さず，証券会社が自ら取引相手となって値段や数量を決めて売買を成立させるのがプリンシパル取引である。プリンシパル取引が行われる例としては，金融機関や事業会社が自己株式を処分したり，持ち合い株式を解消する目的等で大口の売買を行う場合や，投資信託や年金運用ファンドが保有ポートフォリオを大きく入れ替える場合がある。

　プリンシパル取引にはさまざまな取引手法がある。顧客が提示する銘柄またはバスケットに対して現在価格（終値）を基準として証券会社が価格を提示し約定する取引，VWAP[1]（売買高加重平均価格）に手数料相当額を加減した価格で行うVWAPギャランティー取引，顧客とあらかじめ定めた数量についてVWAPを目標に取引所で売買することを委託されるVWAPターゲット取引，単一銘柄のある程度まとまった数量の株式を証券会社が相対で買い取り，他の投資家に転売するブロック・トレード等が代表的なものである。プリンシパル

（1）Volume Weighted Average Price の略称で，当日の取引所のオークション市場で成立した価格を価格ごとの売買高で加重平均した価格（売買高加重平均価格）。

（出所）日本取引所グループホームページ　用語集より。

取引においては，約定価格と取引所で取引した場合の価格との差額が取引手数料に相当する金額であり，約定代金と区別せず決済される。

　一方，プロップ取引とは証券会社が自己資金により自己のポジションとして市場リスクをとって，相場の動きを予測して収益獲得を目指す取引である。後述する裁定取引のようにほとんど市場リスクをとらずに，現実の株価が理論値に収斂することを期待して収益獲得を目指す場合もある。証券会社は保有する市場リスクを管理しながらプロップ取引を行うが，昨今はマーケット環境，規制環境の変化等もあり，プロップ取引を縮小・閉鎖する証券会社も少なくない。

　プリンシパル取引とプロップ取引は，証券会社が自己資金で自ら市場リスクをとって行う取引という点で共通する。しかし，プリンシパル取引が顧客の要望に応じて行われる取引であるのに対し，プロップ取引は顧客の要望とは関係なく証券会社の自己の相場観で行われる取引という点で異なる。

② リスクヘッジとトレーディング戦略

　証券会社が自己取引を行う場合には，自らが負う市場リスクを調整するために必要に応じてヘッジ取引を行っている。たとえば，プリンシパル取引において予測される顧客の需要に対応するために保有する株式のロングポジションや，顧客の売付けに買い向かうことで発生した株式のロングポジションに対し，株式先物を売り建ててショートポジションを作り，株価変動リスクを相殺させるヘッジ取引を行う。

　ただし，常にこのようなヘッジ取引を行うわけではない。一部の市場リスクはヘッジしつつも，適度に市場リスクをとることでリスクに対するリターンを得ている面もある。特にプロップ取引ではさまざまなヘッジを組み合わせたトレーディング戦略にもとづき，一定のリスクをとることで目標とする収益獲得を目指す。証券会社は戦略ごとにデスクやポジションを分けリスク管理・損益管理を行っている。以下では代表的な戦略の二点を挙げる。

　ⅰ）アービトラージ取引（裁定取引）

　アービトラージ取引とは，本来同じ価値をもつはずの商品の価格が一時的なゆがみによって異なるときに，割安な商品を買うとともに割高な商品を売り，価格差が解消した時点で反対売買を行うことで収益を獲得する取引である。代

表的なアービトラージ取引としては，現物取引市場と先物取引市場のアービトラージや市場間アービトラージ（異なる市場での同一金融商品のアービトラージ）が挙げられる。

理論的にはリスクが存在せず，確実なリターンを上げることが可能なため，かつて多くの証券会社のプロップ取引部門が用いた取引手法である。

ⅱ）ロング・ショート取引

市場において割安と考えられる銘柄を買い，割高と考えられる銘柄を空売り(2)する戦略であり，割高・割安銘柄がそれぞれ想定された株価水準に収斂することによる利益の獲得を目指す取引である。しかし，割高・割安と判断した銘柄の株価が必ずしも予想どおりに動くとは限らず，両銘柄の株価が反対方向に変動し損失を被るリスクもある。

なお，アービトラージ取引とは異なり精緻な理論価格が存在するものではなく，通常はファンダメンタルズ分析や数理モデル等を用いて割高・割安銘柄を選定する。

(3)　信用取引

信用取引とは，顧客が証券会社から信用の供与を受けて株式の売買を行う取引である。詳細については，本編第3章を参照。

(4)　株券貸借取引

株券貸借取引とは，消費貸借契約にもとづいて貸借料を支払って株券を借り入れ，一定期間経過後にその借株を返済する取引である。詳細については，本編第6章を参照。

---

(2) 空売りとは，保有していない株式を借りてきて売却する取引をいう。将来その株価が値下がりした時点で買い付けて，借りた株式を返却することを目的とする。

3　取引所取引と取引所外取引

　株式売買取引は取引所内で行われる取引所取引と，取引所外で行われる取引所外取引がある。また，取引所取引でも立会内で行われる立会内取引と，立会外で行われる立会外取引がある。

　株式の売買は取引場所等に応じて，図表2-2-1のとおり整理できる。

図表2-2-1　株式売買取引の取引場所に応じた分類

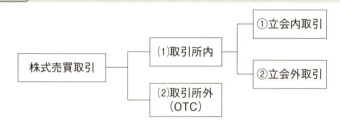

(1) 取引所取引

① 取引所立会内取引

　取引所立会内取引は，取引所において売買立会時に行われる取引のことである。売買立会時とは，取引所において売買が行われる一定の時間であり，午前立会（前場）と午後立会（後場）に分けられる。立会内取引はほぼすべて普通取引であり，T＋3日[3]に決済する売買である。ほかに，当日決済取引と呼ばれる取引日に決済まで行う売買や，発行日決済取引と呼ばれる発行前の段階で売買する取引も行われることがある。立会内取引では，主に以下の方式により売買が成立する。

　　ⅰ) 板寄せ方式

　板寄せ方式は，売買立会のはじめ（寄り付き）の値段（始値）や売買立会終了時（引け）の値段（終値）を決定する場合等に行われ，約定値段決定前の呼

---

[3] 約定日の翌日から起算して3営業日目のこと。なお，「株式等の決済期間の短縮化に関する検討ワーキング・グループ」が2016年6月にとりまとめた最終報告書にもとづき，各取引所が現行のT＋3からT＋2に短縮することを公表している。その実施は2019年4月から5月とされている。

値のすべてを売買システムの注文控（板）に記載したうえで価格的に優先順位の高いものから対当させながら（価格優先の原則），数量的に合致する値段を求め，その値段を単一の約定値段として売買を成立させる方式である。

ⅱ）ザラバ方式

寄り付きと引けの間に行われる継続売買をザラバといい（「ザラにある普通の場」という意味），始値が決定された後に売買立会時間中継続して個別に行われる価格決定方法をザラバ方式という。ザラバ方式では，価格優先の原則だけでなく，時間優先の原則にもとづき，各時点で存在する注文を順に合致させ売買が成立する。時間優先の原則とは，同じ値段の呼値については，時間の先後によって，先に行われた呼値が後に行われた呼値に優先するという原則である。

② 取引所立会外取引

取引所立会外取引は立会内取引の時間外に行う取引であり，時間優先や価格優先といったオークション市場の原則は適用されない。たとえば，大口取引等立会内取引での円滑な執行が困難な取引を立会外取引で行うことにより，立会市場へのインパクトを抑えることができる。またダークプールと呼ばれる証券会社内のシステムで売買注文を付け合わせ，立会外取引システムに取次ぐ取引が増加している。各証券取引所は立会外取引制度を設けており，代表的なものとして東京証券取引所の ToSTNeT が挙げられる。ToSTNeT では以下の4種類の取引を行うことができる。

ⅰ）単一銘柄取引（ToSTNeT-1）

立会市場の直近値から上下7％以内の価格で相手方を指定した取引を行うもの。相手方取引参加者・銘柄・数量等を指定し，呼値が合致すると同時に約定となるものであり，クロス取引として行われることが多い。

ⅱ）バスケット取引（ToSTNeT-1）

バスケット構成銘柄について立会市場の直近値で算出する基準代金の上下5％以内の価格で相手方を指定して行う取引である。相手方取引参加者・銘柄・数量等を指定し，呼値が合致すると同時に約定となるものであり，クロス取引として行われることが多い。15銘柄以上かつ売買代金1億円以上から売買

が可能である。

iii）終値取引（ToSTNeT-2）

立会市場での直近の終値またはVWAPにもとづいて行われる取引所立会外取引である。

iv）自己株式立会外買付取引（ToSTNeT-3）

買方を発行会社に限定した自己株式取得専用の取引である。

(2) 取引所外取引

取引所外取引は1998年の取引所集中義務の撤廃により可能となっており，証券会社と顧客の相対取引や証券会社の顧客注文同士の付け合わせという形で行われる。また，電子的技術を利用して同時に多数の者を相手に有価証券の売買等を集団的・組織的に行う私設取引システム（PTS）を利用した取引も行われている。オークション市場の原則にとらわれずに取引を行うことが可能である点は立会外取引と同様であるが，取引価格に関する制限が設定されていない点等の違いがある。

4 決済の仕組み

第1編第3章②「清算機関，決済機関」で既述のとおり，国内株式の決済は保振機構がその機能を担う。また，ETF（上場投資信託）や上場REIT（不動産投資証券）は商品としては投資信託であるが，決済においては国内上場株式の決済と同様のプロセスとなる。

以下では，保護預り顧客との決済と，国内株式の市場における清算・決済制度の仕組みについて紹介する。

(1) 保護預り顧客との決済

① 保護預りと振替決済

保護預りとは，証券会社をはじめとする金融機関等が，顧客との保護預り約款等の契約にもとづき，株券等の有価証券の寄託を受け，保管することをいう。顧客が自ら所有する有価証券を管理するのではなく，金融機関等が顧客に代

わって保管，事務管理を行うことで，たとえば有価証券の盗難，紛失などの危険を避けることができる。

　しかし，現在の振替法にもとづく振替決済制度の下では，有価証券のペーパーレス化，すなわち電子化が行われており券面は発行されていない。電子化された有価証券は，振替機関が振替口座簿に記録することで管理されており，金融機関等が保護預りを行っているわけではない。

　電子化された有価証券に関する，顧客別の権利の発生，移転等（すなわち売買の記録）は，振替機関に口座を開設している金融機関等が口座管理機関として顧客別の振替口座簿等の帳簿にその電子的記録を行うことで管理している。振替決済制度，振替口座簿の構造に関しては，第1編第3章②(2)を参照。

② 　保護預り顧客との証券決済と資金決済

　顧客との証券決済（振替決済）は，振替法や証券会社の株式等振替決済口座管理約款等の口座約款にしたがい，振替機関である保振機構の振替口座簿，口座管理機関である証券会社の顧客別の振替口座簿にそれぞれ記録することにより行われる。

　顧客に権利が帰属する株式は，証券会社が株式取引を市場で決済する際，保振機構が管理する証券会社の振替口座簿（顧客口）に振替記帳される。証券会社では，顧客取引の決済日に，顧客別の振替口座簿に振替記帳することで決済され，顧客に帰属する株式の残高も当該帳簿上で管理される。

　顧客の株式取引に伴う買付代金の支払いまたは売付代金の受取り，いわゆる資金決済は，株式取引の決済日に，顧客の証券口座において入出金記帳することにより決済される。

　株式の買付代金やその他の待機資金として証券会社が預託を受けた金銭は，顧客からの預り金として処理される。この預り金は，証券口座内で待機資金となるのではなく，投資信託であるMRFの自動買付が行われ，投資信託として管理される場合や，提携金融機関（預金等取扱金融機関）への自動振替が行われる場合が多い。この場合，顧客の株式取引に伴い決済代金が必要になると，MRFが自動解約されるか，提携金融機関からの自動振替により証券会社の口座に資金振替される。

(2) 市場清算，証券決済

① ストリートサイドの清算，決済

ⅰ) 清　算

　取引所で成立した証券会社間の取引（ストリートサイド取引）の清算は，ストリートサイドの清算と呼ばれる。ストリートサイドについてはJSCCが清算機関である。取引所において約定した取引すべてについて，取引所の取引データにもとづいて約定日時点でJSCCが債務引受を行う。その後，決済日に債務引受した取引について，証券は銘柄・清算参加者ごと，代金は清算参加者ごとにネッティングした株数・金額をJSCCと各清算参加者との間で決済する。なお，JSCCとのDVP決済は株式と資金のいずれについてもネット・ベースで決済を行う「ネット＝ネット型」DVP決済である。なお，DVP決済とは，証券の振替と資金の支払いを同時に条件づけて行うことにより，取引相手からの受取りがなければ，自身の支払いも実行されない仕組みであり，決済リスク（元本リスク）軽減の手段の一つである。

　後述するカスタマーサイドも含めて図示すると図表2-2-2のとおりである。

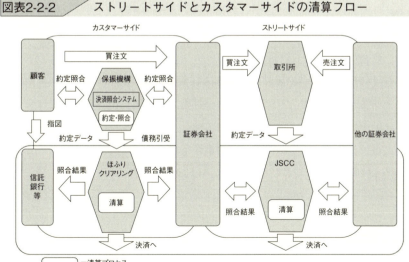

図表2-2-2　ストリートサイドとカスタマーサイドの清算フロー

ii）決　済

　清算参加者である証券会社との決済相手となった JSCC は，決済機関での口座振替により証券および資金の決済を行う。

　各証券会社は保振機構に株式の振替口座を有するとともに，日本銀行またはその他の銀行に資金決済用の口座を有し，これらの口座間での振替によって DVP 決済が実現されている。

　仮に清算参加者を 2 社のみとすると，ネッティング後の株式決済が渡し方となる証券会社から JSCC の口座に振り替え，それを JSCC から受け方の証券会社の口座に振り替える。決済代金についても同様に，払い方の証券会社の口座から JSCC の口座に決済代金を支払い，それを受け方の証券会社の口座に払い込む。ここで JSCC が取引相手双方から株式および決済代金を一旦受領することで，清算参加者の一方のみが株式または決済代金を受領している状態（与信を受けている状態）を作らないようにし，取引相手の決済リスクが及ばないようになっている。

　実際の決済の流れは以下のとおりである。

㈠　証券決済

　証券の渡し方参加者は JSCC への有価証券の引渡しを決済日の13：00までに行わなければならない。決済促進担保や後述する現金担保の差入れ等により受け方参加者が株式を事前に受領できる制度もあり，実際には決済日の早い時間帯から決済が行われる。

㈡　資金決済

　予定受払代金が払い超となっている清算参加者は JSCC への支払いを決済日の14：15までに行うが，その前に現金担保として決済日の13：00までに資金決済予定額を差し入れることが求められており，この現金担保が14：15に資金決済に充当される。そのため，払い超の清算参加者は実質的に13：00には資金の支払いを終えている。

　一方，予定受払代金が受け超となっている参加者については，JSCC がその支払いを14：45に行う。

㈢　フェイル

　証券の渡し方参加者が決済日の決済時限（13：00）までに株式の引渡しが行

えない事態をフェイルという。この場合，直ちに債務不履行とはせずに，被フェイル参加者[4]を確定したうえで当該株式および対応する資金決済を翌日に繰り越すことを認めている。繰越し分は，翌日を決済日とする通常の売買取引の決済と再度ネッティングさせたうえで決済する。被フェイル参加者は，翌日の証券決済時限を超えてもフェイルが継続している場合にはJSCCに対して，フェイルした株式の買付けおよび引渡し（バイ・イン）を請求することが認められている。

②　カスタマーサイドの清算，決済

　顧客側取引（カスタマーサイド取引）の清算は，カスタマーサイドの清算と呼ばれる。証券会社を介して取引所で約定した委託取引に係る株式・代金，または証券会社と相対で売買した取引に係る株式・代金を顧客が証券会社と決済するプロセスである。カスタマーサイドの清算・決済を行う顧客は，保振機構の参加者である機関投資家，信託銀行，常任代理人等であり，証券口座内で決済する保護預り顧客は対象ではない。

ⅰ）清　算

　カスタマーサイドの清算機関は，ほふりクリアリングである。顧客と証券会社との取引のすべてがほふりクリアリングの清算対象ではなく，一般振替（保振機構における株式等の振替のうち，取引所取引の清算に伴う振替以外のもの）のうち当事者の双方がDVP決済を行うことに同意した取引のみが対象である。

　一般振替DVP決済においては，ほふりクリアリングが決済日に，DVP参加者[5]間の債務を引き受ける。その結果，すべての債権債務の決済相手が，ほふりクリアリングに一本化される。一般振替DVP決済では，証券決済を日中随時1件ごと（グロス・ベース）に行う一方で，資金の受払いは，DVP参加者とほふりクリアリングの間の証券振替が終了した後にネット・ベースで行う「グロス＝ネット型」DVPをとっている。

（4）JSCCにより確定されたフェイルとなった銘柄の受方参加者のこと。
（5）ほふりクリアリングから一般振替DVP決済における清算資格を付与された者のこと。

図表2-2-3　カスタマーサイドの決済

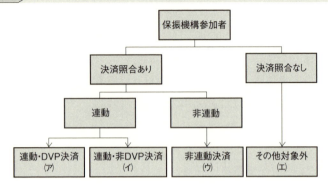

ⅱ）決　済

カスタマーサイドの決済については，大きく分けて4通りの方法がある（図表2-2-3参照）。

(ア)　連動・DVP決済

保振機構の決済照合システム[6]による決済照合の結果を口座振替システム[7]に連動処理させる取引のうち，DVP決済する取引である。この取引が前記ⅰ）で記載したほふりクリアリングが清算対象とする決済である。

保振機構の決済照合システムと口座振替システムは連動しており，決済当事者双方から保振機構の決済照合システムに入力されたデータが照合一致した場合，口座振替システムに自動的にDVP振替請求データが送信され，DVP決済を完了させることができる。証券決済については，ほふりクリアリングは保振機構に振替口座を保有しており，決済照合システムによって決済照合後に作成される決済指図を受け，保振機構に対してDVP振替請求を実行することで，渡方参加者口座から株式の振替を行い，さらに受方参加者口座への振替を行う。資金決済については，振替実行時限である14：00になると，ほふりクリアリングと各参加者の債権債務が差引計算され，「参加者決済額」が算出される。この参加者決済額にもとづき払い超の参加者が15：10までにほふりクリアリング

---

[6] 保振機構が提供する機関投資家取引に係る運用会社，証券会社，信託銀行等の間の約定・決済の電子的照合を行うシステム。
[7] 保振機構における振替口座簿内の口座間で残高を振り替えるシステム。

図表2-2-4　一般振替DVP決済

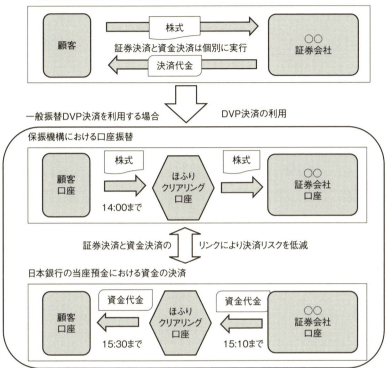

（出所）　保振機構ホームページをもとに著者作成。

口座への決済代金の支払いを行い，また15：30までにほふりクリアリングから受け超の参加者へと決済代金の支払いが行われる（図表2-2-4参照）。

　(イ)　連動・非DVP決済

　決済照合システムによる決済照合の結果を口座振替システムへ連動処理させる取引のうち，ほふりクリアリングによる債務引受を行わずに参加者間で直接決済する取引である。

　(ウ)　非連動決済

　保振機構の決済照合システムにより決済照合を行うが，口座振替システムへの連動を行わない取引である。証券決済および資金決済は参加者間で直接行われる。

106 第2編 業務プロセス・会計

㊀ その他対象外

決済照合システムにより決済照合が行われない取引であり，証券決済・資金決済を顧客と直接行う取引である。一部の業者間取引等でこのような場合がある。

5 業務フローと会計処理

証券会社は約定した株式等の売買取引について適切に業務処理および会計処理するための業務フローを構築することが求められる。以下では会計処理との関連に着目して業務フローの一例を記載している。なお，証券会社の規模や業務内容に応じてその業務フローは異なるため，以下では代表的な例を挙げる。

(1) 委託取引

顧客から株式の委託注文を取次ぐ場合を例に，証券会社による売買の執行と，約定から清算，決済，そして顧客との決済の流れについて紹介する（図表2-2-5参照）。

① 委託取引の約定

i) 取引所立会内取引

㋐ 顧客からの注文の受注

顧客からの受注は証券会社の業態によって異なるが，店頭における受注のほか，ネット系証券会社では顧客がインターネット経由で注文することが通常であり，その他リテール系証券会社ではコールセンターへの電話や，営業店と顧客との電話による受注もある。

証券会社は，顧客から売買を受けた場合，注文伝票を作成する必要があるが，受注した注文内容をシステムに取り込むことで注文伝票を自動的に作成することが多い。

㋑ 取引所への注文の執行

顧客からの注文にもとづき，取引所に発注する。発注は，顧客の注文内容を証券会社の注文処理システムに入力することで自動的に取引所に発注するよう

第2章　株式等業務　107

図表2-2-5　委託取引の業務フロー

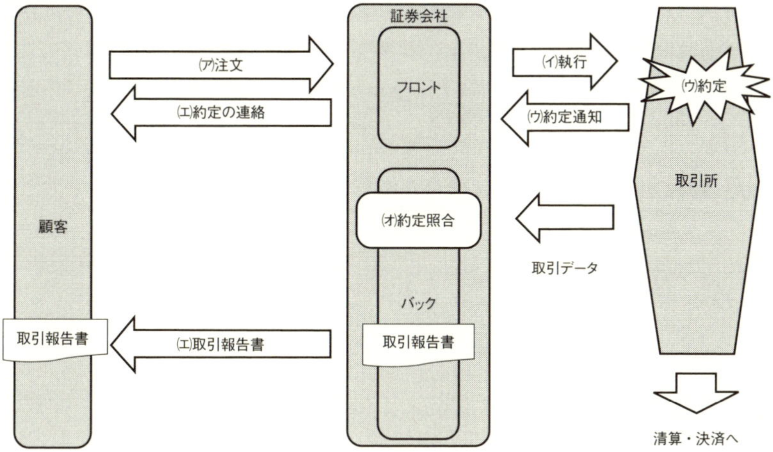

証券会社

顧客　㋐注文 →　フロント　㋑執行 →　㋒約定　取引所

㋓約定の連絡 ←

㋓約定通知 ←

㋔約定照合 ← 取引データ

バック

取引報告書 ← ㋓取引報告書　取引報告書

清算・決済へ

設定されていることが一般的であるが，トレーダーを介した発注が必要な場合には，自動処理ではなくフロントシステム等を用いて発注する。

　㋒　取引所での取引の成立およびその約定通知

　取引所で取引が成立すると，証券会社の注文処理システムが取引所からの出来データを随時取り込み，識別用の番号等にもとづいて注文データとの結び付けを行い，約定データを作成する。システム内にあらかじめ登録されている手数料テーブル等にもとづき委託手数料を算定し，約定データへ付加する。当該約定データをもとに，証券会社は取引日記帳に顧客の約定を記帳する。

　㋓　顧客への約定の連絡

　顧客へ電話やFAX，Eメール，オンライン画面等により約定した旨の連絡を行う。また，約定後，遅滞なく契約締結時交付書面である取引報告書を顧客に交付する必要がある。なお，顧客が保振機構の決済照合システムを利用している機関投資家である場合，取引報告書の交付は不要である。

　㋔　取引所との約定データの照合

　証券会社は，取引日の夜間等に取引所から約定データを入手し，社内システムにおける約定データと照合する。

統一経理基準によると約定時に委託手数料を収益計上することとされているため，約定日に以下の仕訳を起票する。通常，システム上の約定データにもとづいて自動仕訳が起票されるようなシステム対応がとられている。

(借) 未 収 収 益	×××	(貸) 委 託 手 数 料	×××

なお，顧客が証券口座に買付代金を振り込む場合の仕訳は以下のとおりである。

(借) 現 金 及 び 預 金	×××	(貸) 顧客からの預り金	×××

② 清算・決済

i) 清　算

約定データは，証券取引所のシステムから清算機関である JSCC に自動的に転送され，清算が行われる。

証券会社は JSCC から決済情報のデータを入手し，自社のシステム上の決済データとの照合を行う。また，JSCC から「総括清算表」等により受払予定金額の情報を入手し，事前に決済代金を確認し，資金繰りのため資金管理部門に決済情報の連絡を行う。

ii) 決済（ストリートサイドの決済）

決済担当者は決済日に JSCC から入手した受払確定金額の情報と，受払予定金額が一致していることを確認し，決済金額がネットで支払いであるときは資金決済銀行へ支払指図を行う。同時に，顧客に帰属する株式は，保振機構が管理する振替口座簿の顧客口に振替記帳される。証券決済および資金決済の担当者は決済が適切に行われていることを確認する。

決済日における JSCC との決済に関する会計処理は以下のとおりである。実際の資金決済は委託取引のほか自己取引も含むすべての取引代金をネットして行われるため，通常，会計処理も決済日ごとに一つの仕訳が起票される。これらの仕訳は証券会社内の約定データや JSCC からの「総括清算表」等により作成する。

第2章　株式等業務 | 109

［JSCCとの決済］

（借）（受　渡　勘　定）	×××	（貸）（受　渡　勘　定）(8)	×××
現 金 及 び 預 金	×××		

ⅲ）顧客との決済

　約定データにもとづき，顧客の証券口座に決済日付けで証券残高の増減の記帳，および代金の受払いが記帳されることで決済が行われる。具体的には，顧客の買付けに関しては，証券残高の入庫（増加），顧客の売付けに関しては，証券残高の出庫（減少）を保護預り有価証券明細簿等に，また口座管理機関として管理する顧客の振替口座簿に記帳することで証券の振替が行われる。同時に，当該顧客の証券口座に買付代金の出金処理，売付代金の入金処理がなされる。

　顧客が買付けした場合の決済日における仕訳は下記のとおりである。なお，顧客に帰属する有価証券は証券会社の財務諸表にオンバランスされないため，預り有価証券に係る仕訳は起票しない。

［保護預り顧客との決済］

（借）顧客からの預り金	×××	（貸）（受　渡　勘　定）	×××
		未 　収 　収 　益	×××

※　一般的に約定データにもとづき自動仕訳される。
※　この受渡勘定は，前述のJSCCとの決済に係る仕訳と相殺される。

設例2-2-1　　　**株式の委託取引**

【前提条件】

- 顧客Aの買付け

　買付代金　1,000,000円，委託手数料　3,000円

- 顧客Bの売付け

---

(8) 決済に係る仕訳は複数にわたることから，他の仕訳から生じる金額と相殺させるために用いられる通過勘定である。相殺されず残った場合には何らかの起票誤り等の原因があると考えられるため，内部統制の機能もある勘定である。勘定科目名は「受渡勘定」に限られず，他の科目名のこともある。

売付代金　4,000,000円，委託手数料　10,000円

【会計処理】

① 約定日

(借) 未 収 収 益	3,000	(貸) 委 託 手 数 料	3,000
未 収 収 益	10,000	委 託 手 数 料	10,000

② 決済日

• 市場との決済

(借) (受 渡 勘 定)	1,000,000	(貸) (受 渡 勘 定)	4,000,000
現 金 及 び 預 金	3,000,000		

※　受渡勘定1,000,000円および4,000,000円は，顧客Aおよび顧客Bとの決済日における仕訳と相殺される。

※　この設例ではネット後の金額は3,000,000円の受け超である。

• 顧客Aとの決済

(借) 顧客からの預り金	1,003,000	(貸) (受 渡 勘 定)	1,000,000
		未 収 収 益	3,000

• 顧客Bとの決済

(借) (受 渡 勘 定)	4,000,000	(貸) 顧客からの預り金	3,990,000
		未 収 収 益	10,000

(2) 自己取引

　証券会社が自己取引として取引所立会内取引を行う場合を例に，証券会社による売買の執行，約定，清算，決済の流れについて紹介する（**図表2-2-6参照**）。

図表2-2-6　自己取引（取引所立会内取引）の業務フロー

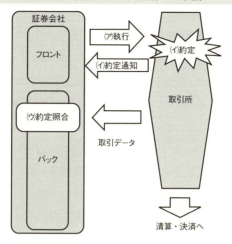

① 自己取引の約定

ⅰ）取引所立会内取引

㋐ 取引所に対する注文の執行

　トレーダーは，自己のポジションの状況に応じて，注文内容をシステムに入力することにより取引所へ発注する。

㋑ 取引所での約定成立

　取引所で成立した取引を自社システムに取り込む。自己のポジション管理の観点からリアルタイムでトレーディングシステムに約定内容を反映してリスク管理を行う。なお，注文伝票，トレーディング商品勘定元帳等の法定帳簿への記帳が必要である。

㋒ 取引所との約定データの照合

　取引日の夜間等に取引所と約定データの照合を行うフローは委託取引と同様である。

　統一経理基準は取引約定時に商品有価証券等を認識することを求めている。また，一般的に商品有価証券等に関する仕訳は総記法により記帳される。そのため，約定データにもとづき売買代金をもって以下の仕訳を約定日に起票する。

[自己取引による買付け]

| （借）商品有価証券等 | ××× | （貸）約定見返勘定 | ××× |

[自己取引による売付け]

| （借）約定見返勘定 | ××× | （貸）商品有価証券等 | ××× |

② 清算・決済

　i）清　算

　約定データは，証券取引所のシステムから清算機関である JSCC に自動的に転送され，清算が行われる。当該フローは委託取引と同様である。

　ii）決済（ストリートサイドの決済）

　ストリートサイドの決済のフローも委託取引と基本的に同様である。なお，自己に帰属する株式は，保振機構が管理する振替口座簿の自己口に振替記帳される。

　自己取引では決済日に以下の仕訳が起票される。

[自己取引による買付け]

| （借）約定見返勘定 | ××× | （貸）（受渡勘定） | ××× |

[自己取引による売付け]

| （借）（受渡勘定） | ××× | （貸）約定見返勘定 | ××× |

[JSCC との決済]

| （借）（受渡勘定） | ××× | （貸）（受渡勘定） | ××× |
| | 現金及び預金 | ××× | |

第2章　株式等業務 | 113

設例2-2-2　　　株式の自己取引（立会内取引）

- 取引C　立会内取引で自己取引による買付け

　　代金　600,000円

- 取引D　立会内取引で自己取引による売付け

　　代金　500,000円

約定日

［自己取引］

| （借）商品有価証券等 | 600,000 | （貸）約定見返勘定 | 600,000 |
| （借）約定見返勘定 | 500,000 | （貸）商品有価証券等 | 500,000 |

決済日

［約定見返勘定の振替］

| （借）約定見返勘定 | 600,000 | （貸）（受渡勘定） | 600,000 |
| （借）（受渡勘定） | 500,000 | （貸）約定見返勘定 | 500,000 |

［JSCCとの決済］

| （借）（受渡勘定） | 600,000 | （貸）（受渡勘定） | 500,000 |
| | | （貸）現金及び預金 | 100,000 |

(3)　自己取引―取引所立会外取引

　証券会社のプリンシパル取引の一つである機関投資家との取引所立会外取引を例に，売買の執行，約定，清算，決済の流れについて紹介する。

　たとえば，取引所立会外取引として行われるブロック・トレードでは，顧客との約定が取引所を介して成立する。したがって，対当する自己取引の買い（売り）と顧客取引の売り（買い）の二つの約定を記帳する点が特徴的である。また，機関投資家との取引では，カスタマーサイドの決済が行われる。

① 取引所立会外取引の約定

ⅰ）顧客からの注文の受注，執行

　立会外で行われるプリンシパル取引については，まずセールス担当者が顧客から価格等の引合いを受け，トレーダーに対当することが可能か確認後，受注する。顧客が複数の証券会社に同じ取引を打診して条件を提示させ，コンペによって約定する証券会社を決定する場合もある。約定した場合，取引所立会外取引は，ToSTNeT で取引が行われる。

　トレーダーはそのポジションの市場リスクをヘッジするため，たとえば先物取引等を用いたヘッジ取引を行い，自己に有利なときに徐々に市場で売却していく等のポジション管理を行う。

　自己取引に関する約定日の会計処理は，前記(2)の場合と同様である。

［自己取引による買付け］

（借）商品有価証券等	×××	（貸）約定見返勘定	×××

② 清算・決済（カスタマーサイドの決済）

　カスタマーサイドの決済について，一般振替DVP決済の場合を前提に，決済照合，清算，決済の流れを紹介する。

ⅰ）決済照合と口座振替の連動

　保振機構の決済照合システムにおいて，証券会社と機関投資家等の顧客の間の決済について照合を行う。この結果は証券会社と顧客それぞれに通知され，仮に不照合があれば当事者間で解消を図る。照合の結果一致したものは決済照合システムによって決済指図データが作成され，それを受けてほふりクリアリングから口座振替システムにDVP振替請求を行う。

ⅱ）清算・決済

　証券振替については，ほふりクリアリングのDVP振替請求にもとづいて実施されるため，振替に滞りがないことをモニタリングし，資金決済については払方であるときは日銀ネットでの送金を行う。

［ほふりクリアリングとの決済］

（借）	$\binom{受渡勘定—ほふ}{りクリアリング}$	×　×　×	（貸）	現 金 及 び 預 金	×　×　×

［顧客勘定への振替］

（借）	顧客からの預り金	×　×　×	（貸）	$\binom{受渡勘定—ほふ}{りクリアリング}$	×　×　×

　なお，約定見返勘定，顧客口座の振替が行われるところは，前記(1)②，(2)②と同様であり，上記ほふりクリアリングとの決済日の仕訳と相殺され，顧客口座の残高は常にゼロになる。

［約定見返勘定の振替］

（借）	約 定 見 返 勘 定	×　×　×	（貸）	（受　渡　勘　定）	×　×　×

［顧客取引の振替］

（借）	（受　渡　勘　定）	×　×　×	（貸）	顧客からの預り金	×　×　×

設例2-2-3　　株式の自己取引（立会外取引）

• 取引 E　立会外取引で顧客の売付け，自己取引による買付け
　売買代金　7,000,000円
• 取引 F　立会外取引で顧客の買付け，自己取引による売付け
　売買代金　2,000,000円

約定日

［自己取引］

（借）商品有価証券等	7,000,000	（貸）約定見返勘定	7,000,000
（借）約定見返勘定	2,000,000	（貸）商品有価証券等	2,000,000

決済日

[自己取引の振替]

（借）	約定見返勘定	7,000,000	（貸）	（受　渡　勘　定）	7,000,000
	（受　渡　勘　定）	2,000,000		約定見返勘定	2,000,000

[顧客取引の振替]

（借）	（受　渡　勘　定）	7,000,000	（貸）	顧客からの預り金	7,000,000
	顧客からの預り金	2,000,000		（受　渡　勘　定）	2,000,000

（借）	（受　渡　勘　定）	7,000,000	（貸）	（受　渡　勘　定）	2,000,000
	（受　渡　勘　定）	2,000,000		（受　渡　勘　定）	7,000,000

※　立会外取引において自己勘定で対当したときは，自己勘定部分の対市場の決済と顧客部分の対市場の決済が相殺される。

[ほふりクリアリングとの決済]

（借）	受渡勘定—ほふりクリアリング	5,000,000	（貸）	現 金 及 び 預 金	5,000,000

※　ネッティング後のほふりクリアリングとの資金決済額により仕訳計上する。
※　顧客 E7,000,000 － 顧客 F2,000,000＝ 決済額5,000,000

[顧客口座への振替]

（借）	顧客からの預り金	7,000,000	（貸）	受渡勘定—ほふりクリアリング	7,000,000
	受渡勘定—ほふりクリアリング	2,000,000		顧客からの預り金	2,000,000

※　個々の顧客取引に関して，ほふりクリアリングと受払いする予定の金額（決済データによる受払い予定額）にもとづき顧客口座の入出金を記帳する。
※　決済予定データとほふりクリアリングでの受払いが一致していれば，「受渡勘定—ほふりクリアリング」勘定は相殺される。

⑷　フェイル

　フェイルが発生した場合には，JSCC から決済日にフェイル情報の通知が送られてくる。フェイルが発生した場合の証券渡し方および受け方の決済日の仕訳は，以下のとおりである。

［証券渡し方］

（借）有 価 証 券 等 引渡未了勘定	×××	（貸）（受 渡 勘 定）	×××

［証券受け方］

（借）（受 渡 勘 定）	×××	（貸）有 価 証 券 等 受入未了勘定	×××

※　JSCC との決済金額について，フェイルした株式に応じた金額が加減され，残りの金額のみが決済される。したがって，⑵②「ストリートサイドの決済」の仕訳においてフェイルに相当する額の「受渡勘定」が相殺されず残ることになる。この相殺されない部分が，上記フェイルの仕訳で埋められて「（受渡勘定）」はゼロになる。

⑸　配当金プロセス

　T＋3日の受渡しを前提とすると，権利確定日の3営業日前を権利落ち日という。この権利落ち日の前日に保有しているポジションについては配当金を受領する。統一経理基準では原則として権利落ち日において受取配当金を収益計上することを求めている[9]。

①　権利落ち日の会計処理

　証券会社によっては未収配当金が自動的に計上できるようシステムフローを構築し，権利落ち日の前日のポジションに外部ベンダー等から取得した予想配当額を乗じて算定する。

---

[9] 配当金に関する決議の効力が発生した，またはその支払いを受けた際に計上することも，継続適用を条件として認められる（金融商品会計実務指針94項）。

118 第2編 業務プロセス・会計

［権利落ち日］

（借）未 収 収 益	×　×　×	（貸）受 取 配 当 金	×　×　×

　なお，予想配当額は配当決議までの間に変動することがあるため，変動に応じて計上額を修正することが必要である。

②　入金日の会計処理

　配当金が入金されると，決済部門において権利確定日に保有していた株式に対する配当金額が正しく入金されていることを確認する。

（借）現 金 及 び 預 金	×　×　×	（貸）未 収 収 益	×　×　×
仮 払 源 泉 税(※)	×　×　×		

※　株式等の配当金に対しては所得税が源泉徴収される。

(6)　総記法の期末処理および時価評価

　商品有価証券等を総記法で記帳した場合には，決算処理として，期末に保有する有価証券等の残数量について算出した時価と，トレーディング商品勘定の残金額との差額をトレーディング損益として計上する必要がある。総記法の記帳については本編第1章[3](2)を参照。

（借）商 品 有 価 証 券 等	×　×　×	（貸）トレーディング損益	×　×　×

6　内部統制

　株式等業務の内部統制において注意すべき点および証券会社が構築する財務報告に係る内部統制の例は以下のとおりである。

第2章　株式等業務　119

共通	内部統制の着眼点	内部統制の例示
1	（職務分掌） 　兼務すべきではない職務が分離されているか。	• 職務を適切に分離した組織体制の構築，職務分掌規程の運用 • セキュリティカードによる入室制限等 • IT システムにおける ID，パスワードの設定等によるアクセス制限
	（内部統制上のポイント） 　営業員やトレーダーと決済担当者，経理担当者など，兼務すべきではない職務が，適切に分離されていることが必要である。証券会社においては，フロント，ミドル，バック部門で職務を分離していることが多い。セキュリティカードや IT システムのアクセス権限により，適切に職務を分離した内部統制を整備する必要がある。	
2	（顧客口座の管理） 　顧客マスターの登録・管理は適切か。	• 口座開設時の本人確認 • 住所不明顧客等の取引制限 • フロントシステムのエディットチェック
	（内部統制上のポイント） 　架空口座の存在により，架空取引が記録されることを防止するため，本人確認後でなければ顧客口座を開設し，システム上の顧客マスターを作成できないよう内部統制を構築する。また，顧客口座の取引状況を監視し，違法な取引が疑われる場合や，住所不明により取引報告書が不達の顧客については，適時に取引を制限する。また，フロントシステムのエディットチェックにより，顧客マスターに登録のない顧客の注文や，権限者以外による注文は，受け付けない仕組みとする。	
3	（銘柄情報の管理） 　銘柄マスターの登録・管理は適切か。	• 新規商品，銘柄取扱いの承認 • 銘柄マスター登録時の承認・照合 • フロントシステムのエディットチェック
	（内部統制上のポイント） 　銘柄マスターは，法令や社内規定，社内の業務プロセス，経理処理等において問題がないことを関連部署が確かめたうえで登録されるよう内部統制を構築する。また，銘柄マスターの情報にもとづき，注文，決済，会計処理等が行われるため，銘柄マスターが正確に登録される必要がある。また，フロントシステムのエディットチェックにより，銘柄マスターに登録のない銘柄の注文や，権限者以外による注文は受け付けない仕組みとする。	
4	（リスクリミットの設定） 　マネジメントは，フロント部門がとるリスク量の上限（リスクリミット）を設定しモニタリングしているか。	• マネジメントによるフロント部門のリスクリミットの設定とデスクやトレーダーへの配分 • ミドル部門によるリスク量のモニタリング

		• リスクリミット超過時のマネジメントによる承認プロセス
	（内部統制上のポイント） 　フロント部門は，マネジメントに設定されたリスクリミットの枠内で取引を行う権限が与えられている。ミドル部門は，フロント部門のリスク量をモニタリングする。フロント部門は，リスクリミットを超過した場合，マネジメント，ミドル部門による承認を得て対応する。	
5	**（手数料の管理）** 　手数料率情報テーブルの登録・管理は適切か。	• 手数料率設定時の照合・承認 • 手数料率変更の承認，変更登録の照合
	（内部統制上のポイント） 　顧客から受領する委託手数料は，通常，約定データと手数料率情報テーブルをもとに自動計算されるため，システムへ正確に手数料率情報を登録する必要がある。また，手数料率を更新する場合や，個別に手数料を変更する場合においても，適切に承認された変更であること，変更を正確にシステムへ反映することを担保する内部統制を構築する必要がある。	
6	**（取引照合）** 　自己および顧客の取引は，約定にもとづき正確かつ網羅的に記録されているか。	• 取引所との約定照合 • 取引報告書，取引残高報告書の送付 • 保振決済照合システム，その他の方法による照合
	（内部統制上のポイント） 　取引記録は，金商法上のトレーディング商品勘定元帳や取引日記帳として作成され，決済や会計処理の基礎となる重要なデータである。取引所取引については，取引所と日々，約定照合を実施する。また，取引記録は，金商法上の取引報告書や取引残高報告書，あるいは，保振決済照合システムその他の方法により，顧客と照合する。取引照合は，不正防止の観点から，約定権限のないバック部門が実施する。	
7	**（証券振替）** 　有価証券残高は，振替結果にもとづき正確かつ網羅的に記録されているか。	• 保振決済照合システム，その他の方法による照合 • 清算機関の決済予定データと社内の決済予定データの照合 • 決済結果のモニタリング
	（内部統制上のポイント） 　証券振替は，清算機関からの清算データ，振替機関からの振替予定データとの照合により適切に履行されていることを確認する必要がある。証券振替の結果は，振替機関からの通知や，フェイル情報等により確かめ，必要な修正をする。	
8	**（資金決済）** 　資金決済は，正確に記録されているか。	• 保振決済照合システム，その他の方法による照合 • 清算機関の決済予定データと社内の決済予定データの照合 • 決済結果のモニタリング

	（内部統制上のポイント） 　資金決済は，約定データや清算機関による債務引受にもとづき，正確に決済指示し会計処理する必要がある。決済の結果は，決済機関からの決済結果通知，フェイル情報，資金勘定の残高と預金残高の照合，受渡勘定のバランスのチェックにより確かめ，必要な修正をする。	
9	（残高照合） 　トレーディング商品の残高は適切に記録されているか。	• 振替機関との残高照合 • 商品有価証券勘定，注記との照合
	（内部統制上のポイント） 　有価証券残高は，振替機関の振替結果にもとづき，正確に記録する必要がある。振替後の残高は，日々，振替機関と照合する。照合においては，自己残口と顧客残口を適切に区分したうえで，区分別，銘柄別に照合を行い，差異がある場合には原因を究明したうえで，必要な調整を実施する。 　また決算日の約定残高は商品有価証券勘定と，担保，貸借等の残高は，注記との整合を確かめる。	
10	（約定訂正） 　取引記録の事後修正ができない仕組みとなっているか。	• 約定データを削除，修正できないシステム上の制限 • 修正記帳時の上席者やコンプライアンス部門による承認
	（内部統制上のポイント） 　損失補てんや顧客資産の流用等の不正防止の観点から，一度記録された約定記録は，事後的に取消，訂正ができない仕組みとする。約定記録の修正が必要な場合には，顧客との認識の確認，コンプライアンス上の問題の有無を関連部署が確認のうえ，修正を記録する。	
11	（トレーディング商品の時価評価） 　トレーディング商品が時価で評価されているか。	• 時価評価方針にもとづいたフロント部門による評価 • 時価検証方針にもとづいたプロダクトコントロール部門による検証
	（内部統制上のポイント） 　フロント部門は，時価評価方針にしたがってトレーディング商品を時価評価する。フロントから独立した時価検証部門（プロダクトコントロール部門等）は，時価検証方針にしたがい，独自に外部時価等を入手・比較し，フロント部門の評価した時価が適切であるかを検証する。時価検証にあたっては，商品の特性を十分に勘案したうえで検証方法を構築する必要があり，検証差異については，時価検証方針にもとづき修正の要否を検討する。	
12	（損益・勘定残高の分析） 　異常な損益が発生していないか，もしくはバランスシート上の残高に異常な増減が生じていないか。	• プロダクトコントロール部門等による日次・月次での損益分析・予実分析 • 経理部門による勘定科目レベルでの増減分析およびフロント管理 PL もしくは管理会計上の損益との照合・差異分析

	(内部統制上のポイント) 　プロダクトコントロール部門等が実施するトレーディング損益の分析において行っているが，特に大きく市場が変動した際に説明不能な損益が発生して予期せず多額の損益が発生した場合，リスク計測上の問題点はないか，現状のポジション量や設定しているリスクリミット等に問題はないか，といった観点から分析等を行う必要がある。会社のビジネスリスクや部門別・商品別の収益性を見きわめるうえでも実際損益分析は重要視される。経理部門は，財務諸表上の各勘定科目において異常な増減がないことを確かめることで，重要な不正の兆候がないこと，またフロント部門が管理している管理会計上の損益との照合や差異分析を行うことにより，不正のみならず誤謬による重要な財務数値への計上漏れ等がないことも確かめる。	
13	**(配当金の処理)** 　配当金の記帳は適切か。	・商品有価証券等残高，予想配当にもとづく未収計上 ・配当金通知書にもとづく入金処理，仕訳処理
	(内部統制上のポイント) 　配当金入金時は，確定した配当金通知にもとづき，正確に仕訳起票する必要がある。権利落ち日に未収配当金を計上する場合，企業の公表する配当見込と保有する商品有価証券等の残高から見積り計算を行い，仕訳起票する。	
14	**(IT システムインターフェース)** 　システム間でデータが正確かつ網羅的に転送されているか。	・データ受渡し件数等の整合性チェック ・システム間のデータ照合 ・システムデータの外部情報との照合
	(内部統制上のポイント) 　取引データは，フロント部門が発注，約定に用いるフロントシステムに入力されたのち，バック部門が証券・資金決済に用いるバックシステムに転送され，決済データが作成される。また，取引データや決済データは，会計システムに転送されて，会計仕訳が起票される。データ転送の正確性と網羅性を確保するプログラムを設定するとともに，システム間のインターフェースが正確に行われない場合に備え，システム間のデータの整合性の確認や，外部情報との照合を実施する。誤りや漏れが発見された場合には適時に原因を調査し，適切にデータを修正する。	
15	**(IT システムによる自動計算)** 　手数料等の計算が正しく行われているか。	・計算ロジックの設定 ・手数料テーブル登録時の承認・照合 ・計算と出力の正確性の確認
	(内部統制上のポイント) 　株式の委託手数料や約定金額，時価評価等の計算は IT システムによって，顧客マスター，銘柄マスター，手数料テーブル等と，取引データや残高データを用い，設定された計算ロジックにしたがって行われる。各マスターと計算ロジックの登録・更新が，権限者の承認を経て正確に行われるための内部統制を整備するとともに，システム上，正しく計算され仕訳やレポートとして出力されることを確かめる。	

16	（ITシステムによる自動仕訳起票） 　会計仕訳がITにより正確に起票されているか。	• 仕訳マスター登録時の承認・照合 • 出力の正確性の確認
	（内部統制上のポイント） 　自動仕訳は，仕訳マスターの設定にしたがって作成されるため，仕訳マスターの登録・更新が，経理部門の承認を経て正確に行われるための内部統制を整備するとともに，システム上，正しく仕訳として出力されることを確かめる。	

7　開示・注記事項

⑴　差入有価証券等，受入有価証券等

　株券貸借取引に伴い有価証券を差し入れたまたは受け入れた場合には，金融商品会計実務指針，統一経理基準にしたがいその時価を注記する必要がある。詳細は本編第1章2⑶，第6章5を参照。

124 | 第2編　業務プロセス・会計

監査人の視点　顧客管理―取引の実在性の監査―

　顧客が，証券会社に注文するのに，いちいち注文書に記入する必要はありません。銀行の窓口であれば，顧客は必ず決められたフォームに記入し，届出印を押印します。証券会社では，刻々と動く値段に対して，まさにこことというタイミングで注文し約定します。店頭や電話その他のリアルタイムで注文可能な方法が取られます。これが，証券会社の監査が難しい理由の一つです。通常，監査人は，契約書や注文書，納品書など，文書かデータであるかを問いませんが，会社と顧客との間で交わされた情報を証拠として取引の実在性を監査します。それができない証券会社の監査において重要となるのが，顧客管理の内部統制です。

　個人の顧客が証券会社と取引をする場合，証券総合口座を開設します。

　口座開設時において，証券会社は，金融商品取引契約の概要や手数料等について記載した契約締結前交付書面の交付（金商法37条の3）や，顧客カードの作成（日本証券業協会「協会員の投資勧誘，顧客管理等に関する規則」），犯罪収益移転防止法にもとづく本人確認，特定口座や少額投資非課税制度（NISA）等の税務関連サービスに必要な書類の受入れを行います。

　口座開設は，コンプライアンス上，重要な手続が含まれているばかりではなく，監査上，重要な内部統制が組み込まれています。たとえば，手数料や取引の実在性を担保するうえで，口座が架空のものではないことを確かめる必要がありますが，口座開設時に口座情報と本人確認書類をダブルチェックするほか，ITシステム上，口座開設をする者のIDと，取引を受注，執行する者のIDを分離していることが必要です。

　また，架空口座に限らず，住所移転等により，取引報告書等の郵便物が届かず，顧客が取引の確認をできない口座については，架空取引に用いられたり，あるいは，資産流用や自己の不利なポジションを移し替えるような不正に利用されるリスクが高いため，取引を制限する等の措置が取られていることを確かめることも必要です。

第3章

信用取引

1 取引内容

(1) 取引概要

　信用取引とは，「金融商品取引業者が顧客に信用を供与して行う有価証券の売買その他の取引」をいう（金商法156条の24）。すなわち，顧客が株式を売買する際に，証券会社が資金または株式の貸付けを行う取引である。

　通常の株式売買取引においては，顧客が株式を買い付ける場合には購入代金として金銭を，株式を売却する場合には株式をそれぞれ用意する必要がある。

　これに対し，信用取引では証券会社が顧客に資金または株式を貸し付けることにより，顧客は一定の保証金を用意するのみで，手持ち資金以上の買付けをすることや，株式を保有せずに売却取引（空売り）をすることができ，レバレッジの効いた取引が可能となるとともに，目的とする投資タイミングを逃すことなく取引を行うことも可能となる。また信用取引の活用により市場の株式売買の増加につながることで，株式の流動性を高めることや，公正な株価を形成することの一助となっている。

　一方で，レバレッジの効いた取引や空売りは投機的な取引につながる可能性があることから，信用取引に対しては，銘柄や保証金，空売りの価格等について，法令や取引所の規則等による制限が存在する。

　信用取引が，これらの機能を発揮するためには，取引原資の貸手となる証券会社が自己の資金や株式で顧客への貸付けができない場合に，調達可能な手段

が十分に確保されていることが重要となる。そこで，信用取引に必要な資金や株式を円滑に供給するための制度として，貸借取引制度が存在する。この制度は，金商法にもとづき，信用取引の決済に必要な資金または株式を証券会社に貸し付ける貸借取引を主な業務とする証券金融会社（以下「証金」という）を設けることにより，証券会社の調達手段を確保するものである。

現在，証金は，日本証券金融株式会社のみである（大阪証券金融株式会社は2013年7月に日本証券金融株式会社に吸収合併され，中部証券金融株式会社は2017年9月をもって解散）。

(2) 取引の仕組み

① 取引の流れ

信用取引における基本的な取引の流れを，図表2-3-1に沿って説明する。

ⅰ）委託保証金の受入れ

顧客は信用取引をするにあたって，資金・株式を必要としない代わりに，証券会社に一定の保証金を差し入れる必要がある。証券会社は，この委託保証金を通常の預り金とは区別して扱う。委託保証金は金銭ではなく有価証券で代用することも可能であるが，有価証券の時価に一定の掛目を乗じた価格が保証金の代用価格とされる。

ⅱ）注文の発注と約定成立

顧客からの注文を取引所へ発注してから取引所で約定するまでの流れは，本

図表2-3-1　信用取引概要図

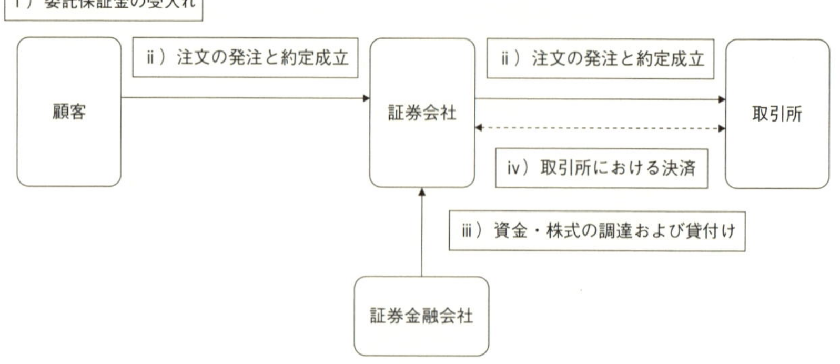

i）委託保証金の受入れ

顧客 — ii）注文の発注と約定成立 — 証券会社 — ii）注文の発注と約定成立 — 取引所

証券会社 — iv）取引所における決済 — 取引所

iii）資金・株式の調達および貸付け

証券金融会社

編第2章で説明した通常の株式売買取引と同じである。なお，顧客が証券会社から資金を借り入れて株式を購入すること（信用買い）を買建て，顧客が証券会社から株式を借り入れて当該株式を売却すること（信用売り）を売建てと呼び，未決済の信用買いまたは信用売りの株式を建玉と呼ぶ。

ⅲ）資金・株式の調達および貸付け

証券会社は，顧客に貸し付ける資金や株式を用意する必要があるが，同一銘柄に対する信用買いと信用売りが，相殺される部分については調達する必要がない（喰い合い）。これは信用売り顧客の売付代金を，証券会社が担保として受け入れ，これを信用買い顧客の買付代金として貸し付けることができ，また反対に，信用買い顧客の買付株式を，証券会社が貸付金の担保として受け入れ，これを信用売りの顧客に売却株式として貸し付けることで，証券会社内で融通することが可能となるためである。売り数量または買い数量のいずれかが多く，喰い合いさせてもなお資金や株式を必要とする場合は自己資金や自己保有株式を原資として顧客への貸付けを行う（自己融資，自己貸株）。あるいは，証金との貸借取引を利用して調達する。

ⅳ）取引所における決済

通常の株式売買取引と同様に，取引所においてはＴ＋3日が決済日となるが，顧客との間では資金決済や口座における株式の振替は行わない。決済の詳細については，後記②を参照。

ⅴ）建玉管理

信用取引では，証券会社から顧客への資金や株式の貸付けが行われ，証券会社が貸借取引を利用する場合には証金からの調達が行われるため，顧客の保有ポジション（建玉）が決済されるまでの間，各当事者間で金利，貸借料等の授受が生じる。

ⅵ）返　済

顧客が信用取引によって借り入れた資金または株式を返済する方法は，大きく分けて二つの方法がある。

一つ目は，反対売買による方法であり，信用買いの場合には，買い付けていた株式を市場で売却することで（転売），その売却代金を顧客が証券会社から借り入れていた資金の返済に充て（売埋め），信用売りの場合には，売り付け

ていた株式と同種の株式を買い付けることで（買戻し），証券会社から借り入れていた株式の返済に充てる（買埋め）方法である。なお，これらにより返済した際は，建て取引と埋め取引の差額を金銭で授受する差金決済を行う。

二つ目は，顧客が借り入れた資金または株式を証券会社に返済する方法であり，信用買いの場合に，借り入れていた資金を証券会社に返済することで買い付けた株式を現物で引き取り（現引き），信用売りの場合には，借り入れていた株式を証券会社に渡すことで売却代金を受け取る（現渡し）方法であるが，信用取引の大部分は一つ目の方法により返済されている。

② 証券会社の役割とリスク管理

信用取引において証券会社は，自らリスクをとって顧客に信用供与を行う役割を担っている。顧客に貸し出す資金や株式を証金から調達する場合であっても，顧客に対する信用リスクが証金に転嫁されることはない。

証券会社は信用リスクをとる代わりに，貸付けと調達の利鞘で収益を得ることが可能となる。通常，証券会社から証金に支払う金利・貸借料よりも，証券会社が顧客から受け取る金利・貸借料の方が大きいため，証券会社は差額を収益として得ることができる。自己融資や自己貸株の場合には，証金に対する金利・貸借料の支払いが生じないため，証金以外から，より有利な調達ができれば純収益はさらに大きくなる。また通常の株式売買取引と同様，建て埋めの約定ごとに取引手数料を顧客から得ることができるため，この貸付けと調達の利鞘と株式売買の委託手数料が信用取引における証券会社の収益源となる。

また，証券会社は金利・貸借料のほか，顧客から管理費と名義書換料を得ている。管理費は建玉の管理に伴い生じるデータ管理等の事務処理対価として，名義書換料は買い建玉が権利確定日をまたいで建てられている場合に生じる株式の権利確定に関連した事務の対価として，顧客から受け取る。

一方で，証券会社は株価が大きく変動し顧客の建玉から生じる損失が保証金を上回った場合，保証金を上回る金額は顧客に対する純与信となるため，このリスクを管理する必要性がある。対応する仕組みは，主として以下のとおりである。

ⅰ）口座開設時の審査

証券会社は信用取引を行う顧客について，信用取引口座の開設にあたり，顧客の金融資産の状況や投資経験を勘案した与信審査を行う。

ⅱ）委託保証金

証券会社は，信用取引を行う顧客に一定以上の保証金を差し入れるよう求める。この委託保証金の額は，取引金額に必要保証金率を乗じて決定される。必要保証金率は各証券会社で設定されているが，取引所の規定により最低でも30％以上かつ30万円以上とされている。また，投機の過熱が懸念される銘柄については，取引所により個別に高めの保証金率が設定されることがある。

取引開始時点においては，保証金としての金銭と代用有価証券の時価に掛目を乗じた額の合計が委託保証金の額となるが，取引後に顧客建玉の時価が変動することで建玉の評価損益を通算した結果，評価損が生じた場合には，保証金の評価額から減算される。また，埋め取引に係る約定済未決済の決済損益がある場合には，保証金の評価額に加減算される（なお，決済益を保証金評価額に加算するかどうかは顧客と証券会社との取決めによる）。また，手数料も考慮されるため，一般的には保証金の評価額および保証金率は以下の式で示される。

保証金評価額＝現金保証金＋代用有価証券評価額－建玉評価損－諸経費－
　　　　　　　未決済の決済損益
保証金率＝保証金評価額／約定代金

ⅲ）追加保証金（追証）

建玉の評価損が増加することや代用有価証券の時価が下落することにより，保証金率が保証金維持率を下回った場合，証券会社は顧客に保証金率が保証金維持率を上回るまで保証金を追加入金するよう要求することができる。これを追加保証金（追証）という。追加保証金の入金期限は翌営業日もしくは翌々営業日とされることが多い。

保証金維持率は，必要保証金率と同率に設定されることもあるが，一般的には必要保証金率より低めの20％〜30％に設定される。なお，取引所の規定により最低でも20％以上とする必要がある。

期限までに追証が入金されなかった場合，証券会社は，顧客への与信リスク

の拡大を防ぐために，強制的に顧客の建玉を反対売買により決済する。これを
ロスカットという。なお，株価が急激に変動した場面等では，決済損が保証金
を超え，顧客に対する債権（立替金）が生じることがある。この立替金を顧客
から回収できない場合，最終的に証券会社が損失を被る。

iv）本担保

上述の委託保証金に加え，証券会社は信用買いにおける顧客の買付株式また
は信用売りにおける顧客の売却代金を，担保として受領している。したがって，
証券会社は信用取引において顧客に貸し付けた資金または株式の金額（取引金
額）に対し，取引開始時点で最低でも130％の金額の担保を株式または資金の
形式で保有している。

③　制度信用取引と一般信用取引

信用取引には制度信用取引と一般信用取引があり，取引条件が相違する。

ⅰ）制度信用取引

制度信用取引とは，取引所により対象銘柄，貸借料，返済期限等が定められ
ている信用取引である。取引所により選定された銘柄（制度信用銘柄，制度貸
借銘柄）のみを対象とし，通常，一般信用取引と比較すると金利・貸借料は低
い。また，約定から建玉決済までの期間（返済期限）が，6ヵ月以内と決めら
れている。株式のほか，ETF や REIT も対象として選定されている。

顧客にとっては，取引対象の銘柄や建玉決済までの期間が限定されるという
デメリットがあるが，一方で低い金利・貸借料により取引できるというメリッ
トがある。証券会社にとっては，貸借取引を利用して証金から資金や株式を調
達できるのは制度信用取引に限定されている[1]。

ⅱ）一般信用取引

一般信用取引においては，銘柄，貸借料，返済期限等の取引条件について顧
客と各証券会社の間で合意して取引が行われる。したがって，対象銘柄や取引
期限が証券会社の裁量によって決定されるため，制度信用取引と比較すると対
象銘柄は多く，返済期限がないことがほとんどである。なお，対象銘柄につい

---

(1) 一般信用取引においても証金の利用が可能であるが，現状では行われていない。

ては証券会社の裁量で決定されるが，流動性のある銘柄であることが一般的である。

一般信用取引では，証券会社は貸借取引を利用できず，証券会社がそれ以外の手段で資金や株式を調達する必要がある。

制度信用取引と一般信用取引の差異をまとめると，図表2-3-2のとおりである。

図表2-3-2	制度信用と一般信用	
	制度信用	一般信用
取引期限	最長6ヵ月	各証券会社が決定（無期限も多い）
買付可能銘柄	取引所が定める「信用銘柄」	各証券会社が決定（制度信用より広い銘柄が対象とされることが多い）
信用売り可能銘柄	取引所が定める「貸借銘柄」	各証券会社が決定（一般信用売りは扱わない会社もある）
貸借取引	利用可	利用不可
金利・貸借料	比較的低い	比較的高い
売買手数料	各証券会社が決定（無料の場合もある）	

2 決済の仕組み

以下では，信用取引の主な決済の仕組み・流れについて，(1)買建て・売建て，(2)建玉管理，(3)反対売買に分けて説明する。

(1) 買建て・売建て

通常の株式売買取引と同様，信用取引においてもT＋3日に取引所取引の清算機関であるJSCCと約定代金および株式の決済を行う。この際，通常の株式売買取引と区分されずにまとめて約定代金・株式の決済が行われる。ただし，証金から借り入れた分については証券会社を経由した資金・株式の決済ではなく，証金とJSCCの間で直接決済される。したがって，証金利用分については証券会社において資金・株式の決済は行われない。

図表2-3-3　約定代金・株式決済の関係図

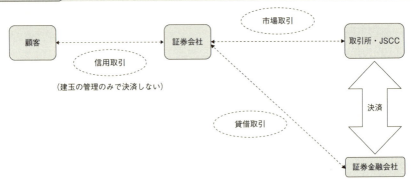

　対顧客との決済については，貸し付けた資金や株式はT＋3日のJSCCとの決済に利用される。このため，顧客と資金・株式の決済は行われず，証券会社から顧客への資金や株式の貸付けという権利関係が生じるのみである。

　また，信用買いの場合は買付株式を，信用売りの場合は売却代金を顧客が取引により取得するが，これらについては顧客の証券口座に振替または入金されず，証券会社が本担保として受け入れる。さらに，証券会社が貸借取引を利用して証金から調達をした取引については，顧客から受け入れた売却代金および買付株式をそのまま証金に本担保として差し入れる。なお，この証金への差入れは実際には，証券会社を経由することなく，JSCCと証金の間で直接実行される（図表2-3-3参照）。

　決済日における貸借取引を利用した場合と自己貸株の場合のそれぞれの資金と株式の流れは，図表2-3-4および図表2-3-5のとおりである。

(2) 建玉管理に関連した決済

　建玉管理に関連した決済として，以下のような決済が行われる。

ⅰ) 金利および貸借料

　建玉発生後，弁済の決済日までの期間において，証券会社による顧客への貸付け，証券会社と証金の間での貸借取引に起因する金利と貸借料がそれぞれ発生する。

　金利・貸借料の決済は，対顧客と対証金で異なる。顧客との金利・貸借料は，

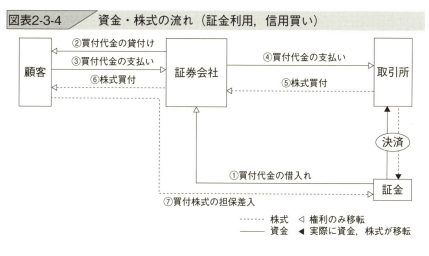

図表2-3-4　資金・株式の流れ（証金利用，信用買い）

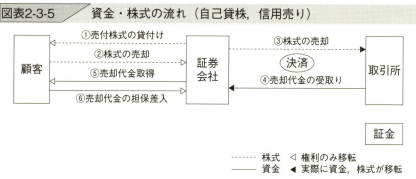

図表2-3-5　資金・株式の流れ（自己貸株，信用売り）

埋め取引の決済日にまとめて決済されるため，それまでの間は会計上経過勘定で処理されるのみであり，実際に資金決済は行われない。一方，証金との間では，ⅱ）以降で記載している更新差金，逆日歩，配当金相当額等すべてまとめて日次で決済される（図表2-3-6参照）。

ⅱ）更新差金

貸借取引においては，取引開始時点では本担保金と株式の時価（または借入金と本担保証券の時価）が近似しているが，株価が変動することで本担保金と株式の時価（または借入金と本担保証券の時価）が乖離し，信用リスクが生じる。そこで証券会社と証金との貸借取引においては，定期的に対象株価の変動分を清算する仕組みが設けられている。これを更新差金といい，日次で資金の

図表2-3-6　金利・貸借料・更新差金・配当金相当額の決済（証金利用）

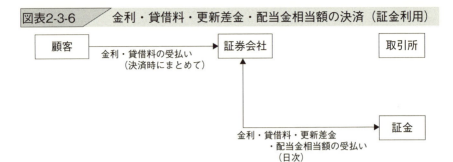

授受が行われる。一方，顧客との間では更新差金の授受は行わない。

　ⅲ）品貸料（逆日歩）

　逆日歩は，証金における株式の各銘柄に対する需給の関係で発生する。証金は信用買いの顧客から株式を受け取り（供給），信用売りの顧客へ株式を提供する（需要）という仲介の役割を担っている。そのため，信用売りが信用買いを上回り，ある銘柄に対する需要が供給を上回ると，証金のなかで株式が不足し，顧客に貸付けを行うことができなくなってしまう。

　そこで証金は株式が不足すると，証券会社や機関投資家等から借株により調達しその対価として貸借料を支払う。この貸借料は株式に関する需給の関係で発生するものであるため，需要者である信用売りの顧客が支払い，供給者である信用買いの顧客が受け取る。このようにして授受される調達コストが品貸料であり，不足が生じた株数のみならず，品貸料発生前から建玉を持っている顧客や，証金を利用していない証券会社で建玉を持つ顧客も含め，対象銘柄の制度信用売りの建玉を持つすべての顧客が支払い，買い建玉を持つすべての顧客が受け取る。この品貸料は逆日歩ともいう。

　逆日歩の金額は，証金が機関投資家等から調達した際に支払った調達コストの多寡に応じて証金により決定される。また，料率ではなく，一日一株あたり何円（銭）という形で公表される。

　金利・貸借料等と同様に，顧客と証券会社の間では埋め取引の決済日にまとめて決済され，証券会社と証金の間では発生の都度日次で決済される。

　ⅳ）配当金相当額

　信用買いの顧客は，通常の株式売買取引で取得した場合と同様，配当金額に

相当する経済的利益を受け取る権利を有している。しかし，株式は証金（自己融資の場合，証券会社）が担保として保有しているため，まず，証金が配当金を受け取り，その後，証券会社を経由して顧客に配当金相当額が支払われる。反対に信用売り顧客は，配当金相当額を支払う。なお，この配当金相当額は源泉税控除後の金額である。

(3) 反対売買

　JSCCや証金との関係では買建て・売建て時の売買と反対売買には区別なく，通常の株式売買取引と同様であるため，前記(1)に記載した仕組み・流れで決済が行われる。顧客との関係では，建て取引による代金と埋め取引による代金の差額に，建玉に起因して発生した手数料，金利・貸借料等を加減して決済差金として授受する。したがって，建て取引の約定時から累積された損益がまとめて埋め取引時に顧客の証券口座に振り替えられる。

3　業務フローと会計処理

　以下では，一般的な証券会社の業務フローおよび会計処理について，委託保証金の受け入れ，信用買い，信用売りに区分してそれぞれ説明する。業務フローは本編第2章「株式等業務」の委託取引と重複する部分が多いため，信用取引固有のフローに重点をおいて記載している。なお，証券会社の規模や業務内容に応じて業務フローの内容等は異なるため，以下で挙げるものは代表的な一例である。なお，制度信用と一般信用とにおいて会計処理に差異はない。

(1) 委託保証金の受入れ

　ⅰ) 顧客からの委託保証金受入れ

　一般的には，証券総合口座の残高からの保証金への振替指示によって差入れを行うため，顧客は，店頭，電話，インターネット等を介して証券会社に振替指示を行う。

　ⅱ) 顧客データの振替

　指示を受けた証券会社は，顧客データ上，証券総合口座の残高から信用口座

の残高へ振替を行う。店頭や電話で指示を受けた場合，システムへ手入力することで振替が行われるが，多くの場合，顧客がインターネット経由で指示し，指示を受領したシステムが自動で振替を行う。

ⅲ）会計処理

顧客が総合口座から×××円振り替えた場合の仕訳は以下のとおりである。

（借）顧客からの預り金	×××	（貸）信用取引受入保証金	×××

また，代用有価証券の受入れ時は，仕訳起票はないが，法定帳簿等に記録し，財務諸表に時価を注記する（詳細については，本章⑤参照）。

(2) 信用買い

ⅰ）約 定

約定までは通常の株式売買取引と同じフローを経るが，取引所の規則等により受注時に信用取引であることを明示する必要がある。具体的には，店頭・電話で受注した場合は，注文伝票作成時に信用取引であることを明示し，インターネット経由で受注する場合は，システムが自動で信用取引であることを明示するためのフラグを立てる。

ⅱ）約定連絡

約定日に生成された約定データを，顧客別データや銘柄の残高を管理しているデータに反映し，顧客別の約定内容を電話・Ｅメール等により顧客へ連絡する。

ⅲ）貸借取引

株式市場での取引終了後（大引け後），証券会社は顧客への融資に必要な資金のうち貸借取引制度を利用して証金から調達する金額および銘柄ごとの株数を決定する。新たな建玉の調達と，借株の返済を同時に行うため，実務上は前日と当日の残高の差額を申込みまたは返済する。証券会社はシステム上での申込み結果をその都度画面等で確認するほか，その後に証金から送付されてくる貸借取引計算書でも確認を行う。

ⅳ）決 済

建て取引，埋め取引の決済日に約定データにもとづき，対顧客の貸付けおよ

び返済に関する仕訳を起票する。また，日々証金から送付される貸借取引計算書にもとづき，証金との貸借取引の決済に関する仕訳を起票するとともに，実際の入出金の金額と照合する。

　ｖ）会計処理

設例2-3-1　　信用買い

【前提条件】

・取引

　4月1日：顧客が信用取引でA株式100株を＠500で買建て約定

　　　　　　委託手数料100発生

　4月2日：A株式の時価が＠600に増加

　4月4日：4月1日に約定した取引の決済

　4月7日：顧客が保有するA株式全株を＠600で売埋め（売り返済）約定

　　　　　　委託手数料100発生

　4月10日：4月7日に約定した取引の決済

・備考

　建玉に係る金利3％，証券会社は証金を利用（0.77％で借入れ，貸株代り金は0％）

　また，便宜上，休日はなくすべて営業日との仮定を置いている。

【会計処理】

　設例のため一つの取引に着目しているが，実務上は1日分の取引をまとめて仕訳起票する。特に，JSCCとの決済は通常の株式売買取引と区別なく行われるため，仕訳も通常の株式売買取引と一括して起票する。

① 4月1日

［委託手数料の計上］

（借）未 収 収 益	100	（貸）委 託 手 数 料	100

※　委託取引であるため，約定金額に関する仕訳は起票されない。

② 4月4日（決済日）

[対顧客]

（借）信用取引貸付金	50,000	（貸）（受 渡 勘 定）	50,000

※ 本担保証券の受入れについては，仕訳起票しないが，帳簿等によりその状況を記録する。

[対証金（JSCC）]

（借）（受 渡 勘 定）	50,000	（貸）信用取引借入金	50,000

※ 貸借取引を利用する場合は，証金とJSCCの間で直接資金決済されるため，証券会社の決済は生じないが，JSCCからの通知（総括清算表等）にもとづき，仕訳を起票する。

※ 本担保証券の差入れについては，仕訳起票しないが，帳簿等によりその状況を記録する。

> ※ 自己融資による顧客の信用買いの場合については，証券会社の自己資金によりJSCCで決済し，以下の仕訳を起票する。
>
> | | | | | |
> |---|---|---|---|---|
> | （借）（受 渡 勘 定） | 50,000 | （貸）現金及び預金 | 50,000 |

[証金との利息・更新差金の授受]

（借）信用取引費用	1 $^{（※）}$	（貸）現金及び預金	1

※ 信用取引借入金の金利 $50,000 \times 0.77\% \div 365日 = 1$

③ 4月5日

[証金との利息・更新差金の授受]

（借）信用取引費用$^{（※1）}$	1	（貸）信用取引借入金$^{（※2）}$	10,000
現金及び預金	9,999		

※1 信用取引借入金の金利 60,000（4月2日貸借値段@600×100株）×0.77%÷365日＝1

※2 更新差金 $100株 \times （@600 - @500） = 10,000$

※ 金利について建て取引の決済日（4月4日）から埋め取引の決済日（4月10日）まで日々授受を行う。つまり両端入りとなっている。

第3章　信用取引 | 139

④　4月7日

［委託手数料の計上］

（借）未 収 収 益	100	（貸）委 託 手 数 料	100

⑤　4月10日（埋め取引の決済日）

［対顧客（信用買いの決済）］

（借）（受 渡 勘 定）	50,000	（貸）信用取引貸付金	50,000

［対顧客（顧客勘定の処理）］

（借）（受 渡 勘 定）[※1]	10,000	（貸）顧客からの預り金	9,772
		未 収 収 益[※2]	200
		信 用 取 引 収 益[※3]	28

※1　100株×（@600−@500）＝10,000
※2　建て取引分（100）＋埋め取引分（100）＝200
※3　50,000×3％／365日×7日（（両端入れ）4／4〜10）＝28

［対証金（JSCC）］

（借）信用取引借入金[※]	60,000	（貸）（受 渡 勘 定）	60,000

※　100株×@600=60,000

(3)　信用売り

売買が反対であるほかは，信用買いと全く同じ業務フローになる。

設例2-3-2　　信用売り

【前提条件】

・取引

　5月1日：顧客が信用取引でB株式500株を@200で売建て約定

　　　　　　委託手数料100発生

　5月4日：5月1日に約定した取引の決済

5月5日：B株の時価が@250に上昇

5月7日：顧客がB株式全株を@240で買埋（買い返済）約定

　　　　委託手数料100発生

5月10日：5月7日に約定した取引の決済

- 備考

　建玉にかかる貸借料1.15％，証券会社は証金を利用（0.40％で借入れ）

【会計処理】

① 5月1日

［委託手数料の計上］

（借）未　収　収　益	100	（貸）委　託　手　数　料	100

② 5月4日（決済日）

［対顧客］

（借）（受　渡　勘　定）	100,000	（貸）信用取引貸証券受入金	100,000

※　信用売りによる売却代金を本担保として受け入れる。

※　顧客へ貸し付けた株式については，仕訳起票しないが，帳簿等によりその状況を記録する。

［対証金（JSCC）］

（借）信用取引借証券担保金	100,000	（貸）（受　渡　勘　定）	100,000

※　貸借取引を利用する場合は，証金とJSCCの間で直接売却代金が決済されるため，証券会社の決済は生じないが，JSCCからの通知（総括清算表等）にもとづき，仕訳起票する。

※　証金から借り入れた株式については，仕訳起票しないが，帳簿等によりその状況を記録する。

※　自己貸株による顧客の信用売りの場合については，証券会社がJSCCからの売却代金を担保として受け入れ，以下の仕訳を起票する。

（借）現金及び預金	100,000	（貸）（受　渡　勘　定）	100,000

第3章　信用取引 | 141

［証金との利息・更新差金の授受］

（借）信用取引費用	1[※]	（貸）現金及び預金	1

※　100,000（5月1日貸借値段@200×500株）×0.40％÷365日＝1

③　5月5日

［証金との利息・更新差金の授受］

（借）信用取引費用[※1]	1	（貸）現金及び預金	25,001
信用取引借証券担保金[※2]	25,000		

※1　貸借料　125,000（5月2日貸借値段@250×500株）×0.40％÷365日＝1
※2　更新差金　500株×（@250－@200）＝25,000
※　金利について建て取引の決済日（5月4日）から埋め取引の決済日（5月10日）まで日々授受を行う。つまり両端入りとなる。

④　5月7日

［委託手数料の計上］

（借）未　収　収　益	100	（貸）委　託　手　数　料	100

⑤　5月9日

［証金との利息，更新差金の授受］

（借）信用取引費用	1[※1]	（貸）信用取引借証券担保金	5,000[※2]
現金及び預金	4,999		

※1　120,000（5月6日貸借値段@240×500株）×0.40％÷365日＝1
※2　更新差金　500株×（@240－@250）＝△5,000

⑥　5月10日（埋め取引の決済日）

［対顧客（信用売りの決済）］

（借）信用取引貸証券受入金	100,000	（貸）（受　渡　勘　定）	100,000

142 | 第2編　業務プロセス・会計

[対顧客（顧客勘定の処理）]

（借）顧客からの預り金	20,222	（貸）（受　渡　勘　定）(※1)	20,000
		未　収　収　益(※2)	200
		信 用 取 引 収 益(※3)	22

※1　500株×（@240－@200）＝20,000
※2　建て取引分（100）＋埋め取引分（100）＝200
※3　100,000×1.15%／365日×7日（（両端入れ）5／4〜10）＝22

[対証金（JSCC）]

| （借）（受　渡　勘　定） | 120,000 | （貸）信用取引借証券担保金 | 120,000 |

図表2-3-7　信用取引勘定科目サマリー

	信用買い	信用売り
対顧客	買付代金を貸し付ける ⇒信用取引貸付金	売付代金を受け入れる ⇒信用取引貸証券受入金
対証金	資金を調達する ⇒信用取引借入金	株式を借りる担保に 売付代金を差し入れる ⇒信用取引借証券担保金
利息・貸借料（収益）	信用取引収益	
利息・貸借料（費用）	信用取引費用	

※　これらの勘定科目は，統一経理基準において定められている。
※　信用取引収益，費用については，日割計算が必要。

4　内部統制

　信用取引業務の内部統制において注意すべき点および証券会社が構築する財務報告に係る内部統制の例は以下のとおりである。

信用	内部統制の着眼点	内部統制の例示
1	（職務分掌） 　兼務すべきではない職務が分離されているか。	• 職務を適切に分離した組織体制の構築，職務分掌規程の運用 • セキュリティカードによる入室制限等 • IT システムにおける ID，パスワードの設定等によるアクセス制限

第3章　信用取引 | 143

	（内部統制上のポイント） 　営業員やトレーダーと決済担当者，経理担当者など，兼務すべきではない職務が，適切に分離されていることが必要である。証券会社においては，フロント，ミドル，バック部門で職務を分離していることが多い。セキュリティカードやITシステムのアクセス権限により，適切に職務を分離した内部統制を整備する必要がある。	
2	（信用口座の管理） 　顧客マスターの登録・管理は適切か。 　信用取引の与信管理は適切か。	• 口座開設時の本人確認と与信審査 • 住所不明顧客等の取引制限 • 与信過大顧客等の取引制限 • 貸倒引当基準にもとづく立替金の評価
	（内部統制上のポイント） 　架空口座の存在により，架空取引が記録されることを防止するため，本人確認後でなければ顧客口座を開設し，システム上の顧客マスターを作成できないよう内部統制を構築する。また，顧客口座の取引状況を監視し，違法な取引が疑われる場合や，住所不明により取引報告書が不達の顧客については，適時に取引を制限する。また，フロントシステムのエディットチェックにより，顧客マスターに登録のない顧客の注文や，権限者以外による注文は，受け付けない仕組みとする。 　信用取引においては，顧客に与信を行うため，本人確認のほかに与信審査を行う。また，取引状況をモニタリングし，追証が入金されない等，与信過大となる顧客の取引を制限する。立替金については，回収不能額を見積り貸倒引当金を計上する。	
3	（銘柄情報の管理） 　銘柄マスターの登録・管理は適切か。	• 新規商品，銘柄取扱いの承認 • 銘柄マスター登録時の承認・照合 • フロントシステムのエディットチェック
	（内部統制上のポイント） 　銘柄マスターは，法令や社内規定，社内の業務プロセス，経理処理等において問題がないことを関連部署が確かめたうえで登録されるよう内部統制を構築する。また，銘柄マスターの情報にもとづき，注文，決済，会計処理等が行われるため，銘柄マスターが正確に登録される必要がある。また，フロントシステムのエディットチェックにより，銘柄マスターに登録のない銘柄の注文や，権限者以外による注文は受け付けない仕組みとする。	
4	（手数料の管理） 　手数料率情報テーブルの登録・管理は適切か。	• 手数料率設定時の照合・承認 • 手数料率変更の承認，変更登録の照合
	（内部統制上のポイント） 　顧客から受領する委託手数料や金融収支は，通常，約定データ，建玉データと手数料率情報テーブルをもとに自動計算されるため，システムへ正確に手数料情報を登録する必要がある。また，手数料率を更新する場合や，個別に手数料を変更する場合においても，適切に承認された変更であること，	

	変更を正確にシステムへ反映することを担保する内部統制を構築する必要がある。	
5	（取引照合） 　自己および顧客の取引は，約定にもとづき正確かつ網羅的に記録されているか。	・取引所との約定照合 ・取引報告書，取引残高報告書の送付
	（内部統制上のポイント） 　取引記録は，金商法上のトレーディング商品勘定元帳や取引日記帳として作成され，決済や会計処理の基礎となる重要なデータである。株式等の取引所取引については，取引所と日々，約定照合を実施する。また，取引記録は，金商法上の取引報告書や取引残高報告書，その他の方法により，顧客と照合する。取引照合は，不正防止の観点から，約定権限のないバック部門が実施する。	
6	（顧客との信用取引の処理） 　顧客の保証金，建玉残高，金利の記帳は適切か。	・約定データにもとづく建玉データの更新 ・約定データ・建玉残高データにもとづく仕訳起票 ・取引報告書，取引残高報告書
	（内部統制上のポイント） 　フロントシステムに入力された信用取引の保証金データや約定データにもとづき，金利計算や会計仕訳のもととなる建玉残高データを更新し，会計仕訳を起票する。取引結果および残高は，取引報告書や取引残高報告書により顧客に通知する。	
7	（証券振替） 　有価証券は，振替結果にもとづき正確かつ網羅的に記録されているか。	・保振決済照合システム，その他の方法による照合 ・清算機関の決済予定データと社内の決済予定データの照合 ・決済結果のモニタリング
	（内部統制上のポイント） 　証券振替は，清算機関からの清算データ，振替機関からの振替予定データとの照合により適切に履行されていることを確認する必要がある。証券振替の結果は，振替機関からの通知や，フェイル情報等により確かめ，必要な修正をする。	
8	（資金決済） 　決済は，正確に記録されているか。	・保振決済照合システム，その他の方法による照合 ・清算機関の決済予定データと社内の決済予定データの照合 ・決済結果のモニタリング
	（内部統制上のポイント） 　資金決済は，約定データや清算機関による債務引受の記録にもとづき，正確に決済指示し会計処理する必要がある。決済の結果は，決済機関からの決	

済結果通知，フェイル情報，資金勘定残高と預金残高の照合，受渡勘定のバランスのチェックにより確かめ，必要な修正をする。

9	(証券金融会社との貸借取引の処理記帳) 　貸借取引の勘定残高，金利の記帳は適切か。	・貸借取引計算書との照合
	(内部統制上のポイント) 　貸借取引の残高および変動額，金利・貸借料について記載された証金の貸借取引計算書と，自社で把握している残高または会計仕訳を照合する。	
10	(約定訂正) 　取引記録の事後修正ができない仕組みとなっているか。	・約定データを削除，修正できないシステム上の制限 ・修正記帳時の上席者やコンプライアンス部門による承認
	(内部統制上のポイント) 　損失補てんや顧客資産の流用等の不正防止の観点から，一度記録された約定記録は，事後的に取消，訂正ができない仕組みとする。約定記録の修正が必要な場合には，顧客との認識の確認，コンプライアンス上の問題の有無を関連部署が確認のうえ，修正を記録する。	
11	(ITシステムインターフェース) 　システム間でデータが正確かつ網羅的に転送されているか。	・データ受渡し件数等の整合性チェック ・システム間のデータ照合 ・システムデータの外部情報との照合
	(内部統制上のポイント) 　取引データは，フロント部門が発注，約定に用いるフロントシステムに入力されたのち，バック部門が証券・資金決済に用いるバックシステムに転送され，決済データが作成される。また，取引データや決済データは，会計システムに転送されて，会計仕訳が起票される。データ転送の正確性と網羅性を確保するプログラムを設定するとともに，システム間のインターフェースが正確に行われない場合に備え，システム間のデータの整合性の確認や，外部情報との照合を実施する。誤りや漏れが発見された場合には適時に原因を調査し，適切にデータを修正する。	
12	(ITシステムによる自動計算) 　手数料，金利等の計算が正しく行われているか。	・計算ロジックの設定 ・手数料テーブル登録時の承認・照合 ・計算と出力の正確性の確認
	(内部統制上のポイント) 　株式の委託手数料や信用取引の金利等の計算はITシステムの顧客マスター，銘柄マスター，手数料テーブル等と，取引データや残高データを用い，設定された計算ロジックにしたがって行われる。各マスターと計算ロジックの登録・更新が，権限者の承認を経て正確に行われるための内部統制を整備するとともに，システム上，正しく計算され仕訳やレポートとして出力されることを確かめる。	

13	（IT システムによる自動仕訳起票） 　会計仕訳が IT により正確に起票 されているか。	・仕訳マスター登録時の承認・照合 ・出力の正確性の確認

（内部統制上のポイント）
　自動仕訳は，仕訳マスターの設定にしたがって作成されるため，仕訳マスターの登録・更新が，経理部門の承認を経て，正確に行われるための内部統制を整備するとともに，システム上，正しく仕訳として出力されることを確かめる。

5　開示・注記事項

⑴　差入有価証券等，受入有価証券等

　統一経理基準は，信用取引に伴い受け入れた，もしくは差し入れた有価証券の時価額について，注記で開示することを求めている。

　信用取引における金銭貸借や金銭担保に関する貸借対照表の勘定科目と，有価証券注記の関係をまとめると，図表2-3-8のとおりである。

図表2-3-8　貸借取引の勘定と注記

		貸借対照表	注　記
信用買い	顧客	資金を貸す： 信用取引貸付金	株式を受入れ： 信用取引貸付金の本担保証券
	証金	資金を借りる： 信用取引借入金	株式を差入れ： 信用取引借入金の本担保証券
信用売り	顧客	代金を受入れ： 信用取引貸証券受入金	株式を貸す： 信用取引貸証券
	証金	代金を差入れ： 信用取引借証券担保金	株式を借りる： 信用取引借証券

　ⅰ）信用買い

　信用取引貸付金の見合いとして顧客から受け入れている有価証券について，「信用取引貸付金の本担保証券」として時価の開示を行う。

　また，証金から資金の調達を行い，その見合いとして顧客から受け入れた有価証券を差し入れている場合，「信用取引借入金の本担保証券」として差し入

れた有価証券の時価を開示する。

ⅱ）信用売り

顧客の売付けのために貸し付けた有価証券について，その時価を「信用取引貸証券」として開示する。また，証金から有価証券を調達している場合，当該調達した有価証券の時価を「信用取引借証券」として開示する必要がある。

ⅲ）代用有価証券

上記の注記のほか，保証金の代用として受け入れた有価証券については，再担保に供する旨の同意を得たものに限り，受入保証金代用有価証券として時価を開示する必要がある。

(2)　勘定科目と注記との関係

上述のように，信用取引では，金銭は貸借対照表に計上され，株式は時価が受入・差入有価証券として注記されるため，対応する貸借対照表の計上金額と注記の金額が一定の関係を有するが，値洗い（更新差金のやり取り）を行うか否かにより図表2-3-9の違いが生まれる。

すなわち，受入・差入有価証券は時価により注記されるが，顧客との間では株価の変動による差金の授受を行わないため，建玉の含み損益が大きい程対応する貸借対照表の勘定と注記の金額が乖離する結果になる。

図表2-3-9　貸借対照表勘定と注記の金額の関係

		項　目	金　額	金額の整合性
信用買い	顧客	信用取引貸付金	建玉発生時の金額	建玉に関する含み損益分が乖離
		信用取引貸付金の本担保証券	期末の時価	
	証金	信用取引借入金	直近の値洗い後の金額	更新差金のタイムラグ分が乖離
		信用取引借入金の本担保証券	期末の時価	
信用売り	顧客	信用取引貸証券受入金	建玉発生時の金額	建玉に関する含み損益分が乖離
		信用取引貸証券	期末の時価	
	証金	信用取引借証券担保金	直近の値洗い後の金額	更新差金のタイムラグ分が乖離
		信用取引借証券	期末の時価	

監査人の視点　事後修正―取引記録の正確性の監査―

　会計帳簿を事後的に修正することは，監査上，帳簿が不正に改ざんされるリスクを考慮しなければなりません。通常の照合や承認のプロセスを通さず，不正を隠ぺいするために利用される可能性があるからです。

　証券会社においても，顧客の注文内容の確認が不足していた場合や，有価証券の条件を誤って勧誘した場合，あるいは，単純に注文の執行にあたって事務処理を誤ることや，システムにトラブルが生じ，取引記録を修正する場合があります。これらは，証券事故と呼ばれます。

　証券事故により，顧客からの注文を誤って執行した場合，証券会社は，顧客口座の取引を正しいものに修正する必要があります。たとえば，顧客からＡ株の買い注文を受けたにもかかわらず，Ｂ株を買ってしまった場合を想定します。一度，市場で約定した取引を取り消すことはできないことから，証券会社は，誤ったＢ株の取引を自己のトレーディング勘定で引き取る一方で，顧客口座で正しいＡ株の取引をし，本来Ａ株が買えたであろう金額と，事後的にＡ株を買った金額の差額を補てんする必要があります。

　しかし，事後的に損失補てんおよび利益を追加する行為は，禁止されています（金商法39条）。これは，過去，一部の大口顧客に対して損失補てんをすることにより市場の公平性が阻害されたことを契機に，1991年に当時の証券取引法が改正され，金商法に引き継がれたものです。損失補てんの手法は，顧客口座で損失が発生した取引を事後的に自己のトレーディング勘定の取引に修正する，トレーディング勘定で利益が出た取引を事後的に顧客口座の取引に修正する，あるいは，トレーディング勘定と顧客口座間で時価と異なる価格で取引をするといったものが用いられました。

　証券事故の場合の補てんは，損失補てんの禁止の例外として認められていますが，原則として当局への確認申請が必要であり（金商法39条），証券会社においても厳格な手続が定められています。これは，証券事故の場合の補てんも，上記の違法行為と外形的な手法は異ならず，証券事故に名を借りた損失補てんを防止するためです。監査人の視点からも，不正や違法行為により財務諸表を誤るリスクに対処するうえで，重要な内部統制です。

第4章

債券業務

1 商品内容

証券会社が取り扱う債券として，主に以下のようなものが挙げられる。

(1) 発行体による区分

債券の発行体により，国債とそれ以外の一般債に区分される。

① 国　債

国債とは，国が発行する債券のことをいい，日本国債を例に挙げると，現在，図表2-4-1のとおりさまざまな種類の国債が発行されている。

② 地方債

地方債とは，地方公共団体が発行する1会計年度を超えて償還される債券のことをいい，現在公募地方債と銀行等引受債の2種類がある。また，2003年より，参加するすべての地方公共団体が連帯債務を負う共同発行市場公募地方債も毎月発行されており，地方債を発行する際のベンチマークとなっている。地方債には元利償還に対する国の財源保障や起債許可制度，「地方公共団体の財政の健全化に関する法律」の施行などの仕組みによって安全性が高められており，一般的に国債に次いで信用力の高い債券とされている。

③ 政府保証債，財投機関債

政府保証債とは，高速道路機構や地方公共団体金融機構などの特殊法人等が

150 第2編 業務プロセス・会計

図表2-4-1	国債の種類と商品概要

国債の種類	商品概要
国庫短期証券	日本政府が発行する償還期間が1年以内の割引債のことを指し，現在2ヵ月・3ヵ月・6ヵ月・1年の4種類が発行されている。従来短期国債として，その目的別に政府短期証券（FB）・割引短期国債（TB）の2種類が発行されていたが，2009年2月より国庫短期証券に統合された。
中期国債	償還期間が2年から10年未満の国債のことを指す。現在は2年・5年の固定利付債が発行されている。
長期国債	償還期間が10年の国債のことを指す。発行残高が多く，流動性も高い10年利付国債を示すことが多い。
超長期国債	償還期間が10年を超える国債のことを指す。現在は20年・30年・40年の固定利付債が取引されている。諸外国においては50年以上の国債が発行されている。
15年変動利付国債	償還期間が15年の変動利付国債のことを指す。利払いは年2回行われるが，利払いの都度適用利率が「基準金利－α」という算式にもとづき変更される。2008年8月以降新規の発行はされておらず，現在は既発行債のみ市場で取引されている。
物価連動国債	物価の変動に応じて元金額が変動する償還期間が10年の国債のことを指す。通常の固定利付債は物価が変動しても利子および償還金額は同一であるが，物価連動国債は総務省が毎月発表する全国消費者物価指数（生鮮食品等を除く総合指数）にもとづいて計算された連動係数に額面金額を乗じることで元金額が変動する。表面利率は発行時に固定されているが，元金額の変動により利子の金額も変動する。
個人向け国債	個人投資家に対し発行される国債のことを指す。2003年3月に10年の変動利付国債が初めて発行された。個人でも購入しやすいよう1万円から購入ができ，現在は3年・5年の固定利付国債および10年の変動利付国債の三つが発行されている。

発行する債券のうち，明示的に政府が元利金の支払いを保証している債券のことをいう。政府による保証が明示的になされているため，一般的に政府保証債は国債と同等の信用力があるとされている。

財投機関債とは，特殊法人等が発行する債券のうち，政府保証がなく，特殊法人等が自らの信用力で資金調達するために発行する債券をいう。

④ 社債（事業債）

社債とは，民間の会社や金融機関が発行する債券のことをいう。社債は1996

年に適債基準が撤廃されたことにより，その発行が完全に自由化され，現在では調達額・調達方法なども各発行会社で自由に設定することができる。一般的に社債の利回りは各発行会社の信用力に応じて決定される。

発行体の信用力が低く，利回りが高い債券は，ハイ・イールド債やジャンク債と呼称される。

(2) 商品性による区分

① 利息による区分

ⅰ）固定利付債

固定利付債とは，発行時に定められた利率にもとづいて利子を定期的（日本国内の場合，通常年2回）に支払い，償還時に額面金額を支払う債券のことをいう。現在流通している債券の多くはこの固定利付債に該当する。固定利付債は償還までの将来キャッシュ・フローが一定であるため，長期の資金運用計画を必要とする年金などにとっては有益であるが，投資家は発行体の信用リスクのほかに金利リスクを負う。

ⅱ）変動利付債

変動利付債とは，利払い時の金利実勢などに応じて利率が変動する債券のことをいう。一般的に利率は，利払日の数日前の LIBOR などのインデックスに上乗せ金利を加えたものであり，利率が変動するため，投資家が負う金利リスクは低減されるが，キャッシュ・フローの変動リスクを負う。

ⅲ）割引債（ゼロ・クーポン債）

割引債とは，発行時に額面より低い価額で発行されるものの，償還までの期間に利子が支払われない債券のことをいう。発行金額と額面金額との差額が利子としての役割を担う。固定利付債と同様，投資家は発行体の信用リスクと金利リスクを負う。

② 償還条件による区分

債券と株式の中間的な性質を有する有価証券をハイブリッド証券といい，償還条件により，さまざまな種類の有価証券が発行されている。

i）優先債（シニア債）・劣後債・メザニン債

優先債とは，発行体が条件の異なる債券を複数発行した場合における，信用力が最も高い債券のことをいう。一般的に資産担保証券などを発行する場合にはこのような優先・劣後構造を有する債券を発行することが多い。債務不履行が生じた場合，優先債から優先的に弁済が行われるが，利回りは返済順位が劣後する他の債券に比べて低くなる。なお，債務不履行が生じた場合の借入金との返済順位関係については，発行する優先債の条件によって異なる。

劣後債とは，債務不履行が生じた場合，他の一般債務への弁済をした後の残余資産によってその元利金の支払いが行われる債券のことをいう。発行体にとっては自己資本に近い性質を有する債券であり，また投資家にとっては，優先債より信用リスクが高いため，利回りが高いという特徴がある。

メザニン債とは，優先・劣後構造を有する債券のなかで優先債と劣後債の中間に位置する債券のことをいう。メザニン債はそれら債券のなかで中程度の信用リスクと利回りを有する債券である。

ii）永久債

永久債とは，満期を持たず，発行体が債務不履行に陥らない限り利子が支払われ続ける債券のことをいう。満期がないため通常の債券よりも利回りは高く，より株式に近い性質を有する。一方，一般的な永久債にはステップ・アップ条項や償還オプションが付されていることが多く，最終的には償還される場合が多い。また劣後特約を付して永久劣後債とした場合，バーゼルⅡのもとでは一定額を自己資本の額に算入することができたため，銀行などの金融機関が発行することが多かった。

iii）CoCo 債

CoCo 債（Contingent Convertible Bond：偶発転換社債）とは，発行体の自己資本比率があらかじめ定められた水準を下回った場合などに，元本の一部または全部が削減，または，強制的に株式に転換される条項・仕組み（トリガー）が付された証券をいう。バーゼルⅢのもとで自己資本に算入可能な債券として銀行などの金融機関の発行が増加している。

iv）TLAC 債

TLAC 債とは，金融安定理事会が G-SIBs（Global Systemically Important

Banks）に対して求める TLAC（Total loss-absorption capacity：総損失吸収力）を確保するため，銀行の経営危機時に，バーゼル規制上の自己資本を上回る損失を社債権者等に負担させるものとして，銀行の持株会社が発行する債券をいう。日本では，G-SIBs 規制の対象であるメガバンクが，2016年から段階的に発行を開始している。

ⅴ）転換社債型新株予約権付社債

転換社債型新株予約権付社債とは，発行時に定められた転換価額で社債を発行体の株式に転換できる権利（新株予約権）を付している債券のことをいう。発行体にとっては新株予約権を付す分，調達費用を低く抑えることができる。また投資家にとっても将来発行体の株価が上昇した場合に株式の値上り益を享受できるというメリットがある。

③ 仕組債

仕組債とは，スワップやオプションなどのデリバティブを組み込むことで，投資家の要望に応えるよう通常の債券のキャッシュ・フローを変換した債券のことをいう。証券会社が組成する仕組債には，自らが発行体となる場合もあれば SPC 等を発行体とする場合もある。

主な仕組債の種類については，本編第 8 章[1](3)を参照。

④ 外国債券

外国債券とは，発行体・発行市場・発行通貨のいずれかが日本以外となる債券のことをいう。このうちサムライ債は発行体が日本以外の円建債券，ユーロ円債は発行市場が日本以外の円建債券，外貨建債券は発行通貨が日本円以外の債券を指す。

ユーロ市場は国内市場より発行コストが安く，規制が緩和されているため，発行体にとってはより自由な形態で機動的な発行ができる。

サムライ債は，当初は国や公的機関が中心となって発行していたが，近年では日本国内での低金利を背景に，低利で資金調達を行いたい海外企業が発行するケースも増加している。

154 | 第2編　業務プロセス・会計

2　取引内容

(1)　顧客取引

　証券会社における債券ビジネスの基本は，顧客の売買ニーズに応じて売買の仲介を行うことである。顧客が証券会社を通じて債券売買を行う場合，証券会社が取引の相手方となり顧客の注文を自己勘定で対応する店頭取引が通常である。証券取引所で行われる取引所取引に対し，取引所を介さずに売買が行われる市場を店頭市場という。店頭取引は，相対取引や仕切取引とも呼ばれる。

　たとえば顧客が買い注文をした場合，債券トレーダーは在庫として保有する債券を顧客に渡すかまたはマーケットから調達することにより売買を成立させる。逆に顧客が債券を売りたいという場合には，マーケットで反対に当該債券を購入したいという顧客を見つけてきて取引をするか，証券会社が自らリスクをとって購入し自己勘定でそのまま保有する。営業店で顧客からの注文を受ける場合には，あらかじめ設定された営業店での取引限度額以内であれば，営業店の裁量により在庫の範囲内で顧客と約定するが，限度額を超える大口取引の場合には，本店等の承認を得て約定するか，本店のトレーダーに注文をつなぐ場合もある。

　証券会社のビジネスは原則として仲介業務であり，顧客の売却ニーズに対応する形で保有することとなった債券についても短期で再び売却することを前提としている。顧客の注文を取引所に取次ぐことで外枠の手数料を得る委託取引と異なり，債券の顧客取引のフローとしては主に自己勘定を使った相対取引であるため，会計上は受入手数料ではなく，購入代金と売却代金の差額をトレーディング損益として計上する。

　なお，国債や一部の社債など取引所に上場されている銘柄もあり，委託取引の形態で顧客の注文を取引所へ取次ぐ場合もある。この場合，証券会社の収益は受入手数料として記帳される。

(2)　自己取引

　上述のとおり，債券売買の多くは証券会社の自己勘定を使用した店頭取引で

あるため，証券会社は顧客との売買を通じて債券の自己ポジションを保有する。また，顧客のニーズに対応するため，在庫として意図的に債券を保有していることもある。証券会社では社債や証券化商品などの引受業務を行っているが，これらの業務により生じる募残や顧客からの打返しの結果，自己ポジションが生じることもある。証券会社の債券トレーダーは市場環境や顧客のニーズ等を考慮しながら適切にポジションを取り，収益獲得とポジションから生じるリスクを管理する必要がある。

また，自己勘定で債券を保有する場合，調達コストが生じており，この点も考慮した運用が求められる。すなわち，証券会社が自己勘定で債券を保有する場合，その購入にかかる調達資金を日本銀行や他の金融機関などから借り入れる必要がある。当該借入金には借入期間を通じて利息が付されるため，収益を減少させる要因になる。そのため証券会社は，顧客のニーズに応じた販売ができるよう在庫を充実させる必要がある一方で，マネジメントの指向する適度な在庫水準に保つことで資金調達コストを抑えることが求められる。

債券の売買により生じる金利リスクや信用リスクなどの市場リスクは，デリバティブ取引によりヘッジされることが多い。たとえば，債券を保有することにより生じる金利上昇リスクについては，債券先物を売り建てたり，「変動金利受取・固定金利支払」の金利スワップ取引を締結することにより，そのリスクを低減できる。また，社債を保有することにより生じる発行体の信用リスクは，クレジット・デフォルト・スワップ取引でプロテクションを買うことによりそのリスクを低減できる。

(3)　現先取引・貸借取引

証券会社自身の資金，債券を調達する目的や，顧客の求めに応じて現先取引や貸借取引を行う。詳細は本編第6章を参照。

(4)　証券化取引

①　証券化取引とは

証券化取引とは，不動産や金銭債権など特定の資産を発行体から切り離し，その資産が生み出すキャッシュ・フローを裏づけにして有価証券を発行する取

引のことをいう。証券化商品の原資産は，クレジット債権，リース債権，住宅ローン，企業への貸付金など多様なものを設定できることから，さまざまなオリジネーターの資金調達ニーズや，リスク選好の異なる投資家のニーズに応じた商品設計が可能である。

② 代表的なスキーム
ⅰ）リパッケージ債

リパッケージ債とは，すでに発行された債券にデリバティブ取引を組み合わせることにより両者のキャッシュ・フローを合成し，投資家の希望するキャッシュ・フローに変換して販売する債券のことをいう。過去に発行された債券のなかには株価や金利水準の変動により投資家にとって投資魅力が乏しいものが存在するが，それらの債券に通貨スワップ取引や金利スワップ取引を組み合わせることにより，投資家の希望するキャッシュ・フローを提供することが可能になる。証券会社では投資家の要望に対しオーダーメイドでリパッケージ債を組成することが多い。

証券会社は，リパッケージ債の組成に際し担保債[1]を特別目的会社（Special Purpose Company；SPC）に売却する。SPCではスワップハウス（スワップ

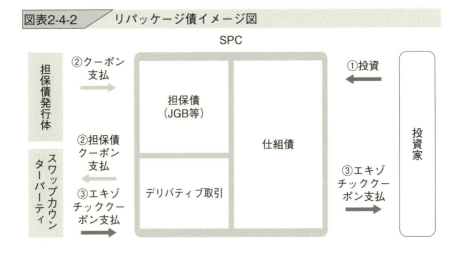

図表2-4-2　リパッケージ債イメージ図

---

[1] リパッケージの対象となる債券。

やオプションなどのデリバティブ取引を行う相手方の金融機関のことを指す）などと店頭デリバティブ取引を取り組むことにより投資家の希望するキャッシュ・フローを合成し投資家に提供する。リパッケージ債の利払いや償還は、その多くが担保債から生じるキャッシュ・フローによって賄われるものである。投資家は、担保債に対し特別な信用補完がなされていない限り、担保債の信用リスクを負う。また、投資家はリパッケージ債の保有により店頭デリバティブ取引の取引相手であるスワップハウスの契約履行リスクも負う。一般的に、信用力が低いスワップハウスに対してはその親会社などの保証が付けられ信用補完がされている。

ⅱ）資産担保証券

資産担保証券（Asset Backed Security：ABS）とは、原債権者や原所有者であるオリジネーターからSPC等が多数の債権（貸出債権、リース・クレジット債権等）や、担保不動産等を譲り受け、それらを担保として発行される有価証券のことをいう。ABSは、一般的に優先劣後構造や外部信用補完提供者などの信用補完の仕組みが施されているため、証券自体の安全性が高く格付の高い証券である場合が多い。資産担保証券の代表的な例として、貸出債権の証券化商品（CLO）、社債や貸出債権などから構成される資産の証券化商品（CDO）、商業用不動産担保ローンの証券化商品（CMBS）および住宅ローンの証券化商品（RMBS）などが挙げられる。

担保資産から得られるキャッシュ・フローが償還財源となるため、オリジネーターの信用力にかかわらず資金調達が可能になる。そのため、ABSを用いると低コストの資金調達が可能となる場合が多い。

投資家にとって、ABSは他の一般債と比べ高い利回りを得られる運用商品であるといえる。また、ABSは柔軟で多様な商品設計が可能であることから、投資家は自身のニーズにより適合した商品による運用ができる。

ABSの一般的なストラクチャーは図表2-4-3のとおりである。オリジネーターは、金銭債権や不動産などの担保資産を、当該資産の保有を目的とし、オリジネーターから倒産隔離されたSPV（Special Purpose Vehicle）に譲渡する。SPVは担保資産を譲渡されると、当該資産の生み出すキャッシュ・フローを裏づけにした資産担保証券（ABS）を発行する。SPVの代表的な例として、

図表2-4-3　ABSの一般的なストラクチャー

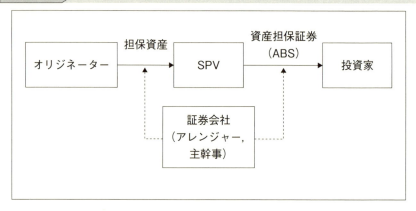

SPC，信託，組合などが挙げられる。証券会社は，アレンジャーとして証券化の仕組みの検討・立案，利害関係者の調整などを行うとともに，発行されるABSの主幹事証券として引受業務を行う場合が多い。

3　決済の仕組み

　以下では，国債と一般債に区分して決済の全体像を示しながら決済制度の仕組みを紹介する。なお，保護預り顧客に関する証券会社と顧客との決済については，株式と類似するため本編第2章④(1)を参照。

(1)　国　　債

　国債決済については，日本銀行が振替機関，JSCCが清算機関である。
　①～③で振替機関・照合システム・清算機関を紹介するとともに，④・⑤で約定照合・決済の仕組みを紹介する。

①　振替機関

　国債については，日本銀行が振替機関となっている。日本銀行が運営する証券決済システムを国債振替決済制度という。国債振替決済制度は，国債の売買が行われた場合に日本銀行に設けられた振替口座簿上で口座振替による決済が

図表2-4-4　国債振替決済制度の概要

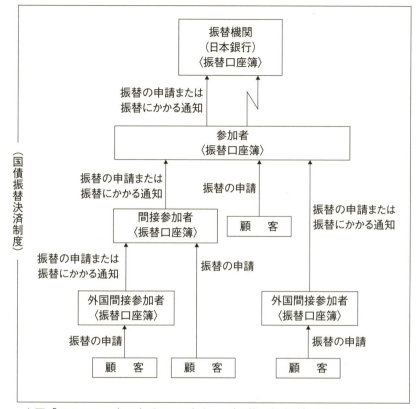

上図「⤳」の部分は，日銀ネット（国債関係事務）を用いたオンラインによる振替の申請または振替にかかる通知を示す。

行われる制度である。日本銀行に振替口座簿を開設している参加者は銀行や証券会社などであり，これらを口座管理機関という。口座管理機関には，自らが保有する国債の残高を記録する自己口と，その顧客（間接参加者）が保有する国債の残高を記録する顧客口がある。国債振替決済制度は，日本銀行に振替口座を有する口座管理機関および口座管理機関の顧客口に有する間接参加者が階層構造を成した仕組みとなっている。

② 照合システム

照合参加者との取引における国債の約定照合は，保振機構の決済照合システム上で行われる。保振機構では2001年9月から株式売買等，2003年5月から国債売買に係る約定照合処理サービスが開始され，2005年2月から国債レポ・現先取引が順次対象取引に追加された。この制度は，従来ではFAXや電話で行われていた照合業務を電子化することにより，より効率的な照合を実施し，取引参加者のコスト削減を図るために開始された。

③ 清算機関

現在，国債の清算機関はJSCCがその役割を担っている。以前の国債市場では取引参加者同士で1件ずつ決済が行われていたが，決済事務手続の効率化，決済リスクの低減等の観点から市場関係者の間で清算機関創設の意見が高まり，2005年5月から当時のJGBCC（2013年10月にJSCCと合併）がセントラル・カウンターパーティとして清算業務を開始した。現在，JSCCには大手証券会社・銀行を中心に40社程度が参加しており，原則としてJSCC参加者間の取引はJSCCの清算を経て決済を行うことができる。また，1回で大量の金額を決済することは，相対的に決済リスクを増大させるため，制度上JSCCを通した決済の上限金額は50億円となっている。そのため，当該金額を超過する取引をJSCC参加者と行った場合には，複数回に分けて決済する。一方JSCC参加者でない相手との取引については別途ネッティングに係る合意を当該相手と行わない限り，すべてグロスで決済される。

④ 約定照合

保振機構の決済照合システムで行われる約定照合は機関投資家取引を対象としている。そのため，特定金銭信託取引など約定当事者（投信や投資顧問会社などの運用会社）と決済当事者（信託銀行などの受託会社）が異なる取引と，プロパー取引と呼ばれる約定・決済の当事者（銀行や生損保など）が同一である取引により，約定照合のパターンが異なる。各取引における約定照合のパターンは，図表2-4-5のとおりである。

第4章 債券業務 | 161

図表2-4-5	各取引における約定照合のパターン	
取　引	約定照合のタイプ	照合方法
特定金銭信託取引等	三者間センタ・マッチング型（運用指図配信サービス未利用型）	照合方法については図表2-4-6参照。
	三者間センタ・マッチング型（運用指図配信サービス利用型）	
プロパー取引等	スルー型	決済照合システム内ではデータ照合は行われず，運用会社・証券会社がそれぞれ決済照合システムを通して信託銀行に約定データを送信する方法。
	プロパー型	信託銀行等が，自ら行った取引と決済照合システムを通じて証券会社から送信された売買報告データの内容を自社内で照合し，照合後，承認データをシステムに送信する方法。
	二者間センタ・マッチング型	取引参加者双方が約定データを送信し，決済照合システム内で照合を行う方法。照合後，照合結果通知が参加者双方に送信される。

⑤　決　済

　国債の決済はたとえばDVP（Delivery Versus Payment）決済か非DVP決済か，JSCCを利用するか利用しないかなどさまざまなパターンに場合分けされる。そこで，ここではまず国債決済の特徴を解説した後，各決済パターンに場合分けをして記述する。

　ⅰ）国債決済の特徴

　国債の決済は日本銀行が運営している日銀ネット国債系内の振替口座簿の振替によって行われる。国債決済は以下の特徴を有する。

　㋐　RTGS決済

　日本銀行では2001年1月にいわゆる「日銀決済のRTGS化」が実施され，国債決済についても決済リスクの低減のため，それまでの15：00のいわゆる時点ネット決済から取引ごとに1件1件グロスで決済するというRTGS（Real

図表2-4-6　三者間センタ・マッチング型約定照合イメージ図

国内取引─三者間センタ・マッチング（運用指図配信サービス未利用型）

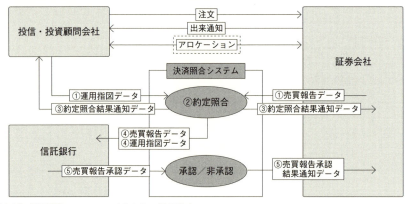

（出所）保振機構ホームページをもとに著者作成。

番号	業務の概要
①	証券会社および運用会社はそれぞれ約定データ（売買報告データ・運用指図データ）を伝送する。
②，③	決済照合システム内でそれぞれの約定データの照合が行われ，照合結果を通知する。
④，⑤	照合後，決済照合システムは信託銀行に売買報告データ・運用指図データを送信し，信託銀行は売買報告データの承認を行う（運用指図配信サービス利用型を利用する場合，信託銀行に送信される運用指図データは決済照合システム内で自動生成される）。

Time Gross Settlement）決済に移行された。すなわち，従来は1日分の決済情報を日銀ネット内に蓄積し，15：00になると日本銀行が当日決済予定の国債および資金をネットして差額分のみを決済するという方法を採用していた。しかし，この方法では15：00まで決済が行われないため，決済リスク，すなわち相手方との決済が適切に行われないリスクを取引参加者は負っていた。そのためRTGSを採用し，決済リスクの低減を図った。

　(イ)　国債DVP同時担保受払機能の導入

　RTGS導入に伴い，参加者双方は取引ごとに1件ずつグロス決済しなければならないため，取引参加者は多額の決済資金を日々用意しなければならなくなった。そのため，日本銀行は市場関係者の要望にもとづいて，RTGS導入時

に国債DVP同時担保受払機能を導入した。この機能は，国債の買手である参加者が売手から受け取る国債を担保に日本銀行から日中当座貸越を受け，同時にその資金を国債の買入代金の支払いに充当することができる仕組みである。この機能を利用するためには同時担保受払時決済口を通して国債・資金決済を行うことが必要である。すなわち，取引参加者は決済開始前に自己の国債・資金を自己口から同時担保受払時決済口に移し，取引終了後にすべて自己口に戻し，同時担保受払時決済口の残高をゼロに戻すという処理が必要となる。取引参加者はこの仕組みによって日中における円滑な国債決済が可能となった。

(ウ) 業界の決済慣行の変化

国債の決済環境の変化に伴い実務慣行も大幅に見直す必要があったことから，日本証券業協会は2000年8月に「国債の即時グロス決済に関するガイドライン」を公表し，以降適宜改正を行っている。同ガイドラインでは日中の未決済残高の積み上がりを抑制するため，決済1件あたりの上限額面を50億円以下とすること，国債決済をコアタイム開始以降速やかに行うこと，フェイルを容認することなどの実務慣行の見直しが示されており，現在の決済慣行のもととなっている。

ⅱ) 決済方法

次に，具体的に決済がどのような形で実施されているのかを記載する。国債決済はJSCCを利用する場合はDVP決済となるため，(ア)JSCCを利用しないDVP決済，(イ)JSCCを利用する決済（DVP決済），および(ウ)非DVP決済の三つのパターンがある。

(ア) JSCCを利用しないDVP決済

国債決済は前述のようにRTGSで行われるため，1件ごとにDVP決済が行われるグロス＝グロス型DVP決済に分類される。保振機構の決済照合システムと日銀ネットは連動しておらず，日銀ネット国債系では決済照合が自動的に行われない。しかしながらDVP決済の場合には，まず売手が国債の購入に必要な資金決済情報を買手に通知し，買手が証券の照合を行うとともに通知された資金決済情報の内容を確認後，資金の支払指図を入力することによって初めて振替が実行される仕組みとなっている。

164　第2編　業務プロセス・会計

　㈤　JSCC を利用する決済（DVP 決済）

　JSCC の債務引受を利用するためには，取引当事者の双方が JSCC 参加者であること，および保振機構の決済照合システムを使用した約定照合を実施する必要がある。約定照合後，同データは自動的に JSCC に伝送され，JSCC で債務引受の認定が行われる。債務引受が認定された取引については JSCC で清算され，同一銘柄・同一決済日の証券および資金のネッティングが行われる。この場合，JSCC が債務の履行を担保するため，たとえ他の参加者が破綻し決済不履行が発生する場合においても，決済の履行は担保される。JSCC は日本銀行に資金および証券口座を有しているため，JSCC との実際の決済は日銀ネット上で DVP 決済される。

　㈦　非 DVP 決済

　日銀ネットに当座預金口座を持っていない取引相手や市中銀行で資金決済を

図表2-4-7　　国債の決済イメージ図（JSCC を利用する場合）

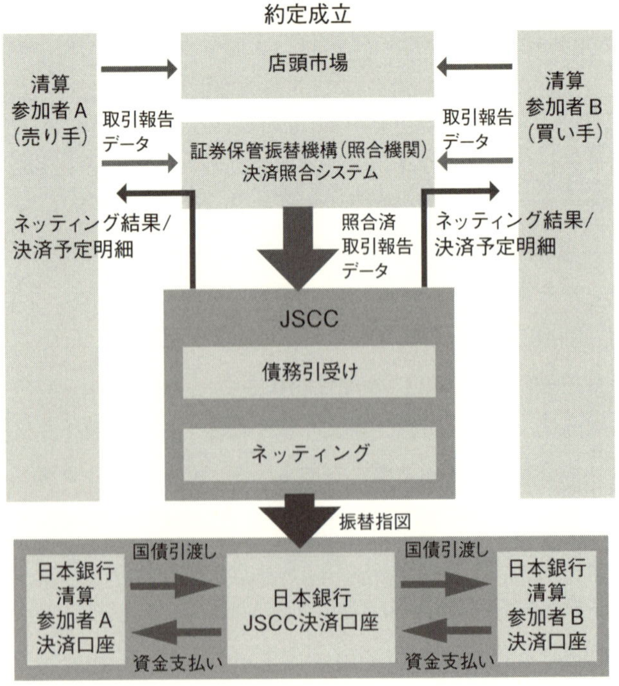

（出所）　株式会社日本証券クリアリング機構ホームページ。

行いたい顧客との取引は DVP 決済が行われず，非 DVP 決済すなわち国債と資金がそれぞれ別に動く FOP（Free of Payment）決済が行われる。FOP 決済の下では国債は日銀ネット上で振替決済が行われるが，資金は国債の決済とは連動せず，別途，市中銀行で決済される。したがって取引参加者に決済リスク，たとえば資金の決済が行われたものの国債の受渡しが行われないリスクが残る。この決済方法では取引当事者が互いに証券振替・資金決済指図を日本銀行および市中銀行に送信する。

⑵　一 般 債

続いて国債以外の一般債に係る決済について，まず①，②で振替機関・照合システムを紹介するとともに，その後③，④で約定照合・決済の仕組みを紹介する。なお，一般債に係る清算機関は設置されていない。

①　振替機関
一般債については保振機構が振替機関となっている。保振機構が実施している制度を一般債振替制度と呼ぶ。一般債振替制度には直接参加者である直接口座管理機関と，直接参加者を通じて参加する間接口座管理機関が参加することができる。証券会社は通常，保振機構に口座を持つ直接参加者に分類され，基本的に自己口，顧客口，および質権口の三つが設定されている。

②　照合システム
2006年より一般債の照合機関も保振機構の決済照合システムが担っている。

③　約定照合
一般債の約定照合は三者間センタ・マッチング型や二者間センタ・マッチング型等さまざまなパターンがあるものの，基本的に国債と同様である。しかし一般債の決済のみにある特徴として，SSI（Standing Settlement Instruction）というデータベースを使用した決済指図データの自動生成，決済照合機能を有する。これについては④にて後述する。

④ 決　済

　一般債の決済は，国債決済と同様に通常DVP決済である。しかしながら，決済パターンとして非DVP決済もあるため，以下DVP決済と非DVP決済に分けて記載する。

ⅰ）DVP決済

　取引参加者双方が直接口座管理機関などに該当する場合には，原則としてDVP決済が実施される。一般債のDVP決済は国債決済と同様にグロス＝グロス型DVP決済に分類されるが，一般債の場合，決済指図データが自動的に作成されるという特徴がある。すなわち，保振機構の決済照合システムでは，SSIというデータベースを保有しており，保振機構はこのSSIを使用して約定照合済みデータから自動的に決済指図データを作成している。決済日当日には作成された決済指図データの照合が行われ，一致した場合には振替口座内の証券データ振替および日銀預金口座の決済が同時に実施される（図表2-4-8参照）。この決済指図はSSIを使用せずに作成することも可能であるが，この場合には取引参加者双方が別途決済指図を保振機構に送信する必要がある。

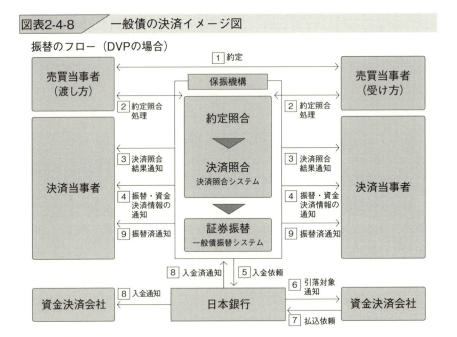

図表2-4-8　一般債の決済イメージ図

ⅱ）非 DVP 決済

　国債決済と同様に，市中銀行で資金決済を行いたい顧客との取引については，証券と資金がそれぞれ別に動く FOP 決済が行われる。この場合，証券の渡し方は保振機構に振替指図を送信し，証券振替を実施する。一方，資金の渡し方は，あらかじめ双方で決済照合した金額について，市中銀行を通して証券の渡し方に払い込む。

(3)　債券取引の決済期間

　国債決済については，日本証券業協会の「国債の決済期間の短縮化に関する検討ワーキング・グループ」による検討の結果，決済リスク削減，金融市場の流動性・安定性・効率性・利便性の向上，国際的な市場間競争力の維持・強化のため決済短縮化が進んでいる。2012年4月より国債のアウトライト取引（国債の単純な売買取引のことを指す）については原則として約定日から起算して2営業日後に決済が行われるという「T＋2決済」が行われるようになり，2018年5月1日約定分からは「アウトライト取引のT＋1決済」が予定されている。一般債決済については引き続き「T＋3決済」が実務慣行となっている。「T＋1決済」の実施にあたっては，図表2-4-9のとおり，幅広い市場参加者が既存の事務フローを見直す必要がある。

168 | 第2編 業務プロセス・会計

図表2-4-9　　T＋1化による国債取引業務時間の変化のイメージ

現行

	T日	T＋1日（S−1日）	T＋2日（S日）
① 出来通知の授受			
② 約定管理，フロント照合			
③ バック部門への約定内容連絡			
④ バック照合			
⑤ ネッティングに係る事務処理			
⑥ ネッティング照合			
⑦ 決済部門への決済内容連絡			
⑧ 決済照合			
⑨ 決済処理			

決済期間短縮化

T＋1化後（想定）

	T日（S−1日）	T＋1日（S日）
① 出来通知の授受	迅速化	
② 約定管理，フロント照合		T日中
③ バック部門への約定内容連絡		
④ バック照合		
⑤ ネッティングに係る事務処理		
⑥ ネッティング照合		
⑦ 決済部門への決済内容連絡		
⑧ 決済照合		
⑨ 決済処理		

（出所）　日本証券業協会　国債の決済期間の短縮化に関する検討ワーキング・グループ「国債取引の決済期間の短縮（T＋1）化に向けたグランドデザイン」2014年11月26日。

4　業務フローと会計処理

　債券の業務フローは，大きく「約定」，「決済」，「利金・償還金の確認」および「時価評価」に区分できる。以下では，国内債券について各区分の業務フローおよびその会計処理を紹介する。なお，外国債券にかかる業務の詳細については，各国の決済機関の規定が異なることなどにより相違する点もあるが，そのプロセスは国内債券と同一の場合が多く，ここでは触れないこととする。

(1)　約　　定

①　顧客取引

　セールス担当者が顧客から売買の引合いを受けた場合には，トレーダーに価

図表2-4-10 約定に係る業務フロー（顧客取引）

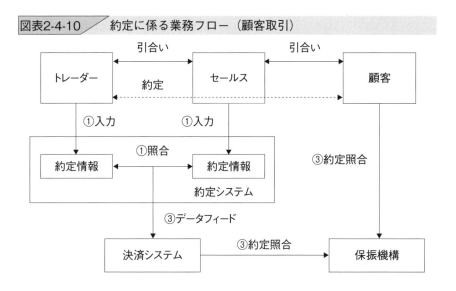

格情報などの照会を行い，注文を受注する。約定が成立するとセールス担当者とトレーダーはフロントシステムに約定内容をインプットし，両者のインプットデータはシステム上で照合され，一致する場合には約定データが下流システムに流れるという仕組みをとることが多い。営業店による債券の販売においては，トレーダーが取引可能銘柄・数量・価格を日々設定し営業店に配信しておき，それを営業店担当者が閲覧しながら顧客へ提案し，約定するというフローを取ることもある。これらの約定データは，決済までに取引相手と照合が行われる。約定内容のインプットについては，セールス担当者がインプットした約定内容を，トレーダーが承認する方法を採用している証券会社もある。

最近では，顧客がトレーディング・プラットフォームを利用し，マーケットメイカーの証券会社と取引を行うこともある。マーケットメイカーとは，流動性供給を目的として買値と売値を継続的に提示する業者であり，証券会社がその役割を担う場合が多く，顧客との約定が成立した場合，その価格を提示した証券会社と取引が行われる。

約定後，顧客への電話やFAX，Eメール，オンライン画面等により，約定した旨の連絡を行う。約定後，遅滞なく契約締結時交付書面である取引報告書を顧客に交付する必要がある。

② 業者間取引

証券会社が，在庫調整や自己取引などのために他の証券会社やその他の金融機関等と行う取引を業者間取引という。業者間取引を行う場合，トレーダーはブローカー端末または電話で約定を行うことが多い。ブローカー端末の一部には，約定データが自動的にフロントシステムに転送され，トレーダーが内容を確認し承認すると下流システムに当該データが流れるものがある。電話で約定した場合にはトレーダーがフロントシステムに取引内容を入力し，以下同様のフローとなる。

約定後の顧客への約定連絡は①顧客連絡と同様であるが，③約定照合において保振機構の約定照合システムを用いる機関投資家である場合，取引報告書の交付は不要である。

③ 約定照合

約定が成立すると取引当事者間で約定照合が行われる。当事者双方が保振機構の決済照合システムを利用する場合には，保振機構の決済照合システムを通して約定照合が行われる。決済照合システムを利用しない場合には，約定内容が簡潔に記載されたプレコンファメーションを送付することなどにより約定内容の確認を行う。

保振機構の決済照合システムを利用する場合，約定が成立すると，約定データはフロントシステムから約定照合システムにリアルタイムで流れる。約定照合システムは保振機構の決済照合システムとリンクしており，取引情報は保振機構に伝送される。保振機構に伝送された取引情報は，保振機構の決済照合システム上で相手方の取引データと照合され，すべての照合項目が一致すると，「約定一致」と認識され，その旨の情報が取引当事者に返送される。一般的に，オペレーション部門では決済照合システム上で照合状況を適宜モニタリングしており，不一致や約定照合エラー等があった場合にはその原因を調査している。なお，JSCC による債務引受を行うためには，この方法による約定照合が完了していることが必要となる。

④　約定管理

　債券取引は，フロントシステムにインプットされた段階で付した取引番号により連番管理され，ミドル部門などにより取引件数の照合を行うという統制を採ることがある。この照合は，システムにインプットされた取引の件数とタームシート（商品内容を項目別にまとめたもの）の件数を突合するなどの方法により行われる。

　さらに，ミドル部門またはオペレーション部門は，約定訂正が行われた場合にその妥当性を検証する。期末日をまたぐ修正は，修正仕訳の要否を検討する必要があるため，特に注意を要する。

⑤　会計処理

　トレーディング目的で債券を売買した場合，約定日に以下の仕訳を起票する。以下は，債券取得に係る約定日の仕訳である。

（借）商品有価証券等(債券)　　　　×××　　（貸）約定見返勘定　　　×××

(2)　決　　済

　一般に，債券決済に係る業務はオペレーション部門により行われている。オペレーション部門では，債券および資金決済指示のみならず，ポジション残高の確認や取引報告書の作成・発送などの業務も行っている。これらの業務はITシステムによる自動化が進んでいるため，担当者が決済状況の確認やエラー処理への対応などの業務を行う。

① 債券および資金の決済

　ⅰ）国債決済

　㋐　DVP決済の場合

　売手は日銀ネットを通じて買手に対し決済情報を通知し，買手はこれを受けて資金支払指図を日銀ネットに入力する。このように，オペレーション部門は，DVP決済を行うすべての取引について決済情報を日銀ネット端末に入力する。実務上は，オペレーション担当者がシステム上で承認すれば，約定照合済み

データが自動的に日銀ネットに流れる仕組みとなっている場合が多い。国債の
DVP決済の場合，決済照合は行われない。

　(イ)　非DVP決済を行う場合

　非DVP決済の場合，債券と資金の決済は連動しておらず，それぞれが独立
して決済される。そのため，取引当事者双方とも決済リスクを抱えるが，実務
上は，決済制限時間を設け，自己の決済処理を終了させた後に相手方の決済を
確認することが多い。

　(ウ)　JSCCを通した決済を行う場合

　JSCCにおいて債務引受が認定されるとネッティング処理が行われ，ネッ
ティング後の決済予定データが証券会社に返送される。オペレーション担当者
は，当該決済予定データとバックシステムのデータを照合し，ネッティング結
果の検証を行う。照合の結果，不一致がある場合にはその対応を行う。

　ⅱ）一般債決済

　(ア)　DVP決済を行う場合

　保振機構に保管されている一般債をDVPにより決済する場合には，事前に
決済照合が行われる。SSIを利用する決済では，保振機構の決済照合システム
で約定照合が済むと，自動的に決済指図データが作成・照合されるため，オペ
レーション部門は決済照合結果および決済済みデータのモニタリングを行う。
SSIを利用しない決済では，オペレーション部門は適宜決済指図データを送信
し，相手方より決済指図データが送信され次第DVP決済が行われる。

　(イ)　非DVP決済を行う場合

　国債の場合と同様であるため，ここでは説明を割愛する。

　ⅲ）資金照合

　オペレーション部門は，保振機構の決済照合システムを利用しない顧客取引
について決済日前日までに資金照合を完了させる。電話，メールなどにより決
済金額や決済方法（DVP，非DVP），資金の受払いを行う銀行口座などの確
認を行う。照合が完了すると決済システムにこれらの情報を入力する。決済シ
ステムにあらかじめ決済方法が設定されている場合には，照合にもとづきシス
テム上のデータを修正する。これらの作業が終了し，上席者による承認が行わ
れると，システム上で支払指図が作成され，資金決済システムに当該データが

第4章　債券業務　173

流れる。

② ポジション残高の確認

オペレーション部門では日中の決済がすべて終了した後，ポジション残高の確認を行う。すなわち，自社の認識する残高と日本銀行や保振機構などの振替機関が認識する残高を銘柄別，自己・顧客別に照合し，残高の一致を確かめる。照合の結果，不一致となった場合には原因を調査し，不一致を解消するよう努める。

③ 会計処理

入出金に係る仕訳は，入出金が確認された後に資金決済システムで起票される仕組みになっていることが望ましい。また，証券会社は前述のように金商法上顧客勘定元帳を作成する義務があるため，顧客からの預り金を介して二つの仕訳を起票していることが多い。

| （借）約定見返勘定 | ×××　| （貸）顧客からの預り金 | ××× |

| （借）顧客からの預り金 | ×××　| （貸）現金及び預金 | ××× |

④ フェイル処理

決済日のカットオフ・タイムにおいて国債資金同時受渡依頼の送信が終了していない取引については，当事者間で事前の合意がある場合を除き，フェイルとして取り扱う。当事者間で事前の合意がある場合は，国債資金同時受渡依頼の送信が終了していない取引についてカットオフ・タイム以前にフェイルとして取り扱うことができる。なお，当事者間で事前の合意がある場合であっても，コアタイム終了時刻までに決済が終了しなかった取引はフェイルとなる。

フェイル確定後，オペレーション部門はバックシステム上でフェイル処理を行う。フェイルに係る仕訳は以下のとおりである。

A. 買手

| （借）約定見返勘定 | ××× | （貸）有 価 証 券 等
受 入 未 了 勘 定 | ××× |

B. 売手

| （借）有 価 証 券 等
引 渡 未 了 勘 定 | ××× | （貸）約定見返勘定 | ××× |

フェイルは，翌日以降に解消された際，以下の仕訳を起票する。

A. 買手

| （借）有 価 証 券 等
受 入 未 了 勘 定 | ××× | （貸）現 金 及 び 預 金 | ××× |

B. 売手

| （借）現 金 及 び 預 金 | ××× | （貸）有 価 証 券 等
引 渡 未 了 勘 定 | ××× |

(3) 利金・償還金

　現在ではほとんどの債券が日本銀行および保振機構において電磁的に管理されているため，利金・償還金の入金は日本銀行および保振機構から行われる。オペレーション部門は，利払日が近づくと日本銀行や保振機構，保護預り顧客との元利金の確認を行う。この業務フローは，日本銀行・保振機構からの元利金の受取りと保護預り顧客への元利金の支払いに分けられる。

① 日銀・保振機構からの元利金の受取り

　ⅰ）日銀保管の債券の元利金受取り（国債）

　国債の場合，利払日の２営業日前に名義変更が停止され，対象国債は自己口・預り口から利払口に振り替えられる。オペレーション部門は，日銀端末から出力される「国債振替決済利払期日分明細表（予定分）」と，バックシステ

ムおよび振替口座簿の残高や元利金額を照合する。また，利払日2営業日前には日銀端末から「国債振替決済利払期日分明細表（確定分）」を出力できるため，オペレーション部門はこの明細とバックシステムデータ上の残高や元利金額などを照合する。

ⅱ）保振機構保管の債券の元利金の受取り（一般債）

一般債の場合，利払日の前営業日に振替が停止される。オペレーション部門は，利払日2営業日前に元利金の確認を行う。具体的には，保振機構の統合Webシステムから「元利払対象残高データ（予定）」を出力し，当該データとバックシステムデータおよび振替口座簿の残高等とを照合する。その結果，差異がない場合にはバックシステム上で上席者の確認・承認が行われる。また，利払対象債券に課税玉がある場合，前営業日に統合Webシステム上で「課税情報申告データ」を送信すると，「元利金請求データ」が保振機構から送付される。オペレーション部門はこの通知をもとに決済照合を行う。

② 顧客への元利金の支払い

オペレーション部門は，顧客への元利金の支払いについても売買の決済と同様の照合を行う。すなわち，オペレーション担当者は，電話やメールなどによって元利金額や受渡口座などを顧客に確認する。担当者による確認終了後，上席者は確認および承認をシステム上で行う。承認が終わると，支払指図が資金決済システムに流れる。

③ 会計処理

債券の利子については，一般的にシステムにより経過利子が毎日自動的に計算され，以下のとおり起票される。

（借）未収債券利子	×××	（貸）受取債券利子	×××

利払日には入金確認後，未収債券利子が消し込まれる。

（借）現金及び預金	×××	（貸）未収債券利子	×××

保護預り顧客の利金・償還金は以下のとおり起票される。

（借）現 金 及 び 預 金	×××	（貸）顧客からの預り金	×××

（借）顧客からの預り金	×××	（貸）現 金 及 び 預 金	×××

(4)　時価評価および時価検証

　期末に保有するトレーディング目的の有価証券は，期末時点の時価で評価することが求められている。証券会社においてはトレーダーが時価評価を行い，プロダクトコントロール部門が時価検証を行うことが多い。この場合，プロダクトコントロール部門は，時価を算定するフロント部門から独立した立場で時価検証を実施する。債券は，株式のように上場されている銘柄が少なく，取引価格を入手しにくい場合がある。国債や社債などの流動性が高い銘柄については，日本相互証券や日本証券業協会が公表する価格があるため，市場価格を比較的容易に入手できるが，証券化商品などの一部の銘柄は，市場価格を入手できないため時価を合理的に見積る必要がある。見積りは一般に不正リスクを伴うものであることから，債券業務における時価検証は適切な財務諸表を作成するうえで重要なプロセスであるといえる。以下では，時価評価および時価検証について一般的な業務フローを紹介する。

①　時価評価

　フロント部門のトレーダーは，市場での取引状況や約定価格を総合的に判断して時価評価を行う。流動性が低く取引価格が市場で観察できないような銘柄については，発行体の信用リスクその他の要因を見積ったうえで，類似の債券を参照したり，当該債券のキャッシュ・フローを割り引くことにより評価する。

　証券会社は，顧客・業者から債券を買い取り，他の顧客・業者に対してそれより高く売却することで差額を儲けるセールス＆トレーディング業務を主なビジネスとして行っているため，債券の時価評価はビット価格で行うことが通例である。たとえば，オファー価格により時価評価することは，未だ債券の売却を実現していないにもかかわらず，ビッド・オファー差分の収益を認識してしまうこととなり，証券会社のビジネス形態を考えると，不適切であるためである。

② 時価検証

プロダクトコントロール部門による時価検証は，フロント部門から独立して入手・検討した時価とトレーダーの評価額を比較することにより行われる。比較の結果生じる差異については一定の差異基準を設け，当該差異基準を超過した銘柄については，トレーダーへの確認やマーケットデータの再調査などの差異分析が実施される。差異基準は一般的に，差異率や差異金額などについて設定される。

また，差異基準は個別銘柄ごとのみならず，トレーディングデスクまたは部門レベルの差異基準も設定し，個別のポジションから生じた差異を合計すると，大きな差異となっていないか，すなわち個別銘柄ごとでは差異基準に抵触しないが，ポートフォリオレベルで見た時に，大きな損益操作がフロント部門によって行われている実態がないか検証するための仕組みを構築しなければならない。さらに検証の実効性を保つため，差異基準に抵触した場合には，協議のうえ，時価の修正を行う権限をプロダクトコントロール部門に持たせることも，フロント部門への牽制機能として非常に重要である。

プロダクトコントロール部門が独立的に入手する時価として，業界団体等の公表する価格が用いられる。図表2-4-11は公表価格の一例である。

なお，この公表価格を使用する場合にも，その価格の信頼性について個別に検討する必要があることに留意する。

なお，同一銘柄に対して，複数のベンダーから価格を入手できる場合があるため，あらかじめベンダーを複数の指標を用いて評価し，優先的に使用するベンダー等を決めておくといった対応も必要となる。銘柄や時点によって，都合の良い価格を意図的に選好するといった不正を防止するためである。

公表価格を入手できない銘柄については，対象債券の信用リスクその他の要因を見積り，DCF法などを用いて検証することが多い。この場合，対象債券の信用リスクの見積りが価格算定の重要な要素となるが，以下は，対象債券の信用リスクを見積る際に参照する市場データを例示したものである。

- 対象債券に類似する債券の公表価格を利用して，対象債券の信用リスクを見積る。DCF法等を用いることにより公表価格から信用リスクを逆算することが可能である。公表価格の選定に際しては，発行体や償還期限，ス

178 | 第2編 業務プロセス・会計

図表2-4-11	公表価格の名称とその概要	
債券の種類	公表価格の名称	概 要
国債	BB 国債価格	日本相互証券が日次で公表する価格。同社が定める基準にもとづき選定した価格提供会社のデータにもとづき算出した午後3時時点における国債全銘柄（利付国債および国庫短期証券）の価格を毎営業日午後4時に発表する。 国内主要各社が日本相互証券に引値を報告し，上下カットをした後の引値の平均値を情報ベンダー等に配信している。
国債・一般債	公社債店頭売買参考統計値	日本証券業協会が日次で公表する価格。指定報告協会員の証券会社15社は，選定銘柄のうち自社が届出を行った銘柄について，当日の午後3時現在における額面5億円程度の売買の参考となる気配を，社債等の債券（社債，特定社債および円貨建外債を指す。）については午後5時45分までに，社債等以外の債券（国債，地方債，政府保証債，財投機関債および金融債を指す。）については午後4時30分までに日本証券業協会に報告し，報告を受けた気配値の上下カットをした後，その平均値を情報ベンダー等に配信している。
外債	TRAX	TRAX とは，MarketAxess 傘下の Entity で，規制当局に対する報告等を行っている。TRAX に報告された取引情報をもとにして，主に欧州市場で流通している債券を対象に市場参加者に毎日価格情報を提供している。
	TRACE	TRACE とは，米国の金融取引業規制機構（FINRA）に対する取引報告等を行っているシステムのことを指す。TRACE はリテール投資家などに対する価格情報提供も行っており，主に米国市場で流通している債券を対象に，リアルタイムで一般に公開されている。

トラクチャーが対象債券により近い銘柄を参照することが望ましい。

• 市場で観測される CDS スプレッドを利用する。ただし，CDS 市場は債券市場とは市場慣行が異なり，特にデフォルトの定義等について別段の定めがなされていることなどから，CDS スプレッドの値を債券の評価に用いる場合には慎重な検討が必要となる。

• 直近の売買実績が存在する場合には，当該取引価格を用いて，信用リスク

第4章 債券業務 | 179

を上記と同様に逆算する。ただし，期末日と直近の取引日が離れており，取引価格が期末時点の市場状況を反映していない場合には一定の修正をすることが必要である。なお，直近の取引価格を用いる場合，当該取引の相手方が以下の要件を満たしていることに留意する必要がある。

―取引の相手方が関連当事者ではないこと

―取引の相手方が取引を行う能力があり，自発的に取引を行う意思があること

最後に，差異基準に抵触した銘柄や，トレーディングデスクまたは部門レベルの差異基準に抵触したものの修正が行われなかった金額については，マネジメント等に報告され，修正の必要がないか十分に議論されなければならない。また，外部からの価格入手が困難で，事実上時価検証ができなかった銘柄やその合計金額も適切にマネジメント等に報告されなければならない。報告を受けたマネジメント等は，未検証残高の重要性や財務諸表に与える影響を考慮し，適切に対処しなければならない。

(5) 会計処理のまとめ

以上で一般的な証券会社の業務フローに絡めて会計仕訳を記載したが，ここで再度具体的な会計仕訳を設例をもとに解説する。

設例2-4-1　　債券の売買取引

【前提条件】

• 顧客よりＴ日に経過利子を含め，下記の債券を取得した。

―10年国債　額面金額１億円@98.5で取得（経過利子を含まない価格）

―経過利子20万円

【会計処理】

① 取　得

［約定日（Ｔ日）に起票する仕訳］　　　　　　　　　　　　　　（単位：千円）

（借）商品有価証券等(債券)	98,500	（貸）約定見返勘定	98,500

[決済日（通常Ｔ＋２〜３日）に起票する仕訳]　　　　　　　　　　（単位：千円）

| （借）約定見返勘定 | 98,500 | （貸）（受渡勘定） | 98,700 |
| 未収債券利子 | 200 | | |

| （借）（受渡勘定） | 98,700 | （貸）現金及び預金または
顧客からの預り金 | 98,700 |

※　保護預り顧客の場合は，顧客からの預り金に買付代金を払い込む仕訳を起票する。保護預り顧客以外の場合には，資金決済の仕訳を起票する。

[フェイルした場合に起票する仕訳]　　　　　　　　　　　　　　（単位：千円）

| （借）（受渡勘定） | 98,500 | （貸）有価証券等
受入未了勘定 | 98,500 |

②　債券利子の計上

　購入した債券について利払日時点で経過利子が30万円発生。

[経過利息の仕訳]　　　　　　　　　　　　　　　　　　　　　　（単位：千円）

| （借）未収債券利子 | 300 | （貸）受取債券利子 | 300 |

　購入した債券について利払日に50万円の入金（利払額50万円）。

[利払日の仕訳]　　　　　　　　　　　　　　　　　　　　　　　（単位：千円）

| （借）現金及び預金 | 500 | （貸）未収債券利子 | 500 |

※　取得時に支払った経過利子200と利払日までに計上した経過利子300の合計。

③　時価評価

　期末時点の時価＠99.5。

[債券の時価評価仕訳]　　　　　　　　　　　　　　　　　　　　（単位：千円）

| （借）商品有価証券等(債券) | 1,000 | （貸）トレーディング損益 | 1,000 |

※　額面１億円×（＠99.5－＠98.5）

④ 債券の売却

購入した債券を顧客に @100で売却。決済日時点の経過利子30万円。

[約定日（Ｔ日）に計上される仕訳]　　　　　　　　　　　　　　（単位：千円）

（借）約定見返勘定	100,000	（貸）商品有価証券等（債券）	99,500
		トレーディング損益	500

[決済日（通常Ｔ＋２〜３日）に計上される仕訳]　　　　　　（単位：千円）

（借）（受　渡　勘　定）	100,300	（貸）約定見返勘定	100,000
		未収債券利子	300

（借）現金及び預金（または顧客からの預り金）	100,300	（貸）（受　渡　勘　定）	100,300

※　保護預り顧客の場合は，顧客からの預り金から売付代金引き落としの仕訳を起票する。保護預り顧客以外の場合には，資金決済の仕訳を起票する。

[フェイルになった場合計上される仕訳]　　　　　　　　　　（単位：千円）

（借）有価証券等受入未了勘定	100,000	（貸）（受　渡　勘　定）	100,000

5　内部統制

債券業務に特有の内部統制において注意すべき点および証券会社が構築する財務報告に係る内部統制の例は以下のとおりである。

債券	内部統制の着眼点	内部統制の例示
1	（職務分掌） 　兼務すべきではない職務が分離されているか。	• 職務を適切に分離した組織体制の構築，職務分掌規程の運用 • セキュリティカードによる入室制限等 • IT システムにおける ID，パスワードの設定等によるアクセス制限

	(内部統制上のポイント) 　営業員やトレーダーと決済担当者，経理担当者など，兼務すべきではない職務が，適切に分離されていることが必要である。証券会社においては，フロント，ミドル，バック部門で職務を分離していることが多い。セキュリティカードやITシステムのアクセス権限により，適切に職務を分離した内部統制を整備する必要がある。	
2	**(顧客口座の管理)** 　顧客マスターの登録・管理は適切か。	• 口座開設時の本人確認 • 住所不明顧客等の取引制限 • フロントシステムのエディットチェック
	(内部統制上のポイント) 　架空口座の存在により，架空取引が記録されることを防止するため，本人確認後でなければ顧客口座を開設し，システム上の顧客マスターを作成できないよう内部統制を構築する。また，顧客口座の取引状況を監視し，違法な取引が疑われる場合や，住所不明により取引報告書が不達の顧客については，適時に取引を制限する。また，フロントシステムのエディットチェックにより，顧客マスターに登録のない顧客の注文や，権限者以外による注文は，受け付けない仕組みとする。	
3	**(銘柄情報の管理)** 　銘柄マスターの登録・管理は適切か。	• 新規商品，銘柄取扱いの承認 • 銘柄マスター登録時の承認・照合 • フロントシステムのエディットチェック
	(内部統制上のポイント) 　銘柄マスターは，法令や社内規定，社内の業務プロセス，経理処理等において問題がないことを関連部署が確かめたうえで登録されるよう内部統制を構築する。また，銘柄マスターの情報にもとづき，注文，決済，会計処理等が行われるため，銘柄マスターが正確に登録される必要がある。また，フロントシステムのエディットチェックにより，銘柄マスターに登録のない銘柄の注文や，権限者以外による注文は受け付けない仕組みとする。	
4	**(リスクリミットの設定)** 　マネジメントは，フロント部門がとるリスク量の上限（リスクリミット）を設定しモニタリングしているか。	• マネジメントによるフロント部門のリスクリミットの設定とデスクやトレーダーへの配分 • ミドル部門によるリスク量のモニタリング • リスクリミット超過時のマネジメントによる承認プロセス
	(内部統制上のポイント) 　フロント部門は，マネジメントに設定されたリスクリミットの枠内で取引を行う権限が与えられている。ミドル部門は，フロント部門のリスク量をモニタリングする。フロント部門は，リスクリミットを超過した場合，マネジメント，ミドル部門による承認を得て対応する。	

5	（取引照合） 　自己および顧客の取引は，約定にもとづき正確かつ網羅的に記録されているか。	・取引所との約定照合 ・取引報告書，取引残高報告書の送付 ・保振決済照合システム，その他の方法による照合
	（内部統制上のポイント） 　取引記録は，金商法上のトレーディング商品勘定元帳や取引日記帳として作成され，決済や会計処理の基礎となる重要なデータである。取引記録は，金商法上の取引報告書や取引残高報告書，あるいは，保振決済照合システムその他の方法により，顧客と照合する。取引照合は，不正防止の観点から，約定権限のないバック部門が実施する。	
6	（証券振替） 　有価証券は，振替結果にもとづき正確かつ網羅的に記録されているか。	・保振決済照合システム，その他の方法による照合 ・清算機関の決済予定データと社内の決済予定データの照合 ・決済結果のモニタリング
	（内部統制上のポイント） 　証券振替は，清算機関からの清算データ，振替機関からの振替予定データとの照合により適切に履行されていることを確認する必要がある。証券振替の結果は，振替機関からの通知や，フェイル情報等により確かめ，必要な修正をする。	
7	（資金決済） 　資金決済は，正確に記録されているか。	・保振決済照合システム，その他の方法による照合 ・清算機関の決済予定データと社内の決済予定データの照合 ・決済結果のモニタリング
	（内部統制上のポイント） 　資金決済は，約定データや清算機関による債務引受の記録にもとづき，正確に決済指示し会計処理する必要がある。決済の結果は，決済機関からの決済結果通知，フェイル情報，資金勘定残高と預金残高の照合，受渡勘定のバランスのチェックにより確かめ，必要な修正をする。	
8	（残高照合） 　トレーディング商品の残高は適切に記録されているか。	・振替機関との残高照合 ・商品有価証券勘定，注記との照合
	（内部統制上のポイント） 　有価証券残高は，振替機関の振替結果にもとづき，正確に記録する必要がある。振替後の残高は，日々，振替機関と照合する。照合においては，自己残口と顧客残口を適切に区分したうえで，区分別，銘柄別に照合を行い，差異がある場合には原因を究明したうえで，必要な調整を実施する。 　また決算日の約定残高は商品有価証券勘定と，担保，貸借等の残高は，注記との整合を確かめる。	

9	(約定訂正) 　取引記録の事後修正ができない仕組みとなっているか。	・約定データを削除，修正できないシステム上の制限 ・修正記帳時の上席者やコンプライアンス部門による承認
	(内部統制上のポイント) 　損失補てんや顧客資産の流用等の不正防止の観点から，一度記録された約定記録は，事後的に取消，訂正ができない仕組みとする。約定記録の修正が必要な場合には，顧客との認識の確認，コンプライアンス上の問題の有無を関連部署が確認のうえ，修正を記録する。	
10	(トレーディング商品の時価評価) 　トレーディング商品が時価で評価されているか。	・時価評価方針にもとづいたフロント部門による評価 ・時価検証方針にもとづいたプロダクトコントロール部門による検証
	(内部統制上のポイント) 　フロント部門は，時価評価方針にしたがってトレーディング商品を時価評価する。フロントから独立した時価検証部門（プロダクトコントロール部門等）は，時価検証方針にしたがい，独自に外部時価等を入手・比較し，フロント部門の評価した時価が適切であるかを検証する。時価検証にあたっては，商品の特性を十分に勘案したうえで検証方法を構築する必要があり，検証差異については，時価検証方針にもとづき修正の要否を検討する。また，差異基準については，1取引ごとの差異基準のみならず，デスクレベル・部門レベルの合計ベースの差異基準も同時に設定し，検証により算出された差異を合計したとしても重要性がないことを確かめるプロセスを構築する必要がある。1件ごとでは差異が僅少でも，ポートフォリオレベルで合計した場合に差異が大きくなる場合には，不正の兆候が内在している場合もあるからである。差異基準はマネジメント等，適切な階層によって承認される必要がある。また，差異基準への抵触があった場合には，適切な階層への報告が行われるとともに，時価の修正の必要性について協議するような体制をルール化しておかなければならない。 　時価検証の実効性を保つためには，時価の見積りの不確実が高い商品が適切に抽出され，マネジメント層への報告や修正の協議がされる必要があるため，差異基準を適切な水準に設定し，時価検証部門によるフロント部門に対する牽制機能を確保することは非常に重要である。 　加えて，時価の検証ができなかった商品や入手できたエビデンスが十分ではない商品の残高等についてもマネジメント層等に報告がなされ，その重要性やリスク評価・対策等が協議される必要がある。 　なお，債券の時価検証にあたっては，特に流動性の低下した銘柄については，ベンダーの公表価格が実際に取引可能な価格を示しているか，その信頼性を評価したうえで検証に利用する必要があることに留意しなければならない。	

11	（時価乖離取引のモニタリング） 　取引が市場価格と著しく乖離した価格で行われていないか。	・フロントから独立した部門による，一定の閾値を用いた取引価格と市場価格の乖離分析・モニタリング
	（内部統制上のポイント） 　時価と乖離した価格での取引にはフロント部門等による不正の可能性があるため，日次で市場価格と乖離した取引が行われていないかフロントから独立した部門がモニタリングする必要がある。	
12	（損益・勘定残高の分析） 　異常な損益が発生していないか，もしくは残高に異常な増減が生じていないか。	・プロダクトコントロール部門等による日次・月次での損益分析・予実分析 ・経理部門による勘定科目レベルでの増減分析およびフロント管理損益もしくは管理上の損益との照合・差異分析
	（内部統制上のポイント） 　通常プロダクトコントロール部門等が日次でトレーディング損益の分析を行っているが，特に大きく市場が変動した際に説明不能な損益が発生していないか，予期せず多額の損益が発生した場合，リスク計測上の問題点はないか，現状のポジション量や設定しているリスクリミット等に問題はないか，といった観点から分析等を行う必要がある。 　会社のビジネスリスクや部門別・商品別の収益性を見きわめるうえでも実際損益の分析は重要視される。経理部門は，財務諸表上の各勘定科目において異常な増減がないことを確かめることで，重要な不正の兆候がないこと，またフロント部門が管理している管理会計上の損益との照合や差異分析を行うことにより，不正のみならず誤謬による重要な財務数値への計上漏れ等がないことも確かめる。	
13	（利金の処理） 　利金の受取処理，未収利息の処理は適切か。	・振替機関との利金入金予定の照合 ・システムによる未収利息の自動計算
	（内部統制上のポイント） 　国債は日本銀行，一般債は保振機構から入手した利金入金予定データと，自己および顧客の利金額を照合後，入金処理，顧客への支払い，仕訳起票を行う。未収利息は，トレーディング商品残高元帳と銘柄マスターにもとづき計算・集計し，会計仕訳を起票する。	
14	（ITシステムインターフェース） 　システム間でデータが正確かつ網羅的に転送されているか。	・データ受渡し件数等の整合性チェック ・システム間のデータ照合 ・システムデータの外部情報との照合

	(内部統制上のポイント)　取引データは，フロント部門が発注，約定に用いるフロントシステムに入力されたのち，バック部門が証券・資金決済に用いるバックシステムに転送され，決済データが作成される。また，取引データや決済データは，会計システムに転送されて，会計仕訳が起票される。データ転送の正確性と網羅性を確保するプログラムを設定するとともに，システム間のインターフェースが正確に行われない場合に備え，システム間のデータの整合性の確認や，外部情報との照合を実施する。誤りや漏れが発見された場合には適時に原因を調査し，適切にデータを修正する。	
15	(IT システムによる自動計算)　手数料，金利等の計算が正しく行われているか。	• 計算ロジックの設定 • 手数料テーブル登録時の承認・照合 • 計算と出力の正確性の確認
	(内部統制上のポイント)　債券の約定金額，時価評価，金利等の計算は IT システムの顧客マスター，銘柄マスター等と，取引データや残高データを用い，設定された計算ロジックにしたがって行われる。各マスターと計算ロジックの登録・更新が，権限者の承認を経て正確に行われるための内部統制を整備するとともに，システム上，正しく計算され仕訳やレポートとして出力されることを確かめる。	
16	(IT システムによる自動仕訳起票)　会計仕訳が IT により正確に起票されているか。	• 仕訳マスター登録時の承認・照合 • 出力の正確性の確認
	(内部統制上のポイント)　自動仕訳は，仕訳マスターの設定にしたがって作成されるため，仕訳マスターの登録・更新が，経理部門の承認を経て正確に行われるための内部統制を整備するとともに，システム上，正しく仕訳として出力されることを確かめる。	

6 開示・注記事項

⑴ 差入有価証券等，受入有価証券等

　債券貸借取引や現先取引に伴い有価証券を差し入れたまたは受け入れた場合には，金融商品会計実務指針，統一経理基準にしたがいその時価を注記する必要がある。詳細は本編第 1 章②(3)，第 6 章⑤を参照。

第4章　債券業務 | 187

監査人の視点　店頭市場―時価は一つか？―

　取引所に上場された株式であれば，日々，取引所が終値を公表しており，これを時価とすることができます。では，取引所のない債券の場合は，時価をどのように考えればいいのでしょうか？

　債券が取引される市場は，店頭市場と呼ばれます。店頭市場と取引所では，有価証券取引の注文が一ヵ所に集中しているか否かが異なります。上場株式であれば，東京，名古屋，福岡，札幌の各証券取引所が，取引所の参加者である証券会社により発注された注文を，一定のルールにしたがって約定させます。

　しかし，店頭で取引される債券の場合は，各証券会社が在庫ポジションを保有し，直接，顧客に価格を提示して取引をします。

　債券は，同一発行体であっても償還期限が異なる債券は，違う銘柄となることから，銘柄数が多く，店頭市場での取引が一般的です。しかし，店頭市場は，取引所と比べて価格の透明性に劣ります。取引所においては，注文が一ヵ所に集中しており，取引価格や取引量がタイムリーに公表されます。店頭市場についても，日本証券業協会が公表する「公社債売買参考統計値」や，あるいは，証券会社間の取引を仲介するブローカーズブローカーや情報ベンダーが提供する価格があります。しかし，これらの価格が取引価格なのか，あるいは，気配値や理論値なのか，また，取引価格である場合に，いつの，どのような取引にもとづくものであるのかといった点について注意が必要です。

　監査人の視点としては，債券の時価として採用しているものが会計基準上の時価の要件を満たすものであるのか，収益認識の観点から，その価格で評価することに問題はないか，また，自社で価格を算出している場合は見積りの不確実性がどの程度あるのかといった点での検討が必要です。

188 | 第2編 業務プロセス・会計

第5章

投資信託業務

1 商品内容

(1) 投資信託とは

　投資信託とは，「投資信託及び投資法人に関する法律」（以下「投信法」という）第1条によれば，「投資者以外の者が投資者の資金を主として有価証券等に対する投資として集合して運用し，その成果を投資者に分配する」ものと定義される。すなわち，多数の投資家より集めた資金を資産運用の専門家が，株式や債券等の複数の資産や銘柄に分散投資を行い，その運用成果を投資額に応じて投資家に分配する仕組みである。

　投資信託は，その設立形態によって会社型と契約型に大別される。会社型投資信託は，特定の資産に投資することを目的とした投資法人を設立し，投資家はその投資法人に対する持分を購入する形式をとる。たとえば，不動産投資信託（J-REIT）がこの会社型投資信託に該当する。一方，契約型投資信託は，委託者である投資信託の運用会社（以下「委託会社」という）と受託者である信託銀行（以下「受託会社」という）との信託契約により設定された投資信託の受益権を投資家が購入する形式をとる。投資家から見た場合，出資した資金が専門家によって運用され分配される点において両者に違いはない。

　契約型投資信託は，運用が委託会社の指図にもとづいて行われるか否かによって委託者指図型投資信託と委託者非指図型投資信託に分類される。また，販売対象により，適格機関投資家のみもしくは50人未満の者を販売対象とする

図表2-5-1　投資信託分類図

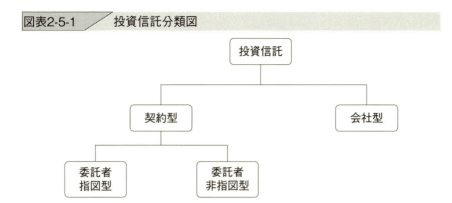

私募と，不特定かつ多数の者を販売対象とする公募とに分かれる。

投資信託の主な形態は，図表2-5-1のとおりである。本章では，証券会社の店頭で広く販売されている公募の契約型の委託者指図型の投資信託を中心として解説を行う。

(2) 投資信託の特徴

一般に個人投資家については，機関投資家等と比べて自己資金が少額であるため，最低取引単位の大きい株式や債券等を単独で購入することが難しく，分散したポートフォリオが組めない場合がある。また自己資金の運用を専門家に任せたいという投資家も存在する。投資信託はこうした投資家のさまざまなニーズに応えるために設計されているものである。また，近年，NISA（少額投資非課税制度），ジュニアNISA（未成年者少額投資非課税制度）および積立NISAの創設やiDeCo（個人型確定拠出年金）の対象者拡大等，貯蓄から資産形成への流れが加速するなかで，投資信託に対するニーズ，期待は高まりを見せている。

投資信託は，通常1万円前後から投資が可能であり，投資家側からすると小口の資金で投資を始めることができる一方，小口の資金を多数の投資家から集めることで，より大きな資金力を背景とした規模の利益を享受することができるとともに株式，債券，その他の資産クラスに分散投資することが可能となる。現在ではさまざまなタイプの投資信託が設計・運用されていることから，投資

190 | 第2編　業務プロセス・会計

家は投資選好に合ったポートフォリオを組むツールとして投資信託を活用することができる。

　一方で，専門家に運用を委託することから，投資家は相応のコストを負担する必要がある。投資家は，証券会社や銀行などから投資信託を購入する際に，これらの販売会社に対して販売手数料を支払う。また，運用期間中は，投資家に代わって運用している委託会社や資産管理を行っている受託会社，事務代行を行っている販売会社に対する信託報酬が，信託財産から支払われる。その他，信託財産の売買に伴う手数料や監査報酬も信託財産から支払われる。

　証券会社は，これらのうち，投資家への販売時に投資家から受領する販売手数料と，投資家の保有期間中に分配金の受渡しなどの事務サービスの提供に対応する手数料を，預り資産残高に応じた信託報酬の一部である事務代行手数料として信託財産から受領する。よって，証券会社は，投資家への投資信託販売額を増やすだけでなく，預り資産残高を増やすことでも収益を伸ばすことができ，収益源が販売手数料から預り資産残高に応じて受領する事務代行手数料にシフトしている面もみられる。

　投資信託の投資リスクについては，信託財産を資本市場で運用しているため，投資家は他の有価証券を保有する場合と同様に，市場リスクや流動性リスク，信用リスクなどのリスクを負担する。

　投資信託は商品性やリスクがさまざまであることから，販売会社は商品のリスク説明を十分に果たし，投資家の年齢や投資経験，資産状況に適合した勧誘を行わなければならないなどの規制を受ける。これらを怠った販売会社は，適合性原則違反（金商法40条），広告規制違反（金商法37条）および書面交付義務違反（金商法37条の3，37条の4）となる可能性がある。

(3)　投資信託の種類

①　単位型（ユニット型）・追加型（オープン型）

　投資家が購入可能な期間の違いにより，単位型と追加型に分類される。

　単位型投資信託とは，申込期間が投資信託の運用開始前に限定され，投資家は全員一律の価格で購入し，運用開始後の購入ができない投資信託である。

　一方，追加型投資信託は申込期間の定めはなく，運用開始後においても投資

家は自由に基準価額による購入が可能である。

いずれも，分配金による収益のほか，基準価額の上昇による値上がり益を得ることができる（反対に基準価額の下落時には損失を被る）。なお，基準価額とは，投資信託全体の価値を表す純資産総額を受益権総口数で割って日々算出される投資信託の単位（通常1万口）あたりの価額のことである。

② オープン・エンド型とクローズド・エンド型

投資家の換金方法の違いにより，オープン・エンド型とクローズド・エンド型に分類される。

オープン・エンド型投資信託とは，投資家から換金の申込みがあった場合に，投資信託の信託財産から解約資金が拠出される投資信託のことである。この形態の投資信託は，受益権の換金請求に応じる義務があるため投資信託自体の資金量は減少するが，投資家においては基準価額で解約することができる。現在，証券会社の店頭で販売されている契約型投資信託の多くは，オープン・エンド型投資信託である。

クローズド・エンド型投資信託とは，投資家から投資信託の換金の申込みがあっても，発行証券が解約されない投資信託のことである。投資家が換金するには，取引所等において上場株式等と同様に市場価格で売却することになり，必ずしも基準価額で売却できるとは限らない。この形態の投資信託は，投資信託自体からは換金による資金流失がなく資金量は安定するため，流動性が低く短期売買が困難な不動産に投資を行うREIT等の不動産投資信託が代表的である。

③ 上場投資信託

上場投資信託は，証券取引所に上場されている投資信託であり，英語の頭文字を取ってETF（Exchange Traded Fund）と呼ばれる。特定の指数や特定の商品価格に連動することを目標として運用する投資信託であり，たとえば，日経平均株価（日経225）や東証株価指数（TOPIX）などの株価指数や，金や原油に代表される現物商品価格などに連動するものがある。近年は，株価指数の日々のリターンの拡大を図るために，デリバティブを活用したレバレッジド

ETF も組成されている。なお，日本の法律ではなく外国の法律にもとづいて組成された外国籍 ETF も日本の市場に上場している。ETF は，上場されていることから取引価格がリアルタイムで変動しており，上場株式と同様に取引可能である。また，信用取引も可能であり，特定株式投資信託に該当する ETF については，売買方法・課税に至るまで上場株式と同じである。

　ETF を組成する場合，たとえば日経平均株価（日経225）に連動する ETF を組成する場合には，証券会社などが組成のための指定参加者となり，市場より調達した225銘柄の現物株式のバスケットを拠出する。拠出された財産をもとに ETF が組成され，指定参加者は現物株式のバスケットと交換に ETF の受益権を受け取り（反対に指定参加者は自己で保有する受益権を現物株式のバスケットと交換することも可能），これを市場に売却することで ETF が流通する。ETF はその裏付資産として特定の指数と一致する現物株式のバスケットを保有しているため，理論的にはその裏付資産の価格に連動する。

　しかし，ETF は上場されているため，需給関係によって市場価格がリアルタイムに決定されるが，裏付資産である現物株式などで構成される純資産総額にもとづき算出される基準価額は1日に1回算出されるため，市場価格と基準価額に乖離が生じることがある。指定参加者は，この価格差を利用して自己が保有する ETF と現物株式のバスケットを交換する裁定取引の利潤機会が与えられていること，また，継続的に市場にて売呼値および買呼値を提示し，売買に応じるマーケットメイカーとしての役割をも担っていることで，結果として適正な市場価格の形成に貢献している。

　なお，前述のレバレッジド ETF は現物株式ではなく金銭による拠出が行われる点および投資家は取引所を通じて市場価格で売買できるだけでなく，基準価額による設定・解約も可能である点に特徴がある。

　一方，株価指数や商品価格などの特定の指数に連動することが保証された取引所で売買可能な債券である ETN（Exchange Traded Note）と呼ばれる商品がある。ETN は発行体となる金融機関が常に指数に連動した価格で発行・償還することを約しているため，その連動性が保証されている。この商品は，特定の指数に連動する点で ETF と類似するが，金融機関が発行する債券であるため，投資信託ではなく債券である点や，裏付資産を持たないという点に違

いがある。

④ 外国籍投信

外国籍投信とは，外国の法令にもとづき外国で設定・運用される投資信託をいう。国内の投資信託委託会社が海外に投資していたとしても，日本の投信法にもとづき設定・運用されるものは，海外株式投信や海外債券投信として分類されているものも国内籍投信である。

⑤ 商品性

ⅰ) 運用手法

投資信託の運用成果や基準価額の動きは，その運用手法によって大きく変わる。運用手法は，投資信託の設計段階であらかじめ決定されており，運用対象，株式・債券の組入比率などとともに，投資信託約款において定められ，投資信託説明書（交付目論見書）に記載されている。委託会社は，これらの決められた方針に沿って投資家より集めた資金を運用する。なお，運用手法は，投資信託ごとにさまざまであるが，ここでは株式投資信託における代表的な運用手法を紹介する。

㈠ アクティブ運用とパッシブ（インデックス）運用

アクティブ運用とはあらかじめ定めたベンチマークを上回る投資成績を目指す運用手法であり，パッシブ運用とはベンチマークと連動することを目指した運用手法である。たとえば，東証株価指数（TOPIX）をベンチマークと置いた場合，これを上回るリターンを得ることを目指した運用であればアクティブ運用であり，ベンチマークの動きに連動したリターンを得ることを目指した運用であればパッシブ運用である。

㈡ グロース運用とバリュー運用

株式の銘柄を選択する際，企業の成長性が高いと判断される銘柄を選択する手法をグロース運用といい，企業の資産状況や業績から会社の価値が割安に評価されている銘柄を選択する手法をバリュー運用という。グロース運用によって投資信託に組み入れられる銘柄は，成長性が期待され株価が高くなる傾向があるため，PER（株価収益率）は高いことが多い。

ⅱ）運用商品

投資信託協会の公表データによれば，国内籍投信だけで2017年7月末現在約11,300本存在している。ここでは，投資信託協会による商品分類のうち代表的な商品に絞って紹介する。

| 図表2-5-2 | 投資信託　商品分類表 |

商品分類				
単位型・追加型	投資対象地域	投資対象資産（収益の源泉）	独立区分	補足分類
・単位型 ・追加型	・国内 ・海外 ・内外	・株式 ・債券 ・不動産投信 ・その他資産 ・資産複合	・MMF ・MRF ・ETF	・インデックス型 ・特殊型

（出所）　一般社団法人投資信託協会ホームページをもとに著者作成。

投資信託は，株式や債券などで運用されるが，信託約款において株式を一切組み入れず，公社債および短期金融商品によって運用することが定められているものを公社債投資信託といい，実際の運用上債券のみに投資しているものであっても，信託約款上，株式の組入れが一部でも可能なものは株式投資信託に分類される。そのため，投資信託全体本数の9割超が株式投資信託に分類され，国内株式に投資する国内株式型，海外株式に投資する海外株式型，または国内株式・海外株式に投資するバランス型などに分類される。

公社債投資信託に分類される投資信託の代表例には，MRF，MMFなどがある。これらの公社債投資信託は国債等で運用するため，株式投資信託と比較して運用利回りと元本割れのリスクの双方が低い点に特徴がある。

MRFはマネー・リザーブ・ファンドの略で，残存期間が超短期の国債，地方債，高格付の債券などで運用し，元本割れのリスクを極めて低く抑え，安定運用を目指した投資信託である。MRFは投資家が証券総合口座を保有する場合，証券会社に入金すると自動的にMRFが買い付けられる。株式等の有価証券を購入する際には自動的にMRFが解約され買付資金に充当され，有価証券の売却で発生した売却代金は，自動的にMRFの買付けに充当される。証券会社の預り金には，金利がつかないのが一般的であるが，MRFを買い付けるこ

とにより，投資資金を効率的に運用することができる。MRF の購入・換金は
1円以上1円単位で行われ，買付・解約時手数料がかからないという特徴がある。

　また，MRF の基準価額は1円とする運用が行われている。金商法では，委
託会社がその運用を行う投資信託の元本に生じた損失の全部または一部を補て
んする行為を禁止しているが，2014年の金商法等の改正により，MRF は委託
会社による損失補てん禁止の対象外とされた（金商法42条の2第6項カッコ書
き）。

　これは，市場の急変等により基準価額が1口1円を割り込んだ場合には，円
滑な追加設定・一部解約が困難となり，個人投資家の証券取引等に支障が生じ
るおそれがあるためである。

　MMF はマネー・マネジメント・ファンドの略で，MRF と同様の債券など
で運用する点で共通するが，組入資産の平均残存期間が180日以内と90日以内
の MRF よりも長い点が特徴である。しかし，2016年2月に日本銀行がマイナ
ス金利政策を導入したことを契機に，国債中心の運用が困難になったこと等を
理由に，MMF を取り扱っていた委託会社が相次いで繰上償還の対応を取って
おり，2017年6月末時点において，国内籍の MMF はすべて市場から姿を消
すこととなった。

ⅲ）分配方法

　投資信託は，運用の結果得られた収益を投資家に還元する仕組みがあり，投
資家に対する還元部分を分配金という。分配金は毎月，隔月，半期や年に一度
分配され，そのタイミングは各投資信託によって異なっている。この分配金の
受取方法は現金で受け取る方法と，分配金を同じ投資信託の買付けに充当する
再投資に分けられる。前者は定期的に安定した収入が期待でき，後者は再投資
による複利効果が期待できるという特徴がある。

　分配金はその性質によって，普通分配金と元本払戻金（特別分配金）に分け
られる。普通分配金は投資元本を上回る運用益が分配されたものであり，課税
の対象とされる。一方で，元本払戻金は投資元本の払戻しとなる分配であり，
利益を原資とした分配でないことから非課税となる点に違いがある。ある投資
信託から支払われた分配金が，普通分配金と元本払戻金のどちらに該当するか

は，分配金を受け取った投資家の個別元本によって判断されるが，個別元本は投資家によって異なるため，同じ投資信託の分配金であっても普通分配金として受け取る投資家と元本払戻金として受け取る投資家がそれぞれ存在しているケースがある。

(4) 投資一任契約

投資信託と類似のサービスとして投資一任契約がある。投資一任契約とは，顧客から投資判断の全部または一部を一任されるとともに，その投資判断にもとづき顧客のために投資を行うのに必要な権限を委任されることを内容とする契約のことをいう（金商法2条8項12号ロ）。投資一任契約にもとづく業務を行うには，投資運用業の登録が必要である。

証券会社が提供する投資一任契約は，ラップ口座とも呼ばれ，顧客から預かった資金を，顧客のリスク許容度や投資目的に合わせて株式や債券等の資産で運用し，投資や運用に関する情報を顧客に提供するサービスである。運用対象を投資信託に限定したファンドラップや，投資判断をプログラム化したロボアドバイザーと呼ばれるものも，これに該当する。

投資一任契約の締結（商品の販売），運用，資産管理をすべて証券会社が行う点で，これらを販売会社，委託会社及び受託会社で分担する投資信託と異なる。

2 取引内容

(1) 取引の仕組み

投資信託では投資家と証券会社以外にも複数の関係者がおり，それぞれ業務が異なっているため，本節では関係者ごとの業務および資金の流れを確認しながら基本的な投資信託の仕組みを説明する。

① 関係者

投資信託を取り巻く関係者は，以下のとおりである。

ⅰ）投資家（受益者）

投資家は，投資信託に投資している者として受益者と呼ばれ，投資信託の利益を受ける権利（受益権）を有している。その受益権は，振替法にもとづきシステム上の口座（振替口座簿）にて電子的に記録されている（後記③(1)を参照）。受益者は，一般の個人投資家のほか，資産運用を行う事業会社，金融機関等の機関投資家が該当する。

ⅱ）販売会社（証券会社，銀行など）

発行者と販売契約を締結し，投資信託の販売等を行う者が指定販売会社とされている。一方で，発行者とは販売契約を締結せず，指定販売会社と販売に関する業務契約を締結し，投資信託の販売等を行う者が取次販売会社とされている。また，投資信託の発行会社である委託会社自身が直接販売を行うケースもみられる。

これらの販売会社は，投資家に対して投資信託の販売，分配金・償還金の支払い，運用報告書など書面の交付を行い，投資家と委託会社をつなぐ窓口の役割を担っている。通常，証券会社や銀行などが販売会社となってこれらの業務を行う。なお，販売会社は，口座管理機関となることが前提とされている。

ⅲ）委託会社（投資信託会社）

委託会社は，市場環境などを分析し投資家ニーズに合った投資信託を設計し，投資家から集めた資金（信託財産）の運用判断を行い，受託会社に株式や債券などの売買の指図を行う。

このほか，委託会社は，投資信託の商品内容やリスクなどを説明した投資信託説明書（交付目論見書）や運用状況を報告する運用報告書などを作成し，投資家に投資判断材料を提供している。

ⅳ）受託会社（信託銀行）

受託会社は，委託会社が指図した取引を執行するほか，信託財産を保管・管理する業務を行っている。信託財産は，受託会社の名義となるが受託会社自身の資産とは明確に区別して保管・管理（分別管理）されている。

② 投資信託の仕組み

これら関係者の役割および資金の流れは，図表2-5-3のとおりである。関係

図表2-5-3　投資信託（契約型・委託者指図型）の仕組図

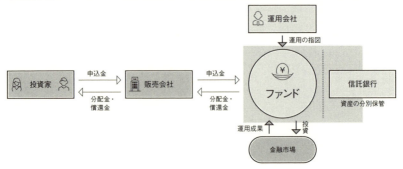

（出所）一般社団法人投資信託協会ホームページ。

者ごとに分けて投資信託の仕組みをまとめると，まず，投資信託は，委託会社が商品設計を行い，販売会社を通じて投資家に販売される。投資信託の購入資金は，投資家が販売会社に払い込み，販売会社から受託会社へ信託財産として預け入れられる。信託財産は受託会社にて自己の資産と分別して保管される。そして，信託財産の運用は，委託会社が受託会社に売買の指図を行い，受託会社は指図にもとづき，証券会社等に発注して株式や債券などの売買を行う。分配金や，投資信託の解約金，償還金は，信託財産から，販売会社を通じて投資家に支払われる。

(2) 投資信託の手数料

次に，投資信託により発生する手数料の種類と各関係者への分配方法を説明する。

販売会社である証券会社が受け取る主な手数料として，投資家の買付時に発生する販売手数料と投資信託の運用・管理に対応する報酬である信託報酬がある。

① 販売手数料

投資家は投資信託の買付けに際して販売会社に対して販売手数料（投資家から見ると申込手数料）を含めた買付代金を支払う。販売手数料は，委託会社に代わって投資信託を販売したことの対価であり，すべて販売会社の収益となる。

なお，投資信託の販売手数料率は，目論見書において定められており，その範囲内で販売会社が自由に手数料率を定めることができる。そのため，同一の投資信託であっても販売会社や販売チャネル，購入金額によって手数料率が異なるケースがある。販売手数料が無料となるノーロード商品を設定しているケースもある。

② 信託報酬

信託報酬は投資信託を保有している期間を通じて日々発生するものであり，信託財産から受託会社・委託会社・販売会社に配分される。

受託会社は信託財産の保管・管理の対価として，委託会社は信託財産の運用指図や投資信託説明書・運用報告書の作成などの対価として受け取るものである。また，販売会社は，分配金・償還金の支払い，運用報告書の交付など投資家との間の事務手続を代行すること等の業務の対価として受け取る。販売会社が受け取る報酬は代行手数料とも呼ばれている。

信託報酬は，投資信託の信託財産から受託会社，委託会社，販売会社の順にそれぞれ各自の取り分を差し引いた形で手数料の受渡しが行われる。

信託報酬は投資信託の純資産総額に信託報酬率を乗じて日々算出され，自動的に信託財産から差し引かれていることから，販売手数料と異なり投資家から実際の払込みはない。

これらの手数料の流れを図示すると，図表2-5-4のとおりである。

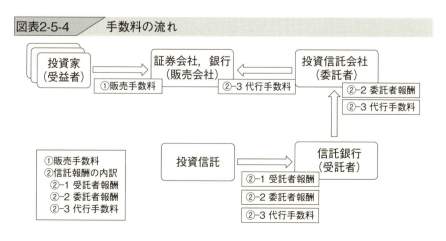

図表2-5-4　手数料の流れ

第2編　業務プロセス・会計

3　決済の仕組み

第1編第3章②で既述のとおり，証券取引の決済には通常外部の決済機関等が関与する。投資信託の決済においても同様であり，以下で関連する外部機関およびその仕組みについて説明する。なお，ETF や REIT 等は商品としては投資信託であるが，決済プロセスは上場株式と同様であるため，本編第2章④を参照のこと。また，決済の仕組みは国内籍投信と外国籍投信とで異なるが，ここでは国内籍投信の取扱いを説明する。

⑴　振　　替

投資信託の投資家としての地位を表す受益権は，現物証券としての受益証券ではなく，証券会社等が保振機構に開設した振替口座簿において電子的に管理されている。これにより，券面の発行・管理コストの削減，事務処理負担の軽減および紛失・盗難・偽造などのリスクが低減されるとともに，設定日に権利が記録されるため，迅速な権利の所在の明確化が可能となっている。なお，受益者ごとの受益権については，口座管理振替機関（販売会社等）の振替口座簿に記録される。詳細については第1編第3章②を参照のこと。

⑵　決　　済

投資信託は，信託財産によって換金に要する期間が異なることから，顧客との決済日が一律ではない。受益権は保振機構を通じて販売会社と受託会社との間で決済され，資金決済は DVP 決済の場合は日銀ネットを利用し，非 DVP 決済の場合は市中銀行において販売会社と受託会社の間で決済が行われる。ただし，証券決済や資金決済が行われる前に販売会社と委託会社間のシステムを利用して設定・解約口数や決済金額情報等が連絡されている。

投資信託は DVP 決済方式として一般債と同様にグロス＝グロス型を採用しており，清算機関は存在しない。DVP 決済や振替の詳細については本編第4章③⑵を参照のこと。

また，照合から振替決済までの一連の事務処理を投資信託振替システムにおいて，電子的な情報処理で行う STP（Straight-Through Processing）化が図

第5章 投資信託業務 201

られており，事務処理の効率化や事務リスクの低減が図られている。

　以下では，①当初募集，追加設定の場合に行われる新規記録と②解約，償還の場合に行われる抹消および③決済のタイミングが特殊な日々決算型ファンドの三つに分けて投資信託で特徴的な部分について説明する。

①　新規記録（当初募集，追加設定）

　当初募集や追加設定の場合，保振機構の振替口座簿上で受益権が新規記録される。

　当初募集の場合には，設定日に受託会社と販売会社，および販売会社と顧客の振替決済がそれぞれ行われる。

　一方で，追加設定の場合は，次に記載するような決済日の相違から生じる特徴的な処理が行われる。販売会社である証券会社が顧客の注文の翌日（T＋1日）に受託会社との資金決済を行い，保振機構の振替口座簿上においてもT＋1日に新たな受益権が「自己口」に記録される。この受益権は顧客との決済日（銘柄によって異なるが，たとえばT＋3日）に保振機構の振替口座簿上「顧客口」へ振り替える。そのため，販売会社が自己ポジションを有していないにもかかわらず，「自己口」に受益権が記録されている期間が生じ，また，顧客との決済日前に受託銀行へ支払いを行うための立替金が生じる。

②　抹消（解約，償還）

　解約や償還の場合には，振替口座簿上で受益権が抹消される。解約の場合は，保振機構の振替口座簿上で受益権が「顧客口」から抹消される。ただし，顧客が販売会社に対して買取請求を行い，販売会社がその受益権の解約請求を行う場合には，買い取った時点で「自己口」へ振り替えられ，その後に抹消される。

　償還の場合も解約とほぼ同様であるが，解約についてはDVP決済が選択できるが，償還ではすべて非DVP決済である点が異なる。

③　日々決算型ファンド

　MRF等毎日決算を行う投資信託は，一般に日々決算型ファンドと呼ばれ，決済のタイミングが他の投資信託と異なっている。日々決算型ファンドの決済

202 | 第2編 業務プロセス・会計

日は通常，申込当日または翌営業日である。顧客の申込みを販売会社が受領した時間が午前であるかもしくは午後であるかによって決済日が異なる銘柄がある。さらに，同一の銘柄であっても取り扱っている販売会社によって決済日が異なる場合がある。

　これに関連して，証券会社は顧客が解約する投資信託の受益権を担保にして金銭を貸し付けるキャッシング業務を，金融商品取引業に付随する業務として行っている。これにより，MRF 等日々決算型ファンドの顧客への解約代金の受渡しが翌日となる場合であっても，顧客が解約を請求した当日に解約代金を受け取ることが可能となっている。貸付限度額は500万円または返還可能額のいずれか少ない金額を上限とした各証券会社が定める金額であり，貸付期間は貸付けの翌営業日までである。証券会社は顧客から利息を受け取らない代わりに，顧客に対して分配金を支払わない点に特徴がある。

4 業務フローと会計処理

　投資信託に係る業務フローは，国内籍投信か外国籍投信かによって決済方法が異なるが，それ以外はおおむね同様の流れとなる。以下では国内籍投信を対象に解説を行う。なお，ETF や REIT は，上場株式と同様のフローとなることから，本編第2章5を参照。

　投資信託に関する業務は，株式や債券の業務と同様に多くが IT システム化されている一方で，人手による業務も存在している。以下では，一般的な業務の流れおよび会計処理を解説する。

　また，投資一任契約にもとづくラップ口座の仕組みを利用した商品のうち，投資信託を投資対象とするファンドラップに関する業務フローと会計処理を後述する。

(1) 投資信託

① 手数料率登録

　販売会社として証券会社が，新たに投資信託を販売する際，証券会社は，目論見書にもとづいて販売手数料率を決定し，銘柄名や信託報酬率（代行手数料

率）などの銘柄情報を自社のシステムへ登録する。

　手数料率のシステム登録を誤ると，以降の業務フローで手数料額がすべて誤って計算されることになり，適切な収益計上がなされないため，財務諸表に与える影響という観点から重要な業務である。

②　投資家からの注文受注・発注

　投資信託は，店頭，コールセンター，インターネット等を通じて投資家から受注する。システムに入力された投資家からの受注データは，販売会社と委託会社をつなぐ投信システムまたはFAX等により，委託会社に発注される。

③　約　定

　投資信託の注文は，受益者間の公平性確保の観点から，当日の基準価額が発表される前に行われる（ブラインド方式）。これは，投資信託の基準価額は，投資信託自体の需給バランスによって決定されるものでなく，運用している株式や債券の当日の時価から信託報酬などの運用コストを差し引いて算定されるが，投資信託が投資している資産の評価額が確定した後に取引されると既存投資家の利益が損なわれるためである。当日の取引所の市場内取引等の終了後に，基準価額が計算され，一つの値段ですべての取引が約定する。

　投資家は，注文時点で基準価額がわからないことから，口数を指定し，その後確定した基準価額にもとづく金額を支払うか，あらかじめ金額を指定し，その範囲内で購入可能な口数分の受益権を購入するかのいずれかの方法で注文する。投資信託の種類により異なるが，一般的な国内籍投信の場合，注文日と約定日は同日となる。

④　振替・決済

　投資家から注文を受けた翌日以降（MRFなど一部の投資信託では当日中）に受益権および代金の決済が行われる。決済は，ⅰ）販売会社と受託会社間の決済と，ⅱ）販売会社と投資家間の決済の二つに分けられる（**図表2-5-5参照**）。

　ⅰ）販売会社と受託会社間の決済

　投資家の約定データは，販売会社と委託会社をつなぐ投信システムまたは

FAX等を通じて伝送される。委託会社は受け取った約定データを取り込み，設定口数と基準価額から決済金額を算出し，算出したデータを販売会社に送信するとともに，保振機構にも設定口数・決済金額データを送信する。

販売会社では委託会社から受信したデータと約定データを照合して，すべての注文が委託会社に発注できていることを確認する。また，保振機構からもデータを受信し，振替が行われるべき銘柄および決済金額が約定データと一致していることを照合し，保振機構へ一致が確認できたことを知らせる照合通知を送信する。

その後，保振機構から資金決済情報通知を受け，直ちに資金決済を実行するため日銀ネットへ決済情報を送信し，受託会社との資金決済を行う。受託会社が，保振機構へ当座勘定入金済通知を送信すると，保振機構では当該通知をもって払込みの完了を確認し，受益権を振替口座簿上の顧客口へ記録する。なお，これらの処理は決済日当日中に行われる。

図表2-5-5　申込み処理の流れ

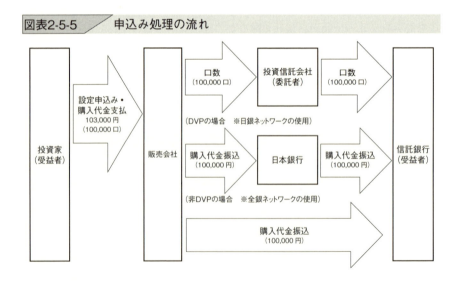

ⅱ）販売会社と投資家間の決済

販売会社と投資家との資金決済は通常，Ｔ＋３日目以降に行われる。資金決済と同時に投資家の保有する投資信託の振替も行われる。

投資信託の約定から決済までの会計処理をまとめると以下のとおりである。

第5章　投資信託業務 | 205

設例2-5-1　投資信託の募集・追加設定・解約

【前提条件】

- 基準価額　10,000円（1万口あたり）
- 設定（解約）口数　100,000口（口数指定）
- 販売手数料　3.0％
- 解約手数料　なし
- 解約は解約請求（直接解約）による

【会計処理】

① 当初募集

［募集期間中（顧客申込日）］

（借）顧客からの預り金	103,000	（貸）募集等受入金	100,000
		募集・売出し・特定投資家向け売付け勧誘等の取扱手数料	3,000

※ 申込日に，顧客からの預り金から，投資信託の購入資金をプールするための勘定科目である募集等受入金に振り替えると同時に収益を計上する。

［設定日（募集期間終了の翌日）］

（借）募集等払込金	100,000	（貸）現金及び預金	100,000

※ 募集期間終了日の翌日に，注文があった分の資金を受託会社に払い込む。

（借）募集等受入金	100,000	（貸）募集等払込金	100,000

※ 顧客からの受入金と受託会社への払込金を相殺し，資金決済が完了する。

206 | 第2編　業務プロセス・会計

② 追加設定

［約定日（追加設定）］

（借）未 収 手 数 料	3,000	（貸）募集・売出し・ 特定投資家向け 売付け勧誘等の 取 扱 手 数 料	3,000

※　投資家から注文を受けた段階で販売手数料を計上する。

［受託会社との資金決済（追加設定）］

（借）立 替 金	100,000	（貸）現 金 及 び 預 金	100,000

※　受託会社との資金決済が完了した時点で会計処理する。

［顧客との資金決済完了（追加設定）］

（借）顧客からの預り金	103,000	（貸）立 替 金	100,000
		未 収 手 数 料	3,000

※　販売会社が立て替えていた投資信託の購入資金を手数料も含めて投資家から受け取る。

③ 解　約

　解約に関する業務フローは設定と同じ流れとなっている（図表2-5-6参照）。以下，解約時の仕訳パターンを示す。

［約定日（解約）］

　解約時はシステム上で解約処理データが流れるのみで，仕訳は起票しない。

［受託会社との資金決済（解約）］

（借）現 金 及 び 預 金	100,000	（貸）その他の預り金	100,000

※　受託会社にて投資信託の解約が実行され，販売会社に解約代金が入金される。投資家に返金する資金を，いったん販売会社がプールしている状態。

図表2-5-6 解約処理の流れ

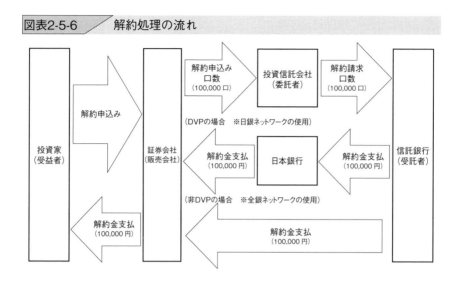

［顧客との資金決済完了（解約）］

| （借）その他の預り金 | 100,000 | （貸）顧客からの預り金 | 100,000 |

※ 受託会社より入金された解約代金を顧客に支払う仕訳を起票する。

⑤ 振　替

　証券会社は自己の資産と区別して顧客資産を管理する義務があり，顧客ごとに振替口座簿を作成する。また，保振機構から日次で銘柄および区分口座ごとの残高データを取得し，社内の残高データと照合する。

⑥ 償還・分配

　ⅰ）償　還

　ユニット型のファンド等で投資信託の信託期間があらかじめ定められている場合，投資信託の信託期間終了後に投資家に資金が償還される。その他，解約により資金が流出し純資産が減少した場合など，あらかじめ信託約款に規定された条件に抵触した場合にも，同様に償還が行われる。

　業務フローは，以下のとおりである（図表2-5-7参照）。償還の約1ヵ月前に委託会社が償還通知を販売会社に送付し，販売会社は投資家に償還通知を交

図表2-5-7　償還処理の流れ

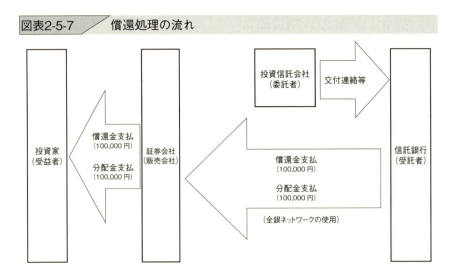

付する。償還日に委託会社から販売会社へ償還時の基準単価データが転送される。販売会社は償還時の基準単価データおよびシステムで管理している投資家の受益権残高情報をもとに各投資家への支払額を計算する。

償還日の翌日に，受託会社から市中銀行等を通じて販売会社に資金決済され，また，販売会社から投資家への決済も行われる。販売会社は各投資家への支払合計額と受託会社からの入金額の一致を確認した後，保振機構に資金決済完了情報を送付する。資金決済完了情報の送付を受けて，保振機構が振替口座簿上（顧客口）で抹消記録を行う。それに合わせて証券会社の振替口座簿でも同様に抹消記録を行う。

償還の場合の仕訳は以下のとおりである。

［償還日の翌日］

(借) 立　　替　　金	100,000	(貸) 顧客からの預り金	100,000
(借) 現 金 及 び 預 金	100,000	(貸) 立　　替　　金	100,000

※　同日に起票される。償還日に各投資家への支払額を計算した情報をもとに顧客からの預り金へ振り替える仕訳を起票し，入金情報をもとに入金仕訳を起票する。そのため一時的に立替金が計上されるが，原則として当日中に消し込まれる。

ⅱ）分 配

　投資家への分配金は，投資信託の決算日に委託会社から分配金単価データが販売会社に送付されるとともに，入金額が記載された分配通知が送付される。販売会社は分配金単価データおよびシステムで管理している投資家の受益権残高情報をもとに各投資家への支払額を計算し，委託会社から送付された分配通知との一致を確かめる。そして，受託会社から入金される日に実際入金額と販売会社自らが計算した結果の一致を確認し，顧客への支払日に，顧客からの預り金に振り替える仕訳を起票する。

　ただし，日々決算型ファンドの場合は，毎月1回最終営業日に分配金から税金を差し引いた額を自動的に再投資する。

　分配の場合の仕訳は以下のとおりである。

［受託会社からの入金日］

（借）現 金 及 び 預 金	100,000	（貸）その他の預り金	100,000

［顧客への支払日］

（借）その他の預り金	100,000	（貸）顧客からの預り金	100,000

⑦　代行手数料

　代行手数料は，委託会社から送付される連絡をもとに仕訳起票を行う。販売会社は委託会社から送付される情報をもとに代行手数料に関する仕訳起票を行っているが，販売会社自らもシステム上で代行手数料を算出して金額に問題がないことを確認する。

　ⅰ）期中（実収）

　純資産総額（基準価額に口数を乗じた金額）に代行手数料率を乗じた金額が日々計算・計上され，ファンドの決算日後に委託会社を通じて代行手数料の入金が行われる。入金される前に委託会社から販売会社へ入金予定明細が送付される。販売会社は，入金予定連絡をもとに入金が行われたことを確認して，以下の仕訳を起票する。

［委託会社からの入金日］

| （借）現金及び預金 | ××× | （貸）その他の受入手数料 | ××× |

　また，当月に入金を予定している銘柄について，漏れなく代行手数料の入金が行われていることを，月末に入金予定連絡と後述の未払代行手数料明細の突合により確かめる必要がある。

　ⅱ）期末（未収）

　毎月末，未払代行手数料明細が委託会社から送付される。販売会社は投資信託を取り扱っているすべての委託会社から未払代行手数料明細が到着していることを確認し，未払代行手数料一覧をもとに以下の仕訳を起票する。

［未収計上時の仕訳］

| （借）未 収 収 益 | ××× | （貸）その他の受入手数料 | ××× |

⑵　ファンドラップ

①　手数料率登録

　ファンドラップに関する手数料は，たとえば，契約資産の評価額，投資スタイル等に応じてそれぞれの料率を証券会社が独自に決定する。手数料は通常，顧客との投資一任契約を管理する社内システムが契約条件，契約資産の評価額等の条件を基に自動で計算するため，決定した手数料率を社内システムに登録する必要がある。

　投資信託と同様，手数料率のシステム登録を誤ると，以降の業務フローで手数料額がすべて誤って計算されることになり，適切な収益計上がなされないため，財務諸表に与える影響という観点から重要な業務である。

②　投資一任契約の締結

　投資家からファンドラップの申込みを受けた場合，証券会社は投資家と投資一任契約を結ぶ。契約金額や運用開始日，契約期間，証券会社が設けた運用コース等から投資家が選択した投資スタイル等を記入した投資一任契約書，そ

の他の書面を取り交わす。

証券会社は，顧客と締結した投資一任契約書をもとに，一任契約の内容を社内システムに登録する。上席者は投資一任契約書，社内システムの登録内容を確認のうえ，承認する。この一連の業務フローのなかで，併せて投資一任契約口座の開設登録が行われる。

③　運用開始と手数料の徴収

システムへの契約内容の登録と顧客からの入金が完了すると，ファンドラップの運用開始となる。顧客が選択した投資スタイル，運用コースを基準に，投資対象である投資信託の買付けが行われる。証券会社から委託会社へ投資信託を発注してから，約定，決済の業務フローは，前述の「(1)投資信託　③約定，④振替・決済」と同様である。なお通常は，投資信託の買付けにかかる手数料は生じないため，当該経理処理はない。

ファンドラップ手数料は，契約資産の評価額等の条件をもとに自動で計算され，顧客口座から当該手数料分が控除される。この手数料は契約期間に対応した手数料を前払いする方式が一般的であり，その徴収は，運用開始時や契約更新時，契約期間中の四半期ごと等，投資一任契約で定められた所定の基準日に行われる。なお，証券会社が前受けした手数料のうち未経過部分は，前受収益として処理する。

その他，顧客が投資信託を保有することに伴う信託報酬が生じるが，当該経理処理は前述の「(1)投資信託　⑦代行手数料」に含まれる。

証券会社が手数料を前受けした場合の仕訳は以下のとおりである。

ⅰ）　新規契約締結・契約更新，運用開始時

(借) 顧客からの預り金	×××	(貸) その他の受入手数料	×××

ⅱ）月　末

(借) その他の受入手数料	×××	(貸) 前 受 収 益	×××

212 | 第2編　業務プロセス・会計

5　内部統制

　投資信託業務の内部統制において注意すべき点および証券会社が構築する財務報告に係る内部統制の例は以下のとおりである。

投資信託	内部統制の着眼点	内部統制の例示
1	（職務分掌） 　兼務すべきではない職務が分離されているか。	• 職務を適切に分離した組織体制の構築，職務分掌規程の運用 • セキュリティカードによる入室制限等 • IT システムにおける ID，パスワードの設定等によるアクセス制限
	（内部統制上のポイント） 　営業員やトレーダーと決済担当者，経理担当者など，兼務すべきではない職務が，適切に分離されていることが必要である。証券会社においては，フロント，ミドル，バック部門で職務を分離していることが多い。セキュリティカードや IT システムのアクセス権限により，適切に職務を分離した内部統制を整備する必要がある。	
2	（顧客口座の管理） 　顧客マスターの登録・管理は適切か。	• 口座開設時の本人確認 • 住所不明顧客等の取引制限 • フロントシステムのエディットチェック
	（内部統制上のポイント） 　架空口座の存在により，架空取引が記録されることを防止するため，本人確認後でなければ顧客口座を開設し，システム上の顧客マスターを作成できないよう内部統制を構築する。また，顧客口座の取引状況を監視し，違法な取引が疑われる場合や，住所不明により取引報告書が不達の顧客については，適時に取引を制限する。また，フロントシステムのエディットチェックにより，顧客マスターに登録のない顧客の注文や，権限者以外による注文は，受け付けない仕組みとする。	
3	（銘柄情報の管理） 　銘柄マスターの登録・管理は適切か。	• 新規商品，銘柄取扱いの承認 • 銘柄マスター登録時の承認・照合 • フロントシステムのエディットチェック
	（内部統制上のポイント） 　銘柄マスターは，法令や社内規定，社内の業務プロセス，経理処理等において問題がないことを関連部署が確かめたうえで登録されるよう内部統制を構築する。また，銘柄マスターの情報にもとづき，注文，決済，会計処理等が行われるため，銘柄マスターが正確に登録される必要がある。また，フロントシステムのエディットチェックにより，銘柄マスターに登録のない銘柄	

	の注文や，権限者以外による注文は受け付けない仕組みとする。	
4	（手数料の管理） 　手数料率情報テーブルの登録・管理は適切か。	・手数料率設定時の照合・承認 ・手数料率変更の承認，変更登録の照合
	（内部統制上のポイント） 　顧客から受領する販売手数料は，通常，約定データと手数料率情報テーブルをもとに自動計算されるため，システムへ正確に手数料率情報を登録する必要がある。また，手数料率を更新する場合や，個別に手数料を変更する場合においても，適切に承認された変更であること，変更を正確にシステムへ反映することを担保する内部統制を構築する必要がある。	
5	（取引照合） 　顧客の取引は，約定にもとづき正確かつ網羅的に記録されているか。	・取引報告書，取引残高報告書の送付
	（内部統制上のポイント） 　取引記録は，金商法上の取引日記帳として作成され，決済や会計処理の基礎となる重要なデータである。取引記録は，金商法上の取引報告書や取引残高報告書，その他の方法により，顧客と照合する。取引照合は，不正防止の観点から，約定権限のないバック部門が実施する。	
6	（委託会社との取引照合） 　投資信託の取引が，委託会社との約定にもとづき正確かつ網羅的に記録されているか。	・委託会社との約定データ照合
	（内部統制上のポイント） 　委託会社と販売会社である証券会社間で構築されている投信システムにおいて，約定データや基準価額情報を照合する。照合後，委託会社と販売会社が照合通知を保振機構に送信することで，決済が行われる。	
7	（証券振替） 　有価証券は，振替結果にもとづき正確かつ網羅的に記録されているか。	・振替機関の振替予定データと社内の決済予定データの照合 ・振替結果のモニタリング
	（内部統制上のポイント） 　証券振替は，振替機関からの振替予定データとの照合により適切に履行されていることを確認する必要がある。証券振替の結果は，振替機関からの通知等により確かめる。	
8	（資金決済） 　資金決済は，正確に記録されているか。	・保振決済照合システム，その他の方法による照合 ・決済結果のモニタリング
	（内部統制上のポイント） 　資金決済は，約定データや清算機関による債務引受の記録にもとづき，正確に決済指示し会計処理する必要がある。決済の結果は，決済機関からの決済結果通知，資金勘定残高と預金残高の照合，受渡勘定のバランスのチェックにより確かめ，必要な修正をする。	

214 | 第2編　業務プロセス・会計

9	(約定訂正) 　取引記録の事後修正ができない仕組みとなっているか。	・約定データを削除，修正できないシステム上の制限 ・修正記帳時の上席者やコンプライアンス部門による承認
	(内部統制上のポイント) 　損失補てんや顧客資産の流用等の不正防止の観点から，一度記録された約定記録は，事後的に取消，訂正ができない仕組みとする。約定記録の修正が必要な場合には，顧客との認識の確認，コンプライアンス上の問題の有無を関連部署が確認のうえ，修正を記録する。		
10	(分配金の処理) 　分配金の処理は適切か。	・委託会社との分配金入金予定の照合
	(内部統制上のポイント) 　委託会社から分配通知と，自己および顧客の分配金額を照合後，入金処理，顧客への支払い，仕訳起票を行う。		
11	(事務代行手数料の処理) 　事務代行手数料，未収手数料の処理は適切か。	・委託会社との事務代行手数料入金予定の照合 ・システムによる事務代行手数料の自動計算
	(内部統制上のポイント) 　委託会社から入手した事務代行手数料入金予定データと，手数料額を照合後，入金処理，仕訳起票を行う。未収手数料は，受益権残高と銘柄マスターにもとづき計算・集計し，委託会社からの未払手数料通知と照合後，会計仕訳を起票する。		
12	(ITシステムインターフェース) 　システム間でデータが正確かつ網羅的に転送されているか。	・データ受渡し件数等の整合性チェック ・システム間のデータ照合 ・システムデータの外部情報との照合
	(内部統制上のポイント) 　取引データは，フロント部門が発注，約定に用いるフロントシステムに入力されたのち，バック部門が証券・資金決済に用いるバックシステムに転送され，決済データが作成される。また，取引データや決済データは，会計システムに転送されて，会計仕訳が起票される。データ転送の正確性と網羅性を確保するプログラムを設定するとともに，システム間のインターフェースが正確に行われない場合に備え，システム間のデータの整合性の確認や，外部情報との照合を実施する。誤りや漏れが発見された場合には適時に原因を調査し，適切にデータを修正する。		
13	(ITシステムによる自動計算) 　手数料，金利等の計算が正しく行われているか。	・計算ロジックの設定 ・手数料テーブル登録時の承認・照合 ・計算と出力の正確性の確認
	(内部統制上のポイント) 　投資信託の販売手数料等の計算はITシステムの顧客マスター，銘柄マス		

ター，手数料テーブル等と，取引データや残高データを用い，設定された計算ロジックにしたがって行われる。各マスターと計算ロジックの登録・更新が，権限者の承認を経て正確に行われるための内部統制を整備するとともに，システム上，正しく計算され仕訳やレポートとして出力されることを確かめる。

14	（IT システムによる自動仕訳起票） 　会計仕訳が IT により正確に起票されているか。	・仕訳マスター登録時の承認・照合 ・出力の正確性の確認
	（内部統制上のポイント） 　自動仕訳は，仕訳マスターの設定にしたがって作成されるため，仕訳マスターの登録・更新が，経理部門の承認を経て正確に行われるための内部統制を整備するとともに，システム上，正しく仕訳として出力されることを確かめる。	

216 | 第2編 業務プロセス・会計

第6章

貸借取引・現先取引

1 取引内容

(1) 貸借取引・現先取引の意義

① 取引概要

　貸借取引とは株式や債券等の有価証券と，現金等の担保（以下「担保金」という）を取引先と交換し，合意された期間経過後に元の証券と同銘柄，同数量の有価証券と担保金を返済する取引[1]である。現先取引とは債券を売り戻す（または買い戻す）条件付売買のことである。貸借取引と現先取引には貸借か売買かという法的形式の違いはあるが，両者の経済的実態は基本的に同じものである。本章では貸借取引と現先取引を合わせてレポ取引[2]と呼ぶことにする。

　証券会社におけるレポ取引の利用目的としてまず挙げられるのが，資金の調達手段としてのレポ取引である。証券会社は顧客の売買ニーズに応じて株式や債券等の売買取引を行うが，これらの取引の結果，証券会社は株式や債券等の在庫を保有する。証券会社は，在庫に資金が固定されることを避けるため，レポ取引を用いて資金調達を行う。具体的には，株式や債券等の売買取引の約定

---

(1) 貸借取引には文中に記載している現金担保付取引（証券と資金を交換する取引）以外に代用有価証券担保取引（証券を交換する取引），無担保取引（証券のみを貸借する取引）と呼ばれる取引も存在する。

(2) レポ取引のレポとは "Repurchase Agreement" の略称で，直訳すると「再購入契約」，つまり，「買戻条件付きの売却取引」のことを意味する。

図表2-6-1　レポ取引の概要

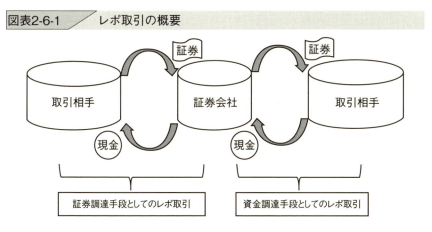

後，決済日の証券保有残高や必要な資金繰りを勘案したうえで，通常，約定日の翌営業日にレポ取引を行う。このような在庫を利用した資金調達は証券会社にとって重要な短期の資金調達手段となっている。また，証券会社が行うレポ取引には国債が多く用いられている。これは，国債が株式や一般債等と比較して流動性が高いことや価格の変動自体も緩やかとなっているため，レポ取引に利用しやすいということが理由である。レポ取引市場における主な資金の出し手は信託銀行の信託口座や銀行，生命保険等の投資家であり，主な資金の取り手は証券会社である。また，このような資金の貸借に主眼をおいたレポ取引のことを GC 取引（General Collateral 取引）と呼ぶ。GC 取引は資金の貸借に主眼がおかれているため，対象となる証券の銘柄は特定されない。

　利用目的として次に挙げられるのは，証券の調達手段としてのレポ取引である。証券会社はディーラーとして顧客と売買取引を行った場合や自ら空売りを行った場合にショート・ポジションを有することがあるが，ショート・ポジションの決済のためにレポ取引を用いて証券を調達する。つまり，保有しない証券を売却した際，決済のためにその銘柄を貸借取引により調達するのである。レポ取引市場における主な証券の貸手は信託銀行の信託口座や銀行，短資会社等であり，主な証券の借手は証券会社である。また，このように証券の貸借に主眼をおいたレポ取引のことを SC 取引（Special Collateral 取引）と呼ぶ。SC 取引は証券の貸借に主眼がおかれているため，対象となる証券の銘柄が特定されている。

レポ取引においては，証券の貸手（資金の借手）は，担保金について金利を支払い，貸し付けた証券についての貸借料を受け取る。金利は担保金額と担保金利率から計算され，貸借料は貸し付けた証券の時価と貸借料率から計算される。担保金利率と貸借料率の差を「レポレート」という。GC取引におけるレポレートの市場実勢を反映した指標として，東京レポ・レートが2007年から集計・公表されている[3]。東京レポ・レートは現先取引および現金担保付債券貸借取引を一体として集計しており，株券貸借取引は集計対象とはされていない。

　図表2-6-2のとおりGC取引におけるレポレートの推移は無担保コールレート[4]の推移と近似しており，日本銀行の金融政策に強い影響を受けていることが見受けられる。ゼロ金利政策時においては，レポレートは0.1％程度の水準に張り付いていたが，2016年2月以降は，マイナス金利政策の影響を受けレポレートもマイナスで推移している。

図表2-6-2　東京レポ・レート，無担保コールレートの推移

（出所）　日本銀行「時系列統計データ検索サイト」，日本証券業協会「東京レポ・レート」より。

---

(3) 当初は日本銀行が集計・公表を行っていたが，2012年10月29日以降の公表分より日本証券業協会が公表主体となっている。
(4) 無担保コール取引の詳細については，本編第10章①(1)①を参照。

次に SC 取引におけるレポレートの状況であるが，上述のとおり，東京レポ・レートは GC 取引をその集計対象としており，取引の個別性が強い SC 取引を集計対象としていない。そのため，SC 取引の市場実勢となるレートは現時点では公表されていない。SC 取引は個別銘柄の需給がレート形成に強く作用するため，需給の逼迫している銘柄に対するレポレートは貸借料が担保金利率を上回りマイナスとなることもある。

証券会社におけるレポ取引は，主に保有する証券を用いた短期の資金調達，証券決済のための証券調達という目的で用いられる。このほか，証券会社以外を含む市場参加者全体におけるレポ取引は，下記②で記載するようなさまざまな利用目的から行われる。

② レポ取引におけるその他の利用目的

ⅰ）安全性の高い資金運用

レポ取引は資金を出すと同時に担保として証券を受け取ることになり，相手方への信用リスクは無担保の資金運用と比べて大幅に低減されるため，安全性の高い資金運用手段として利用される。

ⅱ）証券ポートフォリオの収益性向上

レポ取引によって貸借料を得ることで，保有する証券ポートフォリオの収益性を向上させることができる。無担保の場合は貸借料によって収益を上げることができ，有担保の場合は低利の資金調達手段として利用される。

ⅲ）マッチド・ブック

マッチド・ブックとは，レポレート間の格差を利用して収益を獲得する手法である。貸借料率の高い（レポレートの低い）銘柄を貸し出し，貸借料率の低い（レポレートの高い）銘柄を借り入れる等，レポ取引を組み合わせることによって実施される。

以下では，具体的な数値例を用いてマッチド・ブックの概要を説明する。

【取引条件】

銘柄	証券額面，担保金額	期間	担保金利息	貸借料	レポレート
銘柄 A	100億円	3ヵ月	1.00%	0.60%	0.40%
銘柄 B	100億円	3ヵ月	1.00%	0.01%	0.99%

[（ケース1）銘柄 A の貸出し＋銘柄 B の借入れ]

銘柄 A を貸し出し（レポレート0.4％を支払い），銘柄 B を借り入れる（レポレート0.99％を受け取る）ことにより，レポレートの低い銘柄 A の貸手は，3ヵ月経過後にはレポレート間の格差0.59％を受け取る。当該貸手にとっては，取引条件のようにレポ取引の担保となる銘柄や証券額面，担保金額，期間等の条件をおおむね一致させることによって，トレーディング商品のポジションや資金ポジションの変動を抑えて，リスクをとらずに収益を獲得することが可能となる。

[（ケース2）銘柄 A の借入れ＋銘柄 B の貸出し]

銘柄 A を借り入れ（レポレート0.4％を受け取り），銘柄 B を貸し出す（レポレート0.99％を支払う）ことにより，レポレートの低い銘柄 A の借手は3ヵ月経過後にはレポレート間の格差0.59％を支払う。当該借手からするとレポレートの格差分のコストを払って資金ポジションの移動を伴わずに，借り入れた銘柄 A を一時的に売却することにより証券ポートフォリオを入れ替えることが可能となる。仮に銘柄 A の借入れを単体で行った場合，0.4％のレポレートを受け取り，証券の調達が可能となるが，差し入れる担保金として3ヵ月間100億円の資金を別途調達してくる必要がある。

③ レポ市場の動向

近年の国内債券レポ市場の取引残高は，GC レポ取引を中心に増加している。これはコール市場と比して金利のマイナス幅が大きいために相対的に収益性が優位である点や，非居住者が為替スワップで受けた円現金を日本国債で運用するニーズがある点が理由であるといわれている。

他方で，米国のレポ市場は縮小傾向であり，これはレバレッジ規制等の金融規制の影響でレポ取引の残高を減少させる必要がある点が理由の一つである。

| 図表2-6-3 | 債券レポ市場の取引残高 |

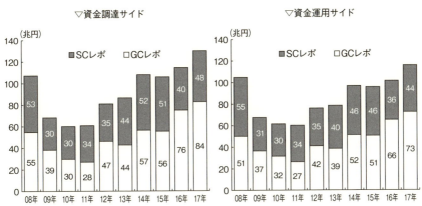

(出所) 日本銀行金融市場局「わが国短期金融市場の動向 —東京短期金融市場サーベイ（17／8月）の結果—」より引用。

(2) 貸借取引

① 有担保取引と無担保取引

　貸借取引は，担保の有無により無担保貸借取引と有担保貸借取引に分類される。無担保取引はその名のとおり証券の借手が貸手に対して担保を提供せずに取引を行うことである。無担保取引は，貸手にとっては純粋に証券の使用料である貸借料分が収益になるため，保有する証券の有効利用ができ，また，借手にとっては証券を借りる際に現金を用意する必要がないというメリットがある取引である。ただし，貸手は借手に対して証券の時価相当額についての信用リスクを負う。有担保貸借取引は担保が有価証券であるか現金であるかの違いにより代用有価証券担保付と現金担保付に分類される。貸借取引市場では，債券貸借取引の方が株券貸借取引よりも取引規模が大きく有担保取引がほとんどを占めており，また，有担保取引のうち現金担保付が大部分を占めている。

② 債券貸借取引

　国債相場の安定と流動性確保を目的として1989年5月に債券貸借市場が創設された。当時から債券貸借取引に現金担保を付すことはできたが，同様の経済

的機能をもつ現先取引との競合を避ける目的で現金担保について規制がかけられていたため，現金担保付債券貸借取引が普及することはなかった。

このような理由を背景に，無担保取引を中心に市場規模が拡大したが，1990年代のイギリスの金融機関の倒産を契機とした金融不安等を背景に無担保取引の信用リスクが指摘されるなどにより，取引の仕組みが見直され，1996年に現金担保に対する規制が撤廃された新しい現金担保付債券貸借取引が開始された。

債券貸借取引は，別名「日本版レポ」，「債券レポ」，「現担レポ」などと呼ばれることもあるが，後述するように売買形式をとる欧米のレポ取引とは法的形式が異なっている。また，各種リスク管理手法（マージンコール，ヘアカット，一括清算条項等）が適用可能であり，その仕組みは後述する現先取引と基本的に同じものとなっている。債券貸借取引は，債券の貸手が借手に対して債券を貸し出し，合意された期間経過後，借手が貸手に，同銘柄，同数量の債券を返還する消費貸借契約にもとづく取引のことをいう。債券貸借取引市場の参加主体に特段制限はないが，現状は主に機関投資家が参加するプロの市場である。債券貸借取引の主な対象債券としては，国債，地方債，社債（転換社債を除く）等が挙げられるが，実際は利付国債が取引の中心となっている。

なお，後述する国債の銘柄後決め方式による GC レポ取引の導入に伴い，国債レポ取引の新規先取引への移行が見込まれる。

以下では，日本証券業協会の「債券の空売り及び貸借取引の取扱いに関する規則」を前提として，現金担保付債券貸借取引の基本的な仕組みを示す。

ⅰ）基本契約書の締結

債券貸借取引を開始するときは，あらかじめ貸手と借手との間において，債券貸借取引に関する基本契約書を締結するが，基本契約書は取引の基本的な事項が記載されている包括的な契約であるため，個別取引の約定にあたっては，債券貸借取引に関する基本契約書に係る個別取引契約書を取り交わす必要がある。また，貸手と借手の間において債券貸借取引に関する基本契約書に係る合意書を取り交わした場合には，債券貸借取引に関する基本契約書に係る個別取引明細書の交付をもって，個別取引契約書に代えることができる。ただし，一定の要件を満たす場合は取引先との個別取引契約書の取り交わし，または，個

別取引明細書の交付は不要となっている。実務上は保振機構の決済照合システムの利用先については，当該システムによる取引照合をもって個別取引明細書の交付等を不要とし，決済照合システムを利用しない先について個別取引明細書を交付する場合が多い。

ⅱ) 取引開始時

個別取引の約定が成立すると，取引実行日に債券の振替と担保金の決済が行われる。債券の貸手（借手）は債券を貸し出す（借り入れる）とともに借手より（貸手に対して）担保金を受け入れる（差し入れる）。担保金の金額は貸手と借手との合意によって決定されるが，債券時価に対して100％程度とする取引が多く見受けられる。

ⅲ) 追加担保金の授受

取引開始後，債券時価の変動により必要となる担保金額は変動する。債券の時価を日々値洗いして算出した担保金（以下「基準担保金」という）と当初の担保金の乖離額は相手方への与信となるため，当該乖離額について追加の担保金を受払いすること（以下「マージンコール」という）で相手方への与信を調整する[5]（図表2-6-4参照）。債券貸借取引の場合，債券の経過利子を含めた価格で時価を計算するため，基準担保金は，以下の計算式で算定される。

- 基準担保金＝時価×基準担保金率
- 時価＝（対象債券の単価＋額面100円あたりの経過利子）÷100×額面
- 基準担保金率＝100％程度（ただし，別段の合意も可能）

---

(5) 債券貸借取引では現先取引と異なり，値洗いにおける追加担保金授受の対象となる与信額の算定は個別取引ごとに行われる。

図表2-6-4　債券の貸手における値洗いのイメージ

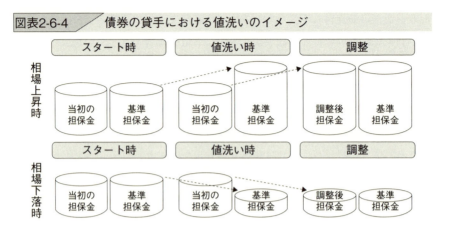

　担保金過不足の調整方法としては，一般的に①乖離額について追加の担保金を相手先にいつでも請求する方式と②乖離額に一定の許容額を設け，許容額を超えた場合に相手先に追加の担保金を請求する方式があり，相手先との合意によって使い分けられている。担保金過不足調整時における債券の借手と貸手の関係を示すと図表2-6-5のとおりである。

図表2-6-5　担保金過不足調整時における債券の借手と貸手の関係

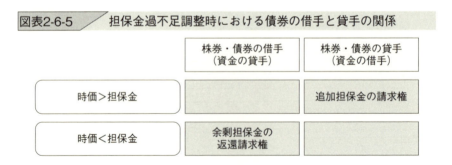

ⅳ）貸借料および担保金利息の授受

　時価は日々変動し，担保金は値洗いにより増減するため，貸借料と担保金利息の計算は日々積み上げ，契約で定められた日に一括して決済が行われる。貸借料と担保金利息は，以下の計算式で算定される。

- 貸借料＝Σ（時価×貸借料率×1／365）
- 担保金利息＝Σ（担保金額×担保金利率×1／365）

ⅴ）取引終了時

契約で定めた取引決済日を迎えると借手は貸手に対して債券を返済し，貸手は借手に担保金を返済することによって取引は終了する。

ⅵ）利　金

貸借期間中に利金が発生した場合，債券の借手がその経済的利益の帰属先である貸手に対して利金相当額を支払う。

③　株券貸借取引

株券貸借取引とは，株式の貸手が借手に対して株式を貸し出し，合意された期間経過後，借手が貸手に，同銘柄，同数量の株式を返還する消費貸借契約にもとづく取引のことをいう。株券貸借取引の対象株式等としては，株式，新株予約権，新株予約権付転換社債，ETF等が挙げられるが，実際に取引されるものは株式のうち，取引所上場株式がほぼすべてを占めている（**図表2-6-6**参照）。

| 図表2-6-6 | 種類別株券貸借取引残高（平成29年3月31日報告分） |

（単位：数量は株数，金額は億円）

市場区分	貸付残高		借入残高	
	数量	金額	数量	金額
取引所上場株式	6,461,179,409	103,876	7,864,271,192	123,472
その他	745,010,771	2,122	1,516,151,560	3,800
合計	7,206,190,180	105,998	9,380,422,752	127,273

（出所）　日本証券業協会「株券等貸借取引状況表」。

以下では，日本証券業協会の「株券等の貸借取引の取扱いに関する規則」を前提として，現金担保付株券貸借取引の基本的ルールを示すが，債券貸借取引と同様な点も多いため，両者の相違点を中心に記載する。

ⅰ）基本契約書の締結

株券貸借取引に係る契約書等の構成は債券貸借取引とほぼ同様であり，特段の相違点はない。

ⅱ）取引開始時

　個別取引の約定が成立すると，取引実行日に株式の振替と担保金の決済が行われる。証券調達に主眼をおいた取引（SC取引）では担保金の金額が株式の時価に対して105％程度，資金調達に主眼をおいた取引（GC取引）では70％〜80％程度とする取引が多い点が債券貸借取引との相違点である。

ⅲ）追加担保金の授受

　取引開始後，株価の変動により必要となる担保金額は変化する。基準担保金は，以下の計算式で算定される。

　基準担保金＝時価×基準担保金率

　　時価＝対象株式の時価×株数

　　基準担保金率＝GC取引では70〜80％程度，SC取引では105％程度

ⅳ）貸借料および担保金利息の授受

　貸借料と担保金利息の計算が日々行われ，契約で定められた日（毎月1回等）に一括して決済が行われる。

ⅴ）取引終了時

　取引決済日を迎えると借手は貸手に対して株式を返済し，貸手は担保金を返済することによって取引は終了する。

ⅵ）配当，株式分割等

　株主としての権利が確定する日を越えて株式を貸借する場合，借りている株式に対する配当や株式分割等のコーポレートアクションが発生することがある。コーポレートアクションによって生じた株主としての権利は，基準日現在の株式の名義人である借手が受け取るが，当該権利の経済的価値は貸手に帰属させるべきものである。そのため，配当金に相当する額や株式分割等によって生じた新株は借手から貸手に返還することとされている。

(3) 現先取引

① 取引の概要

　現先取引とは，合意された期間経過後に一定価格で売り戻す（または買い戻す）ことを条件に行う債券の購入（または売却）取引であり，売戻条件付き債

図表2-6-7　現先取引の基本的ルール

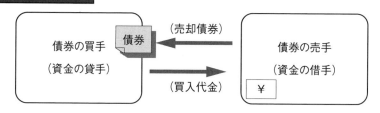

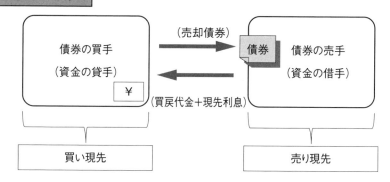

券購入取引を買い現先，買戻条件付き債券売却取引を売り現先という。現先取引は形式的には売買取引であるが実質的には債券を担保とした金融取引であり貸借取引と同様の経済的実態を有している。

現先取引市場の参加者は，主に信託銀行，年金，事業法人である。現先取引の主な対象債券は，国債，地方債，社債（転換社債は除く），CP，CDであるが，源泉徴収課税の関係で国庫短期証券等の利払いの生じない割引債形式で発行された有価証券を取引の対象とすることが多い。

現金担保付債券貸借取引と現先取引には従来，いくつかの問題点が指摘されていた。現金担保付債券貸借取引はヘアカットやマージンコール等の従来の現先取引にはないリスク管理手法が発達し運用されていたが，法的には貸借であることから，売買形式をとる欧米のレポ取引とは異なり非居住者が参加しにくい取引であったこと等が問題点として挙げられていた。

対して従来の現先取引では，非居住者が行ったクロスボーダーのレポ取引に

おける担保金利息に対して源泉徴収課税や有価証券取引税の税制面での障壁や，取引期間中のリスク管理の仕組みがなく取引相手がデフォルトした場合の取扱いが未整備であったこと等が問題点として挙げられていた。

こうした問題点に対応し，非居住者が参加しやすいグローバル・スタンダードである売買形式の取引形態に加え，取引参加者のリスクを低減させる各種リスク管理手法を整備した新しい現先取引が2001年4月から導入された。一般的に，2001年4月以降の新しい現先取引を新現先取引，それ以前の現先取引を旧現先取引と呼んで区別している。新現先取引が導入された結果，現金担保付債券貸借取引と現先取引の間でのリスク管理面に関しての相違はほぼ解消されたといえ，税制面における手当て[6]も図られている。

そして，国債の決済リスクの削減やグローバルな国債ニーズへ対応する観点から，2018年5月から導入される国債決済期間のT＋1日化とGCレポ取引のT＋0日化に合わせ，国債レポ市場で現在主流の債券貸借取引から，海外およびクロスボーダー取引で採用されている新現先取引に移行することが推進されている[7]。

② 新現先取引の特徴

新現先取引で新しく追加されたリスクコントロール手法や，その他取引手法の主なものについて解説する。

ⅰ）ヘアカット

ヘアカットとは，約定時点の債券の時価とスタート単価に乖離を設ける仕組みのことをいう。担保に対する掛目の役割をもっており，取引先の信用リスク等を考慮したうえで設定する。

ⅱ）オープンエンド取引

オープンエンド取引とは，取引当初は取引決済日（エンド日）を特定せずに，取引当事者のいずれか一方の取引決済通知により取引決済日を指定することに

---

(6) 2002年4月に租税特別措置法第42条の2において非居住者のレポ差額については非課税とされ，1999年4月に有価証券取引税は廃止された。
(7) 国債取引の決済期間の短縮（T＋1）に向けたグランドデザイン（国債の決済期間の短縮化に関する検討ワーキンググループ）。

よって終了し，それまでは取引が自動継続する取引のことである。ただし，オープンエンド取引に関しては，取引の一方を有利な立場にし，その相手方を不利な立場におくため，実務上，リスク管理手法としてはほとんど行われていない。

　ⅲ）取引対象債券の差替え（サブスティテューション）

　債券の売手が買手の合意のもとに，取引期間中に取引対象債券を差し替える仕組みであり，当初の現先取引対象銘柄が急遽必要となった際等に利用される。サブスティテューションが可能となったことにより，期間の長いターム物取引が行いやすくなった。

　ⅳ）再評価取引（リプライシング）

　取引期間中に個別取引を一旦終了し，その時点の時価にもとづく新たな取引をスタートすることである。担保金の額をその時点で洗い替える効果があり，マージンコールと同様に信用リスクを低減する効果があるが，個別の現先取引を対象としている点等がマージンコールと相違している。

　ⅴ）一括清算条項

　取引当事者の一方にデフォルト事由が発生した場合，すべての取引を一括清算（ネットアウト）し，一本の債権債務へと集約することである。一括清算が可能となったことにより信用リスクが低減され，また，与信枠の有効利用にもつながる効果がある。

③　取引の基本的仕組み

　以下では「債券等の条件付売買取引の取扱いに関する規則」を前提として新現先取引の基本的仕組みを示す。

　ⅰ）基本契約書の締結

　現先取引を開始するときは，あらかじめ取引先との間において，「債券等の現先取引に関する基本契約書」を締結する。個別取引の約定にあたっては，その都度，個別取引明細書を交付する必要があるが，一定の要件を満たす場合には個別取引明細書の交付を要しない点は債券貸借取引と同様である。

　ⅱ）取引開始時

　取引開始時には，債券の売手が買手に対して債券を売却するとともに，買手

が売手に対して買入代金を支払う。買入代金のことをスタート売買代金といい，以下の計算式で算定される。

スタート売買金額＝取引数量〈額面〉× ｛(スタート売買単価〈対象債券の時価〉＋経過利子)÷(1＋ヘアカット率)｝

ⅲ）取引期間中

貸借取引と同様に，値洗いにもとづく追加の担保金の授受（マージンコール）が可能となっている。ただし，現先取引では個別取引に係る与信額と受信額を計算し，同一取引先に対するものをネッティングした純与信額（エクスポージャー）に対して担保金の授受をするため，債券貸借取引とは異なる取扱いとなっている。

ⅳ）取引終了時

エンド日に売手が買手から債券を買い戻すとともに，売手が買手に対して買戻代金を支払い取引は終了する。買戻代金のことをエンド売買代金といい，以下の計算式で算定される。

エンド売買金額＝スタート売買金額＋スタート売買金額×現先レート[8]×現先期間〈現先利息〉

ⅴ）利金の取扱い

取引期間中に生じる利金の処理は，利含み現先取引を選択するか否かにより異なる。利含み現先取引とは，売買単価が利含みで表示されるほか，取引期間中に対象債券から利子が発生する場合に，利子相当額が買手から売手に引き渡されるものをいう。

---

(8) 貸借取引における担保金利率と貸借料率をネットした料率に相当するものであり，エンド売買金額算定の基礎となる料率である。

2　決済の仕組み

　貸借取引・現先取引に関する決済の仕組みは，通常の売買取引と基本的に同様であるため，詳細は本編第2章4および第4章3を参照。ここでは，銘柄後決め GC レポ取引を中心に取引から決済の仕組みを紹介する。なお，取引期間中の貸借料，担保金利息や利金，配当金相当額，マージンコールの受払い等の資金のみの決済についての詳細は省略している。

(1)　債券貸借取引，現先取引

　現金担保付債券貸借取引および現先取引の決済の仕組みは，債券の売買取引と基本的に同様であり，一定の要件を満たす取引は清算機関である JSCC の利用が可能となっている。ただし，日銀オペの一つである国債現先オペについては JSCC の清算引受対象とはならない。

　なお，代用有価証券を担保とする債券貸借取引や無担保債券貸借取引については，債券のみの振替が日本銀行・保振機構内で行われる。

　その他，最近の決済動向としては，国債アウトライト取引については，2018年5月より決済期間の短縮（T＋2からT＋1）が予定されており，国債レポ取引についても GC レポ取引については銘柄後決め方式による T＋0の決済が実現する見込みである。

(2)　銘柄後決めレポ取引

　銘柄後決めレポ取引について，約定から決済に至る流れを概説する。ここでいう銘柄後決めレポ取引とは，JSCC で債務引受される国債 GC レポ取引のうち，個別銘柄を特定せずにバスケット単位で約定し，スタート決済の直前に国債の渡し方の在庫から個別銘柄の割当てを行う方式の現先取引を指している。

①　清算対象取引

ⅰ）対象商品

　銘柄後決めレポ取引の対象となる債券は，個人向け国債を除く国債である。

ⅱ）対象取引

銘柄後決めレポ取引の対象となる取引は，現先取引のうち，JSCC が定めるバスケット（複数の銘柄の集合体）を対象とした取引であること，リプライシングを行わない取引であること，ヘアカットを行わない取引であること等，一定の要件がある。なお，当制度導入に伴い，日本証券業協会において「債券等の現先取引に関する基本契約書」（参考様式）の改定が行われ，利含み現先を前提とした基本契約書「本紙」と取引類型別に定められた基本契約書「別紙」を組み合わせた構成となり，別紙2が銘柄後決め方式の現先取引を定めている。

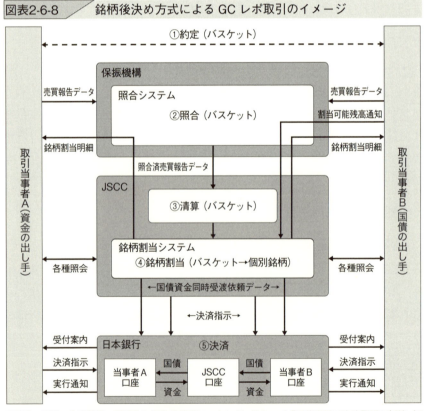

図表2-6-8　銘柄後決め方式による GC レポ取引のイメージ

（出所）　国債の決済期間の短縮化に関する検討ワーキング・グループ「国債取引の決済期間の短縮（T＋1）化に向けたグランドデザイン」より引用。

② 約 定

ⅰ) 約 定

取引参加者は，約定日，バスケット，スタート受渡金額，現先レート，スタート日，エンド日を合意のうえ，約定する。取引対象銘柄やスタート売買単価，額面が約定に含まれず，スタート受渡金額を約定し，エンド受渡金額はスタート受渡金額と現先レートから算出される点が特徴的である。

ⅱ) 約定照合および債務引受の申込み

取引当事者は，約定内容を保振決済照合システム上で照合のうえ，JSCC に債務引受の申込みを行う。

③ 清 算

保振決済照合システムで照合されたバスケットベースの約定データにもとづき，JSCC は債務引受およびバスケットネッティングを行う。

ⅰ) 債務引受

JSCC は，銘柄後決めレポ取引の債務引受を1日に3回行う。1回目は申込時限が決済日前日（S−1日）21：00，債務引受時期が決済日（S日）7：00，2回目は申込時限および債務引受時期とも S 日11：00，3回目は申込時限および債務引受時期とも S 日14：00とされている。

JSCC は債務引受に際し，スタート決済日，エンド決済日それぞれの受渡金額の支払い債務，国債引渡し義務，およびターム取引におけるターム期間中の日々の Unwind 債務，Rewind 債務を引き受ける。

ⅱ) バスケットネッティング

JSCC は，債務引受の都度，銘柄後決めレポ取引に係るバスケットベースの受渡金額の支払い債務と割当て国債の引渡義務について，バスケットおよび決済日を同日とするスタート／Rewind 債務，エンド／Unwind 債務ごとにバスケットネッティングを行う。バスケットネッティングの概要は図表2-6-9のとおりである。

図表2-6-9　バスケットネッティングのイメージ

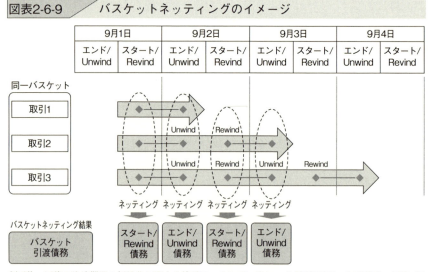

（出所）　国債の決済期間の短縮化に関する検討ワーキング・グループ「国債取引の決済期間の短縮（T＋1）化に向けたグランドデザイン」「国債決済期間の短縮化とレポ市場の展望」を参考に著者作成。

④　銘柄割当て

　国債の渡し方となる清算参加者は，保振決済照合システムを通じてネッティング口座ごとに，利用可能な割当対象銘柄，数量をJSCCに通知する。すなわち日々返戻を受ける国債からアウトライト取引やその他の決済取引に利用予定の銘柄を考慮したうえで割当可能銘柄を決定，通知するため，取引期間中に銘柄入替が可能な設計となっており，サブスティテューション手続自体は不要である。

　JSCCは，バスケットネッティングの結果を受け，渡し方清算参加者と受け方清算参加者の組み合わせを設定し，制度要綱の定めるところにしたがい，渡し方清算参加者の割当対象銘柄から受渡金額相当分の国債を割り当てる。その結果は，保振決済照合システムを通じて清算参加者に通知される。

⑤　決　済

　銘柄後決めレポ取引に係る証券振替は，決済時限を同一とするものについて銘柄ごとの差引計算した数量を授受する方法により行われる。また資金決済は，

国債の時価評価額の金銭の授受および受渡調整金額の金銭の授受により行われる。

　これらの証券振替，資金決済は日銀ネットの国債 DVP 決済により行われる。なお，銘柄後決めレポ取引の決済は，国債店頭取引清算業務とは別に履行される。

⑶　株券貸借取引

　現金担保付株券貸借取引は，株式の売買取引と同様にほふりクリアリングの債務引受対象取引であり，ほふりクリアリングによる一般振替 DVP 決済が可能となっている。一般振替 DVP 決済については本編第 2 章④⑵②参照。

　現金担保付株券貸借取引については，清算機関を通さない保振機構での非 DVP による証券決済と日本銀行・市中銀行を通した資金決済を行う従来の決済方法も依然用いられており，一般振替 DVP 決済と合わせて 2 種類の決済方法がある。

　なお，代用有価証券を担保とする株券貸借取引や，無担保株券貸借取引については，株式のみの振替が保振機構内で行われる。

3　業務フローと会計処理

⑴　債券貸借取引

　以下，貸借取引について，現金担保付の取引を前提とした基本的な業務フローおよび会計処理について記載する。

①　取引先に対する与信審査，基本契約の締結

　債券貸借取引は取引先に対する信用リスクが発生する取引であるため，取引を開始する前に，セールス等の営業部門が取引先の情報（取引先の信用状況や取引対象期間等）にもとづき，与信管理部門へ新規取引先に対する与信枠の申請をする。与信管理部門の審査後，与信枠の登録が行われると，セールスは取引先との債券貸借取引に係る基本契約を締結する。

② 個別取引の約定

個別取引の約定は，証券会社自らが資金調達または債券調達のニーズにもとづき，フロント部門のトレーダー等が取引先や短資会社等に対してコンタクトをとる場合と，セールスが取引先からの借り債の打診を受ける場合がある。いずれの場合も，取引先へ取引条件を提示すると同時に，取引先の与信限度額を確認する。取引条件として，銘柄，数量，貸借料率，担保金利率，取引実行日，取引決済日，担保の有無・種類，決済の方法等を確認する。取引先とは電話やFAX，外部媒体（Bloomberg等）を用いたメッセージでやり取りを行う。トレーダーやセールスが取引先と銘柄やレート，金額等の取引条件について合意し約定が成立すると，債券貸借取引に係る社内システム（以下「社内システム」という）に約定データの入力を行う。

③ オペレーション部門による照合および債券・担保金の決済

取引後，オペレーション部門は取引先が，保振機構の決済照合システムの利用先か否かにより，以下の方法で約定照合を行う。取引先が保振機構の決済照合システムを利用する場合は，当該システムを用いて約定照合を行う（この場合でも個別取引明細書を送付することは可能である）。取引先が保振機構の決済照合システムを利用しない場合は，社内システムのデータより個別取引明細書を作成し，取引先へ送付することによって約定照合を行う。

国債レポ取引はJSCCによる清算の対象であり，当事者の合意により，通常の売買取引と合わせてネッティングによる決済が行われる。

オペレーション部門は決済日に取引先と債券の振替および担保金の決済を行う。レポ取引の対象が国債の場合，国債と担保金は日銀RTGSによりDVP決済される。一般債等の場合は保振機構内で，DVPまたは非DVPにより決済される。債券の振替および担保金の決済後，社内システムの約定データにもとづき，決済日に以下の仕訳を起票する。

[担保金の差入れ（債券の借手）]

| （借）借入有価証券担保金 | ×××　 | （貸）現金及び預金 | ××× |

［担保金の受入れ（債券の貸手）］

| （借）現 金 及 び 預 金 | ××× | （貸）有価証券貸借取引受入金 | ××× |

　債券貸借取引（株券貸借取引，現先取引についても同様）の債券の振替およ
び担保金の決済時においては，担保金の授受に伴う資金の移動が金融取引とし
て経理処理されるのみであり，債券の移動については何ら経理処理の対象とは
ならない。ただし，債券の貸借残高や時価については，財務諸表上，注記とし
て開示する必要があるため（詳細は後記⑤「開示・注記事項」参照），当該
データを別途システム上把握する必要がある。

④　担保管理およびマージンコール
　債券の時価を日々値洗いし，基準担保金の額を算定する。基準担保金の額と
前日の担保金の額との差額について，取引先に対して担保金の差入れまたは返
戻を請求する。債券の貸借および基準担保金と前日の担保金との大小によって，
マージンコールを行使する（または被行使される）がその関係については，**図
表2-6-5**に記載のとおりである。なお，以下の記載はＴ＋１決済を前提として
記載している。
　マージンコールの具体的なフローは以下のとおりである。
　ⅰ）マージンコール行使（被行使）日
　トレーダーは，社内システムより出力された各個別取引ごとの与信額が記載
されたリストにもとづき，取引先に対する与信状況の確認を行い，与信が生じ
ている取引についてマージンコールを行使するかどうかの判定を行う。当該判
定の結果，マージンコールを行使する場合，取引先に対してマージンコールの
通知を行うとともに，オペレーション部門が取引先と電話等で決済金額の照合
を行う。
　ⅱ）決済日
　マージンコールの通知をした翌日に，取引先との間で担保金の決済が行われ
る。担保金の決済に伴い，以下の仕訳を起票する。

[担保金の追加差入れ（債券の借手）]

（借）借入有価証券担保金	×××	（貸）現金及び預金	×××

[担保金の返戻（債券の借手）]

（借）現金及び預金	×××	（貸）借入有価証券担保金	×××

[担保金の追加受入れ（債券の貸手）]

（借）現金及び預金	×××	（貸）有価証券貸借取引受入金	×××

[担保金の返戻（債券の貸手）]

（借）有価証券貸借取引受入金	×××	（貸）現金及び預金	×××

⑤　貸借料および担保金利息，配当金相当額の受払指示

　日々，社内システムにより貸借料と担保金利息が自動計算される。オペレーション部門は，貸借料と担保金利息に関する受払額の通知を作成し，取引先と受払内容について照合する。取引先との照合完了後，決済日に貸借料および担保金利息について取引先との決済が行われる。貸借料および担保金利息の決済に伴い，以下の仕訳を起票する。

[貸借料の受取り（債券の貸手）]

（借）現金及び預金	×××	（貸）有価証券貸借取引収益	×××

[担保金利息の支払い（債券の貸手）]

（借）有価証券貸借取引費用	×××	（貸）現金及び預金	×××

［貸借料の支払い（債券の借手）］

| （借）有価証券貸借取引費用 | ××× | （貸）現金及び預金 | ××× |

［担保金利息の受取り（債券の借手）］

| （借）現金及び預金 | ××× | （貸）有価証券貸借取引収益 | ××× |

　また，債券貸借取引では，債券の借手から貸手に対して取引対象債券から生じた利金相当額を帰属させるための決済が行われる。債券の貸手側では利金相当額を「受取債券利子」として経理処理し，債券の借手側では「仮受金」等の適切な勘定科目で経理処理する。利金相当額が決済された場合は以下の仕訳を起票する。

［取引対象債券に係る利金相当額の受取り（債券の貸手）］

| （借）現金及び預金 | ××× | （貸）受取債券利子 | ××× |

［取引対象債券に係る利金の受取りおよび貸手への支払い（債券の借手）］

| （借）現金及び預金 | ××× | （貸）仮受金 | ××× |
| （借）仮受金 | ××× | （貸）現金及び預金 | ××× |

　貸借料および担保金利息は，毎月末および期末日における期間損益を計算し，対応する金額を未収収益および未払費用として計上する。

［未収収益，未払費用の計上］

| （借）未収収益 | ××× | （貸）有価証券貸借取引収益 | ××× |
| （借）有価証券貸借取引費用 | ××× | （貸）未払費用 | ××× |

⑥　債券および担保金の返済

　取引終了日に債券貸借取引は終了する。取引開始時と同様に取引明細書を作

成し，取引先へ送付する。社内システムのデータにもとづき決済日に取引先との間で債券の振替および担保金の決済を行い，決済日に以下の仕訳を起票する。

［担保金の返済（債務の借手）］

（借）現 金 及 び 預 金	×××	（貸）借入有価証券担保金	×××

［担保金の返済（債務の貸手）］

（借）有価証券貸借取引受入金	×××	（貸）現 金 及 び 預 金	×××

(2) 株券貸借取引

株券貸借取引の業務フローは債券貸借取引と共通点が多いため，ここでは株券貸借取引に特有の業務フローに着目して記述する。

① 株式・担保金の決済

株券貸借取引においても，債券貸借取引と同様に DVP による決済が可能であり，DVP 決済を利用した場合とほぼ同じとなる。非 DVP 決済によって株式の振替と担保金の決済を行う場合は，株式については保振機構に対して振替指図を，担保金については日本銀行（または市中銀行）に対して決済指示をそれぞれ出す。

② 配当金相当額の決済

株券貸借期間中に配当が生じた場合は，株式の借手から貸手に対して配当金相当額を帰属させるための決済が行われる。配当金相当額は，源泉徴収税額相当額控除後の金額が決済される。配当金相当額が決済された場合は以下の仕訳を起票する。なお，以下の仕訳とは別に借手においては，発行体から配当金を受領した仕訳の起票が必要である。

［配当金相当額の受取り（株式の貸手)］

（借）現 金 及 び 預 金	×××	（貸）有価証券貸借取引収益	×××

［配当金相当額の支払い（株式の借手)］

（借）有価証券貸借取引費用	×××	（貸）現 金 及 び 預 金	×××

　また，統一経理基準上，「受取配当金」は「発行会社等以外のものから受け取った受取配当金相当額を含み，ほかに支払った受取配当金相当額を控除することができる。」とされており，株券貸借取引に係る配当金相当額を「受取配当金」に含めて処理することが容認されている。配当金相当額を「受取配当金」に含めて処理した場合の仕訳例は以下のとおりである。

［配当金相当額の受取り（株式の貸手)］

（借）現 金 及 び 預 金	×××	（貸）受 取 配 当 金	×××

［配当金相当額の支払い（株式の借手)］

（借）受 取 配 当 金	×××	（貸）現 金 及 び 預 金	×××

(3)　現先取引

　現先取引の業務フローと会計処理の流れを紹介する。
　ここでは通常の銘柄先決め現先取引を前提に記載している。

①　取引先に対する与信審査，基本契約の締結
　取引先に対する与信審査および基本契約の締結に係る業務フローは債券貸借取引と基本的に同様であるため，詳細は前記(1)を参照。

②　個別取引の約定
　現先取引は，信託銀行や事業法人等の買い現先による資金運用に証券会社が

売り現先で応じる場合が多い。トレーダーやセールスは取引先へ取引条件を提示すると同時に取引先の取引限度額を確認する。トレーダーやセールスが取引先とレート，金額等の取引条件について合意すると，個別現先取引を締結し，現先取引に係る社内システム（以下「社内システム」という）に約定入力を行う。

③　取引明細書の作成および債券・担保金の受払い

　オペレーション部門は，社内システムに入力した内容をもとに，遅滞なく取引明細書を作成し取引先との照合後，取引明細書を送付する。

　オペレーション部門は，決済日に取引先と債券の振替および担保金の決済を行う。現先取引の決済は債券貸借取引と同様である。担保金の決済に伴い，以下の仕訳を起票する。

［買入代金の支払い（買い現先）］

（借）現先取引貸付金	×××	（貸）現金及び預金	×××

［売却代金の受入れ（売り現先）］

（借）現金及び預金	×××	（貸）現先取引借入金	×××

　現先取引の売買代金についてのみ経理処理を要すること，および債券の貸借残高や時価については，財務諸表上，注記として開示する必要があるため（詳細は後記⑤「開示・注記事項」参照），当該データを別途システム上把握する必要があるのは貸借取引と同様である。

④　担保管理，マージンコール

　現先取引は毎営業日値洗いを行い取引先ごとの与信額を計算し，以下の手順でマージンコールを行う。

　なお，以下の記載はT＋1決済を前提として記載している。

ⅰ）マージンコール行使（被行使）日

　トレーダーは，社内システムより出力された各個別取引先ごとの与信額が記載されたリストにもとづき，取引先に対する与信状況の確認を行い，与信が生じている取引先についてマージンコールを行使するかどうかの判定を行う。判定の結果，マージンコールを行使する場合には，取引先に対してマージンコールの通知を行い，オペレーション部門が取引先と電話等で決済金額の照合を行う。

ⅱ）決済日

　決済日に，取引先との間で担保金の決済が実施される。予定どおり取引先との入出金が行われたかどうかについては，決済部門がモニタリングを行う。担保金の決済に伴い，以下の仕訳を起票する。

［担保金の差入れ］

（借）現先取引貸付金	×××	（貸）現 金 及 び 預 金	×××

［差入担保金の返戻］

（借）現 金 及 び 預 金	×××	（貸）現先取引貸付金	×××

［担保金の受入れ］

（借）現 金 及 び 預 金	×××	（貸）現先取引借入金	×××

［受入担保金の返戻］

（借）現先取引借入金	×××	（貸）現 金 及 び 預 金	×××

⑤　債券および担保金の返済

　取引終了日が到来した場合等に現先取引は終了する。取引開始時と同様に取引明細書を作成し，取引先に送付する。社内システムのデータにもとづき受渡日に取引先との間で債券および担保金の決済を行う。債券および担保金の決済

に伴い，以下の仕訳を起票する。なお，現先取引は債券貸借取引と異なり，取引終了時にエンド売買金額とスタート売買金額の差額を「現先取引収益」または「現先取引費用」として一括計上するため，下記⑥の経過勘定を計上することにより，「現先取引収益」，「現先取引費用」を発生主義ベースで認識する。

［売戻代金の受入れ（買い現先）］

（借）現 金 及 び 預 金	×××	（貸）現先取引貸付金	×××
		現 先 取 引 収 益	×××

［買戻代金の支払い（売り現先）］

（借）現先取引借入金	×××	（貸）現 金 及 び 預 金	×××
現 先 取 引 費 用	×××		

⑥ 未収収益，未払費用の計上

毎月末および期末日における期間損益の額を計算し，対応する金額を未収収益および未払費用として計上する。

［未収収益，未払費用の計上］

（借）未 収 収 益	×××	（貸）現先取引収益	×××
（借）現 先 取 引 費 用	×××	（貸）未 払 費 用	×××

4 内部統制

貸借取引・現先取引業務の内部統制において注意すべき点および証券会社が構築する財務報告に係る内部統制の例は以下のとおりである。

第6章　貸借取引・現先取引 | 245

レポ	内部統制の着眼点	内部統制の例示
1	（職務分掌） 　兼務すべきではない職務が分離されているか。	• 職務を適切に分離した組織体制の構築，職務分掌規程の運用 • セキュリティカードによる入室制限等 • ITシステムにおけるID，パスワードの設定等によるアクセス制限
	（内部統制上のポイント） 　営業員やトレーダーと決済担当者，経理担当者など，兼務すべきではない職務が，適切に分離されていることが必要である。証券会社においては，フロント，ミドル，バック部門で職務を分離していることが多い。セキュリティカードやITシステムのアクセス権限により，適切に職務を分離した内部統制を整備する必要がある。	
2	（顧客口座の管理） 　顧客マスターの登録・管理は適切か。	• 口座開設時の本人確認 • 住所不明顧客等の取引制限 • フロントシステムのエディットチェック
	（内部統制上のポイント） 　架空口座の存在により，架空取引が記録されることを防止するため，本人確認後でなければ顧客口座を開設し，システム上の顧客マスターを作成できないよう内部統制を構築する。また，顧客口座の取引状況を監視し，違法な取引が疑われる場合や，住所不明により取引報告書が不達の顧客については，適時に取引を制限する。また，フロントシステムのエディットチェックにより，顧客マスターに登録のない顧客の注文や，権限者以外による注文は，受け付けない仕組みとする。	
3	（銘柄情報の管理） 　銘柄マスターの登録・管理は適切か。	• 新規商品，銘柄取扱いの承認 • 銘柄マスター登録時の承認・照合 • フロントシステムのエディットチェック
	（内部統制上のポイント） 　銘柄マスターは，法令や社内規定，社内の業務プロセス，経理処理等において問題がないことを関連部署が確かめたうえで登録されるよう内部統制を構築する。また，銘柄マスターの情報にもとづき，注文，決済，会計処理等が行われるため，銘柄マスターが正確に登録される必要がある。また，フロントシステムのエディットチェックにより，銘柄マスターに登録のない銘柄の注文や，権限者以外による注文は受け付けない仕組みとする。	
4	（与信限度枠の設定） 　マネジメントは，与信限度枠を設定し与信状況をモニタリングしているか。	• 与信限度枠の設定 • ミドル部門による与信状況のモニタリング

	（内部統制上のポイント） 　フロント部門は，マネジメントに与えられた与信枠内で取引を行う権限が与えられている。貸借取引では，与信枠設定後に貸借取引を開始するとともに，与信額が与信枠の範囲に収まるようマージンコールを行う。ミドル部門は，フロント部門の与信状況をモニタリングする。	
5	（取引照合） 　自己および顧客の取引は，約定にもとづき正確かつ網羅的に記録されているか。	• 個別取引明細書の送付 • 保振決済照合システム，その他の方法による照合
	（内部統制上のポイント） 　取引記録は，金商法上の貸借取引元帳，現先取引元帳として作成され，決済や会計処理の基礎となる重要なデータである。取引記録は，取引相手との個別取引明細書等を用いた照合，あるいは，保振決済照合システムその他の方法による照合を行う。取引照合は，不正防止の観点から，約定権限のないバック部門が実施する。	
6	（証券振替） 　有価証券は，振替結果にもとづき正確かつ網羅的に記録されているか。	• 振替機関の振替予定データと社内の決済予定データの照合 • 振替結果のモニタリング
	（内部統制上のポイント） 　証券振替は，清算機関からの清算データ，振替機関からの振替予定データとの照合により適切に履行されていることを確認する必要がある。証券振替の結果は，振替機関からの通知や，フェイル情報等により確かめ，必要な修正をする。	
7	（資金決済） 　資金決済は，正確に記録されているか。	• 保振決済照合システム，その他の方法による照合 • 清算機関の決済予定データと社内の決済予定データの照合 • 決済結果のモニタリング
	（内部統制上のポイント） 　資金決済は，約定データや清算機関による債務引受の記録にもとづき，正確に決済指示し会計処理する必要がある。決済の結果は，決済機関からの決済結果通知，フェイル情報，資金勘定残高と預金残高の照合，受渡勘定のバランスのチェックにより確かめ，必要な修正をする。	
8	（約定訂正） 　取引記録の事後修正ができない仕組みとなっているか。	• 約定データを削除，修正できないシステム上の制限 • 修正記帳時の上席者やコンプライアンス部門による承認
	（内部統制上のポイント） 　損失補てんや顧客資産の流用等の不正防止の観点から，一度記録された約定記録は，事後的に取消，訂正ができない仕組みとする。約定記録の修正が必要な場合には，顧客との認識の確認，コンプライアンス上の問題の有無を関連部署が確認のうえ，修正を記録する。	

9	（貸借料，担保金利息の処理） 　貸借料，担保金利息の処理は適切か。	・システムによる貸借料・担保金利息の自動計算 ・資金決済時における取引先との受払額の照合
	（内部統制上のポイント） 　約定時の取引条件と，証券時価および担保金額にもとづき，貸借料および担保金利息を計算・集計し，会計仕訳を起票する。	
10	（IT システムインターフェース） 　システム間でデータが正確かつ網羅的に転送されているか。	・データ受渡し件数等の整合性チェック ・システム間のデータ照合 ・システムデータの外部情報との照合
	（内部統制上のポイント） 　取引データは，フロント部門が発注，約定に用いるフロントシステムに入力されたのち，バック部門が証券・資金決済に用いるバックシステムに転送され，決済データが作成される。また，取引データや決済データは，会計システムに転送されて，会計仕訳が起票される。データ転送の正確性と網羅性を確保するプログラムを設定するとともに，システム間のインターフェースが正確に行われない場合に備え，システム間のデータの整合性の確認や，外部情報との照合を実施する。誤りや漏れが発見された場合には適時に原因を調査し，適切にデータを修正する。	
11	（IT システムによる自動計算） 　受渡金額，金利等の計算が正しく行われているか。	・計算ロジックの設定 ・手数料テーブル登録時の承認・照合 ・計算と出力の正確性の確認
	（内部統制上のポイント） 　金利等の計算は IT システムによって，銘柄マスター，取引データや残高データ，時価情報データ等を用い，設定された計算ロジックにしたがって行われる。各マスターと計算ロジックの登録・更新が，権限者の承認を経て正確に行われるための内部統制を整備するとともに，システム上，正しく計算され仕訳やレポートとして出力されることを確かめる。	
12	（IT システムによる自動仕訳起票） 　会計仕訳が IT により正確に起票されているか。	・仕訳マスター登録時の承認・照合 ・出力の正確性の確認
	（内部統制上のポイント） 　自動仕訳は，仕訳マスターの設定にしたがって作成されるため，仕訳マスターの登録・更新が，経理部門の承認を経て正確に行われるための内部統制を整備するとともに，システム上，正しく仕訳として出力されることを確かめる。	

248 | 第2編　業務プロセス・会計

5　開示・注記事項

(1)　差入有価証券等，受入有価証券等

　貸借取引・現先取引については，金融取引として資金の移動のみが経理処理される。当該取引に伴い差し入れたまたは受け入れた場合には，金融商品会計実務指針，統一経理基準にしたがいその時価を注記する必要がある。

　ⅰ）有価証券を差し入れた場合
- 消費貸借契約により貸し付けた有価証券
- 現先取引で売却した有価証券（銘柄後決め方式の場合については，割当てを受け，実際に差し入れた有価証券の時価を注記する）

　ⅱ）有価証券の差入れを受けた場合
- 消費貸借契約により借り入れた有価証券
- 現先取引で買い付けた有価証券（銘柄後決め方式の場合を除く）

図表2-6-10　　貸借取引・現先取引の勘定科目と注記

	貸借対照表	注　記
レポ取引の借手	借入有価証券担保金	消費貸借契約により借り入れた有価証券
買い現先取引	現先取引貸付金	現先取引で買い付けた有価証券
レポ取引の貸手	有価証券貸借取引受入金	消費貸借契約により貸し付けた有価証券
売り現先取引	現先取引借入金	現先取引で売却した有価証券

第7章

上場デリバティブ取引業務

1 商品内容

　証券会社が取り扱う上場デリバティブ取引として，主に先物取引およびオプション取引が挙げられる。ここでは，これらの商品内容，特性を解説する。

(1) 主要な取引所

　上場デリバティブ取引を取り扱う主要な取引所として，大阪取引所および東京金融取引所が挙げられる。これらの取引所の特徴は**図表2-7-1**のとおりである。

　このほか，東京商品取引所などで金・原油等の資源や農産物を原資産とする商品先物取引や商品オプション取引が上場されている。

(2) 先物取引

① 先物取引とは

　先物取引とは，取引対象の資産（原資産）を，現時点において取り決めた価格で将来の特定の日に受け渡す取引のことをいう。類似する取引として，先渡取引が挙げられるが，先物取引は取引所において取引されるもので，原資産・満期日等の諸条件が取引所によって標準化・定型化されているという点において先渡取引と異なる。先物取引はさまざまな取引所で売買されており，原資産は国債・通貨・原油等の現物のほか，株価指数などの指数までも含み非常に多岐にわたる。各先物取引には満期日（限月）が定められていることから，一般

250 | 第2編　業務プロセス・会計

図表2-7-1	主要な取引所と取扱い商品	

項　目		大阪取引所	東京金融取引所
主な対象取引		国債，TOPIX，日経225	TIBOR，無担保コールオーバーナイト金利
取扱商品	先物取引	・日経225先物 ・日経225mini ・日経平均 VI 先物 ・国債先物（中期，長期，超長期） ・ミニ長期国債先物 ・TOPIX 先物 ・ミニ TOPIX 先物 ・東証 REIT 指数先物 ・JPX 日経インデックス400先物　等	・ユーロ円3ヵ月金利先物 ・ユーロ円 LIBOR 6ヵ月金利先物 ・無担保コールオーバーナイト金利先物　等
	オプション取引	・長期国債先物オプション ・TOPIX オプション ・日経225オプション ・個別株式の有価証券オプション　等	・ユーロ円3ヵ月金利先物オプション
	CFD	―	・くりっく365 ・くりっく365 ラージ ・くりっく株365
清算機関		日本証券クリアリング機構	東京金融取引所

に現時点と満期日の間の金利・配当その他原資産に係る経済的な利得が調整された価格で取引される。先物取引の場合，相対で行われる先渡取引と異なり，反対売買により損益を確定することが想定されているが，最終取引日まで保有し最終清算数値（SQ）にもとづく差金決済や現物の授受を伴う受渡決済を行うこともできる。先物取引はデリバティブ取引であることから買い，売り双方から取引をスタートすることができ，相場観に応じたポジションの構築やヘッジ手段としてなど幅広い目的で取引される。

② 　各取引所における商品内容

先物取引の各取引所における代表的な商品は図表2-7-2のとおりである。

取引所	大阪取引所		東京金融取引所
代表的な商品	長期国債先物	日経225先物	ユーロ円3ヵ月金利先物
限月	3月，6月，9月，12月のうち直近3限月	6・12月限：直近の10限月 3・9月限：直近の3限月	四半期限月（3月，6月，9月，12月）：直近20限月 上記以外：直近2限月
取引単位	額面1億円	1,000倍	元本1億円
決済方法	1．転売または買戻し 2．最終決済（受渡決済）	1．転売または買戻し 2．最終決済（最終清算数値による決済）	1．転売または買戻し 2．最終決済（最終決済数値による決済）
取引最終日	最終決済日（各限月の20日）の5日前	各月の第二金曜日の前日	限月第三水曜日の2営業日前
最終決済日	各限月の20日	取引最終日の翌営業日	取引最終日の翌営業日
立会時間	（午前） 8：45〜11：02 （午後） 12：30〜15：02 （夜間） 15：30〜翌5：30	（日中） 8：45〜15：15 （夜間） 16：30〜翌5：30	（日中） 8：45〜11：30 12：30〜15：30 （夜間） 15：30〜20：00

図表2-7-2　代表的な先物取引

⑶　オプション取引

①　オプション取引とは

　オプション取引とは，原資産をあらかじめ定められた価格（行使価格）で，将来のある定められた期日または期間において，買い付ける（コール）または売り付ける（プット）権利を売買する取引のことをいう。複数のオプション取引を組み合わせることにより相場がどちらか一方の方向に動けば利益が生じるといった合成ポジションを構築する戦略や，現物のヘッジ手段としてオプション取引を用いるなど，多様な投資戦略が可能となる。

② 各取引所における商品内容

オプション取引の各取引所における代表的な商品は図表2-7-3のとおりである。

図表2-7-3 代表的な上場オプション取引			
取引所	大阪取引所		東京金融取引所
代表的な商品	国債先物オプション	日経225オプション	ユーロ円3ヵ月金利先物オプション
限月	四半期限月（3，6，9，12月限）：直近2限月 上記以外：直近限月または直近2限月	6・12月限：直近の10限月 3・9月限：直近の3限月 その他の限月：直近の6限月	四半期限月（3，6，9，12月限）：直近5限月
取引単位	額面1億円	1,000倍	元本1億円
決済方法	1．転売または買戻し 2．権利行使または権利放棄	1．転売または買戻し 2．権利行使または権利放棄	1．転売または買戻し 2．権利行使または権利放棄
権利行使期間	取引開始日から取引最終日まで行使可能	将来の特定日（SQ日）に行使可能	取引開始日から取引最終日まで行使可能
取引最終日	限月の前月の末日	各月の第二金曜日の前日	限月第3水曜日の2営業日前
立会時間	（午前） 8：45～11：02 （午後） 12：30～15：02 （夜間） 15：30～翌5：30	（日中） 9：00～15：15 （夜間） 16：30～翌5：30	（日中） 8：45～11：30 12：30～15：30 （夜間） 15：30～20：00

2 取引内容

証券会社における上場デリバティブ取引の取引内容を，委託取引と自己取引に分けて解説する。

(1)　委託取引

　証券会社の顧客は，上場デリバティブ取引を取引するにあたり，証券会社に取引口座を設け証拠金を差し入れなければならない。証券会社に差し入れられる証拠金は証券会社を通じて清算機関に預託される。

　株式における委託売買取引と同様，証券会社は委託取引において委託手数料を顧客から受け取ることで収益を上げる。それゆえ，顧客からの取引需要に収益の多寡が左右される。

(2)　自己取引

　自己取引は証券会社が自己資金を使って行う取引である。証券会社が自己取引として上場デリバティブ取引を行うのは，大きく分けて以下の三つの場合に分けられる。

①　ヘッジとしての利用

　上場デリバティブ取引は，トレーディング勘定における現物取引や店頭デリバティブ取引の結果生じる市場リスクのヘッジに利用される場合が多い。その理由として，上場デリバティブ取引には流動性が高い商品が多いこと，取引コストが低いことなどが挙げられる。上場デリバティブ取引を用いたヘッジの例としては，株式のロングポジションから生じる価格下落リスクのヘッジとして日経225先物取引を売り建てる，国債ショートポジションから生じる価格上昇リスクのヘッジとして国債先物取引を買い建てることなどが挙げられる。

②　裁定取引での利用

　裁定取引はアービトラージ取引ともいい，同じ価値をもつはずの複数の商品の価格が何らかの理由で異なるときに，割安な商品を購入する取引と，割高な商品を売却する取引を同時に行う取引のことをいう。

　たとえば，日経平均先物取引は大阪取引所にシカゴ・マーカンタイル取引所（CME）やシンガポール証券取引所（SGX）にも上場されている。複数市場間で取引時間が一部重複していることから，市場間でのアービトラージ取引を行

254 | 第2編　業務プロセス・会計

う機会が存在している。

③　マーケットメイカー

　取引所においてマーケットメイカーとして指定されている証券会社は，取引所において気配値を提示するとともに，取引所参加者が出した注文の相手方となって売買を成立させる。マーケットメイカー制度自体については，3 (5)にて解説するが，この場合に成立する取引は，証券会社は自ら市場リスクをとっており，証券会社にとっては自己取引となる。

3　取引・決済の仕組み

　以下では，上場デリバティブ取引に関する諸制度を示しながら取引・決済制度の仕組みを紹介する。

(1)　上場デリバティブ取引の決済方法

　先物取引およびオプション取引の建玉は反対売買や最終決済により解消される。ここでは，これらの決済方法およびオプション取引の権利行使に係る決済方法を紹介する。

①　反対売買

　反対売買とは，満期までに当初の取引と反対の約定を行うことで建玉を解消することをいう。買建てに対する反対売買を転売，売建てに対する反対売買を買戻しと呼ぶ。反対売買に係る決済代金は，約定日の翌営業日に決済される。

②　最終決済

　最終決済は，取引最終日まで反対売買を行わなかった場合に，取り決められた値段により決済することをいう。最終決済は，現物等の授受を行う受渡決済と差金の授受を行う SQ 決済に区分される。

　ⅰ）受渡決済

　受渡決済は，原資産の受渡しとその対価の授受による決済の方法をいう。た

とえば，国債先物取引において取引最終日までに反対売買が行われない場合，実際の現物国債と売買代金の授受が行われる。引き渡す銘柄は，取引所が定めた受渡適格銘柄のなかから，売手により決定される。国債先物取引の取引対象とされているのは，標準物と呼ばれる利率・償還期限を標準化して設定した架空の債券である。このため，標準物の価格をコンバージョンファクターと呼ばれる交換比率を用いて受渡適格銘柄の価格に調整したうえで，当該価格により受渡適格銘柄の決済が行われる。

ⅱ）SQ決済

SQとは"Special Quotation"の略であり，満期日の決済に用いられる最終清算数値のことである。SQ決済は，最終受渡日まで建玉が解消されない場合に，満期日において自動的に行われる決済をいう。取引対象がTOPIXのような指数の場合，現物の受渡しができないため，SQを用いた差金決済が行われる。

③　オプション取引の権利行使

オプション取引の場合，満期日が到来すると権利行使または権利放棄（権利非行使）という形がとられる。オプション取引がアウト・オブ・ザ・マネーの場合には権利放棄され決済は行われないが，イン・ザ・マネーの場合には自動的に権利行使が行われる。その決済方法としては差金決済と受渡決済がある。すなわち，株価指数オプション取引など現物の受渡しができない商品については，権利行使価格とSQ値の差額を差金決済する。一方，有価証券オプション取引などの商品については受渡決済が行われる（差金決済を選択できるものもある）。また，国債先物オプション取引については，権利行使が行われると国債先物ポジションが受け渡される。

(2)　上場デリバティブ取引の清算・決済の仕組み

①　清算機関

大阪取引所で約定した上場デリバティブ取引についてはJSCCが，東京金融取引所で約定した上場デリバティブ取引については当該取引所が清算機関となっている。株式売買取引と同様，取引所において取引が約定すると清算機関

が債務引受を行う。したがって証券会社は，清算機関のみを相手方として決済を行えば足りる。

② ギブアップ制度

ギブアップ制度とは，顧客が委託注文を行った証券会社とは異なる証券会社との間で差金・オプション取引代金・証拠金の授受等の決済を行う制度のことをいう。ギブアップ制度の概要は図表2-7-4のとおりである。

この制度によって顧客は複数の証券会社に委託注文を出しても，決済を一つの証券会社に集中させることができるため，証拠金所要額や事務コストを低減・リスク管理を効率化できるほか，「最良条件での取引執行を行いたい」，「複数の証券会社との取引関係を維持したい」といった顧客のニーズを満たすこともできる。

なお，ギブアップを引き受けることをテイクアップといい，テイクアップする証券会社にとっても手数料を受け取ることができるというメリットがある。

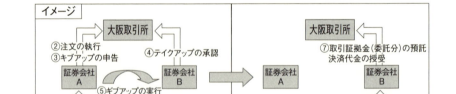

図表2-7-4　ギブアップ制度の概要

(出所)　日本取引所グループホームページ。

③ 建玉移管制度

建玉移管制度とは，顧客の申込みにもとづき，現在建玉を保有している証券会社から別の証券会社に建玉を引き継がせる制度をいう。この制度は清算機関の承認を条件とするが，顧客にとって別々の証券会社において有する建玉を一つの証券会社に集中させることによって，ギブアップ制度と同様，証拠金所要

額を軽減することができるとともに，事務コストを削減できるというメリットを享受できる。

また，建玉を引き継いだ証券会社は，当該顧客の建玉を集中的に扱うことで顧客から手数料を受け取ることができる一方で，建玉移管の数量に応じて清算機関に事務手数料（建玉の移管に係る手数料）を支払う必要がある。

(3) 証拠金制度

① 証拠金制度の概要

取引証拠金とは，先物，オプション取引の損失を担保するために証券会社が清算機関に差し入れる金銭または代用有価証券のことをいう。取引を行った者が清算機関に対して負担する債務を確実に履行できるように，あらかじめその債務の見合いの金額を清算機関に預託しておくものである。証券会社は，自己取引に係る証拠金と委託取引に係る証拠金を清算機関に預託する。

顧客が上場デリバティブ取引を行う場合には，証券会社に取引口座を設け，取引を行った日の翌日までに証拠金を差し入れる必要がある。

委託取引に係る証拠金を清算機関に差し入れる方法として，直接預託と差換預託がある。直接預託とは証券会社が顧客から受け入れた証拠金を顧客の代理人として直接清算機関に預託する方法をいう。差換預託とは，顧客から受け入れた委託証拠金に代えて，それに相当する額以上を証券会社が保有する金銭または代用有価証券に差し換えて取引証拠金として清算機関に預託する方法をいう。差換預託を行う場合には顧客の書面による同意が必要である。

② 証拠金所要額（取引証拠金所要額）

自己取引に係る取引証拠金所要額は，先物・オプション取引の建玉についてSPAN®で計算した額から，オプション取引の建玉について計算したネット・オプション価値（理論価格）の総額を差し引いて得た額として計算される。

清算参加者である証券会社は，清算機関より通知される自己取引に係る取引証拠金所要額を上回る証拠金を差し入れる必要がある。

委託取引に係る取引証拠金所要額は，顧客ごとの建玉について計算した証拠金所要額をすべての顧客について合計した額として計算される。清算参加者で

258 | 第2編　業務プロセス・会計

ある証券会社は，自己取引に係る取引証拠金と合わせて差し入れる。

SPAN® とは，"The Standard Portfolio Analysis of Risk" の略称であり，シカゴ・マーカンタイル取引所（CME）が開発した証拠金計算メソドロジーおよびそのための計算システムである。世界の主要な先物・オプション取引清算機関で広く採用されており，世界標準の計算システムとなっており，計算は市場参加者のポートフォリオ全体が負っているリスクベースで行われる。

③　緊急証拠金制度

SPAN® による証拠金所要額の計算は過去一定期間における原資産等の変動状況にもとづき設定した基準にもとづいて行われることから，あらかじめ設定した基準を超えて相場が変動した場合には，SPAN® で計算された金額を上回る損失額が発生する。緊急証拠金制度とは，このような場合に翌日に清算参加者が清算機関に支払う金銭　（差金およびオプション取引の取引代金）およびポートフォリオの当日のリスクを再計算した額の合計額を，当日中に自己分の取引証拠金として清算機関に預託する制度をいう。当日中に緊急証拠金を差し入れることによって，当該変動により生じる決済リスクを軽減し，市場の安全を図ることができる。

④　取引証拠金の差入れ・払出し

ⅰ）委託分の取引証拠金の差入れ・払出し

顧客の取引証拠金が証拠金所要額を下回った場合には，顧客はその翌日（顧客が非居住者の場合にはその翌々日）までに，証券会社に不足額を追加で差し入れなければならない。証券会社においても顧客から差し入れられた取引証拠金を清算機関に追加で差し入れる必要がある。顧客の取引証拠金が証拠金所要額を上回っている場合には，証拠金残高が証拠金所要額を下回らない限りにおいて，顧客はいつでも証拠金の払出しを行うことができる。

ⅱ）自己分の取引証拠金の差入れ・払出し

委託分と同様に，自己分についても取引証拠金の額が取引証拠金所要額に満たない場合には不足額を翌日の正午までに清算機関に預託する必要がある。また，取引証拠金を清算機関に差し入れる際には，直接預託分・差換預託分・自

己分などに区分して預託しなければならない。

ⅲ）代用有価証券の預託

委託分・自己分ともに，取引証拠金について金銭の代わりに有価証券を預託することも認められている。その場合の代用価格は，預託日の2営業日前の時価（日本証券業協会が公表している売買参考統計値など）に清算機関が定めた掛目を乗じた金額となる。

⑤　クロスマージン制度

2015年9月よりJSCCでは証拠金の計算においてクロスマージン制度が導入されている。クロスマージン制度とは，異なる清算対象取引を併せて証拠金を計算し担保負担の軽減を図るものであり，現時点では長期国債先物取引（Large取引とMini取引の第1限月取引および第2限月取引に限る）と金利スワップ取引に係る証拠金についてクロスマージン制度を適用することが可能である。上場デリバティブ取引に係る証拠金は，他の先物・上場オプション取引のリスクと相殺して計算されるが，当制度を利用する場合は上場デリバティブ取引だけではなく金利スワップ取引とリスクを相殺して証拠金の計算を行う。

当制度を利用した場合，各取引を併せたポジションに金利スワップ取引の証拠金計算方法を適用して，当初証拠金および日中証拠金の所要額が算出される。

⑷　値洗差金

値洗差金とは先物取引における約定値段と清算値段（値洗いや証拠金の計算などで使われる価格）との差額をいい，引直差金と更新差金に分けられる。引直差金は当日取引分の値洗差金であり，更新差金は前日建玉の値洗差金である。証券会社が清算参加者である場合，値洗差金に係る総支払金額と総受入金額との差引額を翌営業日に清算機関と決済する。当該決済代金には，値洗差金のほか，最終決済に伴う決済金額，オプション取引における取引代金および権利行使に伴う決済金額なども含まれる。また，証券会社は，委託取引から生じる値洗差金については清算機関との決済日に顧客と決済を行う。顧客が非居住者である場合，さらに1営業日後における決済も認められる。

(5) マーケットメイカー制度

マーケットメイカー制度とは，取引所に指定されたマーケットメイカーが，特定の銘柄に対して一定の条件で継続的に売呼値および買呼値を提示することで，投資者がいつでも取引できる環境を整える制度のことをいう。この制度によって先物・オプション取引市場に流動性が供給され，潜在的な取引ニーズの掘り起こしおよび価格形成の透明性向上が期待される。マーケットメイカーは取引所から指定された時間に売呼値と買呼値を提示する。取引所はマーケットメイカーに対し，取引料の割引を行ったり報奨金を支払ったりすることにより，マーケットメイカーのインセンティブを高める施策を実施している。

4 業務フローと会計処理

本節では，証券会社で行われている一般的な業務フローと会計処理について，「委託取引」と「自己取引」に分けて解説する。

(1) 先物取引—委託取引

まず，委託取引の業務フローについて記載する。委託取引と自己取引で重複する業務フローについては，本項で記載することとする。

① 約 定

委託取引は顧客からの注文にもとづき取引所に発注される。約定した取引については，取引所からのデータが証券会社のシステムに取り込まれ，顧客分のポジションが認識される。

委託取引に係る手数料はあらかじめシステムに登録されており，取引が成立すると委託手数料が自動計算される。統一経理基準では，取引所での約定成立時に委託手数料を収益認識することとされており，以下の仕訳を起票する。

［約定日］

（借）未 収 収 益　　×××	（貸）委 託 手 数 料　　×××

図表2-7-5　上場デリバティブ取引の業務フロー

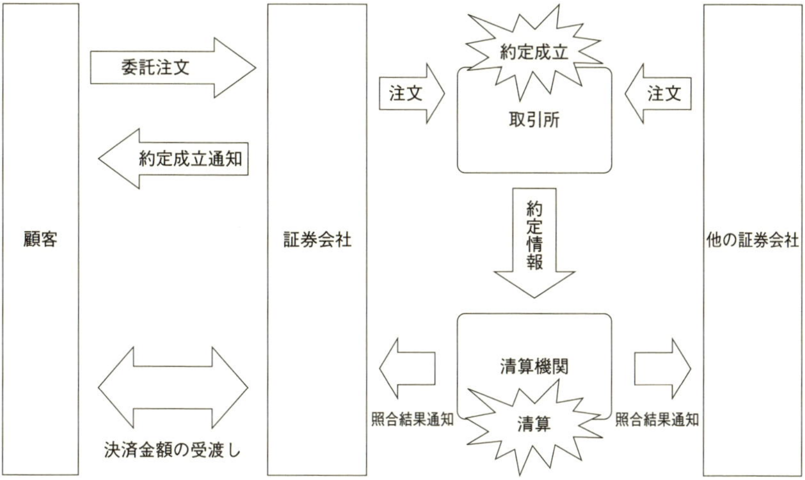

　約定日後，オペレーション部門は，自社で把握している先物取引の建玉残高が正しいことを確かめるため，取引時間終了後に委託分と自己分について建玉照合を実施する。すなわち，取引所から入手した建玉残高表と自社のシステム上に記録されている建玉データとを照合する。

② 証拠金

　証拠金を顧客から受け入れたときおよび清算機関に証拠金を差し入れたときは，以下の仕訳を起票する。なお，代用有価証券による受入れおよび差入れについては，仕訳は起票しない。

［顧客より証拠金を受け入れたとき］

（借）現 金 及 び 預 金　　×××	（貸）先物取引受入証拠金　　×××

※　いったん顧客からの預り金勘定を経由する処理を採用する証券会社もある。

262 | 第2編　業務プロセス・会計

［清算機関に証拠金を差し入れたとき］

| （借）先物取引差入証拠金 | ××× | （貸）現金及び預金 | ××× |

※　直接預託している金額については，貸借対照表に計上しないため，財務諸表の表示上は先物取引受入証拠金と先物取引差入証拠金を相殺する処理が必要となる。

　取引開始後，当初証拠金が証拠金必要額を下回った場合には，取引証拠金の追加預託が必要となる。証券会社は，清算機関から自社内システムに取り込んだSPAN® パラメータにもとづき，毎営業日，証拠金所要額を計算している。なお，委託分の計算は顧客別に行う必要がある。

　オペレーション部門は，委託分について，顧客に証拠金の残高，値洗差金の金額および反対売買等によって生じた決済損益の金額を連絡し，証拠金の不足となる場合には，顧客は証券会社が指定する日時までに不足分を差し入れる必要がある。

③　値洗差金

　先物取引においては，毎営業日，証券会社と清算機関との間で値洗差金の受渡しが行われる。この清算機関との受渡しは自己分および委託分の差金を合算で行い，また他の上場デリバティブ取引にかかる資金授受も併せて行うものである。オペレーション部門は，清算機関から連絡される金額と自社で算定した金額との一致を確かめる。なお，顧客ごとの差金の金額は，建玉データにもとづいて証券会社のシステムで自動計算し，顧客への通知を行う。

　値洗差金の仕訳は以下のとおりである。

［顧客から値洗差金を受け入れるとき］

| （借）現金及び預金 | ××× | （貸）支払差金勘定(※) | ××× |

［清算機関に値洗差金を支払うとき］

| （借）支払差金勘定(※) | ××× | （貸）現金及び預金 | ××× |

※　上記は，支払差金・受取差金を区別せず，支払差金勘定を使用し貸借が自動的

第7章　上場デリバティブ取引業務　263

に相殺される仕組みを採用している例である。この場合，経理部門においては期末日に残高に応じて支払差金勘定または受取差金勘定に振り替える必要がある。

④　建玉解消

　先物取引の建玉解消は，反対売買，最終決済がある。ここでは反対売買に係る決済について解説する。

　証券会社が顧客から反対売買の注文を受け市場で執行する業務フローは，前記①「約定」と同様である。建玉が複数ある場合の解消順序は，通常，証券会社との間で事前に決められている。

　反対売買による決済差金の授受は，値洗差金と同様のフローである。

［顧客へ決済差金を支払うとき］

（借）支払差金勘定	×××	（貸）現金及び預金	×××

［清算機関から決済差金を受け取るとき］

（借）現金及び預金	×××	（貸）支払差金勘定	×××

※　上記は，支払差金・受入差金を区別せず，支払差金勘定を使用し貸借が自動的に相殺される仕組みを採用している例である。

(2)　先物取引―自己取引

①　約　定

　約定日の業務フローは基本的に委託取引と同様である。トレーダーによる注文が取引所で成立すると，その取引データが証券会社のシステムに取り込まれる。

　先物取引は，原資産を約定価格で将来の特定の日に受け渡す契約であるため，約定時点で取引に係る仕訳は起票しない。約定後には，後述するとおり，時価評価に係る仕訳，証拠金・値洗差金に係る仕訳を，反対決済などにより建玉が解消されるまで起票する。

［約定日］

仕訳なし

② 証拠金

　証拠金に係る業務フローは基本的に委託取引と同様である。自己分に関する証拠金を差し入れた場合，以下の仕訳を起票する。

［清算機関に証拠金を差し入れたとき］

（借）先物取引差入証拠金　　×××　　　（貸）現 金 及 び 預 金　　×××

③ 値洗差金

　差金に関する業務フローおよび仕訳起票のうち，清算機関との受払いについては委託分と自己分は同様である。委託分と自己分を合算した金額が清算機関と決済され，さらに委託分については顧客との決済を行うため支払差金勘定または受取差金勘定の残高は自己分のみが残る。

［清算機関へ値洗差金を支払うとき］

（借）支 払 差 金 勘 定　　×××　　　（貸）現 金 及 び 預 金　　×××

※　実務では委託分と自己分を区分せずに仕訳起票することが多い。

④ 建玉解消

　建玉解消に伴う決済として，ここでは反対売買による決済と最終決済（SQ決済および受渡決済）の業務フローを紹介する。

　ⅰ）反対売買

　反対売買が行われた場合，証券会社は取引所の定めにもとづき，反対売買の数量などを取引所に報告する。反対売買の仕訳は以下のとおりである。

［約定日］

（借）約 定 見 返 勘 定　　×××　　　（貸）トレーディング損益　　×××

※　建て約定から反対売買までの損益を計上する。

［決済日］

| （借）受 取 差 金 勘 定 | ×××　　（貸）約 定 見 返 勘 定 | ××× |

※　反対売買までの期間に清算機関と授受した差金と相殺する。

ⅱ）最終決済

㋐　SQ決済

取引最終日までに転売または買戻しが行われなかった建玉については，取引最終日の翌々日である最終決済期日に最終決済が行われる。仕訳は反対売買と同様である。

㋑　受渡決済

現物による受渡決済を行う場合は，以下の仕訳を起票する。

［約定日］

| （借）商 品 有 価 証 券 等 | ×××　　（貸）トレーディング損益 | ××× |
| | 約 定 見 返 勘 定 | ××× |

※　商品有価証券等は時価で計上。

(3)　オプション取引─自己取引

オプション取引に関する業務フローは，先物取引と共通する部分が多い。ここでは，自己取引における先物取引と相違する業務フローを紹介し，その会計処理を示すこととする。

①　約　定

注文および約定にかかる業務フローは先物取引とほぼ同様である。会計処理はオプション代金（プレミアム）の授受が行われるため，以下のとおりとなる。

［約定日］

| （借）デリバティブ取引 | ××× | （貸）約定見返勘定 | ××× |

※　買建てを前提としている。

　取引日の翌営業日に，証券会社は清算機関と代金の受払いを行う。委託分も
あれば合わせて受払いを行う。

［決済日］

| （借）約定見返勘定 | ××× | （貸）現金及び預金 | ××× |

② 証拠金

　先物取引と合わせて証拠金必要額が算定され受払いされるため，業務フロー
および会計処理は先物取引と同じである。

③ 建玉解消

　ⅰ）反対売買

　反対売買に係る業務フローは当初の約定と同様である。会計処理は（買い建
てた）オプションプレミアムの金額の戻入処理が行われる。

［約定日］

| （借）約定見返勘定 | ××× | （貸）デリバティブ取引(※) | ××× |
| | | トレーディング損益 | ××× |

※　（買い建てたときの）オプションプレミアムの金額。

［決済日］

| （借）現金及び預金 | ××× | （貸）約定見返勘定 | ××× |

　ⅱ）オプション取引の権利行使

　フロント部門では，オプション取引についてフロントシステムなどを利用し
て権利行使に関する期日管理を行っている。権利行使期間満了日にイン・ザ・

マネーとなっている場合には，権利行使にあたり当該申告は必要とされない。権利行使されると，指数オプション取引については差金決済，有価証券オプション取引については原則受渡決済が行われる（有価証券オプション取引でも差金決済を選択できるものもある）。国債先物オプション取引については翌営業日に国債先物取引が成立する。差金決済は翌営業日に差金の受渡しが行われる。受渡決済においては，権利行使日の5営業日後に現物の受渡しが行われる。現物の決済は，有価証券の通常の決済方法および決済時限により行われる。権利行使が行われると，オペレーション部門はこれらの決済情報をバックシステムに反映し決済管理を行う。以下では，オプション取引の買手による権利行使の仕訳を例示する。

ア．差金決済
［約定日］

| （借）約定見返勘定(※1) | ××× | （貸）デリバティブ取引(※2) | ××× |
| | | トレーディング損益 | ××× |

※1　SQ値または権利行使時点の時価と権利行使価格の差額。
※2　当初買い建てたときのオプションプレミアムの金額。

［決済日］

| （借）現金及び預金 | ××× | （貸）約定見返勘定 | ××× |

イ．受渡決済
［約定日］

（借）商品有価証券等(※1)	×××	（貸）トレーディング損益	×××
		デリバティブ取引(※2)	×××
		約定見返勘定(※3)	×××

※1　商品有価証券等は時価で計上。
※2　当初買い建てたときのオプションプレミアムの金額。
※3　権利行使価格。

［決済日］

| （借）約定見返勘定 | ×××　　（貸）現金及び預金 | ××× |

⑷　決算プロセス

　毎月末および期末における未決済建玉について，以下の業務が行われる。

①　時価評価

　統一経理基準において，上場デリバティブ取引の未決済建玉残高は毎月末および期末の時価で評価することが要求されている。金融商品会計実務指針第48項および第49項において，取引所に上場されている金融資産の市場価格は，原則として取引所における取引価格とされ，一つの金融資産が複数の取引所に上場されている場合は，取引が最も活発に行われている取引所の市場価格を適用することが求められている。

　上場デリバティブ取引のなかには複数の取引所に上場されている商品[1]があり，当該指針を考慮して時価評価を行う必要がある。

　毎月末および期末に計上される評価損益は翌月初および翌期首に振り戻される。

［月末または期末日］

| （借）デリバティブ取引 | ×××　　（貸）トレーディング
　　　　　　　　損益(評価損益) | ××× |

［翌営業日］

| （借）トレーディング
　　　損益(評価損益) | ×××　　（貸）デリバティブ取引 | ××× |

（1）たとえば，日経225先物取引は，大阪取引所，シンガポール証券取引所（SGX）およびシカゴ・マーカンタイル取引所（CME）に上場している。

なお，統一経理基準においては，差金の授受をもって先物取引の評価損益を実現損益として処理することも認められている（図表2-7-6参照）。この処理を採用すると，先物取引に係るデリバティブ取引勘定の貸借対照表計上額は未受渡の評価損益の金額のみとなる。この処理を採用する場合，経理規程等においてその処理を行う旨を明確にして継続的に適用することが必要となる。

図表2-7-6　差金授受を実現損益として処理した場合との比較

デリバティブ取引	100	トレーディング損益(評価損益)	100
現金及び預金	98	受取差金勘定	98
	198		198

デリバティブ取引	2	トレーディング損益(評価損益)	2
現金及び預金	98	トレーディング損益(実現損益)	98
	100		100

※　期末評価益：100，期末までに授受した差金：98

②　時価検証

プロダクトコントロール部門は，時価評価が適切に実施されていることを確かめるため，取引所の取引価格を独立的に入手して検証する。上記①記載のように，複数の取引所に上場されている商品の場合には，金融商品会計実務指針を考慮して取引価格を取得する取引所を選択する必要がある。

5　内部統制

上場デリバティブ取引業務の内部統制において注意すべき点および証券会社が構築する財務報告に係る内部統制の例は以下のとおりである。

上場デリバティブ	内部統制の着眼点	内部統制の例示
1	(職務分掌) 　兼務すべきではない職務が分離されているか。	・職務を適切に分離した組織体制の構築，職務分掌規程の運用 ・セキュリティカードによる入室制限等 ・IT システムにおける ID，パスワードの設定等によるアクセス制限
	(内部統制上のポイント) 　営業員やトレーダーと決済担当者，経理担当者など，兼務すべきではない職務が，適切に分離されていることが必要である。証券会社においては，フロント，ミドル，バック部門で職務を分離していることが多い。セキュリティカードや IT システムのアクセス権限により，適切に職務を分離した内部統制を整備する必要がある。	
2	(顧客口座の管理) 　顧客マスターの登録・管理は適切か。	・口座開設時の本人確認 ・住所不明顧客等の取引制限 ・フロントシステムのエディットチェック
	(内部統制上のポイント) 　架空口座の存在により，架空取引が記録されることを防止するため，本人確認後でなければ顧客口座を開設し，システム上の顧客マスターを作成できないよう内部統制を構築する。また，顧客口座の取引状況を監視し，違法な取引が疑われる場合や，住所不明により取引報告書が不達の顧客については，適時に取引を制限する。また，フロントシステムのエディットチェックにより，顧客マスターに登録のない顧客の注文や，権限者以外による注文は，受け付けない仕組みとする。	
3	(銘柄情報の管理) 　銘柄マスターの登録・管理は適切か。	・新規商品，銘柄取扱いの承認 ・銘柄マスター登録時の承認・照合 ・フロントシステムのエディットチェック
	(内部統制上のポイント) 　銘柄マスターは，法令や社内規定，社内の業務プロセス，経理処理等において問題がないことを関連部署が確かめたうえで登録されるよう内部統制を構築する。また，銘柄マスターの情報にもとづき，注文，決済，会計処理等が行われるため，銘柄マスターが正確に登録される必要がある。また，フロントシステムのエディットチェックにより，銘柄マスターに登録のない銘柄の注文や，権限者以外による注文は受け付けない仕組みとする。	

4	（リスクリミットの設定） 　マネジメントは，フロント部門がとるリスク量の上限（リスクリミット）を設定しモニタリングしているか。	・マネジメントによるフロント部門のリスクリミットの設定とデスクやトレーダーへの配分 ・ミドル部門によるリスク量のモニタリング ・リスクリミット超過時のマネジメントによる承認プロセス
	（内部統制上のポイント） 　フロント部門は，マネジメントに設定されたリスクリミットの枠内で取引を行う権限が与えられている。ミドル部門は，フロント部門のリスク量をモニタリングする。フロント部門は，リスクリミットを超過した場合，マネジメント，ミドル部門による承認を得て対応する。	
5	（手数料の管理） 　手数料率情報テーブルの登録・管理は適切か。	・手数料率設定時の照合・承認 ・手数料率変更の承認，変更登録の照合
	（内部統制上のポイント） 　顧客から受領する委託手数料は，通常，約定データと手数料率情報テーブルをもとに自動計算されるため，システムへ正確に手数料率情報を登録する必要がある。また，手数料率を更新する場合や，個別に手数料を変更する場合においても，適切に承認された変更であること，変更を正確にシステムへ反映することを担保する内部統制を構築する必要がある。	
6	（取引照合） 　自己および顧客の取引は，約定にもとづき正確かつ網羅的に記録されているか。	・取引所との約定照合 ・取引報告書，取引残高報告書の送付
	（内部統制上のポイント） 　取引記録は，金商法上のトレーディング商品勘定元帳や取引日記帳として作成され，決済や会計処理の基礎となる重要なデータである。取引所取引については，取引所と日々，約定照合を実施する。また，取引記録は，金商法上の取引報告書や取引残高報告書，その他の方法により，顧客と照合する。取引照合は，不正防止の観点から，約定権限のないバック部門が実施する。	
7	（証拠金管理） 　証拠金の振替処理は正確に記録されているか。	・清算機関との照合
	（内部統制上のポイント） 　フロントシステム，証拠金管理システムで管理する未決済建玉，証拠金，更新差金と，清算機関が取引参加者に通知する情報とを照合し，振替指図する。 　委託取引については，顧客別の計算結果を顧客へ通知し，顧客からの指図にしたがい，顧客勘定の振替，または代用有価証券の入出庫処理を行う。これらは約定権限のないバック部門が実施する。	

8	（資金決済） 　資金決済は，正確に記録されているか。	・清算機関の決済予定データと社内の決済予定データの照合 ・決済結果のモニタリング
	（内部統制上のポイント） 　資金決済は，約定データや清算機関による債務引受の記録にもとづき，正確に決済指示し会計処理する必要がある。決済の結果は，決済機関からの決済結果通知，資金勘定残高と預金残高の照合，受渡勘定のバランスのチェックにより確かめ，必要な修正をする。		
9	（建玉等の残高管理） 　建玉および証拠金の記帳は適切か。	・建玉，差金，証拠金残高の清算機関との照合
	（内部統制上のポイント） 　フロントシステム，証拠金管理システムで把握した建玉，差金，証拠金の残高と，清算機関から入手した残高明細表等の残高データを照合する。		
10	（約定訂正） 　取引記録の事後修正ができない仕組みとなっているか。	・約定データを削除，修正できないシステム上の制限 ・修正記帳時の上席者やコンプライアンス部門による承認
	（内部統制上のポイント） 　損失補てんや顧客資産の流用等の不正防止の観点から，一度記録された約定記録は，事後的に取消，訂正ができない仕組みとする。約定記録の修正が必要な場合には，顧客との認識の確認，コンプライアンス上の問題の有無を関連部署が確認のうえ，修正を記録する。		
11	（トレーディング商品の時価評価） 　トレーディング商品が時価で評価されているか。	・時価評価方針にもとづいたフロント部門による評価 ・時価検証方針にもとづいたプロダクトコントロール部門による検証
	（内部統制上のポイント） 　フロント部門は，時価評価方針にしたがってトレーディング商品を時価評価する。フロントから独立した時価検証部門（プロダクトコントロール部門等）は，時価検証方針にしたがい，独自に外部時価等を入手・比較し，フロント部門の評価した時価が適切であるかを検証する。時価検証にあたっては，商品の特性を十分に勘案したうえで検証方法を構築する必要があり，検証差異については，時価検証方針にもとづき修正の要否を検討する。		
12	（損益・勘定残高の分析） 　異常な損益が発生していないか，もしくは残高に異常な増減が生じていないか。	・プロダクトコントロール部門等による日次・月次での損益分析・予実分析 ・経理部門による勘定科目レベルでの増減分析およびフロント管理損益もしくは管理上の損益との照合・差異分析

第7章　上場デリバティブ取引業務 | 273

	（内部統制上のポイント） 　プロダクトコントロール部門等が実施するトレーディング損益の分析において，特に大きく市場が変動した際に説明不能な損益が発生していないか，予期せず多額損益が発生した場合，リスク計測上の問題点はないか，現状のポジション量や設定しているリスクリミット等に問題はないか，といった観点から分析等を行う必要がある。 　会社のビジネスリスクや部門別・商品別の収益性を見きわめるうえでも実際損益の分析は重要視される。経理部門は，財務諸表上の各勘定科目において異常な増減がないことを確かめることで，重要な不正の兆候がないこと，またフロント部門等が日常管理している管理会計上の損益との照合や差異分析を行うことにより，不正のみならず誤謬による重要な財務数値への計上漏れ等がないことも確かめる。	
13	（IT システムインターフェース） 　システム間でデータが正確かつ網羅的に転送されているか。	・データ受渡し件数等の整合性チェック ・システム間のデータ照合 ・システムデータの外部情報との照合
	（内部統制上のポイント） 　取引データは，フロント部門が発注，約定に用いるフロントシステムに入力されたのち，バック部門が建玉，証拠金管理や，建玉の振替，資金決済に用いるバックシステムに転送され，決済データが作成される。また，取引データや決済データは，会計システムに転送されて，会計仕訳が起票される。データ転送の正確性と網羅性を確保するプログラムを設定するとともに，システム間のインターフェースが正確に行われない場合に備え，システム間のデータの整合性の確認や，外部情報との照合を実施する。誤りや漏れが発見された場合には適時に原因を調査し，適切にデータを修正する。	
14	（IT システムによる自動計算） 　手数料，証拠金，時価評価等の計算が正しく行われているか。	・計算ロジックの設定 ・手数料テーブル登録時の承認・照合 ・計算と出力の正確性の確認
	（内部統制上のポイント） 　委託手数料や証拠金，時価評価等の計算は IT システムによって，顧客マスター，銘柄マスター，手数料テーブル等と，取引データ，残高データ，時価情報データ等を用い，設定された計算ロジックにしたがって行われる。各マスターと計算ロジックの登録・更新が，権限者の承認を経て正確に行われるための内部統制を整備するとともに，システム上，正しく計算され仕訳やレポートとして出力されることを確かめる。	
15	（IT システムによる自動仕訳起票） 　会計仕訳が IT により正確に起票されているか。	・仕訳マスター登録時の承認・照合 ・出力の正確性の確認

274 | 第2編 業務プロセス・会計

（内部統制上のポイント）
　自動仕訳は，仕訳マスターの設定にしたがって作成されるため，仕訳マスターの登録・更新が，経理部門の承認を経て正確に行われるための内部統制を整備するとともに，システム上，正しく仕訳として出力されることを確かめる。

6　開示・注記事項

(1)　デリバティブ資産・デリバティブ負債

①　銘柄別の相殺表示

　統一経理基準において，上場デリバティブ取引は銘柄ごとにみなし決済損益を相殺し，資産または負債のいずれか一方に計上することが要求されている。そのため，経理部門では期末時点の建玉残高により銘柄ごとの相殺金額を計算する必要がある。ただし，経理規程に定め継続的に適用する場合においては，両建処理も認められる。

(2)　差入有価証券等，受入有価証券等

　取引証拠金を代用有価証券によって差し入れた場合には，財務諸表にその時価を注記する。ただし，顧客から受け入れた代用有価証券を清算機関に直接預託したものは除かれる。また，顧客から取引証拠金を代用有価証券によって受け入れた場合には，貸借対照表にその時価を注記する。ただし再担保同意を得たものに限られる。このように条件によって注記の要否が異なるため，前提となる取引条件を確認する必要があることに留意する。注記対象となるものは，以下のとおりである。

- 差入証拠金代用有価証券（顧客の直接預託にかかるものを除く。）
- 受入証拠金代用有価証券（再担保に供する旨の同意を得たものに限る。）

第7章　上場デリバティブ取引業務 | 275

監査人の視点　不正リスク要因—不正リスクへの対応—

　証券会社の監査において留意すべき不正リスクとはどのようなものでしょうか？ここでは，上場デリバティブ取引により，200年以上の歴史を誇ったベアリングズ銀行が破綻に追いやられた事件について考えてみたいと思います。

　シンガポール国際金融取引所（SIMEX）で，日経平均先物の裁定取引や顧客注文を執行していたこのトレーダーによると，当初，執行を誤った約定を損失処理する目的でエラーアカウント（口座番号88888）を開設しました。その後，誤った約定の処理は，本社が管理する別の口座を用いることとされましたが，バックオフィスも管理していたこのトレーダーは，88888口座を閉鎖せず，引き続き誤った約定を一時的に隠す目的でこの口座を使いました。しかし，誤った約定の損失は，解消するどころか反対に損失が膨らみ，SIMEXから証拠金の支払いを求められると，このトレーダーは，顧客口座の資金を流用し，それでも支払いが追い付かなくなると，88888口座でオプションを売却して証拠金の支払いに充当しました。最後には，88888口座で膨らんだ投機的なポジションは，阪神大震災でマーケットが逆方向に動いたことで巨額の損失を計上し，銀行を破綻させるに至りました。

　監査人の観点からは，このような不正が行われた要因として不正のトライアングルである(1)動機・プレッシャー，(2)機会，(3)姿勢・正当化の三つを考慮する必要があります。

　まず，(1)動機・プレッシャーについては，マネジメントやマーケットからのトッププレーヤーとしての期待や名声，業績連動報酬が挙げられます。

　また，(2)機会については，新設の海外拠点であり管理・報告系統が複雑であったこと，フロントとバックや，自己口座と顧客口座の執行権限の職務分離が不十分であったこと，証拠金やポジション残高に対する照合手続の不備が挙げられます。

　さらに，(3)姿勢・正当化については，本社が利益偏重でモニタリングを十分にしなかったことや，内部監査やSIMEX，監査人など外部からの照会や指摘に対して，トレーダーも会社としても，適切に対応しなかったことなどが挙げられます。

　ここで，たとえば，証拠金の残高が外部と照合できているか，証拠金の残高はポジションに見合っているのかを検討していれば，不正が発見されていたかもしれません。デリバティブ取引の契約を隠すことはできても，証拠金として支払うべき資金がなくなると損失を隠しきることはできないからです。

　証券業全体，また，個々の証券会社特有の経営環境を理解し，どこにリスクがあるのか，何がそのリスクに対応する内部統制あるいは監査手続であるかを理解し，職業的懐疑心を保持して監査を行うことが重要です。

276 第2編 業務プロセエス・会計

第8章

店頭デリバティブ取引業務

1 商品内容

(1) 店頭デリバティブ取引とは

　取引所取引である上場デリバティブ取引（本編第7章参照）に対し，相対で取引相手と直接行うデリバティブ取引を店頭デリバティブ取引（OTC デリバティブ）という。

　上場デリバティブ取引は取引所の定める取引要綱にもとづいて標準化・定型化された取引であるため，取引の自由度は低いものの，取引の透明性や流動性は店頭デリバティブ取引に比べて相対的に高く，また，取引相手の信用リスクを負わないよう制度設計されている。

　これに対し，店頭デリバティブ取引は相対取引であるがゆえに取引の透明性や流動性は相対的に低く，取引相手の信用リスクを負う半面，顧客のニーズに合わせて契約条件を自由に決定することができるというメリットがある。また，店頭デリバティブ取引の透明性が低く，取引相手の信用リスクを負うといったデメリットに対して，中央清算機関（CCP）への清算集中制度や，CCP で清算されない非清算店頭デリバティブ取引に係る証拠金規制等の市場改革による信用リスクの低減が図られている。

　店頭デリバティブ取引では，事前に基本的な取引条件を定めた基本契約書（マスター契約）を締結し，その後，個々の取引について詳細な取引内容を示した個別契約書（コンファメーション）を書面ないしは電子的に取り交わすと

いう実務が市場慣行となっており，基本契約書と個別契約書が一体となって一つの契約を構成する。基本契約書の文書化にあたっては，契約内容の標準化を図るために，ISDA（International Swaps and Derivatives Association, Inc）が作成した雛形が広く用いられている。ISDAはデリバティブ取引業者の業界団体であり，1985年にニューヨークで創立され，当初はスワップ取引のインフラ整備を行っていた。その後デリバティブ取引の普及，多様化に伴い，さまざまなデリバティブ取引がISDAのインフラ整備の対象となっていった。ISDAには多くの金融機関等が加盟しており，ISDA制定の基本契約書様式や専門用語の定義集は，業界の世界標準となっている。

　このISDA基本契約書を締結することで，これにもとづき締結される個別のデリバティブ取引は一つの基本契約の下に集約される。取引相手に基本契約書に定めるデフォルトイベント等が発生した場合に，全取引を一括解約・清算することが可能となり，店頭デリバティブ取引で負う取引相手の信用リスクを低減することが可能となる。また，ISDA基本契約書に付随する担保契約であるCSA（Credit Support Annex）を締結し，未決済の評価損益に対応した担保を受け渡すことにより，取引相手の信用リスクをさらに低減することができる。

(2)　さまざまな店頭デリバティブ取引

　ここでは，代表的な店頭デリバティブ取引の種類を挙げて特徴を解説する。

①　先渡取引

　先渡取引は，対象となる資産（原資産）を，契約時点において取り決めた価格で将来の特定の日に受け渡す取引である。本編第7章①(2)で述べたとおり，先渡取引は先物取引と類似する取引である。標準化された上場先物取引と比べて，先渡取引は相対取引であることから，原資産や契約元本，満期日，決済方法等を自由に設定することができる。

②　オプション取引

　オプション取引は，原資産をあらかじめ定められた価格（行使価格）で，将来の一定の日または期間において買い付ける（コール）または売り付ける

（プット）権利を売買する取引であり，商品内容は本編第7章①(3)で記述したものと同様である。ただし，オプション取引についても，相対取引で行う場合には原資産，行使価格，満期日等を自由に設定することができる。

オプション取引は権利行使方法によって，権利行使期間中いつでも権利行使が可能なアメリカンタイプと，満期日にのみ権利行使が可能なヨーロピアンタイプに大別される。また，両者の中間形態として，権利行使期間中の複数のタイミングで権利行使が可能なバミューダタイプがある。

オプション取引のなかには，ノックイン（ノックアウト）オプションやデジタルオプションといった特殊条件を付したものもある。ノックイン（ノックアウト）オプションとは，判定期間中に株価が一定額以上となるなどの特定の条件を満たした場合にのみ有効になる（消滅する）条件である。デジタルオプションとは，権利行使時点において為替レートが一定以上といった特定の条件を満たした場合に一定額を受払いする条件であり，キャッシュ・フローが一定額かゼロかというデジタルなペイオフとなる。

また，金融機関等によって使用するディスカウントカーブが異なり，スポット決済のオプションプレミアムの金額をお互いに合意できない場合があることから，プレミアム金額の受渡しをフォワード決済とする取引もある。

③　スワップ取引

スワップ取引は，将来の異なるキャッシュ・フローを交換する取引であり，将来の複数日にキャッシュ・フローの交換が行われる代表的な店頭デリバティブ取引である。想定元本や満期日，キャッシュ・フローの交換日（交換サイクル）が設定され，通常，将来交換するキャッシュ・フローの価値が等価となるように条件が決定される。同一通貨の異なる金利を交換する金利スワップ取引が代表的であるが，対象とするキャッシュ・フローは取引当事者のニーズにより設定可能であり，金融機関のみならず，企業，投資家のニーズに応じて幅広く利用されている。

(3)　原資産別に見たデリバティブ取引の具体例

証券会社においては通常，関連する原資産ごとにデスクを設けて，デリバ

ティブ取引の実行・管理を行っている。取引実行・管理方法については後記②以降で解説するため，ここではデリバティブ取引の内容を解説する。なお，後述する①ⅰ）で挙げるようなプレーンな（単純な）スワップ取引，オプション取引を発展させ，顧客のニーズに合うようにさまざまな条件を付して設計された複雑なデリバティブ取引を総称して，エキゾチック・デリバティブ取引と呼ぶ。

　また，デリバティブは債券に組み込まれることがある。このデリバティブが組み込まれた債券は仕組債と呼ばれ，投資家のニーズ等に合わせてオーダーメイドで利子（クーポン）や償還条件等が設計される。投資家にとっては多様な資金運用手段となるとともに発行体の資金調達手段にも利用されており，1990年代後半から広く普及した商品である。

①　通貨・金利デリバティブ取引

　通貨・金利デリバティブ取引は，価格が金利の変動に応じて変化する債券現物（国債など）や債券先物取引および為替取引などと合わせて管理されることが多い。

　以下，代表的な取引について例を挙げて解説する。

ⅰ）金利スワップ取引

　金利スワップ取引の最も代表的な取引は，取引当事者間で合意された想定元本に対する固定金利の利子と，同額の想定元本に対する同一通貨の変動金利の利子とを交換するスワップ取引であり，プレーン・バニラ・スワップ取引とも呼ばれる。金利スワップ取引は企業が資金調達・運用により負う金利リスクの管理に幅広く活用されている。たとえば，企業が変動金利払いの資金調達を行った場合に，固定金利払い・変動金利受けのスワップ取引を組むことで，将来金利が上昇することにより支払キャッシュ・フローが増加するリスクをヘッジすることが可能となる。

　金利スワップ取引で参照される変動金利にはさまざまなものがあるが，主なものとして，円 LIBOR（正式名称は "London Inter-Bank Offered Rate" でロンドン銀行間貸出金利のことであり，資金調達レートの基準となることが多い）や円 TIBOR（正式名称は "Tokyo Inter-Bank Offered Rate" で東京銀行間

貸出金利のことであり，東京市場における基準金利である）が挙げられる。

日本で標準的なプレーン・バニラ・スワップ取引は，6ヵ月ごとの固定金利と6ヵ月物のLIBOR金利やTIBOR金利を交換する金利スワップ取引であるが，各国で市場慣行が異なることもある。金利スワップ取引のマーケット・メイクを行っている証券会社や金融機関は，プレーン・バニラ・スワップ取引について，各時点での変動金利に対する固定金利の交換レートを常に呈示している。これをスワップレートと呼び，たとえば5年スワップレートとは，満期5年にわたり，6ヵ月ごとにLIBOR変動金利と交換する固定金利をいい，スワップレートは市場金利の一つの基準である。

また，同一通貨の異なる種類の変動金利（たとえば，LIBORとTIBOR）を互いに交換する金利スワップ取引もあり，3ヵ月LIBORと6ヵ月LIBORを交換するなど，異なる期間の変動金利を交換する取引もある。このような変動金利を交換する金利スワップ取引をベーシス・スワップ取引（Basis Swap）と呼ぶ。

ⅱ）通貨スワップ取引

通貨スワップ取引とは，異なる通貨のキャッシュ・フローを交換する取引であり，取引当事者間で合意した通貨の元本・金利と，別の通貨の元本・金利を交換する取引である。

交換レートや金利水準は，約定時点の為替レートや両通貨の金利水準をもとに，全期間に受払いするキャッシュ・フローの現在価値が等価となるように決定される。通貨スワップ取引は相対取引であることから，両者の合意のもと，元本や金利交換のタイミングやレートを設定することができる。一般に，通貨スワップ取引を約定するとスワップ取引開始時以降の為替変動に伴う，スワップ取引の時価の変動によるカウンターパーティに対する与信が生じる。そこで，カウンターパーティリスクを低減する目的で，スワップ取引開始以降の為替変動により生じた勝ち負け分をスワップ取引期間中に受け渡すという方法（元本リセット）が対米ドル取引における実務慣行として行われている。

なお，交換される金利は変動金利でも固定金利でもよく，たとえばある企業がドル建て固定利付社債の発行により資金を調達した場合に，通貨スワップ取引を利用することで，社債のドルの元本および固定金利のキャッシュ・フロー

を円の元本および固定金利のキャッシュ・フローと交換し，実質的に円建て社債で資金を調達したのと同じ効果を得ることができる。

このように，通貨スワップ取引は為替リスクの管理等に広く用いられているほか，外貨の運用・調達目的で用いられる場合もあり，金利スワップ取引と同様に代表的な店頭デリバティブ取引である。元本交換のある異なる通貨の変動金利を互いに交換する取引を通貨ベーシス・スワップ取引と呼び，金融機関等においてもヘッジ目的や特定通貨の調達目的で幅広く利用されている。ここで交換される金利は同じ LIBOR であるため，本来，等価であるが，通貨の需給により LIBOR + a の形でどちらか一方の通貨にスプレッドが調整される。マーケットでは米ドルを基軸として他の通貨に調整されるスプレッドが，通貨ベーシスとして呈示されている。

ⅲ）金利スワップション取引

金利スワップション取引とは，あらかじめ契約で定められた将来時点において，定められた条件（満期日等）のスワップ取引を開始する権利（オプション）である。一般に，固定金利払い・変動金利受けのスワップ取引を開始する権利をペイヤーズスワップション取引，固定金利受取り・変動金利支払いのスワップ取引を開始する権利をレシーバーズスワップション取引と呼ぶ。

ⅳ）コンスタント・マチュリティー・スワップ取引（CMS）

CMS とは，変動金利と固定金利を交換する金利スワップ取引において，交換する変動金利が LIBOR や TIBOR ではなく，スワップレートを交換の対象とする金利スワップ取引である。

また，年限の異なるスワップレートの差（たとえば，10年スワップレート −2年スワップレート）をオプション取引の権利行使の対象とする取引（CMSスプレッドオプション取引）もある。長短金利差を用いた金利デリバティブ取引として，さらにアレンジが加えられて取引される場合もある。

ⅴ）デュアル・カレンシー債

仕組債の一種で元本通貨と利子通貨が異なる債券であり，元本通貨が外貨で利子通貨が円貨である債券をデュアル・カレンシー債，元本通貨が円貨で利子通貨が外貨の債券をリバース・デュアル・カレンシー債といい，さらに利子部分にレバレッジを加えたものをパワー・リバース・デュアル・カレンシー債

（PRDC 債）という。また，この債券に組み込まれているスワップ取引（PRDC 債の利子部分と変動金利の交換）は，PRDC スワップ取引と呼ばれる。PRDC 債は元本が確保されているものが多く，当初は相対的に高い利率のクーポンを享受できる一方で，為替変動リスクを伴う商品であり，円安局面ではクーポンが減少するリスクがある。

　vi）TARN（Target Redemption Note）

　仕組債の一種で，支払われたクーポンを累計し，累計利金額が発行時に設定された一定水準に達するまたは超える場合に（早期）償還される債券である。為替に連動した FX TARN 債のほか，CMS や株価指数に連動する TARN 債なども発行されている。また，この債券に組み込まれているスワップ取引（TARN 債の利子部分と変動金利の交換）は，TARN スワップ取引と呼ばれる。

② 株式デリバティブ取引

　株式デリバティブ取引は，価格が株式や株価指数によって変化する株式現物や株価指数先物取引・上場株式オプション取引などと合わせて管理されることが多い。以下，代表的な取引について例を挙げて解説する。

　i）株式オプション取引

　基本的な商品内容は本編第 7 章[1](3)で解説したものと同様である。

　ii）トータル・リターン・スワップ取引（エクイティスワップ取引）

　トータル・リターン・スワップ取引とはその名のとおり，株式や債券等を保有することから生じるすべてのキャッシュ・フロー（リターン）を LIBOR ＋ a と交換する取引である。交換されるリターンには，株式であれば株価の変動による損益と配当が含まれ，社債であれば債券価格変動による損益と利子が含まれる。このため，リターンを支払う側は，株式や社債を保有することから生じるリスクおよび経済効果すべてを他者に移転することができ，リターンを受け取る側は，現物を保有せずに現物を保有したものと同じリスクとリターンを得ることができる。実質的には変動金利で資金を調達し，対象銘柄に投資した場合と同じ経済効果が得られ，トータル・リターン・スワップを売却することで，保有する現物株式ポジションのヘッジ手段としても利用される。

　なお，特に株式や株価指数関連のリターンと変動金利を交換する取引はエク

イティスワップ取引と呼ばれることもある。

ⅲ）エクイティ・リンク債

仕組債の一種で，クーポンや償還金が，日経平均株価等の株価指数や個別株式の株価の水準に応じて決定される債券である。クーポンや償還金の決定方法に応じてさまざまなタイプが存在し，複数の個別株式にリンクするタイプの債券もある。当初は相対的に高い利率のクーポンを享受できる一方で，株価変動リスクを伴う商品であり，株価下落局面ではクーポンが減少するリスクがある。

ⅳ）EB債（Exchangeable Bond）

仕組債の一種で，債券として発行されるが，評価日における対象銘柄の株価によって，償還を債券額面で行うか，対象銘柄の現物株式で行うかが決定される債券である。

相対的に高い利率のクーポンを享受できる一方で，対象銘柄の株価変動リスクを伴う商品であり，特に株価下落局面において償還が現物株式で行われ，さらに株価が下落して損失が拡大するリスクがある。

③　クレジットデリバティブ取引

クレジットデリバティブ取引は，価格が発行体の信用リスクによって変化する債券現物（社債など）などと合わせて管理されることが多い。

以下，代表的な取引について例を挙げて解説する。

ⅰ）クレジット・デフォルト・スワップ取引（Credit Default Swap；CDS）

クレジット・デフォルト・スワップ取引とは，手数料（プレミアム）を支払うことにより，特定組織（国や企業など，以下「参照組織」という）に信用事由（クレジット・イベント）が発生するリスクに対する保険（プロテクション）を購入する契約である。対象となる債券，信用事由は契約で定められており，一定の信用事由が発生した時点で，プレミアムを受け取っている側（プロテクションの売り側）はその債券を額面で購入するか，市場価格との差額を支払う。プロテクションの買い側では，保有する債券の発行体や店頭デリバティブ取引のカウンターパーティの信用リスクをヘッジする目的で利用されており，売り側では，参照組織の信用リスクをとってプレミアムを受け取ることによるリターンを得る目的で利用される。信用事由は，ISDA基本契約等の契約で定

められており，法的破綻とは異なるため，参照組織の発行する債券等とは異なった価格形成がされる場合がある。

ⅱ）ファースト・トゥ・デフォルト（First To Default；FTD）

参照組織が複数あるタイプのCDSである。複数の参照組織のうちいずれか一つにでも信用事由が発生した場合には，プレミアム受取り側は市場価格との差額を支払う。

2　取引内容

証券会社や，金融機関を中心に，市場ではさまざまな店頭デリバティブ取引があり，その商品性は金利スワップ取引などのプレーンなものからノックアウト条件が付いたような複雑なものまで多岐にわたる。特にホールセール業務をメインビジネスの一つとする証券会社は複雑な店頭デリバティブ取引を多く取り扱っている点が一つの特徴として挙げられる。

証券会社が行う店頭デリバティブ取引を顧客取引と業者間取引に区分すると図表2-8-1のとおりとなる。以下では，顧客取引と業者間取引に分けて店頭デリバティブ取引の内容を紹介する。

図表2-8-1　証券会社における顧客取引と業者間取引の概要

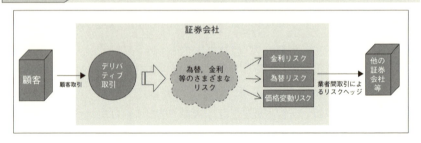

(1) 顧客取引

ホールセール業務を行う証券会社は，顧客への店頭デリバティブ取引（もしくはデリバティブを組み込んだ仕組債）の販売をメインビジネスの一つと位置づけており，資産運用ニーズや市場リスクのヘッジニーズのある一般事業会社，

金融機関などに対して，さまざまなデリバティブ取引を提供している。外貨建債券を約定した顧客の為替リスクのヘッジニーズに対応して，為替予約や通貨スワップ取引などのプレーンなデリバティブ取引を提供するほか，高度な数学的手法や数理モデルを用いて金融商品を考案する専門家であるクオンツ等により開発された複雑な店頭デリバティブ取引をオーダーメイドで提供している。このようにオーダーメイド型で顧客に提供するデリバティブ取引は前節で述べたように多岐にわたり，デュアル・カレンシー債，エクイティ・リンク債，EB債などの仕組債や，コンスタント・マチュリティー・スワップ取引（CMS），トータル・リターン・スワップ取引，クレジット・デフォルト・スワップ取引などが挙げられる。

　一般に，証券会社は，商品内容が複雑で流動性が低く，ヘッジが困難なデリバティブ取引や仕組債を顧客に提供する場合には，管理コスト等を考慮した価格を顧客に提示する。また，商品の組成，販売に関する手数料については別途手数料を収受する場合もあれば，商品内の条件を調整する場合もある。商品内容が複雑で流動性が低い商品について顧客と約定した場合，組成・販売に関する手数料または手数料相当分が証券会社の収益となる一方で，証券会社は商品が満期を迎えるか終了するまで市場リスク等をヘッジし続けなければならず，ヘッジコストを管理することがトレーダーの重要な役割となる。

　その他，証券会社は，各種の店頭デリバティブ取引について継続的な価格提示を行い，マーケットメイカーとしての役割を果たしている。顧客の要望に応えるため比較的多くの商品を取り扱っているものの，基本的にはプレーンな商品が対象となる。対象顧客層は，ある程度大きなロットでの取引需要があるヘッジファンドや機関投資家などが主となる。

　また，銀行を中心とした金融持株会社の傘下にある証券会社においては，銀行顧客に対して店頭デリバティブ取引の提供や仕組債の販売を行うほか，グループ内取引により銀行の抱えるリスクを移転することで，グループにおける顧客取引に関連して生じる市場リスクの最終引き受け手となる場合もある。

(2)　業者間取引

　証券会社は，主に顧客取引によって生じたポジションのリスクを低減させる

目的で，他の証券会社や金融機関等と店頭デリバティブ取引の業者間取引を行う。証券会社は，顧客と店頭デリバティブ取引を約定することにより市場リスクや信用リスク等のリスクを負うが，許容リスク量はトレーダーやビジネスユニットごとにあらかじめ決められており，マネジメントから与えられたリスク枠を超えたリスクを負うことは原則認められない。証券会社のトレーダーは，保有するリスクが過大であると判断した場合や，保有するポジションの市場リスク等により損失が生じると考える場合には，業者間取引を通じてリスクヘッジを行う。また，リスク枠内で自己の相場観にもとづきポジションをとることもある。業者間取引では取引の都度，ビッド・オファー分のヘッジコストを支払うこととなる一方，ヘッジを行わないと思わぬ損失が発生するリスクもあり，ヘッジコストを抑えながら，かつ自己の相場観にもとづいていかにトレーディング収益を上げることができるか，という点が証券会社のトレーディング損益を左右する。このように，証券会社は，顧客取引によって生じた市場リスクを，相場環境に応じたヘッジオペレーションを行いながら適度な水準に保ち，なおかつ顧客取引によって得られた利益を最大化するために日々トレーディングを行っている。

3 リスク管理

　店頭デリバティブ取引等に関連して証券会社が行う主なリスク管理には，以下のようなものがある。

(1) カウンターパーティリスク管理

① カウンターパーティリスクとは

　店頭デリバティブ取引において生じるリスクの一つにカウンターパーティの信用リスクが挙げられる。信用リスクにはさまざまなものがあるが，ここでは信用リスクのうち，店頭デリバティブ取引の取引相手がデフォルトすることにより，店頭デリバティブ取引から生じる評価益（正味の債権）を取引相手から回収できなくなるリスクであるカウンターパーティリスクを取り扱う。

　カウンターパーティリスクは主にカウンターパーティの信用状況の悪化に起

因して増加する。特に金融危機においては，カウンターパーティの債務不履行リスクが上昇するとともに，市場の急変によってデリバティブ取引の時価評価額が大きく変動し，担保の受入れ不足や余剰差入担保に対する信用リスクから巨額の損失が発生する可能性が高まる。したがって，カウンターパーティリスクを適切に管理することが重要である。

リスク管理方法としては，与信限度額による管理，担保受入れ・差入れによる管理，CVA（下記②ⅲ）参照）による管理等が挙げられる。また，業界全体の動きとして，金融危機時のように，一部の金融機関の破綻が市場全体に波及するリスク（システミックリスク）が顕在化することを防止し，金融市場の安定化に資するため，CCP の利用が進められている。

② リスク管理方法

ⅰ) 与信限度額による管理

カウンターパーティリスクを管理するため，取引相手ごとに与信限度額を設定するという実務が行われている。フロント部門のセールス担当者は，顧客に提案・販売する際には，事前に当該顧客の与信限度額を確認する必要がある。

ⅱ) 担保による管理

⑺ CSA

エクスポージャー（取引相手に対する債権）を保全しカウンターパーティリスクを低減するために，店頭デリバティブ取引の評価損益について担保を授受することが，規制強化も背景に現在では一般的となっている。この場合利用される担保設定契約は複数あり，その決済実務も各々で異なる。多くの場合は，ISDA 基本契約書に付随する担保契約である CSA を締結し，相手方と現金や有価証券などの担保を授受する。通常，決済には受渡期間があることから，担保を請求する側は決済されるまでの間，引き続きカウンターパーティリスクを負う。

⑻ 証拠金規制

証拠金規制とは，非清算店頭デリバティブ取引（CCP を通じた決済がされない店頭デリバティブ取引）について，時価変動相当額を変動証拠金として受領する義務，および取引相手が将来デフォルトした際に取引を再構築するまで

に生じうる時価変動の推計額を当初証拠金として受領する義務のことである。

　金融庁より2016年3月31日に，金融商品取引業者等に対して，一定の非清算店頭デリバティブ取引について，証拠金（変動証拠金および当初証拠金）の授受を義務づける証拠金規制が公表された（「金融商品取引業等に関する内閣府令の一部を改正する内閣府令」等）。取引の規模に応じて適用時期は異なるが，変動証拠金は2017年3月，当初証拠金は2020年9月までに，すべての対象取引について導入される。なお，規制対象となるのは，適用開始後の新規取引である。

　証拠金の授受は，取引相手と締結する契約書にもとづいて行われる。代表的な契約書として，変動証拠金はISDA基本契約書およびCSAが，当初証拠金はISDA基本契約書および当初証拠金管理に係る契約（信託の設定に係る契約等）が挙げられる。

　また，証拠金規制対象外の取引についても，カウンターパーティリスクの管理の観点から，通常は担保付取引とされている。

　最近では，市場のニーズを受けて，デリバティブ取引の照合プラットフォームや，非清算店頭デリバティブ取引のエクスポージャーと所要証拠金の計算，コンプレッション，証拠金の授受とメッセージの送付等を自動化したプラットフォームを提供するベンダーも登場している。コンプレッションとは，複数の債務負担済取引を同時に解約することにより取引残高（想定元本金額，件数）の削減・圧縮を図ることであり，JSCCが金利デリバティブ取引のコンプレッションを提供している。

ⅲ）CVAによる管理

　CVA（Credit Valuation Adjustment）とは，カウンターパーティリスクに応じて，店頭デリバティブ取引の価格に加える調整のことである。CVAを導入すると，カウンターパーティリスクが数値的に認識できるため，リスク量をモニタリングし，必要に応じてそのリスクをヘッジできるようになる。また，カウンターパーティリスクを集中的に管理するCVAトレーディングデスクを設置する金融機関も増加している。

　CVAを測定しない場合，信用力が低い相手先との取引を多く行ってしまう逆選択のリスクが高まる。たとえば，証券会社がオプション取引を購入しよう

と考えており，取引相手先の候補として異なる格付の会社が複数あったとする。取引相手先がCVAの測定を行っており，それを踏まえたオプション価格を提示してきた場合，証券会社側がCVAの測定をしていなければ，格付が低い会社の提示価格の方が有利であると誤認し，格付が低い会社との取引を選好してしまう。このように，CVAを適切に測定しなければ，カウンターパーティリスクを見誤り，その結果，過度にカウンターパーティリスクが積み上がってしまうおそれがある。逆選択を回避する観点からも，CVAを測定する体制を整えることが重要である。

　会計上も，店頭デリバティブ取引の時価評価を行ううえで，CVAを考慮することが求められている。金融商品会計に関する実務指針第103項は，「非上場デリバティブ取引の時価評価に当たっては自社の信用リスクおよび取引相手先の信用リスクは，原則として時価評価に当たって加味する」と定めている。

　リスク管理上の必要性，店頭デリバティブ取引において信用リスク等がどのように取引条件に反映されているかといった実務慣行，バーゼル銀行監督委員会の資本規制等の規制環境，また，会計基準の要請等を踏まえ，日本の証券会社においても期待エクスポージャーをベースとしたCVAの計測，CVAトレーディングデスクの設置といった実務の高度化が進んでいる。

　なお，CVA以外にも，自社の信用リスクであるDVA（Debt Valuation Adjustment）や，無担保デリバティブ取引等に対して資金調達コストを価格に織り込むFVA（Funding Value Adjustment）を考慮している金融機関もある。FVAについては，金融機関によってビジネス形態が異なり，その重要性も異なることから範囲やその計算手法に未だばらつきが見られ，現時点でマーケットコンセンサスが確立する段階には至っていない。

⑵　市場リスク管理

①　マクロヘッジトレーディング

ⅰ）マクロヘッジとは

　証券会社が保有する多数のデリバティブ取引を，個別取引ごとに市場リスクの管理を行うことは実務上煩雑であり，また効率的ではないことが多い。そのため，証券会社は個々の取引からデルタ・ガンマ等のリスク指標ごとにリスク

量を算出し，それをポートフォリオ全体もしくは全社的に合算することにより現在負っているリスク量の把握を行い，トレーディングの意思決定を行っている。デルタ・ガンマといった共通のリスク指標によってリスク量を測定することにより，さまざまな商品性を持つ多様なデリバティブ取引を一元的に管理することを可能にしている。このようなヘッジ手法のことを一般にマクロヘッジという。

　証券会社がモニタリングを行うリスク指標は，各証券会社が採用している時価評価モデル，および時価評価モデルに投入されているインプットパラメータによって異なる。証券会社がモニタリングを行う際には，モニタリング対象としているリスク指標により，市場リスクを十分に網羅しているか，リスク計測が適切に行われヘッジが有効に機能しているかについて留意が必要である。

ⅱ）主なリスク指標

　モニタリングの対象となる主なリスク指標は図表2-8-2のとおりである。

図表2-8-2　主なリスク指標	
リスク指標	内　容
デルタ	原資産の価格変化に対するデリバティブ取引の価格変動
ガンマ	原資産の価格変化に対するデルタの変化
ベガ	ボラティリティの変化に対するデリバティブ取引の価格変動
セータ	時間経過によるデリバティブ取引の価格変動
ロー	金利の水準変化に対するデリバティブ取引の価格変動

（注）　表中のガンマ，ベガ，セータ，ローについてはオプション取引特有のリスク指標である。

　以下では，各リスク指標と一般的なトレーディング戦略について説明を行う。なお，以下の前提では，配当支払いのない株式のヨーロピアンコールオプション取引のリスク指標をもとに解説を行うものとする。計算条件は図表2-8-3のとおりである。

図表2-8-3　リスク指標計算条件

パラメータ	数　値
株価	12,000円
行使価格	15,000円
リスクフリー金利	2％
ボラティリティ	20％
オプション満期	1年

(ア)　デルタ

デルタとは，原資産の価格変化に対するデリバティブ取引の価格変動である。先物取引や先渡取引などの原資産価格とデリバティブ取引の価格の関係が線形な商品において，デルタは買持ちなら1，売持ちなら－1となり，比較的容易にヘッジすることが可能である。一方，オプション取引などの原資産価格とデリバティブ取引の価格の関係が非線形な商品においては，原資産価格によってデルタが変動することとなり，ヘッジが困難となる。図表2-8-4は前述のヨーロピアンコールオプション取引のデルタと原資産価格の関係を示すものである。

図表2-8-4　デルタ

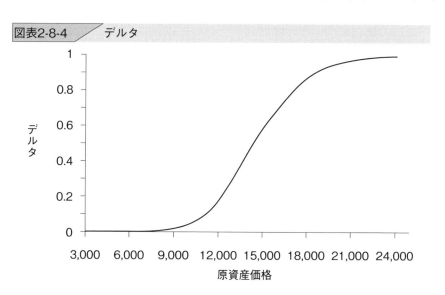

(イ) ガンマ

ガンマとは，原資産価格の変化に対するデルタの変化である。ガンマの絶対値が小さいと，デルタの変化は緩やかであり，ポートフォリオのデルタを中立に維持する調整を頻繁に行う必要はない。しかし，ガンマの絶対値が大きいと，デルタは原資産価格の変化に非常に敏感となり，デルタ中立なポートフォリオであっても少しでもヘッジを怠るとリスクが増大する。ガンマは，アット・ザ・マネー付近で最も大きくなり，アット・ザ・マネーからイン・ザ・マネー，アウト・オブ・ザ・マネーに遠ざかるにつれて小さくなる。図表2-8-5は前述のヨーロピアンコールオプション取引のガンマと原資産価格の関係を示すものである。

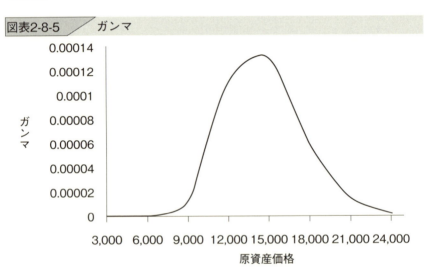

図表2-8-5　ガンマ

(ウ) ベ ガ

ベガとは，ボラティリティの変化に対するデリバティブ取引の価格変動，すなわちボラティリティが1％変化した場合にデリバティブ取引の価格がどれだけ変化するかを表す指標である。市場変数のボラティリティはその変数の将来の不確実性の程度や市場の期待を織り込むものでもあり，オプション取引や時価評価モデルにボラティリティを使用するデリバティブ取引の価格はボラティリティの影響を受ける。ベガの値は，一般にデリバティブ取引の残存期間が長いほど大きくなり，残存期間が短くなるほど小さくなる。また，原資産価格が

アット・ザ・マネー付近である場合に最も大きくなり、アット・ザ・マネーからイン・ザ・マネー、アウト・オブ・ザ・マネーに遠ざかるにつれて小さくなる。図表2-8-6は前述のヨーロピアンコールオプション取引のベガと原資産価格の関係を示すものである。

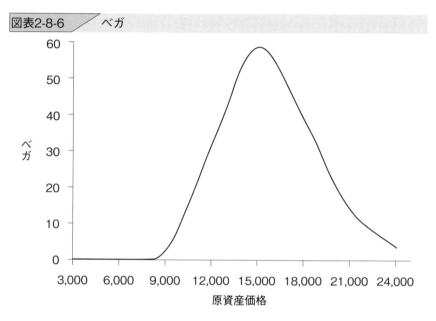

図表2-8-6　ベガ

㈡　セータ

セータとは、時間の経過に対するデリバティブ取引の価格変動である。オプションを買持ち（売持ち）している際のセータは一般にマイナス（プラス）である。セータはオプションの時間価値の減衰を表しており、オプションを買持ち（売持ち）している状況では時間の経過とともに、オプションの価値が時間価値の減衰により減少（増加）していることを表している。図表2-8-7は前述のヨーロピアンコールオプション取引のセータと満期までの時間の関係を示すものである。一般に、残存期間が短くなればなるほどオプションの価値の減りが早くなる（セータのマイナスが大きくなる）が、同図表のとおり残存期間が1ヵ月を切ったあたりから特に減価が激しくなる。

図表2-8-7　セータ

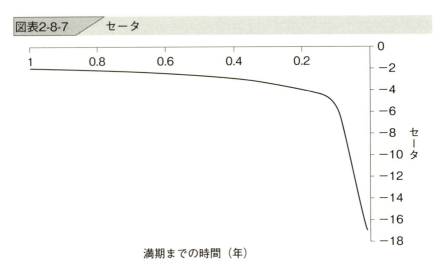

満期までの時間（年）

(オ)　ロー

　ローとは，金利の水準変化に対するデリバティブ取引の価格変動である。金利デリバティブ取引や債券などがポートフォリオに含まれている場合，オプション取引から発生する金利のリスク指標も併せて検討することが望ましい。図表2-8-8は前述のヨーロピアンコールオプション取引のローと満期までの時間の関係を示すものである。オプションの残存期間が短くなるほど，現在価値に割り引く際に金利がオプション価格に与える影響が小さくなるため，満期に

図表2-8-8　ロー

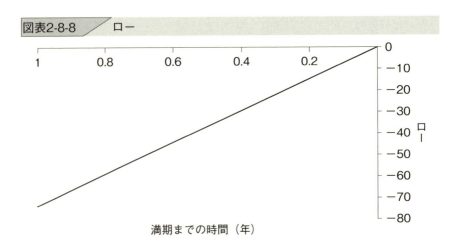

満期までの時間（年）

近づくほどローはゼロに近づき，オプション価格は金利の変動の影響を受けなくなる。

② リスク管理方法

ⅰ）全社的なリスク量のモニタリング

証券会社ではミドル部門であるリスク管理部門によって全社で負っているリスク量のモニタリングが行われている。証券会社が全社で負うリスク量は，トレーディング戦略の意思決定を行う各部門の負うリスク量，年限ごとのリスク量など，さまざまな切り口で把握される。リスク管理部門は，各リスク量に対して許容可能なリスク量の水準を設定し，トレーダーの保有するポジションが許容可能なリスク量の枠内に収まっているかをモニタリングしている。リスクとリターンのバランスは証券会社にとって非常に重要なビジネス戦略であるため，リスク量の許容水準の決定にあたってはCEO，CROを含むマネジメントが関わることが必要である。

仮に証券会社のリスク量が許容可能なリスク量の水準を超過した場合には，適時にマネジメントに報告され，リスクを継続して負うべきか，あるいは，すぐにでも減少させるべきかについて意思決定される必要がある。リスクを減少させるべきであるとの意思決定が下された場合には，フロント部門のヘッド，トレーダーは，リスクポジションを減少させるためのアクションプランを策定し，実行しなければならない。市場の流動性が低い場合，リスクを減少させる過程で思わぬ損失を被る可能性もあることから，一連の意思決定やアクションプランの策定・実行は非常に重要である。

ⅱ）日々の損益のモニタリング

証券会社のミドル部門やプロダクトコントロール部門においては，日次での市場の変動と，市場の変動に対応するリスク指標ごとのリスク量から，各リスク指標より発生する日次損益を推定し，実際に発生した日次損益との比較を行うことにより，日々の損益のモニタリングを行うという実務が行われている。各リスク指標より発生する損益をモニタリングすることにより，マクロヘッジの有効性，年間を通じてのトレーディング損益の適切性，時価評価の適切性およびモデルに存在する欠陥の有無の把握などのさまざまな目的のモニタリング

を行うことが可能である。分析不能な損益が多額に発生している場合には，時価評価モデルが市場環境に適合していない等の理由に起因し，管理不能なリスクが発生している可能性があることからリスク管理上も十分に注意が必要である。したがって日次の市場の変動から説明不能な損益が発生した場合には，ミドル部門，プロダクトコントロール部門が適切な検証を行う必要がある。

ⅲ）Value at Risk（VaR）のモニタリング

VaRとは，保有期間中に一定の確率でポートフォリオに発生しうる最大損失額を統計的に表示したリスク管理指標である。同指標は，①ポートフォリオ全体としてのリスクを一つのデータに集約して把握できる，②算出される損失額の統計的信頼区間を示すことにより客観性をもたせることが可能である，③リスク量が損失額という金額で表示されるため，ポートフォリオの期待収益や自己資本額と比較することによりリスク量の妥当性を判断することが容易である，といった特徴を有しているため，金融機関等におけるリスク指標のスタンダードとなっている。VaRについてもリスク管理部門によるモニタリング対象として，許容可能なVaRの水準が設定されていることが多い。

VaRの信頼性の検証にはバックテストが用いられる。バックテストとは，過去に発生した対象期間内の実際の損失が，どの程度の頻度でVaRを上回るかを検証することである。設定した信頼区間に対して，VaRを上回る損失が発生した頻度が高すぎたり低すぎたりする場合，そのVaRは過小・過大に表示されていると推測される。しかし，VaRはあくまでも設定された信頼区間のなかで想定される市場変動内での最大損失額を示すものであり，市場が当該信頼区間をはずれるような極端な動きを見せた場合をカバーしていない。そこで，証券会社は一般的にストレステストによりこのリスクを追加的に検証している。

ストレステストとは，ポートフォリオ全体が極端なマーケット変動のもとでどのような挙動を示すかを推測するものであり，市場変数の確率分布にしたがうと発生確率は低いが，起こるかもしれない極端な事象を考慮に入れる手法である。ストレステストにおいては，それぞれの市場変数について，過去実際にあった相場の急変動から想定したシナリオおよびマネジメントが独自に設定した不確実性のもとで起こりうる極端なシナリオにおける変動幅を設定する。ス

トレステストを行うことにより，極端な市場環境下において予測される損失を把握することが可能となるため，ストレステストはVaRの計算の重要な補完となる。

　また，バーゼル銀行監督委員会が2016年1月に公表した市場リスクに関する資本規制においては，VaRに代わり期待ショートフォールが用いられている。期待ショートフォールとは，保有期間中にポートフォリオに発生し得る損失が，一定の確率を超える部分の期待値のことであり，損失がVaRを超える場合の期待損失である。期待ショートフォールも，VaRで把握されないリスクを測定する指標である。

4　決済の仕組み

(1)　店頭デリバティブ取引の決済

①　決済の流れ

　店頭デリバティブ取引では，契約条件は取引相手と相対で決定されるため，取引で生じるキャッシュ・フローはその取引条件により異なる。また，生じるキャッシュ・フローについて基本的には，取引相手と相対で決済を行う必要がある。

　店頭デリバティブ取引の条件には，変動金利（LIBOR等），株価指数，為替等を参照して金利受払額が決定されるものがあり，金利の受渡しに際しては契約条件に記載される決定方法にもとづき，参照される変動金利等の数値を取引相手との間で確定させる必要がある。これを金利決定（Fixing）と呼び，証券会社では金利決定に関する書面により，取引相手に通知する。

　また，取引条件に期限前償還条項やオプション条項（権利行使）が含まれる場合には，期限前償還条項への抵触やオプション行使・被行使にもとづき，契約で定められた金額（計算式で算出される場合もある）で決済される。さらに顧客からの申出等により中途解約を行う場合もある。これらの決済を行うに際しても，決済金額を決定した時点で確定した数値等を記載した書面を顧客に送付し，差金決済が行われる。

298 | 第2編 業務プロセス・会計

　なお，店頭デリバティブ取引の商品内容によっては権利行使により現物決済が可能なものもあり，その場合には権利行使日に株式や債券の振替指図をすることで，現物の決済が行われる。

② 担　保

　CSA にもとづきエクスポージャー（取引相手に対する債権または債務残高）に応じた担保授受を行う。担保物は，現金（円，US ドル等）または国債が多い。担保金額は，エクスポージャーから独立担保額や信用極度額を控除した必要担保額から，すでに授受している保有担保額を控除して算出される。独立担保は，格付の低い取引先がその信用力を補完するために，取引当初にエクスポージャーに関係なく提供する担保である。

　証拠金規制における変動証拠金については，取引相手方との非清算店頭デリバティブ取引の時価から，すでに預託されている変動証拠金を控除した金額を日次で計算し，最低引渡額を超える金額について変動証拠金の預託が必要となる。また，当初証拠金については，取引相手方と非清算店頭デリバティブ取引の実行や終了およびその他権利関係に変化があった場合に，金額が算出され授受される。算出される金額は，標準的手法または社内開発した内部モデルにより計算した潜在的損失等見積額となる。

(2) **決済リスク管理**

① 決済リスクとは

　店頭デリバティブ取引における決済リスクとは，決済が予定どおりできなくなることに伴う損害の可能性であり，信用リスク，流動性リスク等さまざまな側面がある。店頭デリバティブ取引は，相対取引であるため，取引相手が倒産した場合，受け取れると期待していたキャッシュ・フローが受け取れず，経済的損失を被るリスクがあるが，これが信用リスクである。また，担保授受のタイミングで，当初予定していた資金調達ができず，ほかの割高な調達が必要となるリスクがあるが，これが流動性リスクである。

② CCPの利用

金融危機以降, 店頭デリバティブ取引の決済リスクならびにシステミックリスクが顕在化することを防止し, 金融市場の安定化に資するため, CCPの利用がグローバルで進められてきた。CCPは, 清算参加者間の取引について, 参加者に代わって債権・債務の当事者となるため, 清算参加者はもとの取引相手との決済リスクから解放される。また, CCPが複数参加者の複数取引について債権・債務の当事者となることで, 債権・債務関係が相殺され一本化される。担保管理も同様に, CCPとの間でのみCCPのルールにもとづいた担保授受を行う形に一本化される。

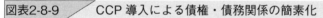

図表2-8-9 CCP導入による債権・債務関係の簡素化

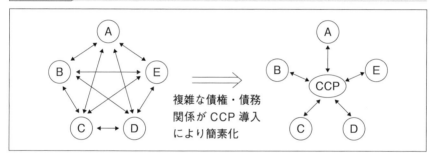

海外のCCPとしては, ロンドンのLCH. Clearnet (LCH) や, 米国のIntercontinental Exchange (ICE) が挙げられ, 特にLCHはCCPの先駆けである。日本ではJSCCがCCPの役割を担っており, プレーンな円金利スワップ取引やインデックスCDS取引など一定の店頭デリバティブ取引について, JSCCの利用が義務づけられている。なお, JSCCでは任意清算取引として, OISスワップ取引, ベーシス・スワップ取引, シングルネームCDS, 外貨建て金利スワップ取引の清算も行っている。

CCPの利用により, 決済リスクならびにシステミックリスクは軽減されるが, 清算参加者がデフォルトした場合に損失を被るリスクがCCPに集中する。当該リスクをカバーするためには, CCPに十分な担保（証拠金）が拠出されていることが重要となる。たとえばJSCCを利用する場合, 各清算参加者は取引にもとづき算出された当初証拠金, 変動証拠金, 日中証拠金といった担保を

JSCCに拠出する。また、これらの証拠金ではカバーできないリスクをカバーするために、別途、清算基金を拠出する。これらの証拠金および清算基金により、清算集中された取引については、決済リスクが低減され、金融システムに負荷がかかった場合に連鎖破綻が起こるシステミックリスクを低減することが可能となる。

CCPを利用するには、CCPの直接参加者となって取引を清算する方法と、直接参加者に清算の取次ぎを依頼し間接参加者となる方法（クライアントクリアリング）がある。

5　業務フローと会計処理

店頭デリバティブ取引の約定フローは、顧客取引か業者間取引かで大きな違いはないが、顧客取引は通常セールス担当者を介して取引を行うといった点で異なる。図表2-8-10はこれらの取引の約定フローを簡略化して示したものである。本節では業務フローに沿って、店頭デリバティブ取引として代表的な先渡取引、オプション取引およびスワップ取引についてその会計処理を例示する。

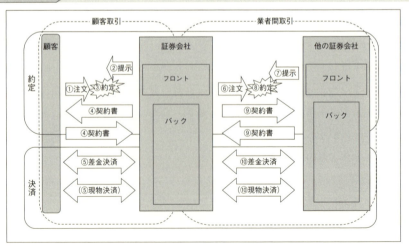

図表2-8-10　店頭デリバティブ取引の業務フロー

(1) デリバティブ基本契約の締結と個別取引の約定

① デリバティブ基本契約の締結

店頭デリバティブを行うためには，あらかじめ ISDA 基本契約書またはそれに相応する基本契約書を締結する必要がある。また，併せて CSA その他の担保契約も締結されることが多い。

基本契約書，担保契約書は契約管理を行うミドル部門が作成し，たとえばセールス部門を介して取引先と契約締結する。締結されたデリバティブ取引基本契約書，担保契約書は，ミドル部門やバック部門がフロントシステムや，担保管理システム等に登録する。

デリバティブ取引基本契約書，担保契約書は，デリバティブ取引から生じるエクスポージャーの計算や，担保授受，またこれらを前提とした CVA 計算に影響を与える。また近年では，担保条件等の相違が時価評価ロジック，イールドカーブの選択等，時価評価に影響するケースもある。このため，これらの契約管理は重要なプロセスである。

② 個別取引の約定

ⅰ) 顧客取引

証券会社が顧客と店頭デリバティブ取引を行う場合，フロント部門のセールス担当者を介して取引が行われる。顧客からの注文を受けると，セールス担当者は自社のトレーダーと連絡を取り，トレーダーからその時点での約定可能価格を入手する。顧客がその価格で約定を希望すると，セールス担当者はその旨をトレーダーに伝え約定が成立する。

店頭デリバティブ取引は市場に連動する商品であるため，刻々と変動するマーケットに連動しその価格も変動する。セールス担当者が顧客やトレーダーとの連絡に時間をかけると約定が不成立になるおそれがあるため，セールス担当者は顧客およびトレーダーと電話を同時につないだまま，このような業務を行うこともある。なお，これらの業務は口頭で行われることから，後に確認できるように，セールス担当者およびトレーダーの通話記録は録音されている場合が多い。

302 | 第2編 業務プロセス・会計

　店頭デリバティブ取引では取引期間中に生じる評価損益により取引先に対し与信が生じることがあるため，証券会社は取引先ごとに与信管理を行っている。具体的には，顧客ごとに与信枠を設定し，セールス担当者は顧客との取引を行うにあたり，与信枠があることを確かめてから約定する。また，証券会社のリスク管理上，顧客取引についても担保を徴求することが主流となっているが，顧客との間ではCSAではなく，個別に担保の取決めを行っている場合もある。業者間取引と異なり，顧客取引の担保は，仕組債や証券化商品のような市場リスクや流動性リスクの高い債券を適格担保として認めている場合があり，市場変動時において，店頭デリバティブ取引の価格変動に加えて，担保資産の価値変動とその換金可能性というリスクが伴い，特に，店頭デリバティブ取引と担保の価格が同方向かつ同時に下落するリスクに注意が必要である。

　顧客との約定が成立すると，セールス担当者は社内のフロントシステムに約定内容を入力する。トレーダーは，セールス担当者の入力した約定内容を確認し，入力に相違がないことを確かめると，システム上でその取引を承認する。トレーダーが承認すると，約定データは下流システムにインターフェースされる（セールス担当者とトレーダーの双方が入力し，システム上で両者の入力が一致していることを自動照合により確かめる方法を採用している場合もある）。

ⅱ）業者間取引

　業者間取引は専門ブローカーを介して行われる場合が多い。証券会社のトレーダーはブローカーに取引内容を提示して注文を行う。ブローカーは当該内容で約定する他の金融機関等との取引を仲介する。

　業者間取引の取引内容の照合については，電子プラットフォームを用いることが主流となっており，該当取引について電子プラットフォームを用いるか否か，また，取引の決済にあたりCCPを用いるか否かについても，約定時に取り決められる。金利スワップション取引のように，権利行使時の決済方法が複数存在し，決済方法によってプライシング方法が異なるような場合や，担保条件（担保の通貨等）によって価格が異なる場合もあるため，約定時点においてこれらの条件の確認も必要である。

　約定が成立すると，電子プラットフォームを用いる場合は，電子プラットフォーム上に入力された約定内容についてトレーダーが確認し，入力に相違が

ないことを確かめると，プラットフォーム上でその取引を承認する。電子プラットフォームと社内のフロントシステムが自動連携している場合は，承認された内容は自動的にフロントシステムにインターフェースされる。なお，CCPを利用する場合は，制度設計上，電子プラットフォームの利用が前提となっており，利用する旨を約定入力段階で指定する必要がある。電子プラットフォームを用いない場合は，顧客取引の場合と同様である。

　業者間取引についても顧客取引と同様に取引相手先ごとに与信管理が行われる。担保については，多くの場合，CSAにもとづいて行われる。

③　約定管理

　一般に，店頭デリバティブ取引はフロントシステムに入力された段階で取引番号が付され連番管理される。トレーダーは約定が成立した際に内容が簡潔に記載されたタームシートを関係部署に送付し，ミドル部門またはオペレーション部門はタームシートの件数とシステムに入力された件数の照合を行うことで入力の網羅性を確かめることができる。

　ミドル部門またはオペレーション部門は，約定訂正が行われた場合にその妥当性を検証する。取引入力日以降に訂正を行う場合には，取引内容の改ざんが行われないよう，通常，ミドル部門ないしはオペレーション部門の承認がない限りは取引内容の修正ができないようなシステム統制が必要である。期末日をまたぐ修正は，修正仕訳の起票の要否を検討する必要があり，特に注意を要する。

④　会計処理

　以下の仕訳は，約定時点において実現する損益がないことを前提としている。店頭デリバティブ取引の両取引当事者が受払いする将来の予測キャッシュ・フローの現在価値が等価である場合，約定時点で損益は発生しない。しかし，証券会社の手数料に相当するスプレッドや，取引日当日の市場変動，その他さまざまな要因から取引日において評価損益が認識される場合があり，当該損益の性質については十分に注意・検討が必要である。

　オプション取引においては，取引約定後にオプションプレミアムの受渡しが

行われる。なお，近年ではプレミアム後払いのオプション取引も増加している。

また，以下の仕訳は，一般に取引約定時点において起票される仕訳の一覧となるが，約定時点で評価損益が発生しない前提であれば，以下のとおりデリバティブ取引の取引開始時点において，会計仕訳が起票されるのはオプションプレミアムの受渡しに係る部分のみである。統一経理基準は，オプションプレミアムの経理処理として，「トレーディング損益」勘定に計上するものと「トレーディング商品」勘定に計上するものの選択を認めているが，以下の仕訳は，「トレーディング商品」勘定に計上する方法を前提としている。

　i）先渡取引

［約定日］

仕訳なし

　ii）オプション取引（オプション買建て）

［約定日（オプションプレミアムが×××円の場合）］

（借）デリバティブ取引	×××	（貸）約定見返勘定	×××

［オプションプレミアムの決済日］

（借）約定見返勘定	×××	（貸）現金及び預金	×××

※　売建ての場合，借方と貸方の科目が逆になる。

　iii）スワップ取引

［約定日］

仕訳なし

(2) 取引照合

　店頭デリバティブ取引では，コンファメーションを取り交わすことにより契約の最終確認を行う。従前は紙面にサインまたは押印する方法が一般的であっ

たが，現在は，業者間取引を中心にプレーンな取引についてはシステム上で自動照合を行う電子コンファメーションを利用する場合が多くなっている。

① 電子コンファメーション

　電子コンファメーションとは，電子プラットフォーム上で，電子照合サービスを提供する業者を介して行われ，2000年代初頭から，外資系金融機関を中心に導入され始めた。電子コンファメーションの利用はシステム対応のための初期投資が必要である一方で，事務処理コストの削減，照合の迅速化，照合の正確性が担保されるなどの利点がある。

　金融危機以降の店頭デリバティブ取引規制強化の一環としてCCP利用の義務化がすすめられ，CCPは制度設計上，電子コンファメーションの利用を前提としていることから，ますます紙面によるコンファメーションから電子コンファメーションへの移行が増加した。

　主要な電子照合サービス提供業者として，米国の証券振替機構であるDTCC（The Depository Trust & Clearing Corporation）とMarkitWire社が挙げられる。DTCCはCDS取引を対象としている一方，MarkitWire社は，金利・株式・為替デリバティブ取引などを対象としている。取引当事者によってシステムに入力された約定は，サービス提供業者のシステム上で照合され，その結果は速やかに取引当事者に伝達される。紙面によるコンファメーションは先方との照合が完了するまでに早くとも数日を要するが，電子コンファメーションでは約定から数十分程度で照合が完了する。

② 紙面コンファメーション

　規制の流れとともに紙面を利用したコンファメーションの割合は減少しているが，複雑なデリバティブ取引については条件入力の困難さから電子照合がそぐわないこと，電子照合ではなく従前の紙面による照合を求める顧客もいることから，引き続き紙面を利用したコンファメーションの取り交わしが行われている。

　紙面を利用する場合，コンファメーションの作成・送付から，先方サインまたは押印済みコンファメーション回収までの一連の業務を行うための事務処理

が必要である。定型化された商品については，オペレーション部門の約定サポートチームなどにより処理されるが，新商品が約定された場合には新たにコンファメーションの雛型が作成される。このような場合，金融法務にかかわる専門知識が必要となることから，法務部門などと共同してコンファメーションの作成が行われる。ホールセール業務を行う証券会社では，1日の約定件数が多く，また一つのコンファメーションについての確認事項が多いため，多くの事務処理コストが必要である。

　なお，コンファメーションの作成・送付は約定から数日単位の時間を要することから，証券会社は約定内容を早期に確認する目的で，約定日に約定内容を簡潔に記載した書類を顧客に送付する。

③　取引照合の管理

　取引照合ステータスの管理，および，紙面コンファメーションの発送・回収状況の管理は，オペレーション部門が担当する。回収が遅延しているものについては，先方への督促や再送を行うことにより早期回収に努める。取引の照合にあたっては，約定が記録されたすべての取引を対象とし，すべてのコンファメーションが回収されていることを確かめることが重要である。

(3)　決　　済

① 　オプション取引の権利行使

　フロント部門は毎営業日，権利行使期限を迎えた取引をシステムから抽出し，担当トレーダーの指示のもと，権利行使の意思を取引相手に伝達する。オプション取引の権利行使には現物決済と差金決済があり，契約に決済方法が決められている。現物決済の場合，システム上でその旨が入力されると，オペレーション部門にその情報が伝達され決済手続が行われる。差金決済の場合，その旨が入力されるとバックシステムの入出金予定明細にその金額が反映される。オプション取引の権利行使の結果，現金決済が行われる場合には以下の決済照合が行われる。なお，現物決済を行う場合には，受渡しの対象となる有価証券の決済フローと同様であるため，ここでは記載を省略する。

第8章　店頭デリバティブ取引業務｜307

②　決済照合

　店頭デリバティブ取引の決済照合は，オペレーション部門において決済日数営業日前に行われる。決済照合においては，電話，メール，FAXなどにより取引の相手方と決済金額や決済口座などを確認する。オペレーション部門は，デリバティブ取引管理システムなどから出力された入出金予定明細などにもとづき決済スケジュールを管理する。

③　会計処理

　以下の会計仕訳は，デリバティブ取引管理システムなどで約定データにもとづき作成された決済データ，もしくはオプション取引の権利行使の場合には権利行使入力を行うことにより作成された決済データ等にもとづいて起票される。

ⅰ）先渡取引

［満期日（実現利益が×××円生じていた場合)］

（借）約定見返勘定	×××	（貸）トレーディング 　　　損益(実現損益)	×××

［決済日］

（借）現金及び預金	×××	（貸）約定見返勘定	×××

ⅱ）オプション取引

　コールオプションの買建て（権利行使価格@100円，権利行使日時点の原資産価格@130円，当初オプションプレミアム20円)

(A)　現物決済

［権利行使日（権利行使する場合)］

（借）商品有価証券等	130	（貸）約定見返勘定	100
		デリバティブ取引	20
		トレーディング 損益(実現損益)	10

［決済日］

| （借）約定見返勘定 | 100 | （貸）現金及び預金 | 100 |

(B) 差金決済

［権利行使日（権利行使する場合)］

| （借）約定見返勘定 | 30 | （貸）デリバティブ取引 | 20 |
| | | トレーディング
損益(実現損益) | 10 |

［決済日］

| （借）現金及び預金 | 30 | （貸）約定見返勘定 | 30 |

　コールオプションの買建て（権利行使価格@100円，権利行使日時点の原資産価格@95円，当初オプションプレミアム20円）

(C) 差金決済

［権利行使日（権利行使しない場合)］

| （借）トレーディング
損益(実現損益) | 20 | （貸）デリバティブ取引 | 20 |

　なお，権利行使されない現物決済の場合も同様の仕訳となる。

ⅲ）スワップ取引

［金利交換日（実現利益が×××円生じていた場合)］

| （借）現金及び預金 | ××× | （貸）トレーディング
損益(実現損益) | ××× |

(4) 区分経理処理

① 区分経理処理とは

　区分経理処理とは，たとえば，円建てであるが，通貨オプションが組み込ま

れており，外貨で返済される可能性のある借入金のように，組込デリバティブ
である通貨オプションのリスクが現物の金融負債である円建て借入金に及ぶ可
能性がある場合に，組込デリバティブである通貨オプションと，組込対象であ
る円建て借入金を区分して会計処理することである。

　払込資本を増加させる可能性のある部分を含まない複合金融商品について，
組込デリバティブが次の要件を満たす場合には，企業会計基準適用指針第12号
「その他の複合金融商品（払込資本を増加させる可能性のある部分を含まない
複合金融商品）に関する会計処理」第3項にしたがい，組込デリバティブを組
込対象である金融資産または金融負債とは区分して時価評価し，評価差額を当
期の損益として処理しなければならない（組込対象である現物の金融資産また
は金融負債は，金融商品会計基準にしたがって処理する）。

- 組込デリバティブのリスクが現物の金融資産または金融負債に及ぶ可能性
  があること
- 組込デリバティブと同一条件の独立したデリバティブが，デリバティブの
  特徴を満たすこと
- 当該複合金融商品について，時価の変動による評価差額が当期の損益に反
  映されないこと

組込デリバティブのリスクが現物の金融資産または金融負債に及ぶとは，利
付金融資産または金融負債の場合，原則として，組込デリバティブのリスクに
より現物の金融資産の当初元本が減少または金融負債の当初元本が増加もしく
は当該金融負債の金利が債務者にとって契約当初の市場金利の2倍以上になる
可能性があることをいう（同適用指針5項）。なお，上記3要件を満たさない
場合でも，管理上，組込デリバティブを区分しているときは，区分処理するこ
とができる（同適用指針4項）。証券会社は，当該容認処理を用いて区分処理
し，フロント部門が網羅的に市場リスクを把握・管理できるようにしている場
合が多い。

②　業務フロー

　証券会社が保有している商品有価証券等は，時価評価差額が損益に反映され
ているため，保有している金融商品について区分経理処理の要否を検討するこ

とは比較的少ないが，証券会社が区分経理処理を行う例としては，自社の発行する仕組債や仕組借入が挙げられる。証券会社が自社発行の仕組債や仕組借入を取り組むのは，デリバティブ取引ビジネスの一環として，デリバティブを組み込んだ商品を組成・販売する場合に，顧客の要望等に応じて自らその発行体もしくは借入主体となる場合である。この場合，まずはフロント部門のセールス担当者が顧客のニーズを確認するとともに，債券部門およびデリバティブ部門が自社発行仕組債または仕組借入の商品案を作成し，顧客へ条件の提示を行う。社債の発行や借入には，資金調達の側面も併せ持つことから，同時に財務部門が，期間や金額等の発行条件を検討して承認する。

　一般に，仕組債や仕組借入から生じる複雑な市場リスクは財務部門ではなくデリバティブ部門などのフロント部門にて管理される。通常は，図表2-8-11のとおりフロント部門と財務部門間にて仕組レートと区分経理レートを交換する内部デリバティブ取引を擬制して，これをデリバティブ取引システムに入力し，リスクの計測・時価の計算等を行う。フロント部門では，この内部取引により財務部門より移転された市場リスクを，他の顧客取引や業者間取引などから生じる市場リスクと一体的に管理する。なお，このように区分経理のための内部取引を行う際には，財務部門とフロント部門で社債（または借入金）やスワップ取引の発行条件が記載された書面を回覧し，最終的に両部署の責任者の決裁を得たうえで取引を実行する。

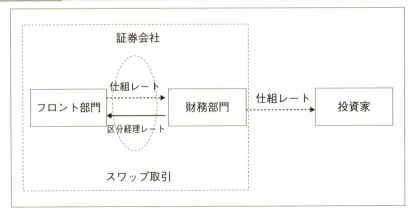

図表2-8-11　区分経理処理を行う取引フローの一例

第8章 店頭デリバティブ取引業務 311

区分経理のために記帳したデリバティブ取引（仕組レートと区分経理レートを交換する取引）から生じた損益については，企業会計基準適用指針第12号「その他の複合金融商品（払込資本を増加させる可能性のある部分を含まない複合金融商品）に関する会計処理」第8項において「区分処理した組込デリバティブの損益または評価差額は，組み込まれた金融資産または金融負債から生じた損益とは区分して表示する」とされており，トレーディング損益として処理する。一方で，組込デリバティブ部分を除いた部分については，区分経理レートにて発行ないし借り入れられた自社発行社債，借入金として処理するため，これらの利息は，時間の経過とともに区分経理レートにもとづいて支払利息として会計処理する。なお，デリバティブ取引の業務フロー，記帳方法等については各証券会社で異なる部分もあり，上記の記述はその一例であるが，その会計処理は次の③で示すとおりである。

③ 会計処理
　ⅰ）社債発行時（額面100円の社債（パー発行）を取り組んだ場合）
A．組込デリバティブ部分

仕訳なし

B．元本部分

（借）現金及び預金	100	（貸）社　　　債	100

　ⅱ）月末日および期末日
A．組込デリバティブ部分（評価益が20円生じている場合）

（借）デリバティブ取引	20	（貸）トレーディング 損益（評価損益）	20

312 | 第2編　業務プロセス・会計

B．元本部分

仕訳なし

C．利息（区分経理レートによる経過利子が2円の場合）

（借）支　払　利　息	2	（貸）未　払　費　用	2

　ⅲ）翌期首（洗替）

A．組込デリバティブ部分

（借）トレーディング 　　　損益(評価損益)	20	（貸）デリバティブ取引	20

C．利　息

（借）未　払　費　用	2	（貸）支　払　利　息	2

　ⅳ）利払い

　外部への社債の仕組レートの支払額が1円，また証券会社の区分経理レートで計算した場合の支払額が4円の場合（この場合，トレーディング損益（デリバティブ部分からの実現利益）として仕組レートと区分経理レートの差額3円が計上される）。

（借）支　払　利　息	4	（貸）トレーディング 　　　損益(実現損益)	3
		現金及び預金	1

　ⅴ）償　還

　外部への社債の仕組レートの支払額が2円，また証券会社の区分経理レートで計算した場合の支払額が5円の場合（この場合，組込デリバティブ部分からは実現利益として仕組レートと区分経理レートの差額の3円が計上される）。

| （借）支 払 利 息 | 5 | （貸）トレーディング 損益(評価損益) | 3 |
| | | 現 金 及 び 預 金 | 2 |

［元本部分］

| （借）社 債 | 100 | （貸）現 金 及 び 預 金 | 100 |

(5) 担　　保

① 業務フロー

　証券会社は，店頭デリバティブ取引業務の一環として，CSA にもとづきエクスポージャー（取引相手に対する債権または債務残高）に応じた担保授受を行う。CSA にもとづく担保移動は，ⅰ）エクスポージャーの算出，ⅱ）必要担保額および受渡担保額の算出，ⅲ）担保請求およびⅳ）担保授受の手順で行われる。これらの業務はオペレーション部門で行われるのが一般的であることから，以下ではその前提の下，業務フローについて解説する。

　ⅰ）エクスポージャーの算出

　オペレーション部門は，デリバティブ取引管理システムから，CSA の対象取引の時価を抽出し，取引相手ごとにエクスポージャーを算出する。

　ⅱ）必要担保額および受渡担保額の算出

　計算したエクスポージャーから，独立担保額や信用極度額を控除して，必要担保額を算出する。オペレーション部門は，必要担保額にすでに受け入れまたは差し入れた担保の時価を加減して受渡担保額を算出する。これらの評価を行うタイミングはそれぞれの契約により個別に定められていることから，当該契約に合わせて受渡担保額の算出が行われる。

　ⅲ）担保請求

　受渡担保額が最低引渡額を超えている場合，受渡担保額の計算結果にもとづき担保請求を行うことができ，オペレーション部門は規定の時間までに取引相手にその旨およびその金額を通知する。担保請求通知を行うことはマージン

コールと呼ばれる。マージンコールは担保請求をする側が行うものであるから，請求を受ける側は先方からマージンコールがない場合，特段手続を実施することはない。

　請求を受けた側は，エクスポージャーや担保受渡額（Delivery Amount）等が自身の計算結果と同等もしくはそれ以下である場合には，これを了承する。しかし，CSA においては各取引の時価算出のための統一的な評価レートおよび時価算出モデルが定められていないことから，取引当事者はそれぞれの評価レートおよび時価算出モデルを使用している。そのため，取引当事者間でエクスポージャーが一致することはほとんどなく，市場が大きく変動した場合には両者の算出したエクスポージャーが大きく異なることがある。仮に計算結果を上回る場合は実務上，乖離額が一定金額以内であればその平均額で合意することが多い。担保受渡額を折半により決定することをスプリットと呼ぶことがある。自社の計算結果と合意額の差額は先方に対する与信であるから，スプリットを行う場合，オペレーション部門はリスク管理部門などの信用リスク管理の所管部署に了承を得る。

　iv）担保授受

　担保請求額が確定し，担保の差入れや返戻などの担保授受が行われる場合，担保の選定は担保提供者が行う。国債などを担保として提供する場合，オペレーション部門は当該債券のポジションを管理しているフロント部門に銘柄選定を依頼し，その指示にしたがって担保の授受を行う。

② 　会計処理

　現金および有価証券を担保として差し入れる場合の会計処理は以下のとおりである。

　ⅰ）現金で差し入れる場合

［決済日］

（借）短期差入保証金	×××	（貸）現金及び預金	×××

※　担保金を受け入れる場合は貸方に短期受入保証金を計上する。

ⅱ) 有価証券で差し入れる場合

仕訳は起票しない。帳簿等によりその状況を明らかにしておき，財務諸表に時価を注記する。

③ 損益差金

CCPへ清算集中されている店頭デリバティブ取引については，CCPとの債務引受契約によって，店頭デリバティブ取引から生じたエクスポージャーを決済する目的で損益差金を授受する場合がある。当該取引の経済的実態は担保取引を行う場合と大きな相違はないが，エクスポージャーを資金決済することから，レバレッジ規制等の金融規制上有利に働く場合がある。

損益差金を授受する契約にしたがう場合，発生した評価損益を日々資金決済していることから，支払差金，受取差金として処理する方法に代えて，当該損益差金を実現損益として会計処理する方法がある。実現損益として処理した場合の仕訳は以下のとおりである。なお，上場デリバティブ取引における会計処理と類似することから，本編第7章④(4)の図表2-7-6も併せて参考されたい。

［損益差金の請求時］

（借）約定見返勘定	×××	（貸）デリバティブ損益	×××

［損益差金の受取り時］

（借）現金及び預金	×××	（貸）約定見返勘定	×××

［決算日］

（借）デリバティブ資産	×××	（貸）デリバティブ損益	×××

※ 時価評価額は，損益差金として授受していない未決済のエクスポージャーのみが反映される。

(6) 時価評価および時価検証

統一経理基準において，証券会社が保有するトレーディング商品には毎月末および期末には時価を付すこととされているため，株式や債券といった他のトレーディング商品と同様にデリバティブ取引についても時価評価を行う必要がある。ここで店頭デリバティブ取引には市場価格（取引所において取引されている価格等）が存在しないため，金融商品会計に関する実務指針第53項に規定される「合理的に算定された価額」が時価となり，通常「一般に広く普及している理論値モデルまたはプライシングモデル（たとえば，ブラック・ショールズ・モデル，二項モデル等のオプション価格モデル）を使用する方法」によって算定された価格が「合理的に算定された価額」となる（同実務指針54項(3)）。

証券会社内では，一般的にフロント部門（トレーダーなど）が時価評価を行い，その時価評価額についてプロダクトコントロール部門などのバック部門が独立的に検証を行う（以下，当該検証を「時価検証」という）。

図表2-8-12 時価評価モデルによる時価計算の概念図

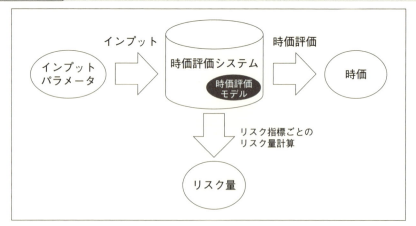

① 時価評価

フロント部門では，自らのトレーディングポジションを適切に把握，管理するために時価評価を行っており，時価評価は時価評価モデルにパラメータを投

入することによって行われる。

時価評価額の変動額はトレーディング損益として証券会社の営業成績に影響するほか，各トレーダーのパフォーマンス評価にあたってもベンチマークの一つとなる。そのため，トレーダーが自社の時価評価モデルの弱点を利用して一時的に見せかけの評価益を計上したり，インプットパラメータを自己に有利なように操作することによって不正な収益を計上するリスクがある。このようなリスクに対応するために，証券会社内においてはさまざまな内部統制が整備されている。以下，時価評価プロセスについて，時価評価モデルとモデルに投入するインプットパラメータという二つの観点から述べていく。

ⅰ）時価評価モデル

時価評価は，通常，時価評価モデルを搭載した時価評価システムを導入して計算を行う。特にエキゾチック・デリバティブの評価には複雑な計算を要するため，そのようなポジションを多く保有する証券会社においては時価評価システムを導入する必要性が高くなる。

時価評価モデルが不適切であると，時価評価が適切に行われないほか，リスク感応度が適切に測定されず，損益管理上の問題を抱えることもある。他社にモデルの弱点を突かれる等不利な条件で取引が行われた結果，自社のポートフォリオ内に潜在的な損失を抱えてしまうリスクや，トレーダーが不正な収益を計上する余地にもつながるリスクがある。

また，時価評価とリスク感応度の測定は表裏一体である。リスク感応度はインプットパラメータが変化した際の時価評価額の変動額（または変動率）として定義されるため，時価評価と並行して同一モデルにて計算されるからである。③で述べたように，証券会社はリスク感応度をリスク指標の一つとし，リスク指標ごとのリスク量によってポジションを把握・管理し，トレーディング戦略の意思決定を行っているため，たとえば，リスク感応度が市場の変動に対して不自然な動き方をする，測定不能となる等，測定に問題がある場合には，リスク管理が適切に機能せず，ビジネス上も大きなリスクとなる。

このようなリスクに対処するために，適切な時価評価モデルを導入し，継続的な有効性を確保することは重要であり，これに対応する内部統制は以下のとおりである。

- 時価評価モデル内の仮定に商品特性やマーケット環境が適切に考慮され，時価やリスク感応度が適切に測定されていることをシステムへの導入前に確認・承認する。導入時に行ったテスト結果や，モデルの複雑性を勘案した結果，当該モデルの使用に一定の制限を設ける必要がある場合には，条件付き承認としたり，モデルリミットを設定することにより，承認後も継続的に管理していく。モデルに係る情報は，承認状況やモデルリミット等も含めてリスト化し，管理される。
- マーケットの変動に合わせたシミュレーションを行い，エラーが発生しないことを確かめる。または，エラーが発生するケースを特定し，問題点の重要性を市場環境やポジション状況から評価する。
- 承認された時価評価モデルが意図されたとおりにシステムに実装され，その後，継続的に適切に運用されていることを検証する。
- 時価評価モデル導入後も継続して，当該モデルが内包する仮定が適切に設定され，マーケット環境に適合していることを確かめる。時価評価モデルの定期検証の際には，モデル導入時と同様に，商品特性やマーケット環境が適切に反映されているか継続的な有効性を確認する。モデル導入時に，ポジション量やモデルの複雑性等をもとに，それぞれのモデルについてリスク格付を行い，格付ごとにリスクに見合った定期的・継続的なモニタリング手法をルール化し，運用する。モニタリング結果はマネジメントに報告される。
- 時価評価モデルを変更する際には，上記の観点に加えて，変更によって生じた損益について発生原因を分析するとともに変更理由の妥当性を検証する。

　時価評価モデルは通常一定の仮定をおいて価格の算出を行っていることから，当該仮定が現在のマーケット環境に適合しているかという検証は，導入時のみならず，当該時価評価モデルを使用している限り定期的に行う必要がある。

　時価評価は通常出口価格（市場等で売却した際に受け取る金額）で評価すべきという前提を勘案すると，市場参加者が現在広く使用している時価評価モデルから自社の時価評価モデルが乖離していないかという点にも留意する必要が

ある。また，市場環境は一定ではなく常に変化しており，また時価評価モデルにより時価評価やリスク感応度を測定できる前提にも一定の制約がある場合もある（たとえばマイナス金利政策導入による市場環境の変化や流動性の枯渇が適切に計算に反映されない等）。このため，使用する時価評価モデルのマーケット状況への適合性や流動性リザーブ等の評価調整等により時価評価モデルがカバーできない部分を適切に時価へ反映させる必要がある点にも留意する必要がある。

なお，時価評価システムを導入する場合，自社のクオンツが開発した時価評価モデルを搭載するケースもあれば，外部業者が開発し汎用化されたシステムや時価評価モデルを導入するケースもある。また，システム導入に至らずトレーダーがスプレッドシート等により作成したモデルで時価評価を行っているケースもある。いずれの場合においても上述した時価評価モデルの使用にあたって生じる基本的リスクに変わりはないが，スプレッドシートを使用している場合には，バージョン管理やパスワードによるアクセス制限等，ITシステムであれば，IDによるアクセスコントロール等のシステム統制でカバーされているモデル改ざんリスク等に対応する統制を構築する必要がある。

ⅱ）インプットパラメータ

時価評価システムへのパラメータの投入は，外部データをシステムが自動的に取得するケースもあれば，トレーダーが市場の状況を判断して決定し入力するケースもある。一般的に想定される主なインプットパラメータは図表2-8-13のとおりである。

インプットパラメータにもとづいて時価評価が行われるため，主にインプットパラメータごとにリスク指標が存在する。前述のとおり，トレーダーは構築しているポートフォリオがさらされている市場リスクをリスク指標ごとにリスク量として把握し，ポジションを管理している。

なお，このようなインプットが適切になされているかどうかについての時価検証手続は，インプットパラメータの市場における観察可能性に左右される。観察可能性は公正価値ヒエラルキーのレベル区分の基礎となり時価検証の実施方法にも影響を与えるため重要な要素である。この点については③にて後述する。

図表2-8-13	インプットパラメータの例	
カテゴリー	商品例	インプットパラメータの例
株式デリバティブ取引	株式オプション取引 先渡取引 バリアンススワップ取引	スワップレート ボラティリティ 配当率 コリレーション（株価間） 株価
金利・通貨デリバティブ取引	金利スワップ取引 通貨スワップ取引 スワップション取引 キャップ・フロアー取引 CMS取引	スワップレート クロスカレンシーベーシス 金利ボラティリティ（キャップボラティリティ・スワップションボラティリティ）
為替デリバティブ取引	為替オプション取引 為替先渡取引 PRDC取引 FX TARN スワップ	スワップレート 為替レート 為替ボラティリティ クロスカレンシーベーシス コリレーション（為替／為替・金利）
クレジットデリバティブ取引	CDS ファースト・トゥ・デフォルト	スワップレート クレジットスプレッド リカバリーレート コリレーション（デフォルト率）

② リスク管理部門によるモニタリング

リスク管理部門による市場リスク管理の大枠については第1編第4章②(1)「市場リスクと管理」を参照。証券会社が新規商品を開発し導入する際には自己資本規制比率をはじめ規制に与える影響やリスク管理方法について，事前に検討する必要があり，法務部門・リスク管理部門などの関係各部署の承認を受けることが必要である。

③ 時価検証

ⅰ）概　要

証券会社では，フロント部門が値付けした時価評価額をフロント部門から独立したミドル部門やバック部門が検証するという業務分掌体制が整えられている。一般的にこの時価検証業務はプロダクトコントロール部門が担うことが多いため，本書でもそれを前提として記載する。

金融商品の時価評価は，評価にあたって使用したインプットパラメータの観察可能性，つまりインプットパラメータが市場で観察される取引価格から算出されているか否かによって，見積りの不確実性が異なるため，証券会社の時価検証体制もインプットパラメータの観察可能性に応じて構築されている。また，プロダクトコントロール部門ではモデルによって算出された時価評価額をより精緻化するために時価調整を行う。以下，項目ごとに詳説する。

ⅱ）時価検証体制の構築・運用

プロダクトコントロール部門の時価検証は，月次など一定頻度で行われ，検証結果としてフロント部門が算出した時価との差異金額が算出される。検証にあたっては差異基準を設定し，差異金額が差異基準の範囲内に収まっていることを確かめる。差異基準を超過していた場合，時価を修正する必要がないか協議しなければならない。この際の金額的な基準等についてはあらかじめルール化しておく必要がある。留意すべき点は，プロダクトコントロール部門によるフロント部門に対する牽制機能が有効に機能するようルール化することである。時価検証の有効性を担保するにあたり，差異基準の設定は特に重要であり，ポジションの特性やマーケット状況を勘案したうえで最終的にはCFOやCRO等のマネジメントによって承認されるべきものである。

また，差異基準は一取引ごとの数値基準のみならず，デスクレベル・部門レベルといった単位で，しかも，各デスク・部門が保有する商品から生じた検証差異を合計し，デスクレベル・部門レベルでの時価評価における偏向がないか，不正な損益操作が行われていないかをモニタリングするための差異基準やルールも必要である。合計した差異金額が差異基準に抵触した場合，銘柄ごとではなく，デスクレベル・部門レベルで一括して修正を行う必要性についても検討しなければならない。

時価検証結果はフロント部門，リスク管理部門など関係各部署に伝達されるほか，マネジメントへも適切に報告されなければならない。その際には差異基準を超過した取引や，デスクおよび部門ごとの差異金額の合計に加え，パラメータが市場で観察できず，事実上検証不能となった商品の残高も報告されなければならない。特にCFOは，時価の不確実性は財務数値の不確実性に直結するため，検証不能残高については把握しておく必要がある。以下の公正価値

322 | 第2編 業務プロセス・会計

ヒエラルキーと時価検証の可否は異なる概念であり，レベル3の商品であって
も何らかの形で検証もしくは分析をプロダクトコントロール部門が行うべきで
あるが，このような検証または分析が全く行われていない商品の残高は一定以
下に抑える必要があり，CFOは自身が責任を持つ財務数値の不確実性の許容
水準を比較衡量しながら内部統制の範囲を決定しなければならない。

　iii）公正価値ヒエラルキー（レベル区分）

　公正価値ヒエラルキーとは，公正価値を測定するために用いる評価技法への
インプットをその観察可能性に応じて階層化する枠組みのことである（図表
2-8-14参照）。米国会計基準とIFRSにおいては，公正価値の測定にあたって
公正価値ヒエラルキーが定められており，観察不能なインプットが含まれる金
融商品（レベル3）の開示などが要求されている。時価評価におけるインプッ
トパラメータの観察可能性は，後述のiv）「時価検証方法」におけるインプッ
トパラメータの検証手続や，v）「リザーブ」の十分性にも影響するため，公
正価値ヒエラルキーの決定は有用な視点である。

図表2-8-14　　公正価値ヒエラルキー

レベル1	レベル2	レベル3
同一の資産または負債についての活発な市場における市場価格（調整なし）	直接または間接的に観察可能なインプットを用いて測定された公正価値（レベル1に含まれる市場価格以外）	観察可能な市場データにもとづかないインプットを用いて測定された公正価値

iv）時価検証方法

　時価検証方法は，主に，時価評価に際して使用するインプットパラメータの
チェックと，当該インプットパラメータの差異がアウトプットされる時価に与
える影響のチェックの2点があり，これらを同時に行う場合も多い。

　インプットパラメータのチェックは，フロント部門が投入したパラメータと
プロダクトコントロール部門が独自に入手したパラメータを比較することによ
り行われる。プロダクトコントロール部門のパラメータ入手先がフロント部門
と同じ場合には両者が一致することを確かめ，異なる場合には両者の差異が
マーケットで観察されるビッド・オファー差等を考慮して決定された差異基準
内であることを確かめる。

インプットパラメータがアウトプットされる時価に与える影響のチェックには，たとえば，時価評価額の再計算による検証やリスク感応度を用いた検証がある。

時価評価額の再計算による検証においては，プロダクトコントロール部門が外部から入手したパラメータ（スワップレートやボラティリティ等のマーケットデータ）を用いる。再計算にあたりフロント部門と同じモデルを使用する場合もあれば，別途検証のために用意したモデルやスプレッドシートを使用する場合もある。

リスク感応度を用いた検証は，特定のデリバティブ取引の時価に与える影響が大きいインプットパラメータがある場合にその金額的影響額を測定する場合や，インプットパラメータの検証差異がポートフォリオ全体の時価評価額に与える金額的影響を測定する場合に用いられる手法である。マーケットでは直接的には取得困難なインプットパラメータについては，フロント部門はマーケットの状況等を総合的に斟酌したうえで自ら決定しているが，このような場合でも情報サービス提供会社から入手したマーケットコンセンサスを使用するなどして，パラメータの差異が評価額に与える金額的影響，すなわち差異金額を算出する。この手法については前述のインプットのチェックと組み合わせて損益影響額を算定するために行われることもある。時価評価額の再計算やリスク感応度を用いた分析により算定された損益への影響額については，ある一定の基準値を設け，その基準値を超過した場合はプロダクトコントロール部門がフロント部門と時価の修正を行う必要がないか協議することとし，プロダクトコントロール部門の牽制機能が有効に機能する仕組みを構築しておく必要がある。

以上のような時価検証方針は，社内で適切に文書化されている必要がある。

また，前提として，時価検証の実施にあたっては，検証対象の網羅性，すなわちすべてのデリバティブ取引，インプットパラメータが時価検証対象となっていることも確かめる必要がある。

　ⅴ）リザーブ

米国会計基準やIFRSにおいては，公正価値は出口価格（ポジションを解消する際の価格）であると定義されている。日本の会計基準上では明示的な規定はないが，時価評価の留意事項として，非上場デリバティブ取引の時価評価に

324 | 第2編 業務プロセス・会計

あたり，基本的な考え方は，保有するデリバティブ取引を解約すると仮定した場合に相手先に支払うべき（または受け取るべき）価額，いわゆる手仕舞いコスト（キャンセル・コスト）を見積ること，つまりエグジット価格法の考え方にもとづくとされている（金融商品会計実務指針293項）。

　証券会社は，システム等によって計算された時価評価額を出口価格とするために時価調整を行う。時価調整に用いられるリザーブの例示は図表2-8-15のとおりである。証券会社は当該時価調整から恣意性を排除するため，計算方法を文書化しているほか，計算方法がマーケットの状況（たとえば流動性）や使用している時価評価モデル等に照らして妥当であることを定期的に確かめている。

図表2-8-15　代表的なリザーブ

リザーブ	時価調整の趣旨
流動性リザーブ	マーケットの流動性が乏しく，仲値による時価評価額と実際の市場における売買価格が乖離している場合に，当該市場環境を適切に時価に反映させるためのリザーブ。 多くの場合，デリバティブ取引の時価評価に際して使用されるインプットパラメータは，マーケットで観察される仲値（Mid）である。しかし実際にマーケットで取引が約定される価格は買値（Bid）または売値（Offer または Ask）であるため，仲値ベースの時価評価額を実際の売買値に引き直すためのリザーブである。
モデルリザーブ	プライシングモデルにより時価を算出しているが，当該モデルの制限等をカバーするためのリザーブ。

④　会計処理

　以下の仕訳は，基本的にはデリバティブ取引管理システムで算出された時価評価額にもとづいて起票するが，リザーブのようにシステム外で算定し仕訳起票する場合もある。なお，デリバティブ取引の評価損益に係る会計仕訳については，先渡取引・オプション取引・スワップ取引といった取引のタイプによる違いはなく，通常は以下のとおり評価損益を認識する仕訳を起票する。

［期末日（評価益が×××円生じていた場合）］

（借）デリバティブ取引	×××	（貸）トレーディング 損益(評価損益)	×××

［翌期首（洗替)］

（借）トレーディング 損益(評価損益)	×××	（貸）デリバティブ取引	×××

(7) 会計処理のまとめ

店頭デリバティブ取引の会計処理については業務フローごとに前述したとおりであるが，以下では店頭デリバティブ取引に係る会計仕訳を一覧化して会計的な観点から設例により解説する。

① 先渡取引

設例2-8-1　　先渡取引

【前提条件】

- 自己の売建て日経225エクイティフォワード
- 数量：10,000単位
- 先渡価格@9,000円

【会計処理】

① 約定日

約定時点では，取引自体は認識されるものの，実現損益が生じないため，会計処理はない。建玉・想定元本に係る経理処理は行わない。

仕訳なし

② 月末日，期末日を迎えた場合

トレーディング商品の残ポジションについて，統一経理基準は毎月末および期末においてみなし決済損益を算定し，洗替えの方法により評価替えを行うことを求めている。

326 | 第2編　業務プロセス・会計

　なお，相対取引であるデリバティブ取引について法的に有効なネッティング契約下にある取引は，相手先ごとにデリバティブ取引勘定の残高を相殺することができる。この点については⑦(1)において後述する。

• 上記フォワードを売り建てたまま期末を迎えた。評価額@8,000円。

[期末日]　　　　　　　　　　　　　　　　　　　　　　　　　　（単位：千円）

| （借）デリバティブ取引 | 10,000 | （貸）トレーディング
　　損益(評価損益) | 10,000 |

※　10,000千円 =（9,000 - 8,000）×10,000

[翌期首]　　　　　　　　　　　　　　　　　　　　　　　　　　（単位：千円）

| （借）トレーディング
　　損益(評価損益) | 10,000 | （貸）デリバティブ取引 | 10,000 |

③　満期を迎えた場合

• 満期時点で，フォワードに係る決済差金を受け渡し，清算した。上記フォワードを決済した。清算価格@8,500円。

[決済金額確定日]　　　　　　　　　　　　　　　　　　　　　　（単位：千円）

| （借）約定見返勘定 | 5,000 | （貸）トレーディング損益 | 5,000 |

※　5,000千円 =（9,000 - 8,500）×10,000

[資金決済日]　　　　　　　　　　　　　　　　　　　　　　　　（単位：千円）

| （借）現金及び預金 | 5,000 | （貸）約定見返勘定 | 5,000 |

② オプション取引

設例2-8-2　　オプション取引

【前提条件】

• 店頭個別株コールオプション取引（ヨーロピアンタイプ）を約定（買建）。

- 権利行使価格13,000円
- 株数：10,000株
- オプションプレミアム9百万円（@900×10,000株）

【会計処理】

① 約定日

　約定時点で建玉・想定元本に係る経理処理は行わない。一方で，統一経理基準は，オプション取引に係るオプションプレミアムおよびスワップ取引に係るアップ・フロント等の金銭の授受に係る経理処理については，その性格に応じて，「トレーディング損益」勘定に計上するものと「トレーディング商品」勘定に計上するものについて，あらかじめ証券会社が定める経理規程等において明確にしておくことを求めている。なお，期末日において時価評価されることから，いずれの方法を用いた場合でも，最終的なトレーディング損益の金額・デリバティブ取引勘定の残高に変わりはない。

［約定日（オプションプレミアムをトレーディング商品として計上する場合）］

（単位：千円）

（借）デリバティブ取引	9,000	（貸）約定見返勘定	9,000

［オプションプレミアムの決済日］

（単位：千円）

（借）約定見返勘定	9,000	（貸）現金及び預金	9,000

② 月末日，期末を迎えた場合

　先渡取引と同様にみなし決済損益を算定し，洗替えの方法により評価替えを行う。

- 期末時点でオプション価格は@1,200円であった。

［期末日］

（単位：千円）

（借）デリバティブ取引	3,000	（貸）トレーディング損益（評価損益）	3,000

328 | 第2編　業務プロセス・会計

※　3,000千円 =（1,200 − 900）×10,000

［翌期首］　　　　　　　　　　　　　　　　　　　　　　　　（単位：千円）

（借）トレーディング 　　損益(評価損益)	3,000	（貸）デリバティブ取引	3,000

③　権利行使した場合（差金決済）

　オプションプレミアムをトレーディング商品として計上する場合には，権利行使時点でオプションプレミアムと決済差金の差額がトレーディング商品として計上される。

・権利行使日において対象株式の株価は14,000円であり権利行使価額13,000円で，権利行使し，差金決済した。

［権利行使日］　　　　　　　　　　　　　　　　　　　　　（単位：千円）

（借）約定見返勘定	10,000	（貸）デリバティブ取引	9,000
		トレーディング損益	1,000

※　10,000千円 =（14,000 − 13,000）×10,000

［資金決済日］　　　　　　　　　　　　　　　　　　　　　（単位：千円）

（借）現 金 及 び 預 金	10,000	（貸）約 定 見 返 勘 定	10,000

③　スワップ取引

　約定日（仕訳なし）・決済時点（実現損益仕訳）・期末評価時点に分けて記載する。

設例2-8-3　　スワップ取引

【会計処理】

①　約定日

仕訳なし

第8章　店頭デリバティブ取引業務　329

　約定時点では，取引自体は認識されるものの，アップ・フロントがない限り実現損益が生じないため，会計処理はない。想定元本に係る経理処理も行わない。

② 金利交換日

　金利交換日に実現損益として認識する。

　・スワップ金利として1,000千円受け取る場合

（単位：千円）

| （借）現金及び預金 | 1,000 | （貸）トレーディング損益 | 1,000 |

③ 月末日，期末日を迎えた場合

・期末日のスワップ取引の時価10,000千円

［期末日］　　　　　　　　　　　　　　　　　　　　　　（単位：千円）

| （借）デリバティブ取引 | 10,000 | （貸）トレーディング損益 | 10,000 |

6　内部統制

　店頭デリバティブ取引業務の内部統制において注意すべき点および証券会社が構築する財務報告に係る内部統制の例は以下のとおりである。

店頭デリバティブ	内部統制の着眼点	内部統制の例示
1	（職務分掌） 　兼務すべきではない職務が分離されているか。	・職務を適切に分離した組織体制の構築，職務分掌規程の運用 ・セキュリティカードによる入室制限等 ・IT システムにおける ID，パスワードの設定等によるアクセス制限

	(内部統制上のポイント) 　営業員やトレーダーと決済担当者，経理担当者など，兼務すべきではない職務が，適切に分離されていることが必要である。証券会社においては，フロント，ミドル，バック部門で職務を分離していることが多い。セキュリティカードや IT システムのアクセス権限により，適切に職務を分離した内部統制を整備する必要がある。	
2	(顧客口座の管理) 　顧客マスターの登録・管理は適切か。	• 口座開設時の本人確認 • 住所不明顧客等の取引制限 • フロントシステムのエディットチェック
	(内部統制上のポイント) 　架空口座の存在により，架空取引が記録されることを防止するため，本人確認後でなければ顧客口座を開設し，システム上の顧客マスターを作成できないよう内部統制を構築する。また，顧客口座の取引状況を監視し，違法な取引が疑われる場合や，住所不明により取引報告書が不達の顧客については，適時に取引を制限する。また，フロントシステムのエディットチェックにより，顧客マスターに登録のない顧客の注文や，権限者以外による注文は，受け付けない仕組みとする。	
3	(リスクリミットの設定) 　マネジメントは，フロント部門がとるリスク量の上限（リスクリミット）を設定しモニタリングしているか。	• マネジメントによるフロント部門のリスクリミットの設定とデスクやトレーダーへの配分 • ミドル部門によるリスク量のモニタリング • リスクリミット超過時のマネジメントによる承認プロセス
	(内部統制上のポイント) 　フロント部門は，マネジメントに設定されたリスクリミットの枠内で取引を行う権限が与えられている。ミドル部門は，フロント部門のリスク量をモニタリングする。フロント部門は，リスクリミットを超過した場合，マネジメント，ミドル部門による承認を得て対応する。	
4	(カウンターパーティリスク管理) 　マネジメントは，与信限度枠を設定しカウンターパーティリスクをモニタリングしているか。	• 与信限度枠の設定 • ミドル部門による与信状況のモニタリング
	(内部統制上のポイント) 　フロント部門は，マネジメントに与えられた与信枠内で取引を行う権限が与えられている。店頭デリバティブ取引では，時価変動により与信が生じるため，カウンターパーティと CSA 等の担保条件を合意し，与信額が与信枠の範囲に収まるようマージンコールを行う。担保条件は，与信管理のほか，時価評価にも影響するため，フロントシステムに適切に入力する必要がある。ミドル部門は，フロント部門の与信状況をモニタリングする。	

5	（コンファメーション） 　店頭デリバティブ取引は，約定にもとづき正確かつ網羅的に記録されているか。	・バック部門によるコンファメーションと約定データの照合 ・コンファメーション未回収の取引についての管理 ・電子コンファーム取引についてコンファメーションステータスの改ざんを防止するシステム統制
	（内部統制上のポイント） 　店頭デリバティブ取引は，株式や債券のように日々の残高照合を行わないことから，取引時に相手方と約定内容の照合を行うことが特に重要である。また，締結された取引について，コンファメーションが網羅的に取り交わされるよう管理する必要がある。なお，電子コンファメーションを利用する取引については，不正防止の観点から，社内のデリバティブ管理システム内にてコンファメーションステータスを改ざんしたりコンファメーション不要の取引として約定入力することを防ぐ体制を構築する必要がある。紙面によるコンファメーションは，不正防止の観点から，約定権限のないバック部門が照合・管理等を行う必要がある。	
6	（資金決済） 　資金決済は，正確に記録されているか。	・バック部門による決済予定データの確認 ・決済結果のモニタリング ・受渡勘定のバランスチェック
	（内部統制上のポイント） 　資金決済は，相手方と合意した金額にもとづき，正確に決済指示し会計処理する必要がある。バック部門は，金利の受渡しの場合は金利決定（Fixing）の内容を相手方と照合することにより，オプションの権利行使に伴い差金決済が行われる場合は決済内容を相手方と照合することにより，決済予定データを承認する。 　決済の結果は，決済機関からの決済結果通知，資金勘定残高と預金残高の照合，受渡勘定のバランスのチェックにより確かめ，必要な修正をする。	
7	（約定訂正） 　取引記録の事後修正ができない仕組みとなっているか。	・約定データを削除，修正できないシステム上の制限 ・修正記帳時の上席者やコンプライアンス部門による承認
	（内部統制上のポイント） 　損失補てんや顧客資産の流用等の不正防止の観点から，一度記録された約定記録は，事後的に取消，訂正ができない仕組みとする。約定記録の修正が必要な場合には，顧客との認識の確認，コンプライアンス上の問題の有無を関連部署が確認のうえ，修正を記録する。	
8	（担保の処理） 　担保の記帳は適切か。	・エクスポージャー，受渡金額の照合 ・担保残高の照合

332 | 第2編 業務プロセス・会計

（内部統制上のポイント）

　担保の請求・授受は，相手方と合意した金額にもとづき，金銭または代用有価証券について正確に決済指示，記帳する必要がある。バック部門はシステムよりエクスポージャー，必要担保額の計算，確認を行い，相手先とその金額について合意する。

　相手方が清算機関である場合は，定期的に残高証明を入手し，システムで認識している担保額と照合する。

9	（トレーディング商品の時価評価） 　トレーディング商品が時価で評価されているか。	• 時価評価方針にもとづいたフロント部門による評価 • 時価検証方針にもとづいたプロダクトコントロール部門による検証

（内部統制上のポイント）

　フロント部門は，時価評価方針にしたがってトレーディング商品を時価評価する。フロントから独立した時価検証部門（プロダクトコントロール部門等）は，時価検証方針にしたがい，独自にパラメータ等を入手・比較し，フロント部門の評価した時価が適切に算出されているかを検証する。

　時価検証にあたっては，商品の特性を十分に勘案したうえで検証方法を構築する必要があり，検証差異については，時価検証方針にもとづき修正の要否を検討する。また，差異基準については，1取引ごとの差異基準のみならず，デスクレベル・部門レベルの合計ベースの差異基準も同時に設定し，検証により算出された差異を合計したとしても重要性がないことを確かめるプロセスを構築する必要がある。1件ごとでは差異が僅少でも，ポートフォリオレベルで合計した場合に差異が大きくなる場合には，不正の兆候が内在している場合もあるからである。差異基準はマネジメント等，適切な階層によって承認される必要がある。また，差異基準への抵触があった場合には，適切な階層への報告が行われるとともに，時価の修正の必要性について協議する体制をルール化しておかなければならない。

　時価検証の実効性を保つためには，時価の見積りの不確実性が高い取引が適切に抽出され，マネジメント層への報告や修正の協議がされる必要があるため，差異基準を適切な水準に設定し，時価検証部門によるフロント部門に対する牽制機能を確保することが非常に重要である。

　加えて，時価の検証ができなかった商品や入手できたエビデンスが十分ではない商品の残高等についてもマネジメント層等に報告され，その重要性やリスク評価・対策等が協議される必要がある。

10	（時価評価−時価評価モデル） 　時価評価に適切なモデルが使用されているか。	• リスク管理部門，プロダクトコントロール部門によるモデル導入または変更時における検証および承認 • モデル格付に応じたリスク管理部門，プロダクトコントロール部門による継続的・定期的な検証およびモニタリング • モデル改ざん等を防ぐためのシス

第8章　店頭デリバティブ取引業務 ｜ 333

		テム上の適切なアクセス権限設定またはプロダクトコントロール部門による再計算による検証
	（内部統制上のポイント） 　時価評価モデルやそれに使用するインプットパラメータは，リスク管理および財務報告の観点から，導入または変更時に適切に文書化および検証が行われ，リスク管理部門またはプロダクトコントロール部門により承認されている必要がある。承認時にモデルの複雑性等を起因として，モデルリミットの設定等，何らかの使用制限を付した場合には，当該制限が遵守されていることを継続的にモニタリングしなければならない。導入時において，モデルの複雑性や当モデルを使用する取引の残高等，複数の指標を用いてモデルリスクを評価して格付し，導入後も格付に応じた継続的・定期的な検証およびモニタリング等を行っていく必要がある。特に，市場環境は変化することがあるため，モデル内で使用されている仮定等が現在の市場環境に適合しているかという点についての定期的なレビューは必須である。また，導入時にシステムへの実装が，承認されたロジックどおりに適切になされたかどうかを確かめるとともに，導入後許可なく改ざんされるリスクを防止するために適切なアクセス制限がなされているか，といった確認や，場合によってはプロダクトコントロール部門側で別途導入時に株分けしたモデルを保有し再計算を行うことで，重要な改ざんがなかったことを確かめる手法も考えられる。	
11	（時価評価－インプットパラメータ） 　時価評価に必要なインプットパラメータは適切であるか。	• プロダクトコントロール部門が取得したデータとの照合 • 再計算，リスク感応度を用いた差異影響額の把握
	（内部統制上のポイント） 　時価の算出に使用したインプットパラメータについて，時価評価基準にしたがって，評価基準日の適切な引値を使用しているかを検証する。検証は，フロントから独立した部署が実施する。また，検証対象の網羅性に留意する。差異がある場合には，リスク感応度を用いて影響額を計算し，前述したように差異基準に照らし合わせて適切に検討・協議等されなければならない。	
12	（時価評価－計算） 　時価・リスク感応度の計算は正確に行われているか。	• 再計算による計算結果の検証 • 損益のモニタリング
	（内部統制上のポイント） 　時価評価モデルが事前に承認されたロジックどおりにプログラムされシステムに搭載されたか，システムのアウトプット（計算結果）が正確であるかを確かめる。また，時価計算・評価損益が正しいことを確かめるため，損益発生状況をモニタリングし，リスク感応度とマーケットの動きに照らして損益金額が妥当であるか，取引日損益が合理的であるかを確かめることも有用である。リスク感応度は，ビジネスやリスク管理上のみならずリ	

334 | 第2編 業務プロセス・会計

ザーブの計算にも用いられるため，財務報告上も重要な数値であるが，リスク感応度を用いて損益の分析が適切にできていない場合，モデルがリスク感応度を適切に算出していない可能性も考えられる。また，取引日損益については，特にインターバンクの取引において多額の取引日損益が発生している場合には，市場参加者が通常考慮している仮定が自社のモデルに織り込まれていない可能性を示唆している場合がある。

13	(時価乖離取引のモニタリング) 　取引が市場価格と著しく乖離した価格で行われていないか。収益認識の観点から問題のある取引はないか。	• フロントから独立した部門による，一定の閾値を用いた取引価格と市場価格の乖離分析・モニタリング • プロダクトコントロール部門等による店頭デリバティブ取引の取引日損益のモニタリング
	(内部統制上のポイント) 　時価と乖離した価格での取引にはフロント部門等による不正の可能性があるため，市場価格と乖離した取引が行われていないかフロントから独立した部門がモニタリングする必要がある。 　また，インターバンク市場における取引において多額の取引日損益が出ている場合，自社の時価評価モデルに何らかの問題が内在していないかを確かめるための分析が必要となる。 　対顧客の取引についても，不当な利益を顧客から得ていないかというコンプライアンス上の観点のみならず，収益認識上問題がないかという観点からフロント以外の部門がモニタリングする必要がある。		
14	(損益・勘定残高の分析) 　異常な損益が発生していないか，もしくは残高に異常な増減が生じていないか。	• プロダクトコントロール部門等による日次・月次での損益分析・予実分析 • 経理部門による勘定科目レベルでの増減分析およびフロント管理損益もしくは管理上の損益との照合・差異分析
	(内部統制上のポイント) 　プロダクトコントロール部門等が実施するトレーディング損益の分析を行っているが，特に大きく市場が変動した際に説明不能な損益が発生していないか，予期せず多額の損益が発生した場合，リスク計測上の問題点はないか，現状のポジション量や設定しているリスクリミット等に問題はないか，といった観点から分析等を行う必要がある。 　会社のビジネスリスクや部門別・商品別の収益性を見きわめるうえでも実際損益の分析は重要視される。経理部門は，財務諸表上の各勘定科目において異常な増減がないことを確かめることで，重要な不正の兆候がないこと，またフロント部門が管理している管理会計上の損益や，ミドル部門が管理しているリスク管理上の仮想損益との照合や差異分析を行うことにより，不正のみならず誤謬による重要な財務数値への計上漏れ等がないことも確かめる。		

15	（IT システムインターフェース） 　システム間でデータが正確かつ網羅的に転送されているか。	・データ受渡し件数等の整合性チェック ・システム間のデータ照合 ・システムデータの外部情報との照合
	（内部統制上のポイント） 　取引データは，フロント部門が発注，約定に用いるフロントシステムに入力されたのち，バック部門が証券・資金決済に用いるバックシステムに転送され，決済データが作成される。また，取引データや決済データは，会計システムに転送されて，会計仕訳が起票される。データ転送の正確性と網羅性を確保するプログラムを設定するとともに，システム間のインターフェースが正確に行われない場合に備え，システム間のデータの整合性の確認や，外部情報との照合を実施する。誤りや漏れが発見された場合には適時に原因を調査し，適切にデータを修正する。	
16	（IT システムによる自動計算） 　時価評価等の計算が正しく行われているか。	・計算ロジックの設定 ・計算と出力の正確性の確認
	（内部統制上のポイント） 　時価評価等の計算は IT システムによって，インプットパラメータ，取引データ等を用い，設定された計算ロジックにしたがって行われる。計算ロジックの登録・更新が，権限者の承認を経て正確に行われるための内部統制を整備するとともに，システム上，正しく計算され仕訳やレポートとして出力されることを確かめる。	
17	（IT システムによる自動仕訳起票） 　会計仕訳が IT により正確に起票されているか。	・仕訳マスター登録時の承認・照合 ・出力の正確性の確認
	（内部統制上のポイント） 　自動仕訳は，仕訳マスターの設定にしたがって作成されるため，仕訳マスターの登録・更新が，経理部門の承認を経て正確に行われるための内部統制を整備するとともに，システム上，正しく仕訳として出力されることを確かめる。	

7　開示・注記事項

⑴　デリバティブ資産・負債の相殺表示

　金融資産と金融負債は，貸借対照表において総額で表示することが会計上の原則である。しかし，金融商品会計実務指針第140項において，以下の要件をすべて満たした場合に，相殺表示が認められている。

ⅰ）同一の相手先に対する金銭債権と金銭債務であること

ⅱ）相殺が法的に有効で企業が相殺する能力を有すること

ⅲ）企業が相殺して決済する意思を有すること

　また，同一相手先とのデリバティブ取引の時価評価による金融資産と金融負債については，法的に有効なマスターネッティング契約（一つの契約について債務不履行等の一括清算事由が生じた場合に，契約の対象となるすべての取引について，単一通貨の純額で決済することとする契約）を有する場合には，その適用範囲で相殺可能とする旨が規定されている。これは，信用リスク軽減のための当該契約の効力を財務会計上も考慮するためであり，たとえばISDAのマスターネッティング契約がこれに該当する。

　統一経理基準においても同様に，「相対のデリバティブ取引について法的に有効なネッティング契約下にある取引は，相手先毎にみなし決済損益を相殺し，資産の部又は負債の部のデリバティブ取引勘定のいずれか一方に計上することができる」と定められている。

　なお，相殺表示に関する方針は，毎期継続して適用する必要がある。

(2)　差入有価証券等，受入有価証券等

　店頭デリバティブ取引に伴う担保の差入れや受入れが，代用有価証券により行われる場合には，金融商品会計実務指針，統一経理基準にしたがいその時価を注記する。ただし担保として代用有価証券を受け入れた場合，注記は再担保に供する旨の同意を得たものに限られる。自由処分権の移転の有無，再担保同意の有無により注記の要否が異なるため，前提となる担保契約を確認する必要があることに留意する。注記の対象となるものは，以下のとおりである。

- 差入保証金代用有価証券
- 受入保証金代用有価証券（再担保に供する旨の同意を得たものに限る。）

第8章 店頭デリバティブ取引業務 | 337

監査人の視点 | 管理不能損益―トレーディング損益の監査―

　証券会社の監査の難しい理由の一つは，損益の監査が重要である点です。銀行の監査においては，自己査定と呼ばれる貸出金や有価証券といった資産の評価の監査に重点がおかれます。保険会社の監査においても，運用資産，保険負債の監査がより重要です。これは，銀行や保険会社においては，貸出金や保険の残高を積み上げることが企業の成果につながるからです。しかし，証券会社は資産ではなく，取引を積み上げることで，収益を生み出しているため，損益の監査がより重要となるのです。

　しかし，収益の監査は，一時点の資産・負債を監査するよりも，期間を対象とする点でより困難です。そのなかでも，トレーディング損益が，証券会社のポジションと，それがさらされている市場の動きと整合しているか，これを検討することは，監査人にとって最も困難な手続の一つです。

　監査においては，リスク感応度と市場の動きを勘案した推定値と，トレーディング損益が整合するかを検討します。トレーディング勘定のリスクポジションは，市場が動いた場合に，どの程度，時価が変動するかというリスク感応度で管理されています。証券会社のトレーダーは，マネジメントから与えられたリスク枠のなかでポジションを取ることが認められており，リスク感応度にもとづくリスク量は，そのリスク枠の一つです。

　しかし，トレーディング損益は，リスク感応度だけで分析しつくせるものではありません。デリバティブ取引の評価モデルは，一定の仮定のもと，完全にヘッジが可能な市場を想定しています。しかし，実際の市場は評価モデルの想定しているものとは異なります。証券会社が提示する価格には，マージンも含まれており，評価モデルで算定された時価との乖離の原因となりますが，それ以外にも，評価モデルの限界により差が生じる場合もあります。たとえば，評価モデルにおいては，無リスクレートで割引計算がされますが，実際にはカウンターパーティの信用リスクや，その他のコストを考慮した価格で取引が行われることもあります。また，評価モデルに入力するインプットをすべて市場で観察することもできず，証券会社が独自に計算している場合もあります。さらには，市場における価格変動要因は，市場環境によって変化する場合もあります。たとえば，金融危機以降，銀行の信用リスクが高まり，それまで僅少であった3ヵ月 Libor と6ヵ月 Libor の差が大きくなりました。これにより，金融危機以前はほぼ同じ条件で取引されていた3ヵ月 Libor スワップと6ヵ月 Libor スワップに価格差が出るようになりました。

　こういった市場慣行の変化等を証券会社が時価評価にあたり適切に考慮していな

い場合，取引日損益（Day 1 損益）という形で，取引日に損益が認識されることがあるため，この Day 1 損益の妥当性について検討することが必要です。また，リスク感応度により分析した結果と，実際のトレーディング損益との間に乖離が生じる場合もあります。この乖離が大きい場合，評価モデルが不適切であることを示唆している可能性があり，リスク管理上，現行の時価評価モデルでは管理できていないポジションや損益が発生している可能性を考慮する必要があります。監査上も，このような視点から，取引日損益や管理不能損益が，時価評価が不適切であることを示唆していないかについて慎重な検討が必要です。

　このような考え方は，バーゼル委が2016年1月に公表した市場リスクに関する資本規制のなかでも採用されており，内部モデル方式により自己資本比率を算定する場合には，損益要因分析（P&L attribution）によるテストを行わなければならないとしています。

第9章

投資銀行業務

1 引受業務

(1) 業務内容

① 証券会社の引受業務

　企業が市場で，資金調達を行う際には株式発行，社債起債等，さまざまな手段がとられる。証券会社が行う引受業務は，株式市場・債券市場にて発行される有価証券の安定消化を保証する業務である。株式や債券の発行市場は主として資金の需要者である発行体と，その資金の供給者たる投資家によって構成されるが，そのような需要者・供給者をつなぐ仲介機能が証券会社の引受業務である。

ⅰ）募集と売出し

　発行市場における有価証券の供給形態として「募集」と「売出し」が挙げられる。募集とは新たに発行される有価証券の取得の申込みの勧誘のうち一定のものをいい，売出しとはすでに発行された有価証券の売付けの申込みまたはその買付けの申込みの勧誘のうち一定のものをいう。一定のものとは，募集であれば，発行される有価証券が金商法第2条第1項に掲げられるものであり，適格機関投資家等を除く一般投資家50名以上に取得勧誘する場合には，当該取得勧誘は原則として募集に該当する。

　このように，金商法における募集および売出し概念は勧誘対象人数や，相手がプロ（適格機関投資家[1]）であるか否か等により整理されており，これらに

該当しない取得勧誘（私募・私売出し）と比較して，より多くの開示規制・業者規制が課されている。

売出しについては，すでに発行されている有価証券を大量に保有する大口投資家から別の投資家へ放出するものであり，発行体が新たに資金調達を行うものではないが，募集と同じく発行体に対して開示義務が課される。

ⅱ）引受業務の種類（買取引受と残株引受）

引受けとは，金商法第2条第6項において規定される業務であり，「買取引受」と「残株引受」の2種類がある。「買取引受」とは，企業が有価証券を発行する際に，証券会社が当該有価証券の全部または一部を取得することを内容とする引受形態である。一方「残株引受」とは，企業が有価証券を発行する際に，証券会社がその全部または一部につき取得する者がいない場合にその残部を取得することを内容とする引受形態である。引受けについて，複数の証券会社が共同して引受けを実施する際には，「シンジケート団」（以下「シ団」という）と呼ばれる集団を組成する。

ⅲ）募集・売出しの取扱い

発行市場における証券会社の業務で，引受業務のほかに重要なものとして，募集・売出しの取扱いが挙げられる。これは金商法第2条第8項第6号に定める業務であり，発行者等が有価証券の募集，売出しを行う場合に，その者との契約にもとづき有価証券の取得の申込みの勧誘等を行う行為である。

引受業務と募集・売出しの取扱いの大きな違いは，前者には「引受責任」という，発行される有価証券の消化に関するリスク等を証券会社が負担するところに表れている。すなわち引受業務に関連して，金商法第21条において，元引受契約を締結している証券会社は，有価証券届出書のうち重要な事項において虚偽の記載があった場合には，投資家に対する損害賠償の責めを負うこととされている。また，有価証券が売れ残った場合には自社の在庫として抱えることとなり，引受業務を遂行するためには，これらのリスクに対処するための適切な引受審査体制等を構築することが要求される。

（1）たとえば銀行・生命保険会社といったものが挙げられる。金商法定義府令第10条参照。

② 諸制度

このように，引受業務の基本は，発行体から有価証券を買い取り投資家に販売することであるが，これらの業務が円滑かつ適正に実施されるよう，さまざまな制度が準備されている。ここではそれらの制度のうち重要なものについて紹介する。

ⅰ）オーバーアロットメント

オーバーアロットメントとは，発行体が募集・売出しを実施する際に当初予定していた数量を超える需要があった場合，主幹事証券会社（定義については③ⅰ）⑴にて後述）が発行体やその株主等から一時的に株式を借り，当初の募集・売出しと同一条件で追加的に投資家に販売することを指す。

投資家サイドの株式需要が大きく，当初予定していた数量の募集・売出しのみでは株式需要に応えきれない場合，このような追加販売を実施することで株式需要に応じられるほか，流通市場における株価の急変動を防ぎ株価の安定を図ることができる。なお，オーバーアロットメントにより追加販売できる株式数は，当初の募集・売出株数の15％までに制限されている。

主幹事証券会社はオーバーアロットメントのために借りた株式を返済する必要があるが，返済にあてる株式の調達手段として「グリーンシューオプション」と「シンジケートカバー取引」の二つが挙げられる。

「グリーンシューオプション」とは，引受価額で株式を調達できるコールオプションであり，引受契約において発行会社から主幹事証券会社へ付与される。販売後の市場価格が引受価額よりも高く推移している場合，主幹事証券会社は市場で株式を調達すると割高になるため，グリーンシューオプションを行使することにより借株を返済する。

一方，「シンジケートカバー取引」とは，流通市場において株式を買付け・調達する取引である。販売後の市場価格が引受価額よりも低く推移している場合，主幹事証券会社は市場で株式を割安に調達可能なため，市場で株式を買い付けて必要数量を調達し，借株を返済する。

ⅱ）安定操作取引

証券市場における有価証券の相場をくぎ付けにし，固定し，または安定させる目的をもって一連の有価証券の売買等を行うことは，相場操縦として禁止さ

れる行為であるが，例外的に有価証券の募集・売出し等を容易にするために有価証券の売買等を行うことは，安定操作取引と呼ばれ例外的に認められている（金商法159条３項，金商法施行令20条）。安定操作取引は本来禁止される相場操縦取引の例外であるため，その実施にあたっては目論見書への記載が必要となるとともに（金商法施行令21条），実施した証券会社には本店所在地を所管する財務局および取引所に対して「安定操作届出書」および「安定操作報告書」を提出しなければならない（金商法施行令23条，25条）。

③ 引受業務に関連して発生する手数料

引受業務に関連して発行体等から受け入れる手数料の統一経理基準による財務諸表上の表示は，下記のとおりである。

ⅰ）引受手数料の内容

(ア) 引受責任料

日本証券業協会「有価証券の引受け等に関する規則」第３条において，引受会員である証券会社は「引受審査を行った内容を踏まえて総合的な判断と責任のもとに引受判断を行わなければならない」とされている。市場で流通が予定されている有価証券の引受けについては金融商品取引業者として適切な引受判断のもと実施される必要があるとともに，事後に生じ得る募残リスクを管理する必要もあるため，証券会社が受け取る引受手数料はこのような引受行為から生じるリスクに対する対価として位置づけられる。引受責任料は，「引受け・売出し・特定投資家向け売付け勧誘等の手数料」に計上する。

(イ) 幹事手数料

金商業等府令第147条において，幹事証券会社とは「元引受契約の締結に際し，当該元引受契約に係る有価証券の発行者と当該元引受契約の内容を確定させるための協議を行う者」とされている。幹事手数料はこのような幹事業務に対して支払われる対価である。幹事を複数の証券会社が共同で担当するケースもあるが，このような場合には，幹事証券会社のなかに「事務主幹事会社」と呼ばれる契約事務を取りまとめる会社を設ける。幹事証券会社のなかで中心的な役割を担う会社を，主幹事証券会社と呼ぶ。幹事手数料は，「引受け・売出し・特定投資家向け売付け勧誘等の手数料」に計上する。

(ウ) 販売手数料

投資家への販売行為に対して支払われる対価である。引受行為を伴う場合は，「引受け・売出し・特定投資家向け売付け勧誘等の手数料」に計上する。

引受行為を伴わない場合には募集・売出しの取扱いにとどまるため，「募集・売出し・特定投資家向け売付け勧誘等の取扱手数料」に計上する。この場合には，引受会社から販売を委託されているものと位置づけられ，当該手数料は引受会社から受け入れる。引受会社としてシ団に参加していない場合には，引受責任料および幹事手数料はなく，販売手数料のみが収益として計上される。

ⅱ）引受手数料の形態

第三者割当による株式募集・売出しの場合，引受手数料の形態には一般的に「通常方式」と「スプレッド方式」の2種類が存在する。近年，株式はスプレッド方式が一般的となっている。

通常方式の場合には，公募価格（発行価格）が会社法上の発行価額と一致しており，これから引受手数料を控除したものが，発行体に支払われる受取金（発行体受取金）とされている。一方，スプレッド方式の場合には，公募価格（発行価格）と会社法上の発行価額との間にスプレッドを設けて当該発行価額を発行体受取金とすることで，スプレッド部分が証券会社の受取金となり，これが証券会社において収益（実質的な引受手数料）として計上される。

また，債券発行の場合には，引受手数料は通常，額面100円に対して○銭といった形で引受契約のなかで明示される。

なお，発行体が国内投資家のみならず，海外投資家も対象とした資金調達を

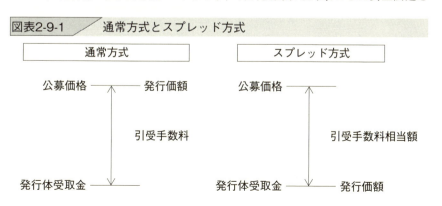

図表2-9-1　通常方式とスプレッド方式

344 | 第2編 業務プロセス・会計

行うこともあるが（一般的に，「グローバルオファリング」と呼ばれる），この際，グローバルコーディネーターである証券会社は，国内外における引受業務を一括して行い，募集・販売が行われる国・地域や目的に応じて適用準拠法や引受契約の内容を決定する。この場合の手数料は，グローバルコーディネートフィー等の名称で収受される。

(2) 業務フローと会計処理

以下では，引受業務の業務フローと会計処理について，公募増資によるエクイティファイナンスを前提とした発行体のスケジュールと併せて説明する。

① 業務フロー

i) 引受審査の開始

発行体は，発行決議日の17営業日前[2]までに証券会社と引受審査の手続に関する契約を締結し，引受審査に必要な資料を主幹事証券会社に対して提出する。主幹事証券会社は提出された資料をもとに，財政状態および経営成績，業績の見通し，調達する資金の使途およびその効果，株価等の動向といった項目を審査する。

ii) 発行体による発行決議

発行体は取締役会における発行決議後，有価証券届出書を財務局に提出する。また，証券取引所への通知を行う。

iii) 条件決定・引受契約の締結

取締役会の決議後，有価証券届出書が提出されると，引受証券会社は投資勧誘が可能となり，発行価格も含めた発行条件を決定する。公募増資の場合の発行価格の決定方法として入札方式とブックビルディング方式があり，現在は，ブックビルディング方式が一般的である。

入札方式は，投資家の入札結果に応じて発行価格を決定する方式であるが，特に新規公開株式の場合，公開価格が高くなる傾向にあり，その後の円滑な株式流通に支障をきたすおそれがある。一方，ブックビルディング方式は，発行

---

(2) 社債の場合は14営業日前。

第9章　投資銀行業務 | 345

図表2-9-2　公募増資を前提とした引受業務の流れ

手　続	日　程	備　考
■引受審査に係る契約	a－17営業日前まで	
■新株発行取締役会決議 ■有価証券届出書提出	a	・有価証券届出書の効力は提出後15日を経過した日から効力を生じる（金商法8条1項）ため，申込みのスケジュールに合わせて提出する必要がある。
■会社法公告	a＋1	・払込期日の2週間前までに公告を実施する必要があるが，それまでに有価証券届出書により募集事項が開示されていれば公告は不要となる（会社法201条3項，4項，5項）。
■需要予測	1週間程度	
■条件決定取締役会 ■訂正有価証券届出書の提出 ■発行価格通知書の提出 ■引受契約の締結	b＝a＋15～18	・特に周知性の高い発行会社の場合には日程を短縮することが可能（金商法8条3項）。
■届出書の効力発生 ■申込期間開始 ■安定操作期間開始 ■オーバーアロットメントによる追加募集の決定　　申込期間	b＋1	・安定操作取引が可能な期間は公募増資の場合，条件決定の翌日から申込期間が終了する日までとなる（金商法施行令22条）。
■申込期間最終日 ■安定操作期間終了	b＋3＝c	
■シンジケートカバー取引期間開始 ■グリーンシューオプション行使期間開始　　　シンジケートカバー取引期間	c＋1	・シンジケートカバー取引およびグリーンシューオプション行使期間は申込期間終了の翌日から30日間までとされている（有価証券の引受け等に関する規則29条3項）。
■払込期日 ■資本増加日	b＋6	・2週間以内に変更登記を実施する必要がある（会社法915条）。
■シンジケートカバー取引期間終了 ■グリーンシューオプション行使期間終了	c＋30	

a　発行決議日
b　条件決定日
c　申込期間最終日

価格の決定に際して，投資家の需要を調査し，その調査結果をもとに引受証券会社が発行価格決定を行う方法である。ブックビルディング方式による場合には，証券会社が発行価格の決定プロセスに関与することにより，発行市場だけでなく公開後の流通市場まで勘案した需要の積み上げによる発行価格決定が可能であり，株価に対する投資家の信頼を高めることができる。また，長期投資を目的とする機関投資家の市場参加を促すことにより，市場の効率化・活性化も期待できる。

発行条件の詳細な内容については，主幹事証券会社と発行体との間で締結される「買取引受契約書」等において決定される。またシ団間における引受手数料，販売手数料，幹事手数料の分配については，「シ団間契約書」において決定され，幹事会社が複数存在する場合の幹事手数料の分配については，「幹事会社間覚書」により決定される。

シ団に加入していない証券会社に募集または売出しの取扱い（販売）をさせる場合には，「委託販売契約書」により手数料が定められる。

ⅳ）申込み

有価証券届出書の効力発生後，証券会社は投資家に対して実際に有価証券を取得させたり売り付けたりすることが可能となり（金商法15条），発行される株式について投資家から申込みを受け付ける。投資家からの申込みは通常，申込期間内に申込取扱場所（証券会社の窓口等）において申込証拠金を添えて行われる。

ⅴ）資金の発行体等への払込み

証券会社は払込期日に，発行体・売出人に対して発行価額に相当する金額を払い込む。発行体・売出人に対する支払いについては主幹事証券会社が取りまとめて行う。

② 会計処理

| 設例2-9-1 | 株式の引受け |

【前提条件】

- 発行価格　　　　　96,000円
- 引受株数　　　　　1,000株

- 公募価格　　　　　　100,000円
- 引受手数料相当分　　4,000円

（うち引受責任料1,000円，幹事手数料1,000円，販売手数料2,000円）

【会計処理】

① 条件決定日　　　　　　　　　　　　　　　　　　（単位：千円）

（借） 商品有価証券等 （引　受　口）	98,000	（貸） 約定見返勘定	98,000
未　収　収　益 （引受責任料相当）	1,000	引受け・売出し ・特定投資家向 け売付け勧誘等 手数料	2,000
未　収　収　益 （幹事手数料相当）	1,000		

※ 引受責任料，幹事手数料相当額は条件決定日に収益計上する。

※ 引受ポジションは販売手数料を控除した金額にて認識する。

② 顧客からの申込みを受けたとき（申込期間）

［申込み時］

（借） 約定見返勘定	98,000	（貸） 商品有価証券等 （引　受　口）	98,000

［申込み分に係る販売手数料の計上］

（借） 未　収　収　益	2,000	（貸） 引受け・売出し ・特定投資家向 け売付け勧誘等 手数料	2,000

※ 販売手数料については，募集等申込日に収益計上する（ただし，条件決定日に他の手数料と合わせて一括して収益計上することも可）。

［顧客からの入金時］

（借） 現 金 及 び 預 金 （または顧客からの預り金）	100,000	（貸）募 集 等 受 入 金	100,000

③ 募残発生時（申込期間経過後）

（借） 商品有価証券等	98,000	（貸） 商品有価証券等	98,000
（売　買　口）		（引　受　口）	

※ ②の販売ができず，すべて募残になった場合に起票する仕訳。商品有価証券等の内訳の振替であり，セカンダリを記帳する売買口へ振り替えるもの。

④ 発行体等への払込みおよび受入金・払込金の決済，手数料の決済

（借） 募集等払込金	96,000	（貸） 現金及び預金	96,000
募集等受入金	100,000	募集等払込金	96,000
		未　収　収　益	4,000

(3) 内部統制

引受業務の内部統制において注意すべき点および証券会社が構築する財務報告に係る内部統制の例は以下のとおりである。

引受	内部統制の着眼点	内部統制の例示
1	（引受手数料の処理） 　引受手数料の計上時期，金額は適切か。	・買取引受契約書，シ団間契約書，幹事会社間覚書と伝票の照合
	（内部統制上のポイント） ・引受手数料はその内容に応じて計上すべき時期が異なるため，手数料の内容に応じた適切な時期に収益計上されているかを確かめる。また，シ団メンバーである場合は，決算期末までに分配条件が決定されているか，計上金額が妥当であるかを検討する。	
2	（引受ポジションの処理） 　引受ポジションおよび払込金の処理は適切か。	・引受ポジションの約定入力の検証 ・バック部門における入出金と伝票の照合
	（内部統制上のポイント） ・引受ポジションを条件決定日に適切に認識するとともに，申込みに応じて引受ポジションの消込みを行う。顧客からの発行価格に相当する資金は募集等受入金として処理し，発行体への支払いは募集等払込金として処理する。両者は払込日に消し込む。	

3	（募集の取扱手数料の処理） 募集の取扱手数料の処理は適切か。	• 委託販売契約書およびシ団からの通 知と伝票の照合
	（内部統制上のポイント） • 有価証券の勧誘・販売をシ団から委託された場合，契約条件により，手数 料の計上時期，金額が適切であるかを確かめ会計仕訳を起票する。	

2 アドバイザリー業務

(1) 業務内容

　証券会社は資本市場における専門家として，発行体やその他の会社に対して各種アドバイザリー業務を手掛けている。ここではその代表的なものを取り上げたい。

① M&A アドバイザリー業務

　M&A とは企業の合併や買収の総称を指す。証券会社は，顧客企業からM&A の相談を受け，相手先企業の選定とアプローチ，必要に応じて相手先企業の企業価値評価，条件交渉そして合意に至るまで，すべてのプロセスにおいて重要な役割を果たす。買収資金の調達に関するアドバイスも，後述のフィナンシャルアドバイザリー業務として証券会社が提供可能なサービスである。敵対的買収に対する備えとして，買収防衛策を提案するなど，顧客企業の視点に立ったアドバイスを行うことも可能である。

② 株式公開準備アドバイザリー業務

　株式公開準備アドバイザリー業務においては，非上場企業が株式を取引所に上場させるに際し，証券会社として各種の指導・助言を行う。一般的に，株式公開時の主幹事証券会社が株式公開準備段階においても中心となりアドバイスを行うが，主なサービスの内容は以下のとおりである。

　ⅰ）株式公開スケジュールの作成，プロジェクト管理に関する助言

　株式公開に際しては，準備期間が長期に及ぶとともに，関係部門が全社にわ

たるため，適切な公開スケジュールの作成およびプロジェクトチームの設置によるプロジェクト管理が必要となる。

ⅱ）資本政策の立案

資本政策とは，株式公開時の株主構成や発行株式数，資金調達額などの目標達成に向けて，どのタイミングで，どのような手法を選択するかを計画した財務戦略である。企業が成長していくうえで不可欠な事業計画，資金計画と密接に関連した資本政策は，経営戦略の重要な部分を占める。資本政策の作成は，公開する市場，公開の時期，目標とする資金調達額，創業者利潤等について，基本方針および詳細な内容を決定していくことにより実施される。

ⅲ）社内管理体制の整備の指導および助言

株式公開を目指す企業の場合，営業，製造，研究開発等の部門と比較して，経理や総務等の管理部門の人材が不足していることが多い。株式公開後の適時開示等に耐え得る体制を整備するうえでも管理部門の強化は不可欠である。また，株式公開準備作業そのものについても管理部門が中心となって行われることから，管理部門が脆弱な場合には株式公開準備作業に支障をきたすこともある。そのため，適切な管理体制を整備するために，株式公開準備会社に対して証券会社が指導・助言を行う。

ⅳ）株式公開申請書類等の作成に関する助言

株式公開にあたっては，対象となる取引所に対して各種の申請書類提出が要求されている。このうち「上場申請のための有価証券報告書（Ⅰの部）」および「上場申請のための有価証券報告書（Ⅱの部）」は，上場審査に対する説明において中心となる資料である。Ⅰの部は会社の財務内容を中心として作成されるものであり，内容は株式公開後の継続開示書類である有価証券報告書と類似する。また，Ⅱの部は企業の事業内容等を説明するための書類であり，取引所や証券会社における実質的な審査項目を文書化するものである。これらの申請書類作成にあたっても，作成スケジュールやその内容について証券会社がアドバイスを行う。

ⅴ）関係機関との折衝

株式公開にあたって審査を行う取引所や，申請年度以前（原則として過去2年）の財務諸表監査を行う監査法人との調整も，証券会社の株式公開準備業務

として重要なものである。

③　フィナンシャルアドバイザリー業務

　発行体が資金調達をする際には，通常の株式・債券発行によるもの以外でも多様な資金調達方法を取り得るが，証券会社はさまざまな企業のニーズに応じた資金調達手法をストラクチャリングしていく業務を手掛けている。これは一般的に企業の財務戦略に対するアドバイスであり，フィナンシャルアドバイザリー業務と呼ばれる。本編第４章②(4)に記載した証券化商品のアレンジメントもフィナンシャルアドバイザリー業務の一環で顧客に提案することもある。

(2)　業務フローと会計処理

①　業務フロー

　アドバイザリー業務は「証券会社のノウハウ・知識にもとづく指導・助言の提供」という面から捉えると，どの業務においても「サービスの提供」および「サービスに対する対価の支払い」を伴うものである点においては共通である。たとえば，M&A に関するフローは図表2-9-3のとおりとなるが，どの時点に

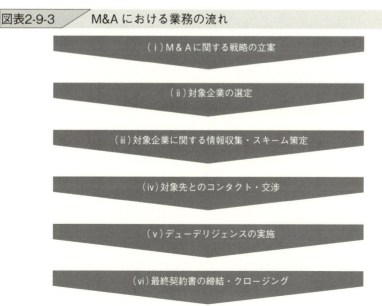

図表2-9-3　M&A における業務の流れ

（ⅰ）M＆Aに関する戦略の立案

（ⅱ）対象企業の選定

（ⅲ）対象企業に関する情報収集・スキーム策定

（ⅳ）対象先とのコンタクト・交渉

（ⅴ）デューデリジェンスの実施

（ⅵ）最終契約書の締結・クロージング

おいてサービス提供と対価の支払いが確定するかを確かめることがどの時点で収益を計上するかを検討するうえで重要である。

② アドバイザリー業務に関連して発生する手数料

アドバイザリー業務に関連して受け入れる手数料は証券会社の財務諸表上，「その他の受入手数料」として計上する。手数料は業務の内容・局面に応じてさまざまな呼称が存在するものの，性格としては各種指導・助言に対する対価である。代表的なものは下記のとおりである。

ⅰ）M&Aアドバイザリー業務

㋐　着手金・中間金（マイルストーンフィー）

着手金は顧客企業がアドバイザリーを依頼するにあたって，証券会社が顧客企業から受け入れるものである。中間金は，たとえば相手方との基本合意契約締結時点等M&Aの一定のステージにおいて受け入れられるものである。

㋑　リテーナーフィー

契約期間中に毎月支払う報酬（たとえば，毎月一定額あるいは時間あたりで支払われる）を指す。

㋒　成功報酬（サクセスフィー）

最終的にM&Aが成立に至った場合，M&A成功の対価として支払われるものである。計算方法はさまざまだが，「譲渡対価の○％」といった方式（レーマン方式と呼ばれる）で算出されることが多い。

ⅱ）公開準備アドバイザリー業務：コンサルティング手数料

株式公開準備に際して証券会社が行う資本政策・内部管理体制等に対する指導・アドバイスの対価である。報酬の計算方法としてはさまざまな形態があるが，公開準備段階では期間による定額報酬や，株式公開までに費やした年数に応じて支払われる成功報酬タイプのものもある。

ⅲ）フィナンシャルアドバイザリー業務：アレンジメントフィー

資金調達時の財務ストラクチャリング業務に対して支払われる対価である。

③　会計処理

［収益認識時］

（借）未 収 収 益　　　×××　　（貸）その他の受入手数料　　　×××
または未収入金

※　定額報酬の性質を有するものであれば期間に応じて按分し，成功報酬等一定の
　成果に対して支払われるものであれば成果物納入時・業務提供完了時等の契約書
　に規定されているサービス提供完了要件を充足した時点で収益計上を行う。

［入金時］

（借）現 金 及 び 預 金　　×××　　（貸）未 収 収 益　　　×××
または未収入金

(3)　内部統制

　アドバイザリー業務の内部統制において注意すべき点および証券会社が構築
する財務報告に係る内部統制の例は以下のとおりである。

アドバイザリー	内部統制の着眼点	内部統制の例示
1	（アドバイザリー業務の手数料の処理） 　手数料の計上時期，金額は適切か。	・アドバイザリー契約書と伝票の照合 ・成功報酬金額の再計算
	（内部統制上のポイント） ・アドバイザリー業務の手数料は，契約書に定められた報酬が，いかなるサービスの対価なのかにより，対象となるサービスの提供が完了した時点で手数料を計上する。	

第10章

資金調達・資金決済

1 資金調達手段

　証券会社は，さまざまな金融市場に直接アクセスできることから，多種多様な資金調達手段を持っているが，それらのなかから調達レート，ターム，担保有無等を考慮して，最適な調達手段を選定している。短期資金調達の手段としては，インターバンク市場ともいわれる銀行や証券会社等を中心として取引が行われるコール市場での調達や日銀共通担保オペへの参加，一般事業会社等も取引に参加するオープン市場での電子 CP の発行，現先取引，債券貸借取引等がある。長期資金調達の手段としては，一般事業会社と同様に社債の発行と借入れがあるが，これらについては単なる資金調達手段としてだけでなく，デリバティブ取引の販売手段として用いられることもある点が，証券会社独自の特徴でもある。以下では，それぞれの資金調達手段について解説する。

(1) コールマネー

① 無担保コールマネー

　コールマネーとは，金融機関が短期的な資金の貸借を行うコール市場において資金を借りた場合の借手からの呼称であり，貸手の立場からはコールローンと呼ばれる。コール市場の参加者は銀行や証券会社，保険会社等であり，証券会社や外国銀行は主に資金の借手となっている。コールマネーの期間は翌日から 1 年後までのいずれの期間でも可能であり，証券会社にとっては日々の資金繰りの最終調整手段として使用されている。なお，無担保コールレート翌日物

（オーバーナイト物）は，かつて日本銀行の金融調節における誘導目標とされていた。

コールマネーは，一般的には取引当日に借り入れて満期に利息と元本を返済する取引であり，通常は短資会社が仲介するブローキング方式により取引を成立させる。一方，短資会社を介さない取引をダイレクト取引という。ダイレクト取引は，短資会社に支払う手数料が不要であるというメリットがある一方，調達額や期間等の要求が一致した貸手を独力で見つける必要がある。

また，無担保コール取引は，借手と貸手がそれぞれ希望する条件を提示し，短資会社が条件の合致した借手と貸手を結びつけるオファー・ビッド制により行われている。無担保取引であり，借手の信用が重要であることから，この時点で貸手は借手に対する与信枠を確認し（ラインチェック），与信可能であれば取引が実行される。

② 有担保コールマネー

有担保コールマネーとは，日銀借入適格担保（図表2-10-1参照）を担保として行われるインターバンク市場における短期の資金調達である。有担保コールマネーの場合，短資会社が取引の媒介を行うブローキング方式（図表2-10-2参照）と，短資会社が取引の相手方となるディーリング方式により取引が行われている。ディーリング方式（図表2-10-3参照）は，有担保コール取引の場合のみ行われ，無担保コール取引では行われない。

有担保コール取引は，担保の掛目が債券貸借取引等と比較して小さいことから，証券会社では有担保コールマネーは資金調達手段としてはあまり利用していない。

ディーリング方式の有担保コール取引の場合は，オファー・ビッド制のほかに気配値制もある。気配値制とは，短資会社が提示する気配レートを適用する取引である。オファー・ビッド制の最低取引金額は5億円であるが，気配値制の場合，最低取引金額は1,000万円となっている。

図表2-10-1　適格担保一覧（有担保コール取引における掛目）

種　類	担保金額 取引金額に対し額面で
超長期国債（変動利付国債以外）	10％増し
変動利付国債	10％増し
長期国債	4％増し
中期国債	2％増し
短期国債（国庫短期証券）	1％増し
金融債	20％増し
世銀債	20％増し
その他の公社債	20％増し
円貨手形	25％増し
外貨手形（円貨換算後）	25％増し
短資取引担保株式預り証	0％増し
日銀売出手形	0％増し

（出所）　短資協会「インターバンク市場取引要綱」。

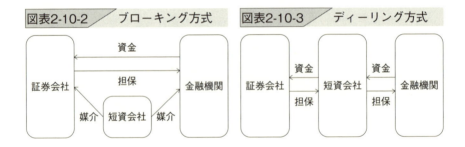

図表2-10-2　ブローキング方式　　図表2-10-3　ディーリング方式

(2) 電子CP

　CPとはコマーシャル・ペーパーの略であり，オープン市場における無担保の短期の資金調達手段となっている。従来のCPは手形として取り扱われていたが，「短期社債等の振替に関する法律」の施行により社債として取り扱われることとなった。電子CPは保振機構においてペーパーレスで振替・償還が行われる。また，電子CPは割引発行により行われる。

　CPについても，金融機関や短資会社等のディーラーを介するディーラー引

受発行と，ディーラーを介さないダイレクト発行がある。コールマネーが１日〜３ヵ月程度の超短期の資金調達手段として用いられることが多いのに対し，CPは３ヵ月〜６ヵ月程度の期間で発行されることが比較的多い。

(3) 日銀共通担保オペ

日銀共通担保オペとは，日本銀行による金融市場の資金需給を調整することを目的として行われるオペレーション（公開市場操作）のうち，資金供給を目的とした期間が１年以内の有担保の貸付けであり，証券会社も一定の要件を満たし，日本銀行に選定されることで日銀共通担保オペの貸付対象先となることができる。

日銀共通担保オペの借入利率については，金利入札方式と固定金利方式とがある。金利入札方式は，借入利率を入札に付すコンベンショナル方式により決定する方式であり，固定金利方式は，貸付日における誘導目標金利を貸付利率とする方式である。誘導目標金利とは，日本銀行が金融市場調節方針において操作目標として定めている無担保コールレート（オーバーナイト物）であるが，現在の金融市場調節方針では，金融市場調節によって長短金利の操作を行う「イールドカーブ・コントロール」と，消費者物価上昇率の実績値が安定的に２％の「物価安定の目標」を超えるまで，マネタリーベースの拡大方針を継続する「オーバーシュート型コミットメント」から成る「長短金利操作付き量的・質的金融緩和」政策が取られており，無担保コールレートは操作目標とはされておらず，貸付利率は特則により年０％となっている。

いずれの貸付けにおいても借入れの申込みは入札により行われ，日本銀行によって募入が決定された金額にて資金を借り入れることができる。

日銀共通担保オペを利用して資金調達を行うには，国債・社債等の適格担保を日本銀行に対して差し入れる必要がある。

日銀共通担保オペは現先取引・債券貸借取引と並んで，証券会社の主要な資金調達手段の一つであり，負債金額の大部分を占めることもある。

図表2-10-4 日銀共通担保オペにおける掛目（債券の時価に対する掛目）

	残存期間					
	1年以内	1〜5年	5〜10年	10〜20年	20〜30年	30年超
国債（変動利付国債・ストリップス債・物価連動国債を除く）・国庫短期証券	99%		98%	97%	96%	94%
変動利付国債	99%		98%	97%	—	—
ストリップス債	98%		97%	96%	95%	92%
物価連動国債	93%		95%	94%	93%	91%
政府保証債・地方債	98%		97%	96%	95%	93%
財投機関等債券・社債・資産担保債券・不動産投資法人債・外国政府債・国際金融機関債券	97%		96%	95%	94%	92%
不動産投資法人債	97%		96%	95%	94%	92%
貸付債券担保住宅支援機構債券	95%					

（出所）日本銀行ホームページより作成（2017年1月現在）。

(4) 現先取引

　現先取引の詳細な説明については，本編第6章において記載していることから，ここでは省略する。証券会社にとって，現先取引は債券を担保とする資金貸借取引と経済的効果には差異がなく，資金調達手段の一つでもある。現先取引は有担保取引であるため，他の有担保資金調達手段である債券貸借取引や日銀共通担保オペと類似しており，調達コストや約定後取引スタートまでの日数その他の取引条件等の違いにより調達手段が選択される。

(5) 債券貸借取引

　債券貸借取引についても，本編第6章においてすでに記載していることから，詳細な説明は省略する。なお，一般に貸借の対象となる銘柄を特定するSC取引は空売りのために用いられる一方，貸借の対象となる債券の銘柄を特定しないGC取引は，資金調達としての側面が強い。

　債券貸借取引についても，現先取引や日銀共通担保オペと同様に有担保の取

引であり，それぞれ調達コスト等の諸条件が比較されて調達手段が選定される点は，前述のとおりである。

⑹ 社　債

　証券会社においても，他業種と同様に社債により資金調達が行われる。また，証券会社の発行する劣後債は，一定の制限の下，自己資本規制上において資本として計上することができる（金商業等府令176条1項7号ニ，ホに定める長期劣後債務および短期劣後債務）ことから，資本増強策として利用されることがある。ただし，証券会社が社債を発行する場合は，資金調達や資本増強の目的だけではなく，デリバティブビジネスの一環で自社発行の仕組債を販売する目的で発行されることもある。

　証券会社による社債の発行は，国内での公募による発行のほかMTN（ミディアム・ターム・ノート）プログラムにより日本国外（ユーロ市場）でも行われる。MTNプログラムでは，発行限度枠や発行債券年限枠等を決定し，その枠内で自由に社債を発行する。MTNプログラムを利用することにより，証券会社は発行限度枠の範囲内で随時社債を発行できるため，投資家に自社発行社債を適時に販売することが可能となる。購入を希望する投資家を見つけてから社債を発行するため，基本的に売れ残りは生じないが，発行のコストを抑えるためにはある程度の額を一度に発行することが必要である。顧客は機関投資家，一般事業会社をはじめ多岐にわたる。

⑺ 借入金

　証券会社による借入金は，他業種と同様の一般的な借入れと仕組借入がある。仕組借入は，ステップアップやリバースフローター等の金利系スワップを組み込んだ借入金利となっており，仕組債と同様に資金調達目的だけでなく，デリバティブを販売する目的も含まれている。仕組借入の貸手には，借手の信用リスクに加えて他のリスクをとることによって利回りを向上させることができる等のメリットがある。

　また，劣後債と同様，自己資本比率規制上の資本増強の目的で劣後借入金により資金を調達する場合もある。

⑻　資金調達手段のまとめ

　証券会社は，上述のような多様な資金調達手段のなかから，調達時点のニーズに合致したものや調達コストが割安なものなどを選択して資金調達を行っている。また，これらのほかにも，信用取引の決済に必要な資金を証券金融会社から借り入れる場合や新株発行等，株式を用いた資金調達も手段として考えられる。

　証券会社の資金調達は，コール市場のほか，現先取引・債券貸借取引などのように，市場を介して行われることが多いことから，その調達コストは市場環境の影響を受けやすい。一方で，格付のような自社の信用力を表す指標が証券会社の調達コストに影響を与えることもある。ビジネス上，日々多額の資金を決済する証券会社にとって，資金調達コストの多寡や資金繰りは経営に重要な影響を与えることから，格付を一定以上に維持することも証券会社にとっては重要である。

2　証券会社の資金繰り

　証券会社の資金繰りについて特徴的な事項を以下で説明する。

⑴　流動性管理

　証券会社の資金繰りは，流動性の管理が中心となる。流動性とは，現金への換金可能性を主に指す。たとえば，国債は現金化が容易で流動性が高い資産といえる。証券会社では，日々多額の資金決済を行っていることから，常に十分な流動性を維持することが求められる。このことから，証券会社では社内規程等により維持すべき流動性の水準を定め，日々モニタリングを行っている。

　資金調達手段における担保の有無は，流動性管理において影響が生じる。すなわち，日銀共通担保オペや現先取引といった有担保の資金調達では，担保として流動性の高い国債等を差し入れて資金を調達するため，国債等の流出を加味したネットでの流動性は増加しない。したがって，定められた水準の流動性を維持するために追加で資金調達が必要な場合は，無担保コールマネーや電子

CPといった無担保の資金調達手段を用いる。

(2) 複数の部門による資金調達

証券会社においては，資金調達を行う部門は財務部門のみではなく，フロント部門（債券部門等）においても国債を担保とした資金調達を行っている。具体的には，日銀共通担保オペや現先取引，債券貸借取引といった取引は，財務部門ではなく，債券の売買を行っているフロント部門が行う場合が多い。このように資金調達を行う部署が複数あることから，各部署と情報共有しながら資金繰りを行っている。

3 業務フローと会計処理

(1) 資金繰り

証券会社の資金繰りは，日々の入出金の見通しにもとづき，社内規程等であらかじめ定められた流動性を確保するため，資金調達方法を計画することにより行われる。日々多額の調達・返済を行うため，財務部門およびその他の資金調達部門では，当日の資金調達方針を設定し，その方針にもとづいて市況を見ながら資金調達を行っている。

資金調達の状況については，日々適切な役職者がモニタリングを行っている。

(2) コールマネー

短資会社を介する取引の場合，約定後，財務部門担当者は伝票を作成し，財務部門管理者に回付する。管理者は，伝票の内容と短資協会が構築した短資取引約定確認システムの端末から出力される取引内容を確認する。取引内容が一致した場合，管理者は短資取引約定確認システムに確認サイン入力を行い，約定確認済データを送信することにより約定が確認される。約定確認後，短資取引約定確認システムによりディーリング方式の場合はコール資金取組票兼利息計算書，ブローキング方式の場合はコール資金媒介報告書が作成され，資金調達担当者はこれらをもとに資金管理システムへの入力を行うとともに，スター

362 | 第2編　業務プロセス・会計

ト日に下記の仕訳を起票する。

［借入日（元本1,000の借入れ）］

（借）現 金 及 び 預 金	1,000	（貸）短 期 借 入 金	1,000

［返済日（元本1,000の返済と利息2の支払い）］

（借）短 期 借 入 金	1,000	（貸）現 金 及 び 預 金	1,002
支 払 利 息	2		

　ダイレクト取引の場合，約定後，財務部門担当者により伝票が作成され，当該伝票をもとに資金取組票が作成される。資金取組票を取引先に送付し，取引先で照合された後，確認印が押印された資金取組票が返信され，財務部門管理者は内容を確認する。返信された資金取組票をもとに資金管理システムへ入力する。その後のフローは短資会社を介する取引と同様である。

(3)　電子CP

　ダイレクト発行の場合，資金調達担当者は，取引相手から入手した約定内容通知をもとに保振機構が構築している統合Webに取引内容を入力する。登録後は，統合Webより入力内容を出力し資金管理システムに入力を行い，電子CPの発行日に仕訳を起票する。

　ディーラー引受発行の場合，ディーラー間で約定すると，資金調達担当者は取引内容につき統合Webに入力する。統合Webに入力された取引内容は，決済照合システムでディーラーとの照合が行われる。照合された取引内容を資金調達担当者は資金管理システムに入力し，ダイレクト発行の場合と同様に仕訳を起票する。

　電子CPについては，金利の支払いは割引発行により行われるが，実務対応報告第8号「コマーシャル・ペーパーの無券面化に伴う発行者の会計処理及び表示についての実務上の取扱い」の定めのとおり，償却原価法により以下のような会計処理が行われる（額面100の電子CPを債務額より低い98で発行した

場合の原則的な会計処理）。

［発行日］

（借）現 金 及 び 預 金	98	（貸）コマーシャル・ペーパー	98

［期末（償却原価法）］

（借）支 払 利 息	1	（貸）コマーシャル・ペーパー	1

［償還時］

（借）コマーシャル・ペーパー	99	（貸）現 金 及 び 預 金	100
支 払 利 息	1		

　上記の会計処理は，実務対応報告第8号が定める原則的な会計処理であるが，電子CPについては，経済的実質を重視し，償却原価法による期間按分を行わない従来の手形CPと同様の取扱いもできると考えられる。この場合，仕訳は以下のとおりである。

［発行時］

（借）現 金 及 び 預 金	98	（貸）コマーシャル・ペーパー	100
支 払 利 息	2		

［期末］

（借）前 払 費 用	1	（貸）支 払 利 息	1

［翌期首］

（借）支 払 利 息	1	（貸）前 払 費 用	1

［償還時］

（借）コマーシャル・ペーパー	100	（貸）現金及び預金	100

(4) 日銀共通担保オペ

　日銀共通担保オペ担当者（通常，財務部門ではなく国債を扱っているフロント部門の担当者）は，日銀ネット端末から取得した入札要項通知により借入条件を確認し，自社における資金需要を勘案して入札額を決定する。入札額の決定に際しては，財務部門の資金調達担当者と情報を共有し，日銀共通担保オペ担当部署の責任者が入札額を決定する。

　入札額決定後，日銀ネット端末に応募通知入力をし，日銀ネット端末より応募受付通知を取得する。担当者は，応募受付通知に記載された入札額と，決定された入札額の一致を確認する。

　日銀共通担保オペ落札後，日銀ネット端末から募入決定通知を受信し，オファー日，スタート日，エンド日，借入額，利息金額等を確認する。その後，日銀ネット端末に内容確認サイン入力し，日銀ネット端末より出力される内容確認サイン受付通知を確認する。スタート日には，以下の仕訳を起票する。

［スタート日（元本1,000の借入れ）］

（借）現金及び預金	1,000	（貸）借　　入　　金	1,000

　返済日においては，日銀ネット端末から出力した入札型電子借入返済期日到来分明細表の返済額を確認し，日銀ネット端末で入札型電子借入返済OKサインを送信する。エンド日には，以下の仕訳を起票する。なお，日銀共通担保オペでは，返済日に元本と利息を支払うため，支払利息は返済日に計上される。

［返済日（元本1,000の返済と利息2の支払い）］

（借）借　　入　　金	1,000	（貸）現金及び預金	1,002
支　払　利　息	2		

⑸ 現先・貸借取引

現先取引および債券貸借取引の業務フロー等については，本編第6章にて詳述しているため，ここでは省略する。

⑹ 社債・借入金

社債の発行や借入れについては，デリバティブビジネスの一環として仕組債ないしは仕組借入を組成・販売する目的を含む場合については本編第8章⑤⑷を参照。

また，通常の社債の発行や借入れの業務フローは証券会社特有のものではないため，省略する。

⑺ 証券会社の資金決済

証券会社においては，さまざまな業務から資金の動きが発生するため，多くの証券会社においては，資金管理システムに決済データが集められて資金流動性の管理と決済を行っている。

① 日銀口座による決済

日本銀行の当座預金口座（日銀口座）を持つ証券会社においては，国債等の資金決済を日銀口座で行う。日銀口座による資金決済については，日銀ネットが利用される。日銀ネットとは，日本銀行の運営する決済システムであり，資金決済に使用される日銀ネット当預系と国債の決済に使用される日銀ネット国債系がある。日銀ネット当預系では，各参加者の開設する日銀口座間の振替により決済が行われる。

日銀口座間の決済は，RTGS（Real Time Gross Settlement）により行われている。これは，従来行われてきた時点ネット決済のシステミックリスク（一部の金融機関の決済不能により連鎖的な決済不能が発生するリスク）を回避するための決済方法であり，取引ごとに即時にグロスで決済が行われる。RTGSの採用により決済額が増加したため，日中当座貸越の制度を設け，決済資金不足による決済不能を防止している。

日銀口座による決済の業務フローを例示すると，下記のとおりである。

- 日銀ネットから社内の資金管理システムへの決済データの取り込み
- 資金管理システムによる決済金額等の決済データの自動照合
- 担当者による，決済データがすべて決済されていることの確認
- 日銀ネットから出力される日銀口座残高と資金管理システムの当座預金残高の照合
- 会計システムにおける受渡勘定のレビュー

なお，商品有価証券を購入した場合の資金決済の仕訳は，下記のとおりである。

［約定日（商品有価証券100を購入）］

（借）商品有価証券	100	（貸）約定見返勘定	100

［受渡日（フロントシステムによる仕訳)］

（借）約定見返勘定	100	（貸）（受渡勘定)	100

［受渡日（資金管理システムによる仕訳)］

（借）（受渡勘定)	100	（貸）現金及び預金	100

経理部門では，上記仕訳の受渡勘定が相殺されて残高が残っていないことを確認することにより，金額の誤りや起票漏れを適時に発見できるコントロールを設けている。受渡勘定については，本編第2章⑤(1)②の脚注(8)を参照。

② 日銀口座以外の当座預金口座による決済

デリバティブ取引の決済や一般債の非DVP決済等，日銀口座以外の国内当座預金口座を利用した決済も行われる。日銀口座以外の当座預金口座では，日銀ネットではなくそれぞれの金融機関が提供するサービスを利用し，資金管理システムより出力した入出金明細と金融機関より受領する入出金通知を照合す

ることにより消込みを行っている。日々の決済が正確に行われていることは，取引部署による受渡勘定のレビューおよび資金決済部門によるファームバンキング等を使用した残高照合により行われている。

業務フローは以下のとおりとなる。

- 資金決済部門に対する出金連絡
- 資金決済部門の金融機関に対する送金指示および仕訳起票
- ファームバンキングによる残高照合
- 会計システムにおける受渡勘定のレビュー

③ 海外口座による外貨決済

外国債券や外国投信等の決済のため，証券会社では海外口座を用いた外貨決済も頻繁に行われる。外貨については，円貨と異なったシステムにより資金決済を行っている。海外口座による外貨決済では，多くの場合，SWIFT（Society for Worldwide Interbank Financial Telecommunication）が用いられる。

SWIFTとは，金融機関による送金指示や証券振替等の取引に関するメッセージの送受信等に使用される情報システムであり，日銀ネットのような決済システムではないが，海外の決済システムではSWIFTのメッセージにより参加者と決済システムが結びついており，重要な決済インフラとなっている。SWIFTは，金融機関のみではなく，一般事業会社も使用できるサービスであるが，利用者の業種により利用可能なサービスは異なっている。証券会社は，"Supervised Financial Institution"として，すべての利用者との間ですべてのサービスを利用可能である。

SWIFTによるメッセージの送受信は，MT（Message Type）と呼ばれる取引内容ごとに標準化されたメッセージにより行われている。証券会社においては，証券取引に伴う決済がSWIFT利用の中心となっている。たとえば，MT543という形式は証券のDVP決済用のメッセージである。

このSWIFTを利用した，証券会社の海外口座における外貨決済は以下のような業務フローとなる。

- 外貨管理システムへの決済内容の入力
- 外貨管理システム上での決済仕訳の自動起票
- SWIFT による決済指示
- SWIFT による決済完了通知の受領
- 外貨管理システムから会計システムへの仕訳データのインターフェース

また，SWIFT は日々の口座残高管理にも使用されている。証券会社は，海外銀行から MT950「Statement Message」を受領し，MT950メッセージに記載されている残高と外貨管理システム上の残高が一致していることを確認する。海外口座の残高についても，国内口座と同様に差異が発生した場合は調整表を作成し，発生原因を把握する。

外貨預金の期末残高は，期末日レートを用いて評価替えされるが，評価替えにより発生した為替差損益は，トレーディング損益として計上する。

［期末（換算差益10の場合）］

(借) 現 金 及 び 預 金	10	(貸) トレーディング損益	10

④ 国内口座による外貨決済

為替予約やデリバティブの決済においては，国内口座による外貨決済が行われる。国内口座においては，SWIFT を利用せずに FAX 等により送金指示を行っている場合も多い。SWIFT を利用しない場合の業務フローは，前記②と同様である。

4 内部統制

資金調達・資金決済業務の内部統制において注意すべき点および証券会社が構築する財務報告に係る内部統制の例は以下のとおりである。

第10章 資金調達・資金決済 | 369

資金調達	内部統制の着眼点	内部統制の例示
1	(資金決済の処理) 　資金決済が正確に記録されているか。	・決済データの照合 ・決済結果のモニタリング ・受渡勘定のバランスチェック
	(内部統制上のポイント) 　社内システム上の決済データと，日銀ネットや市中銀行，SWIFT から受領する決済データが一致していることを確かめる。また，財務部門とフロント等の取引部門がそれぞれ入力する決済起票が誤っていないことを，受渡勘定のバランスチェック（日々の受渡勘定の残高がゼロとなっていることを確認すること）により確認する。	
2	(預金残高の照合) 　預金残高は正確に記録されているか。	・預金残高の照合 ・調整表の作成・検証
	(内部統制上のポイント) 　日々，社内システムの預金残高と，銀行から入手するステートメントに記載されている預金残高が一致していることを確認する。差異が発生している場合は，調整表を作成し，差異の把握・解消を行う。	
3	(借入金の処理) 　借入残高は正確に記録されているか。	・残高証明と社内システム残高の照合
	(内部統制上のポイント) 　定期的に残高証明を入手し，借入金勘定の残高と照合する。期末から１年以内に返済される借入金は，短期借入金として表示する。	
4	(未払利息の処理) 　未払利息の計上は適切か。	・システムによる未払利息の自動計算 ・借入条件のシステム入力に関する上位者によるレビュー
	(内部統制上のポイント) 　借入金，社債の残高と契約利率にもとづき未払利息を計算し，未払利息の会計仕訳を起票する。	

370 | 第2編 業務プロセス・会計

第11章

IFRS

1 IFRS とは

⑴ IFRS の特徴

IFRSs は,「概念フレームワーク」を基礎として, 会計トピックごとに, 基準書である IFRS（国際財務報告基準）や IAS（国際会計基準）, 解釈指針である IFRIC 解釈指針や SIC 解釈指針から構成される（本書ではこれらを総称して「IFRS」とする）。

IFRS における完全な一組の財務諸表には, 財政状態計算書, 包括利益計算書, 持分変動計算書, キャッシュ・フロー計算書, ならびに注記が含まれる。なお, IAS 第1号「財務諸表の表示」にしたがって損益計算書を包括利益計算書から分離して表示する場合には, 損益計算書は完全な一組の財務諸表の一部を構成する。

また, IFRS 第1号「国際財務報告基準の初度適用」では, 初めて IFRS を適用する企業の最初の IFRS 財務諸表の透明性や表示期間における比較可能性, ならびにコスト負担を考慮した規定（原則的取扱いである遡及適用の免除規定等）が定められているため, 今後新たに IFRS を適用する場合は, 関連する会計基準と併せて IFRS 第1号を考慮することが必要となる。

⑵ 我が国における IFRS 適用状況

我が国における IFRS の導入については, 2009年6月に金融庁から公表され

た「我が国における国際会計基準の取扱いに関する意見書（中間報告）」において，我が国の企業開示制度において IFRS の適用を認める方向性が示され，2010年3月期（2009年度）から国際的な財務・事業活動を行っている一定の上場企業の連結財務諸表を対象に，IFRS の任意適用を認める制度が導入された。

その後，2011年6月の当時の金融担当大臣の記者会見により，少なくとも2015年3月期についての強制適用の可能性はなくなったが，2013年6月，企業会計審議会は，「国際会計基準（IFRS）への対応のあり方に関する当面の方針」を公表し，IFRS の任意適用の積み上げを図ることが重要とされ，2013年10月の連結財務諸表の用語，様式及び作成方法に関する規則等の改正により，任意適用要件が緩和された。また，2014年6月に閣議決定された「『日本再興戦略』改訂2014」では，「IFRS の任意適用企業の拡大促進」が掲げられ，IFRS の任意適用企業は年々増加してきている。

2 証券業に対する主な影響

一部の証券会社はすでに IFRS の任意適用を行っている。本編第1章で述べたとおり，統一経理基準により証券会社特有の会計処理や開示項目が定められているため，証券会社による IFRS の適用においては，IFRS の適用による影響が一般的に大きいと考えられている連結範囲，企業結合（のれんの処理を含む），税効果会計などに加え，証券会社特有の会計処理や開示項目および証券会社が行っているビジネスの特性による影響を検討する必要がある。以下では，証券業に重要な影響を及ぼすと想定される，金融商品の認識，分類および測定，組込デリバティブの区分処理，金融商品の公正価値測定，金融資産と金融負債の相殺表示，および特別法上の準備金（金融商品取引責任準備金）について解説する。このほかに，金融商品，公正価値測定，リスク管理等の各開示規定も重要な影響を及ぼすが，ここでは会計処理への影響を中心に紹介することとする。

なお，IFRS には，日本における経理統一基準のような業種別の会計基準はない。

372 | 第2編　業務プロセス・会計

(1)　金融商品の認識

①　IFRS 適用による影響

　日本基準では金融資産の契約上の権利または金融負債の契約上の義務を生じさせる契約を締結したとき，原則として，金融資産または金融負債の発生を認識しなければならないとしている。一方で IFRS では，金融商品の契約の当事者になった場合にのみ金融資産または金融負債を認識しなければならないとしており，会計基準の基本的な考え方に大きな相違はない。

　しかし，たとえば株式の委託取引については，その取扱い，会計実務慣行に相違がみられる。日本基準では，顧客の代理人として行動している取次ぎについては，その計算が顧客に帰属することを主な理由として，ポジションや決済義務の認識は行わない。一方で IFRS では，契約上の諸条項を検討のうえで，証券会社が清算機関・決済機関との決済義務と，顧客との決済義務の双方を有していると判断される場合には，取引所との取引と顧客との取引を別個の取引とし，それぞれの債権，債務を両建てで認識する。

(2)　金融商品の分類および測定

①　IFRS における金融商品の分類および測定の概要

ⅰ）金融資産

　IFRS 第9号では，金融資産について，後述する公正価値オプション，すなわち当初認識時に純損益を通じて公正価値で測定するものとして指定をすることを選択する場合を除き，金融資産の管理に関する企業の事業モデル，および，金融資産の契約上のキャッシュ・フローの特性にもとづいて，次の三つの区分のいずれかに分類する。

- 償却原価で測定する（償却原価）
- その他の包括利益を通じて公正価値で測定する（FVTOCI）
- 当期純利益を通じて公正価値で測定する（FVTPL）

　以下の条件のうち，(a-1)(b)双方を満たす金融資産は償却原価の区分に分類され，(a-2)(b)双方を満たす金融資産は FVTOCI に分類される。

　(a-1)　契約上のキャッシュ・フローを回収するために資産を保有すること

を目的とする事業モデルにもとづいて,資産を保有する(事業モデル要件)(IFRS 第 9 号4.1.1—4.1.2項)。

(a-2) 契約上のキャッシュ・フローの回収と売却のために資産を保有することを目的とする事業モデルにもとづいて,資産を保有する(事業モデル要件)(IFRS 第 9 号4.1.1—4.1.2A 項)

(b) 金融資産の契約条件により,元本および元本残高に対する利息の支払いのみであるキャッシュ・フローが特定の日に生じる。ここでいう利息は,特定の期間における元本残高に関する貨幣の時間価値と信用リスク

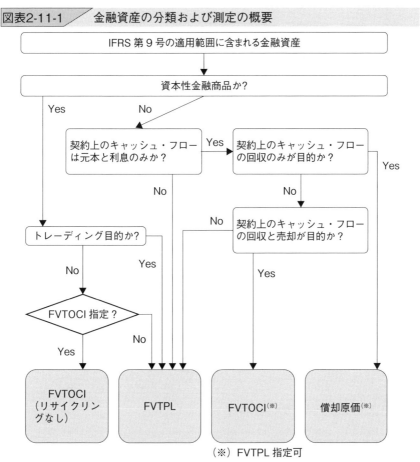

図表2-11-1 金融資産の分類および測定の概要

(※) FVTPL 指定可

(出所)『詳細解説 IFRS 実務適用ガイドブック(第2版)』より抜粋。

の対価である（SPPI要件）（IFRS第9号4.1.1—4.1.3項）。

上記（a）（b）のいずれかの条件を満たさない場合は，FVTPLに分類される。

またIFRSでは，日本の持ち合い株式等を想定して，株式等の資本性金融商品については，トレーディング目的保有である場合を除き，投資の公正価値変動を「その他の包括利益」に表示するという選択（FVTOCI（リサイクリング不可））を認めている。

これら金融商品の分類および測定の概要をまとめたものが**図表2-11-1**である。

ⅱ）金融負債

金融負債は，トレーディング目的保有としてFVTPLに分類される金融負債を除き，償却原価の区分に分類される（IFRS第9号4.2.1項）。

また，償却原価の区分に分類される金融負債が，会計上のミスマッチを消去または大幅に削減する場合，公正価値ベースで管理される場合，主契約が金融資産ではない混合契約である場合のいずれかに該当する場合，FVTPLに指定することができる（IFRS第9号4.2.2項および4.3.5項）。

トレーディング目的保有ではなく，FVTPLに指定しない金融負債のうち，組込デリバティブを含む金融負債については，組込デリバティブの区分処理の検討が要求される（IFRS第9号4.3.3項）。

② 適用上の主な影響

証券会社が保有する主な金融商品のうち，トレーディング商品（資産，負債）については，FVTPLに分類され，またレポ資産・負債は償却原価の区分に分類されるため，IFRSを適用することによる大きな差異は想定されない。しかし，組込デリバティブを含む金融負債（たとえば，自社が発行する仕組債，仕組ローン契約）については，後述する組込デリバティブの区分処理やFVTPL指定の検討を求められ，基準間差異の一つとなりうる。

(3) 組込デリバティブの区分処理

① 日本基準との相違

日本基準においては，主契約が金融資産または金融負債のいずれにおいても，

複合金融商品の区分処理の検討が要求される（本編第8章⑤「業務フローと会計処理」⑷「区分経理処理」参照）。

　一方，IFRS第9号では，混合契約の主契約が金融資産の場合には区分処理を行うことなく混合契約全体で金融資産の分類・測定を行わなければならない。混合契約が金融資産以外の主契約を含む場合のみ，組込デリバティブを主契約から分離するかどうかの検討が要求され，以下の要件をすべて満たす場合には，主契約から分離してデリバティブとして会計処理する必要がある（IFRS第9号4.3.3項）。

⒜　組込デリバティブの経済的特徴およびリスクが，主契約の経済的特徴およびリスクに密接に関連していないこと。

⒝　組込デリバティブと同一条件の独立の金融商品は，デリバティブの定義に該当すること。

⒞　混合契約が，公正価値で測定して公正価値変動を純損益に認識するものではないこと（すなわち，純損益を通じて公正価値で測定される金融負債に組み込まれているデリバティブは分離されない）。

　上記のように，日本基準と比較した場合，組込デリバティブの区分処理が要求される3要件に一定の類似性は見られるが，混合契約に含まれる主契約の種類によって取扱いが異なる。

　また，日本基準上規定されていないが，IFRS第9号では，以下のとおり一定の要件を満たした場合は，当初認識時に，金融資産または金融負債を純損益を通じて公正価値で測定するものとして指定を行うことが認められている（公正価値オプション）。

⒜　指定しない場合に資産または負債の測定またはそれらに係る利得および損失の認識を異なる基礎で行うことから生じるであろう測定または認識の不整合（「会計上のミスマッチ」）が，指定により除去または大幅に削減される場合（IFRS第9号4.1.5項）。

⒝　金融負債のグループまたは金融資産と金融負債のグループが，文書化されたリスク管理戦略または投資戦略にしたがって，公正価値ベースで管理され業績評価されており，当該グループに関する情報が当該企業の取締役および最高経営責任者のような企業の経営幹部に対して社内的にそのベー

376 | 第2編　業務プロセス・会計

スで提供されている場合（IFRS 第9号4.2.2項(b)）。

(c)　契約が一つ以上の組込デリバティブを含んでいて，主契約が金融資産ではない場合には，一定の場合を除き，企業は混合契約全体を，純損益を通じて公正価値で測定するものとして指定できる（IFRS 第9号4.3.5項）。

②　適用上の主な影響

　日本基準においては，区分経理処理について要件を満たさないものについても任意適用することが可能であることから，証券会社では，自社発行の仕組債について原則として区分経理処理を採用していることも多い。しかしIFRSを適用した場合には，IFRSの規定にしたがって区分経理処理の適用可否を決定しなければならない。主契約から分離してデリバティブとして会計処理する必要があると判断された場合，オプション以外の区分された組込デリバティブについては，公正価値がゼロになるように区分する。オプションである組込デリバティブについては，オプション要素について明記された条件にもとづいて区分する（必ずしも当初の公正価値はゼロとはならない）。組込デリバティブが区分された後の主契約である金融負債については，償却原価で測定する。このため，日本基準上の区分経理処理と結果が一致しないことが多い。

　また公正価値オプションを指定した場合には，日本基準上で認識している区分デリバティブを取り消したうえで，仕組債全体を公正価値測定する。この際に生じた公正価値の変動額は，通常，信用リスクの変化に起因する公正価値の変動をその他の包括利益として計上し，それ以外の公正価値の変動は，当期純利益に計上する。この点も日本基準とは異なる取扱いである。

⑷　金融商品の公正価値測定

①　日本基準との相違

　従来の日本基準でも，時価の定義や算定方法は示されているが，さらに国際的な会計基準との整合性を図るべく，2010年7月に公正価値測定およびその開示に関する公開草案が公表された。しかしながら，この公開草案は最終化されるに至らず，その後検討は中断している。2017年11月に，企業会計基準委員会において，再び検討が開始されている。

一方，IASB は2011年5月，公正価値測定に関する単一のガイダンスであるIFRS 第13号を公表した。IFRS 第13号は，他の基準書によって公正価値測定が要求または容認される場合における測定および開示について単一のガイダンスを提供することで，従来，基準書間で生じていた公正価値測定に関するガイダンスの不整合を解消するものである。よって，どのような場合に公正価値測定が要求または容認されるかについて，従来の規定を変更するものではない。

② IFRS 第13号の概要
　ⅰ) 公正価値の定義（出口価格）
　IFRS 第13号では，「公正価値」を，測定日において市場参加者間で秩序ある取引が行われた場合に，資産の売却によって受け取るであろう価格または負債の移転のために支払うであろう価格（「出口価格」）として定義している。公正価値測定においては，市場参加者によって考慮される資産や負債の特徴を考慮することが要求されるが，使用価値の測定と異なり企業特有の使用方法や計画といった企業の意図や能力は考慮しない。
　ⅱ) 公正価値ヒエラルキー
　IFRS 第13号では，公正価値ヒエラルキーの概念が導入されている。公正価値測定に使用される評価技法に用いられるインプットに3段階の優先順位を付けており，活発な市場における同一の資産・負債の公表価格（調整前の価格）

図表2-11-2　公正価値ヒエラルキー

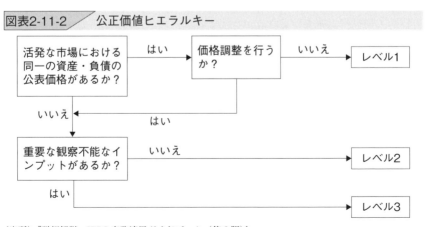

(出所)『詳細解説　IFRS 実務適用ガイドブック（第2版）』。

378 | 第2編 業務プロセス・会計

をそのまま使用する場合がレベル1と最も高く，重要な観察不能なインプットがある場合がレベル3と最も低くなる。レベル1に分類できるような活発な市場における公表価格（調整不要な価格）は取得できないが，資産・負債について直接または間接的に観察可能なインプットにより算出・調整を行った価格を用いる場合（重要な観察不能なインプットを用いていない場合）にはレベル2に分類される。

ⅲ）評価技法

評価技法を用いて公正価値を測定する際には，観察可能なインプットの利用を最大化し，観察不能なインプットの利用を最小化することが要求されている。したがって，評価技法は測定日における市場環境等に適合し，かつ関連する観察可能なインプットを最大限利用する形で公正価値の測定に十分なデータを入手することができるものを用いる。評価で使用するインプットがビッド価格またはアスク価格を有する場合，企業はその状況下において公正価値を最も適切に表すビッド・アスク・スプレッド内の価格を用いる。

③ IFRS 第13号適用上の論点

ⅰ）当初認識時の利得または損失（取引日損益）

IFRS 第13号が出口価格にもとづいた公正価値測定を要求する一方で，資産を取得した（または負債を引き受けた）場合，資産のために支払われた（または負債を引き受けるために受領した）取引価格は，入口価格を反映する。出口価格と入口価格の概念は異なるが，多くのケースにおいて両者は一致するため，当初認識時の公正価値は通常，取引価格と等しくなる。しかし，取引が行われる市場の相違や資産・負債特有の要因により，資産や負債の取引価格が当初認識時の測定に用いられる公正価値と一致しない場合には，取引日損益が発生する。

日本基準では，当初認識時の取引価格と時価が異なる場合の取扱いは特に規定されておらず，結果として取引日損益は即時認識されていると思われる。

一方で，IFRS 上，取引日損益を認識するか否かに関する判断は，公正価値測定を要求する各基準書にもとづいて行い，IFRS 第13号では，公正価値測定を要求する基準書が取引日損益を純損益に計上することを禁止する場合を除き，

純損益に計上することを要求している。金融商品に関する取引日損益の認識については，IFRS 第9号に準拠し，以下のように考える。

当初認識時の金融商品の公正価値の最善の証拠は，通常は取引価格（すなわち，手放した対価または受け取った対価の公正価値）である。当初認識時の公正価値が取引価格と異なると企業が判断する場合には，企業は，当該金融商品を当該日において次のように会計処理しなければならない（IFRS 第9号 B5.1.2A 項）[1]。

(a) その公正価値が同一の資産または負債についての活発な市場における相場価格（すなわち，レベル1のインプット）の証拠がある場合，または観察可能な市場からのデータ（すなわち，レベル2のインプット）のみを用いた評価技法にもとづいている場合には，当初認識時に金融資産または金融負債を公正価値で測定する。企業は，当初認識時の公正価値と取引価格との差額を利得または損失として認識しなければならない。

(b) 他のすべての場合には，当初認識時の公正価値と取引価格との差額を繰り延べるように調整した額で会計処理する。当初認識後，企業は，資産または損失として繰り延べた差額を，市場参加者が当該資産または負債の価格付けを行う場合の考慮に入れるであろう要因（時間を含む）の変化から生じている範囲でのみ，認識しなければならない。

また，繰り延べた純損益の実現方法（償却方法や償却期間）については，IFRS 上具体的に規定されていないため，最も適切な方法を決定することが求められる。このように，金融商品について，取引日損益の繰延処理が要求されるのか，あるいは，取引日損益の当初認識が認められるのかを検討するにあたっては，市場データが観察可能か否かを判断する必要があり，レベル3のインプットを用いた評価技法により測定している場合には，取引日損益を繰り延べる処理が要求される。認識した金融商品から生じた損益の計上可否に影響するという点でも，後述する公正価値ヒエラルキーの決定は非常に重要である。

---

(1) なお，検討に係るコスト負担等を考慮し，このような取引日損益に係る規定の適用については，原則的な遡及適用を要求するのではなく，IFRS に移行した日以降に締結した取引に対して適用することが認められており，初度適用者に対する救済措置が図られている。

ⅱ）公正価値ヒエラルキーの決定

　IFRS 第13号は，公正価値測定，開示の継続性と比較可能性を向上させる目的で，公正価値測定に使用される評価技法のインプットにもとづく公正価値ヒエラルキーを定めている。公正価値測定が全体としてどのレベルに分類されるかは，評価技法に用いられるインプットの観察可能性や重要性を考慮して決定する。評価技法には，観察可能なインプットと観察不能なインプットの両方を含む場合もあるが，測定において重要性のあるインプットのうち，最も低いレベルのインプットにもとづいてレベル２またはレベル３に分類する。

　レベル１は，測定日に企業がアクセスできる活発な市場における同一の資産・負債の調整なしの公表価格と定義されているため，以下のようなケースはレベル２に分類すると解釈する。

（例）

　Ｐ社はロンドン証券取引所（LSE）に上場しているＴ社の株式に投資をしている。報告日において，Ｐ社は LSE からＴ社株式の終値を取得している。LSE の取引終了後に，Ｔ社は自社株式の公正価値に影響を及ぼすような公表を行った。Ｔ社株式の公正価値は，ニューヨーク証券取引所で取引されているＴ社株の預託証券の少数の流通市場取引の価格によって裏付けられている。したがって，Ｐ社は，測定日の公正価値を測定する際に，預託証券の流通市場の価格を用いて LSE から取得したＴ社株式の終値に適切な調整を行う。

（出所）　KPMG IFRS 最新基準書の初見分析：公正価値測定（2011年６月）。

　レベル２は，活発な市場における類似の資産・負債の公表価格，あるいは観察可能な市場データにもとづくインプットであり，市場で観察される金利およびイールドカーブ，インプライド・ボラティリティ，信用スプレッド等が該当する。測定される資産・負債の特徴によって，レベル２インプットへの調整が必要となることがある。

　調整にあたり，企業は観察不能なインプットにより調整されるものか否かを検討し，その調整が測定全体にとっての重要性やその調整は市場参加者が資産・負債の測定に用いるであろう仮定を反映するものであるか否かを判定する。この結果，観察不能インプットによる調整が重要と判断される場合には，公正価値全体をレベル３に分類する。調整が公正価値測定における重要性を判定す

第11章　IFRS　381

る際には，資産・負債に特有の要素を考慮するほか，複数の観察不能なインプットが用いられる場合は，これら複数のインプット全体の資産・負債の公正価値に対する重要性を考慮することになる。

ⅲ）ビッド・アスク・スプレッド

　公正価値で測定される資産・負債は，ビッド価格またはアスク価格を有することがある。日本基準上，非上場デリバティブについては，ビッド・アスクのスプレッドが僅少な場合には，仲値を用いることが容認されるが，スプレッドが大きい場合には，資産はビッド価格，負債はアスク価格を使用することが望ましいとの規定がある（金融商品会計実務指針103項）。

　IFRS 第13号では，公正価値で測定する金融資産または負債にビッド価格，アスク価格がある場合，公正価値を測定するために，ビッド・アスク・スプレッドの範囲内でその状況における公正価値を最もよく表す価格を用いなければならないとされている。また，資産ポジションについてビッド価格，負債ポジションについてアスク価格を使用することが認められるが，要求はされないとしている（IFRS 第13号70項）。また，仲値による価格付けは実務上の便法として位置づけられている。

　証券会社がビジネスとしてトレーディングやマーケットメイキングを行う際に取り扱う金融商品には，通常ビッド・アスク・スプレッドが存在するが，出口価格で測定するという公正価値測定の前提を踏まえ，公正価値を最もよく表す価格を決定するため，ビッド・アスク・スプレッドに何が含まれるのかを検討する必要がある。通常は，ビジネスモデルやマーケットの特性を踏まえると資産ポジションについてはビッド価格，負債ポジションについてはアスク価格を使用することが合理的と考えられる。なお，これらを判断するにあたっては後述する取引量および取引水準や，秩序立った取引かどうかといった点も併せて考慮する。

ⅳ）活発でない市場における公正価値測定

　活発ではない市場から入手した価格は，公正価値を適切に表していない可能性がある。たとえば，価格が時期やマーケットメイカーによって著しく異なる場合や従前維持されていた他の指標との相関関係が失われている場合，ビッド・アスク・スプレッドが著しく乖離している場合等が挙げられる。ただしあ

る商品の取引量または取引水準が通常の市場活動と比較して大幅に低下していると判断されたとしても，その事実自体が，取引価格や公表価格が公正価値を表さない，あるいはその市場での取引が秩序のない取引であることを示すものではない。取引または価格が公正価値を表さないと判断する場合には，公表価格に調整を加えることを検討するか，資産・負債の公正価値を決定する際に用いる評価技法を変更したり複数の評価技法を用いたりすることが必要となる場合がある。

このように，市場から入手した価格等であっても，適切にその信頼性を評価したうえで，公正価値測定に使用する値や，ヒエラルキーを決定する必要がある。

　ⅴ）第三者により提供される公表価格の利用

価格情報提供サービス業者やブローカー等の第三者により提供される公表価格は，IFRS第13号の規定にしたがって決定された価格であれば利用することが認められている。この価格が観察可能とみなされるか否かは，その性質または情報源により異なり，第三者より入手したという理由だけで観察可能とみなされることにはならない。たとえば，価格情報提供サービスが同一商品の活発な市場からの公表価格（調整前）を提供する場合，その価格にもとづく公正価値測定はレベル１に分類される。一方，価格情報提供サービスが独自のモデルにもとづいた価格を提供する場合，その価格にもとづく公正価値測定は，インプットの観察可能性やその重要性により，レベル２またはレベル３に分類される。

日本基準上，ブローカーの店頭において成立する価格（気配値を含む）を市場価格とすることもできるとしているが（金融商品会計実務指針50項，257項），IFRSの適用にあたっては，公正価値として利用可能か，また，どのレベルに分類されるかを経営者として検討しなければならない点に留意が必要である。

⑸　金融資産・金融負債の相殺表示および開示

金融資産と金融負債の相殺表示は，証券会社の財政状態計算書に重要な影響を及ぼす論点の一つである。なかでも，デリバティブ取引や，商品有価証券等の売買やデリバティブ取引を行う際に用いる「約定見返勘定」は，相殺表示に関する会計基準によって財政状態計算書に重要な影響が予想される（「約定見返勘定」については，本編第１章「証券業経理総論」②「証券会社特有の会計

処理・開示項目」を参照のこと）。

　以下では，IFRS改訂基準公表の背景や，改訂基準の概要，IFRSと米国基準の比較可能性を担保するために拡充された開示規定，そして証券会社の実務に及ぼす影響について解説する。

① 日本基準との相違

　日本基準上，金融資産と金融負債は貸借対照表において総額表示することを原則とするが，以下のすべての要件を満たした場合には相殺表示することができる。

　(a) 同一の相手先に対する金銭債権と金銭債務であること。

　(b) 相殺が法的に有効で，企業が相殺する能力を有すること。

　(c) 企業が相殺して決済する意思を有すること。

　一方，IFRSでは，以下の2要件を満たした場合には，金融資産と金融負債とを相殺し，純額を財政状態計算書に表示しなければならないとされている（IAS第32号42項）。

　(a) 認識された金額を相殺する法的に強制力のある権利を有しており，かつ

　(b) 純額で決済するかまたは資産の実現と負債の決済を同時に実行する意図を有している。

　認識の中止の要件に該当しない金融資産の譲渡を会計処理する際には，企業は譲渡した資産と関連する負債とを相殺表示してはならない。

　このように，日本基準は，相殺表示が任意規定であるのに対し，IFRSの場合は，一定の規定を満たした場合には相殺表示が強制されるという相違点がある。なお，相殺表示の原則的な考え方に重要な相違はない。ただし，マスター・ネッティング契約（一つの契約について債務不履行等の一括清算事由が生じた場合に，契約の対象となるすべての取引について単一通貨の純額で決済することとする契約）の取扱い，相殺権の法的強制力が当事者のデフォルト時だけではなく，通常の営業過程においても有効なものか，そして，「約定見返勘定」についての容認処理の有無，といった点においては，基準間で差異が生じている（日本においては，証券業の統一経理基準において，借方と貸方の「約定見返勘定」を相殺表示することができるとされているが，IFRSにはこ

のような容認規定がない)。

したがって，IFRS 上は上述の原則規定に照らしてデリバティブ取引や約定見返勘定が相殺表示可能か否か，個別に約款や清算機関の規則等を吟味する必要がある。

② IFRS 改訂基準公表の背景

従来，IFRS では，相殺表示の要件を満たす場合には相殺表示が強制された一方，米国基準では，相殺表示の要件を満たす場合に相殺表示を選択可能であり，かつマスター・ネッティング契約の対象であるデリバティブ取引やレポ取引については，容認規定が定められていた。

この差異を解消するため，2011年 1 月に IASB は FASB と共同で公開草案を公表したが，その内容は，従来の IFRS（IAS 第32号）に近いものであり，現行の米国基準と比較して，より多くの金融商品が総額表示されるものであったため，2011年 6 月の合同会議において，両ボードは共通の相殺表示モデルを追求しないことを決定した。

一方，開示については，総額と純額の双方の情報が有用であるという利用者からのコメントを受けて，IFRS と米国基準間の比較可能性を担保するために新たに共通の規定を設けることを決定した。2011年 7 月，IASB は単独会議において，従来の IAS 第32号の規定を維持したうえで，適用指針（Application Guidance）を追加し，利害関係者から指摘された適用における実務上の不整合を解決することを決定した。

上記の経緯を経て，2011年12月，IASB は，IAS 第32号「金融商品：表示」の改訂および IFRS 第 7 号「金融商品：開示」の改訂を公表し，同日，FASB は，開示規定を改訂する会計基準書アップデート第2011-11号「資産と負債の相殺に関する開示」を公表した。

IAS 第32号の改訂は，2014年 1 月 1 日以降開始する会計年度から適用されている。

③ 改訂 IAS 第32号の概要

審議の過程において明らかとなった実務における適用上の不整合に対処する

ため，IAS 第32号に相殺表示の要件を明確化する適用指針が追加された。

ⅰ）「現時点（currently）」という用語の意味の明確化（改訂 IAS 第32号，AG38A-AG38D 項）

　従来の IAS 第32号においては，相殺表示の要件の一つとして，「現時点において法的強制力のある相殺権を有する」ことが要求されているが，「現時点」の解釈が実務上多様であったことを受けて，改訂基準では，「現時点において法的強制力がある相殺権」を，以下の両方に該当する権利であることを明確にしている。

- 将来の事象の発生を条件とするものでない
- 企業自身およびすべての契約当事者の通常の営業過程，デフォルト時および支払不能または破産時，すべての状況において法的強制力がある

ⅱ）「同時の（simultaneously）実現と決済」という用語の意味の明確化（改訂 IAS 第32号，AG38E-AG38F 項）

　従来の IAS 第32号のもう一つの相殺表示の要件として，「純額決済を行うまたは資産の実現と負債の決済を同時に実行する意図がある」ことが要求される。改訂基準では，純額決済と同等とみなされる総額決済システムの例示を適用指針に追加し，「資産の実現と負債の決済を同時に実行する」という意味を明確にしている。次のすべての特徴に該当する総額決済システムは純額決済と同等とみなされる。

(a) 相殺対象である金融資産および金融負債がまさに同じタイミングで決済処理のため送金される。

(b) 決済処理のため送金手続に入った場合，当事者は決済義務を履行しなければならない。

(c) 決済処理のため送金手続に入った場合，決済処理がフェイルしない限り，金融資産または金融負債から生じるキャッシュ・フローが変わることがない。

(d) 証券で担保される金融資産および金融負債が証券振替システム等を通じて決済されるものであり，証券の振替がフェイルした場合，証券を担保とする債権または債務の送金もフェイルする（その逆も同様）。

(e) フェイルした取引は決済されるまで，決済処理が何度も行われる。

386 | 第2編　業務プロセス・会計

(f)　決済は同じ決済機関を通じて行われる。

(g)　契約当事者にとって，決済日での支払処理に十分な金額の借越ができるような日中の信用枠が利用可能であり，かつ要求した場合に日中の信用枠が利用できる可能性が非常に高い。

金融市場において，複数の中央清算機関（以下「CCP」という）とデリバティブ取引の決済を行う金融機関は，それぞれの決済システムについて，「純額決済を行うまたは資産の実現と負債の決済を同時に実行する意図があるか否か」の判定を適用指針の規定にしたがい，システム単位で個別判断することが要求される。

④　改訂 IFRS 第7号の概要

前述のとおり，IFRS と米国基準間で相殺表示の規定が異なることによる比較可能性を担保するために，開示が拡充された。

ⅰ）開示規定（IFRS 第7号13A-13F 項）

財政状態計算書上相殺表示される金融商品および法的強制力のあるマスター・ネッティング契約または類似の契約（デリバティブ取引清算契約やレポ取引基本契約書等の対象となる商品）を対象に，開示が要求される。開示情報により財務諸表利用者は相殺の取決めが企業の財政状態計算書に及ぼす影響（または潜在的影響）を評価できる。具体的には，報告期間末において，金融資産と金融負債を区別して，次の定量的開示が要求される。

(a)　認識済みの金融資産および金融負債の総額

(b)　相殺表示の要件にしたがい，財政状態計算書上相殺表示される金額

(c)　上記(a)から(b)を控除した，財政状態計算書上の表示金額

(d)　法的強制力のあるマスター・ネッティング契約または類似の契約の対象となる金額で，相殺表示の要件を満たさないために財政状態計算書上相殺表示されていない金額，および関連する金融担保（現金担保を含む）の金額

(e)　上記(c)から(d)を控除した，企業のネット・エクスポージャー

これらの情報は，他の形式がより適切である場合を除き，表形式で開示する。

開示する金額は財政状態計算書上の認識額であるが，測定属性が異なる場合には，その違いについて説明が要求される。たとえば，異なる測定属性の金額が記載される買戻し契約について，関連する債務は償却原価で測定され，デリバティブ取引は公正価値で認識される旨を説明する。

企業はすべての情報を金融商品の種類や取引ごとに開示するか，あるいは前記(a)から(c)の情報を金融商品の種類や取引ごとに，(c)から(e)の情報を取引相手ごとに開示することを選択することができる。企業の信用リスク管理の方法と合わせた開示を可能にしているため，このような柔軟性が認められている。

法的強制力のあるマスター・ネッティング契約および関連する契約の条件によっては，相殺権の性質およびそれらが企業の財政状態計算書に与える影響または潜在的影響を含む追加的な定性的開示によって，開示を補足することが要求される場合もある。前記の(b)，(c)，(d)の金額は，IFRSと米国基準の相殺表示規定の相違による影響を受けるが，(a)と(e)は相殺表示の要件には左右されないため同額となる。

(6) 特別法上の準備金（金融商品取引責任準備金）

日本基準では，金商法第46条の5で規定される金融商品取引責任準備金を，統一経理基準にしたがって特別法上の準備金の区分に計上する。一方でIFRSでは，負債はその認識基準を満たした場合にのみ計上されるが，金融商品取引責任準備金は将来の証券事故による損失に備えるためのものであり，現在における債務に該当せず負債の認識基準を満たさないため，日本基準において計上された金融商品取引責任準備金はIFRSにおいては取り崩される。

第3編 監査

第1章

証券会社の監査

1　証券会社監査の概略

(1)　証券会社の監査の特徴

　監査人は，監査を効果的かつ効率的に実施するために，監査リスク[1]と監査
上の重要性を勘案して監査計画を策定しなければならない。

　監査人のリスク評価手続は，監査の実施において，内部統制を含む企業およ
び企業環境の理解を通じて，財務諸表の重要な虚偽表示リスクを識別し評価す
る監査手続である。

　一口に証券会社といっても，リテール業務，ホールセール業務の比重，イン
ターネット専業，外資系など，規模やビジネスによって会社の組織構造はさま
ざまであり，各社の経営環境や内部統制の状況に応じたリスク評価を実施する
必要がある。

　証券会社のリスク評価手続において考慮すべき全般的事項は，以下のとおり
である。

- IT への依存度が高いことから，企業および企業環境の理解において，IT
  に関する内部統制（以下「IT 統制」という）を理解するとともに，業務
  プロセスにおける内部統制の整備・運用評価手続において，自動化された
  業務処理統制や，IT から自動生成される情報を利用して実施される手作

---

[1] 監査人が，財務諸表の重要な虚偽の表示を看過して誤った意見を形成する可能性を
監査リスクという。

業による内部統制（以下「IT業務処理統制」という）の有効性を評価しなければならない。

- 会計上の見積りが必要となるものとして，特に，トレーディング商品の時価評価について留意が必要である。また，繰延税金資産の計上については，株式市況等相場の変動による業績への影響を受けやすいビジネスであることから，収益力やタックス・プランニングにもとづく回収可能性の検討において慎重な判断が求められる。
- 新規の商品・サービスの提供や企業の買収，金融規制や，取引所・振替機関・清算機関等の制度変更が，企業のリスクやビジネスプロセス，会計処理に与える影響について慎重に検討する必要がある。
- 証券会社は，有価証券取引その他の取引に関連して，顧客から金銭を預かるほか，顧客の有価証券の保護預りや振替を行っている。顧客資産である金銭や有価証券は，証券会社の管理下にあり，証券会社が自己の名義で信託銀行や振替機関に開設した口座で保有されており，また，顧客資産の残高は証券会社が記帳する顧客口座で管理されている。本編第2章で述べるとおり，証券会社には金商法上，顧客資産の分別管理の義務が課せられてはいるが，監査人は，証券会社が顧客資産を不正に流用するリスクや，あるいは，顧客口座を不正に利用し財務諸表を誤らせるリスクについて検討する必要がある。

(2) IT 統制

証券会社のIT統制について以下紹介するが，主要な業務プロセスのIT業務処理統制については，第2編第1章③(3)および第2章から第10章のそれぞれの内部統制の項を参照。

① 証券会社のIT を利用した情報システム

証券会社のIT を利用した情報システムは，これを利用する部署によりフロントシステム，ミドルシステムおよびバックシステムに区別できる。フロントシステムは，顧客からの発注機能や情報提供・プライシング機能を担うシステムが含まれる。ミドルシステムには，リスク管理・収益管理等に関する社内管

理データ提供機能やコンプライアンスのチェック機能を担うシステムが含まれる。バックシステムは，勘定系といわれ，顧客管理機能，銘柄属性管理機能，約定管理機能，証券振替・残高管理機能，資金決済・残高管理機能，経理機能を担うシステムが含まれ，会計帳簿や法定帳簿はここで作成される。

証券会社のシステムの特徴として，外部システムと接続していることがあり，約定照合を行っている約定系，資金と証券の照合を行っている決済系のシステムは監査上も重要である。また，ホールセール業務を行っている証券会社では，複雑なデリバティブ取引のプライシングなどに対応した時価評価システムや，自己ポジション管理のためのリスク管理システムも重要である。

IT統制の理解においては，これらのシステムが，自社（グループ会社を含む）で開発しているのか，あるいは，外部委託先の提供するシステムを利用しているのかを理解することが重要である。また，外資系証券会社では，グループでIT管理を統括し，IT統制を海外拠点に依拠している場合がある点に留意が必要である。

②　IT全般統制とIT業務処理統制

個々のアプリケーションシステムにおいて，開始された取引が承認され，網羅的・正確に記録・処理されることを確保する統制活動をIT業務処理統制という。IT業務処理統制には，プログラムに組み込まれた統制活動である自動化された内部統制と，ITから自動生成される情報を利用して実施される手作業による統制活動であるITと人が一体となって機能する内部統制がある。IT業務処理統制が有効に機能する環境を保証する間接的なIT統制のことをIT全般統制という。IT全般統制には，一般に，ネットワークの運用管理，システム・ソフトウェアの取得・開発および保守，アクセスコントロールやアプリケーションシステムの取得・開発および保守に関する統制活動が含まれる。

監査上は，特定したIT業務処理統制を提供しているアプリケーションシステムを特定し，IT業務処理統制が継続的に有効に機能するために，当該システムのIT全般統制の有効性について評価する。利用部署が複数にまたがるシステムのIT全般統制については，アクセスコントロールについて留意が必要である。

394 | 第3編　監査

　また，証券会社が外部委託先を利用している場合においては，会社の内部統制が外部委託先にも存在することから，委託先における IT 全般統制および IT 業務処理統制等の有効性を評価することを検討する。これについては，監査人自らが委託先の IT 統制を評価する場合と，他の監査人が実施した内部統制評価に関する報告書を利用する場合がある。海外拠点にある IT システムを利用している場合も同様である。

③　IT 業務処理統制

　証券会社監査において検討すべき IT 業務処理統制に関連する IT の機能をいくつか紹介する。

ⅰ）エディット・バリデーション・チェック

　顧客口座の情報は顧客マスターで管理されており，顧客からの注文を受けるシステムへの入力時に，この顧客マスターとチェックし，顧客マスターにないデータの入力を受け付けないことにより，架空の口座による受注を防ぐ機能がある。また，証券会社が注文を受けることができる銘柄の情報は銘柄マスターで管理されており，同じくシステムへの入力時のチェックにより，取扱いのない銘柄のデータ入力を防ぐ機能がある。顧客マスターや銘柄マスターなどのマスター・ファイルを最新のものとする統制も重要な統制である。

ⅱ）自動計算

　株式等の委託取引の委託手数料や投資信託の販売手数料については，顧客属性や注文チャネルによって料率が決められており，IT システム上，約定データにもとづき該当する手数料テーブルを参照したうえで自動計算する機能がある。同様に，債券や信用取引の金利についても残高データと銘柄マスター等における利率を参照し，自動計算される。

ⅲ）照　合

　証券会社の約定データと取引所の約定データの照合や，証券会社の決済予定データと，外部決済機関の決済予定データを，システム上で照合し，照合結果をエラーリストとして自動で出力する機能があり，出力されたレポートを用いて手作業による統制を行う。

ⅳ）自動仕訳

定型的な取引については，あらかじめシステム上定められた仕訳にもとづき，自動で仕訳起票する機能がある。自動仕訳パターンを登録・変更する場合の統制も重要である。

ⅴ）インターフェース

受注，約定，決済，残高管理，仕訳起票に至るまで，各システム間でデータを正確かつ網羅的に受渡しすることを確かめるため，データ出力側とデータ入力側のデータ件数等が整合していることを確かめる機能等がある。

ⅵ）アクセス管理

端末のメニューの使用制限など，職務権限に応じたシステムの操作権限をユーザーID に付与し，ユーザーID をパスワード等により認証する機能がある。この機能により，証券会社においては，入力権限と承認権限，約定入力権限とそれを取消・訂正する権限，約定権限と決済権限などの職務が分離されている必要がある。

2　監査手続

以下で，証券会社の監査における特徴的な監査手続について記載する。なお，ここでは網羅的にすべての監査手続を記載しているわけではない点に留意されたい。

⑴　店頭デリバティブ取引の残高は適切か

① リスクの概要およびその背景

第2編で述べたとおり，店頭デリバティブ取引は証券会社の主要ビジネスの一つとなっており，デリバティブ取引残高の金額的重要性が高い証券会社も多い。また，店頭デリバティブ取引は，取引期間が長期にわたるものがあり，評価損益が長期にわたり計上される。そのため，店頭デリバティブ取引の残高は質的重要性も高いといえる。また，店頭デリバティブ取引は，債券や株式と異なり，約定時においては，契約内容の取決めが行われるのみで，一部の取引を除けば資金や現物の決済が行われない。さらに，店頭デリバティブ取引の決済

が取引当事者のみで完結し，清算機関などの外部機関が関与しない場合には，外部情報を用いて直接的に残高を確かめることが困難である。

　以上のように，店頭デリバティブ取引の残高は，金額的重要性および質的重要性が高いにもかかわらず，債券や株式などに比べて証明力の高い監査証拠を入手することが困難である。店頭デリバティブ取引の残高に係るリスクは，実在しない取引が財務諸表に計上され架空損益が計上されるリスクと，実在する取引が簿外処理され財務諸表に反映されないリスクが挙げられる。

　これらのリスクが顕在化する代表的な例として，以下のような事象が挙げられる。

- 経営者が不正目的で行う，架空利益の計上および損失の簿外処理
- 報酬が業績連動型のトレーダーが多額の報酬を受ける目的で行う，架空利益の計上および損失の簿外処理
- 財務諸表作成過程における経理部門等の誤謬

② 監査手続

　監査人は，店頭デリバティブ取引の残高について，十分かつ適切な監査証拠を入手するため，以下に留意して監査を実施する。上述のとおり，店頭デリバティブ取引の残高について外部情報と直接照合する監査手続を実施することが難しいため，監査人はコンファメーションチェック，資金決済の確認，各システム間のインターフェースの状況など証券会社内の内部統制にも依拠しつつ複合的な手段を用いてその妥当性を検証する。

　ⅰ）コンファメーションチェック

　コンファメーションは約定後に契約当事者間で取り交わす契約書であり，取引条件や決済方法などの確認のため交わされる。監査人は，コンファメーションの管理ファイルを入手しコンファメーションの発送・回収管理状況をチェックするとともに，当該管理ファイル上の取引件数とフロントシステム上の取引件数が一致することなどにより，取引記録の網羅性を確かめる必要がある。上述のとおり，店頭デリバティブ取引の監査においては実在する取引が簿外処理されるリスクがあるため，当該管理ファイルの対象取引の網羅性を確かめることは重要な監査手続である。

監査人はコンファメーションチェックで使用される発送・回収管理ファイルが網羅的であることを確かめたのち，さらに取引の実在性やシステムへのインプットの正確性を確かめることを目的として，当該管理ファイル上の取引と，店頭デリバティブ取引から生じたトレーディング損益の構成要素となった取引が一致することを確かめる必要がある。

(ア) 紙面によるコンファメーション

一般に，紙面によるコンファメーションチェックについては職務分離がされており，回収管理その他の業務は，フロント部門から独立したオペレーション部門によって行われる。監査人は，回収済みの紙面によるコンファメーションを入手・閲覧するとともに，以下の監査手続を実施する。

- 紙面によるコンファメーションが全件回収されていることを確かめる。
- 回収されたコンファメーションに記載されている取引内容と約定管理システムに入力された内容が同一であることを確かめる。
- 回収されたコンファメーションについて，先方の責任者の押印またはサインがあることを確かめる。また，先方責任者が適切な役職であること，サインの筆跡などが明らかに不自然でないことを確かめる。

(イ) 電子コンファメーション

電子コンファメーションは，電子照合サービスを提供する業者を介して行われる。電子コンファメーションによる照合を利用する証券会社では，自社のフロントシステムとサービス提供業者のシステムがインターフェースしており，自社システムに入力された取引内容はサービス提供業者のシステム上で先方の入力内容と照合される。照合結果は自社システム上のコンファメーションステータスを表示する画面に反映される。

電子コンファメーションによる照合は，システム上で完結するという性質を有しており，かつ電子照合サービス業者は証券会社にとって外部者であることから，照合が適切に実施されたことを確かめることが困難である。これらを踏まえ，監査人は以下の監査手続を実施する。

- フロント部門がコンファメーションステータスを改ざんできるシステムデザインになっていないことを確かめる。
- サービス提供業者のシステムとのインターフェースに問題がないことを確

かめる。

- 未照合取引や不一致取引が残存していないことを確かめる。

ⅱ）資金決済照合

店頭デリバティブ取引のうち，オプション取引は約定後オプションプレミアムの資金決済が行われる（一部オプションプレミアムが後払いで約定後すぐには決済されないタイプの取引も存在する）。スワップ取引はクーポンの受払いがあり，利払日に資金決済が行われる。これらの資金決済が正確に行われるためには，約定された取引が漏れなく正確にフロントシステムに入力されている必要がある。また，金利更改等の決済金額の確定処理がシステム内で漏れなく正確に行われていなければならない。オペレーション部門は，資金決済の円滑な実施を目的として決済日の数営業日前に取引相手と決済金額や決済口座の確認を行う。監査人は，資金決済照合にかかる内部統制の有効性を確かめることにより，監査リスクを低減できる。

ⅲ）CSA 契約のエクスポージャーファイルを利用した照合

店頭デリバティブ取引を取り組む証券会社は，取引相手と CSA 契約を締結しており，日次や週次で担保の授受を行う。担保授受に至る一連の過程では，多くの場合，各取引のエクスポージャーが記載されたエクスポージャーファイルを交換する。上述のとおり，店頭デリバティブ取引の監査においては外部情報との照合が難しいため監査リスクも高くなるが，エクスポージャーファイルを用いれば外部情報との照合が可能である。取引の実在性および網羅性を担保するうえで，エクスポージャーファイルと会計帳簿上のデリバティブ取引残高の照合は有効な監査手続である。一方で，取引相手とは評価方法や評価時点が異なる場合があるため，時価の妥当性を検証するうえでは有効ではない場合が多い。

ⅳ）約定訂正

店頭デリバティブ取引における約定訂正は，フロントシステムへの誤入力の訂正と先方との合意にもとづく訂正に分けられる。

フロントシステムへの誤入力の訂正については，証券会社において約定訂正にかかる業務フローが定められており，担当者による理由説明，上席者の承認およびコンプライアンス部門による承認などの内部統制が存在することから，

監査人は当該内部統制の有効性を確かめる。

　先方との合意にもとづく訂正については，通常アメンドコンファメーションが取り交わされることから，約定の際と同様，コンファメーションチェックに対する監査手続を実施する。

(2) 店頭デリバティブ取引の評価は適切か

① リスクの概要およびその背景

　金融商品に関する会計基準第25項により，デリバティブ取引により生じる正味の債権および債務は時価評価し，評価差額は原則として損益として認識することが求められる。ホールセール業務を行う証券会社が保有する店頭デリバティブ取引の取引量は膨大であり，時価評価を誤った際に財務諸表に与える影響は大きいと考えられる。

　また，店頭デリバティブ取引については，多くの場合，市場価格に準ずるものとして時価評価モデルにもとづいて合理的に算定された価額が時価となる。このような時価評価モデルにもとづいた時価評価では，誤った時価が算定されるリスクも高く，またマネジメントやトレーダー等が自己に有利な時価を算出するなどのリスクもあり，不正が発生するリスクも高いと考えられる。

　さらに，証券会社は取引条件が複雑な店頭デリバティブ取引を多数保持するケースも多く，複雑な店頭デリバティブ取引を評価する際にはより複雑な評価モデルや市場で観察が困難なパラメータが必要となることが多いため，時価評価にあたって恣意性が介入するリスクが高い。

② 監査手続

　時価評価に関するリスクを評価する前提として，時価検証を行う部門がフロント部門のトレーダー等から独立して設置されていることが重要である。仮にトレーダーが自身で時価評価をすることが可能で，かつその妥当性が検証されないのであれば，自らに有利なように時価を操作するリスクが高い。そのため，時価評価と時価検証の職務分離が適切に行われているかを評価する必要がある。

　ホールセール業務を行う証券会社が保有する店頭デリバティブ取引の取引量は膨大であり，これらすべてのデリバティブ取引についてマニュアルで時価の

評価替えを行うことは困難である。そのため，時価評価を行う IT システムにより店頭デリバティブ取引の時価を自動で評価替えする業務フローを構築することが求められる。監査人は IT 専門家が関与して，IT システムを用いた時価評価プロセスの内部統制の有効性を評価する必要がある。

　店頭デリバティブ取引の時価評価を行うにあたり，監査リスクが高いのは，店頭市場での流動性が低く時価評価に使用するパラメータの入手が困難なデリバティブ取引である。したがって，証券会社の時価検証手続として，時価評価にあたって用いている評価モデルおよびパラメータが妥当であるかを検証する内部統制の有効性を評価しなければならない。

　評価モデルについては，商品の取扱い開始前に，フロント部門から独立した評価モデル管理部門が検証を行ったうえでその評価モデルを承認するとともに，その後定期的に，使用されている評価モデルの妥当性を検証していなければならない。トレーダー等が自身に有利な評価モデルを使用するリスクがあるため，このような承認および定期的な検証を行う内部統制が構築されていることが必要である。また，定期的な妥当性の検証は，市場環境，ポジションの状況，または評価モデルの進歩等によってその店頭デリバティブ取引の時価評価に適切な評価モデルが変化することがある点にも留意が必要である。妥当性の検証には，モデルが内包している仮定や，モデルが抱える制限を踏まえたうえで，時価評価時点の市場環境に照らして適合しているか否かを判断するための検証を行うことが含まれる。

　評価パラメータの妥当性については，時価評価時点で観察可能なものについては，フロント部門から独立した時価検証部門が外部時価提供ベンダーやブローカーから関連するパラメータを入手し，トレーダーが使用しているものと重要な差異が存在しないことが検証されている必要がある。観察不能なパラメータについても何らかの検証を行うとともに，その不確実性が財務諸表に与える影響を評価する内部統制が構築されている必要がある。モデルの場合と同様に，トレーダーが自己に有利なパラメータを用いて時価評価するリスクがあるため，このような内部統制が構築されていることは不可欠である。

　監査人は，これら評価モデルおよびパラメータに関連した内部統制の有効性を評価するとともに，見積りの不確実性が高いと判断した場合には，金融商品

時価評価の専門家が関与して，監査人自ら算定した時価との比較や，会社が行っている内部統制プロセスによる検証業務の再実施等を，実証手続として行う必要がある。

(3) 商品有価証券等の残高は適切か

① リスクの概要およびその背景

ホールセール業務を行う証券会社等の貸借対照表においては，トレーディング商品が多くを占め，残高が適切でない場合は財務諸表に重要な影響を及ぼす。また，証券会社は自己分の有価証券だけでなく，顧客分の有価証券も保管しているため，顧客分の有価証券を自己分と混同して残高が不適切になるリスクや，顧客分の有価証券を無断で売却してその売却資金を自己資金として流用するリスクがある。

② 監査手続

財務諸表監査にあたって，監査人は証券会社自己分の有価証券残高が妥当であるかの検証に主眼をおく。顧客分の有価証券は証券会社の財務諸表には計上されず，直接的な検証対象ではないからである。しかし，顧客分の有価証券が自己分に含められて，商品有価証券等の残高が不正に水増しされていないか，顧客分有価証券の売却により得た決済代金を自己の資金としていないか等の観点を，監査人として常に持つことが求められる。なお，証券会社は，金商法第43条の2により，顧客分の預り金および有価証券を自己分から分別して適切に管理することが求められており，また，同条により，定期的に公認会計士もしくは監査法人の監査（保証業務）を受けることが求められる。顧客分の預り金および有価証券の分別管理の法令遵守状況は，この保証業務でも検証される。詳細は後記第2章を参照。

有価証券の残高を検証するにあたり，監査人は，証券会社が有価証券の残高の妥当性を検証するための内部統制の有効性を評価する。証券会社の膨大な有価証券残高がすべて正しいことを実証手続のみで検証することは困難であり，有効な内部統制が整備・運用されていることが前提となるからである。証券会社においてはバック部門が，振替機関と有価証券の数量を照合する残高照合を

実施する。残高照合をフロント部門から独立したバック部門が実施することにより，仮にフロント部門で不正に有価証券の流用があっても，発見される可能性が高まる。有価証券の数量の振替機関との残高照合は，多くの場合ITシステム上で自動化されている。有価証券の銘柄数は膨大であり，手作業で残高照合することは困難であるばかりでなく，誤りが発見されない可能性を高める。ITにより自動化された残高照合を日々振替機関と行うとともに，自動的な残高照合を行えない振替機関については残高証明書等により，証券会社が把握する有価証券の数量と一致していることを確かめる。監査人はITシステムにより自動化された残高照合についてはIT専門家が関与して残高照合のレポートが，差異を正確かつ網羅的に出力しているかを検証するとともに，バック部門がITシステムから出力されたレポートを用いて，適切に残高差異調整等を行っているかを評価する。

　監査人は，実証手続として，各振替機関および保管機関に残高確認状を発送し，残高確認状における有価証券の数量が証券会社の把握する有価証券の数量と一致することを確かめる。証券会社の財務諸表上は商品有価証券を約定日基準で認識する一方，振替機関は振替後の数量で認識しているため，証券会社が貸借対照表上に計上している商品有価証券の数量と残高確認状における有価証券の数量との照合にあたっては，約定済み未振替の残高について，差異調整が必要であることに留意する。

(4) 商品有価証券等の評価は適切か

① リスクの概要およびその背景

　商品有価証券等については，毎期末に時価評価し評価差額を損益計算書に計上することが求められる。ホールセール業務を行う証券会社が保有する商品有価証券等の残高は膨大であり，時価評価を誤ったときに財務諸表に与える影響は大きい。また，上場株式や日本国債等は通常市場で取引が活発に行われており，期末日時点での取引価格等をもとに時価評価されるが，一部の債券等については市場で活発な取引が行われておらず，類似銘柄を参照したり評価モデルにもとづいた時価評価が行われる。このような評価モデルにもとづいた時価評価では，誤った時価が算定されるリスクが相対的に高く，またマネジメントや

トレーダー等が自身に有利な時価を算出するなどの不正が発生するリスクについても考慮する必要がある。特に，市場流動性が低く，低価格で購入した債券について，ミッドないしはアスク価格で評価すると，未だ売却が実現していないにもかかわらず，不適切な収益が認識されたり，損益操作が行われるリスクがあるため，時価評価についてのルールをあらかじめ定めておく必要もある。また，個別の銘柄について重要な価格操作が行われること以外にも，1銘柄ごとの差異はわずかであるが，それらを合計し，ポートフォリオ全体で見ると重大な損益操作を示すような兆候がないか，十分に注意する必要がある。

② 監査手続

(2)において述べた店頭デリバティブ取引の評価と同様であるため詳細は割愛するが，上場株式や日本国債等の市場価格等が把握できるものについての時価評価はITシステムにより自動化されていることが多く，外部の時価提供ベンダーのデータを自動的に入手し，評価替えするようにシステム化されているかについてIT専門家が関与して検証するとともに，ITシステムが正しく時価を入手して評価替えしていることを時価検証部門が確認しているかを検証することで時価評価プロセスの内部統制の有効性を検証する。その他，流動性の低い銘柄等について，前述した視点から，監査人自ら価格の妥当性を検証することも必要となる。また，その前提として，時価評価のルール，差異基準，時価検証部門による牽制機能，検証結果についてのマネジメントによるレビューといったプロセスが適切に構築され有効に運用されているかも評価する必要がある。

(5) 委託手数料やトレーディング損益は適切に認識されているか

① リスクの概要およびその背景

収益は会社の業績を判断するうえで重要な指標となるため，一般的に収益認識については不正リスクが存在すると考えられる。また，証券会社において収益となる委託手数料やトレーディング損益は，顧客より預かっている金銭や有価証券の売買によって生じるため，不正な取引が行われるリスクが存在する。

どのような不正が発生しやすいのかは，証券会社の事業内容・顧客特性等に応じて異なるため，監査人はそれぞれの証券会社の事業性質を理解して監査手

404 | 第3編　監査

続を計画・実施しなければならない。

②　監査手続

ⅰ）実在する顧客からの注文による取引か

委託手数料やトレーディング損益が発生した取引が，実在する顧客からの注文にもとづいていることが重要となる。

具体的な監査手続としては，取引が行われた際に顧客へ送付される取引報告書や取引残高報告書などが漏れなく適時に顧客へ送付されているか，宛先不明等の理由により報告書が返送された顧客の口座の取引が適時に制限される仕組みとなっているかを確かめることが有用である。また，実際に顧客に対して確認状を送付することも，監査手続として有用である。

ⅱ）不正な取引が存在しないか

営業店担当者などが意図的に顧客の注文にもとづかない取引を発注し，不正な取引が行われるリスクがある。また，顧客資産の流用や自己勘定に生じた損失を隠ぺいする目的で取引が行われるリスクがある。したがって，こうした目的取引の有無を確かめることが重要となる。

具体的な手続としては，通常，用いられない取引コードや顧客口座コードによる取引がないかの検証，住所不明口座等，通常，売買や出金が行われない口座における取引の合理性の検証，あるいは，時価と乖離した取引の合理性の検証などの監査手続が考えられる。

また，他の有用な手続としては，約定訂正に対する手続が考えられる。本来約定訂正とは，誤って約定した取引を訂正するために用いられる処理であるが，損失補てんや，自己勘定の損失を隠ぺいするための取引が行われるリスクも考えられる。このため，約定訂正内容の閲覧や，訂正時に社内で定められた手続にしたがい承認を得ているかを確かめることより，異常な訂正の有無を確かめることも有用である。

ⅲ）委託手数料やトレーディング損益の推移に異常な点はないか

委託手数料やトレーディング損益は，一般的に顧客の取引の増減と相関すると考えられる。よって，証券取引所等の発表している市場全体での取引量および取引金額の推移と，委託手数料やトレーディング損益の推移とを比較分析す

ることが有用である。

　しかし，証券会社によっては一定の取引金額を超えると委託手数料を定額とするサービスを行うなど，市場の取引量や取引金額と必ずしも相関しない場合もある。よって，過年度の分析結果と比較する時系列分析や担当者への質問等の手続を実施することにより，委託手数料やトレーディング損益の推移を検証することが必要となる場合もある。

　また，トレーディング損益として計上される金額は，顧客の取引量だけではなく，自己のポジションとして保有しているトレーディング商品自体の価格変動による影響も受けることから，自己のポジションに対するリスク管理方針の内容についても併せて確かめることも重要である。

(6)　投資銀行業務等の手数料収益認識は適切か

①　リスクの概要およびその背景

　投資銀行業務のうち特にアドバイザリー業務においては，顧客へ提供する業務内容が多岐にわたることから，収益認識時期を一律に定めることが困難な場合もある。また，個々の案件の手数料金額が多額になることもあり，その結果，収益認識時期により財務諸表への影響が大きくなることもある。そのため，収益の認識時期は監査リスクが高い項目である。

②　監査手続

　監査人は，契約書その他の関連書類の閲覧等により，顧客へ提供する業務がどのようなものであり，顧客からの手数料がどのようなサービスの対価であるかを理解する必要がある。契約書等の書面で十分に内容が判明しない場合には，関連部署へのヒアリングやサービス提供に関する資料を入手して吟味することが重要である。そのうえで，どの時点で収益の認識要件を満たしたかを十分に検討する必要がある。

(7)　繰延税金資産の回収可能性は適切か

①　リスクの概要およびその背景

　証券会社の業績は外部の市場環境に大きく左右される傾向があり，毎期の業

績変動も大きいという特徴がある。そのため，税効果会計に係る会計基準および繰延税金資産の回収可能性に関する適用指針等に照らして，証券会社は繰延税金資産の回収可能性について慎重に判断しなければならない。

② 監査手続

監査手続として，繰延税金資産の回収可能性に関する判断の妥当性を検証する必要がある。証券会社が上記の会計基準や適用指針等で定められた繰延税金資産の回収可能性の判断に関する手順にしたがって繰延税金資産の回収可能性に関する将来スケジューリング資料を作成していることを確かめ，そこで用いられている業績予測が取締役会等で承認された妥当なものかを確かめる必要がある。特に，証券会社には前述のような業績変動の特徴があることから，監査人は，会社が外部の市場環境のようなマクロ的視点を取り入れて達成可能な将来予測を作成し，繰延税金資産の回収可能性に関して合理的な説明を用意していることを慎重に検証する必要がある。

(8) 貸倒引当金の見積りは合理的か

① リスクの概要およびその背景

信用取引，上場デリバティブ取引等あらかじめ顧客より保証金・証拠金等を徴求し，信用リスクを抑えているビジネスであっても，相場の急変動等の影響により顧客に対する立替金が生じることがある。また，営業店担当者の不祥事等に起因した訴訟・調停・あっせんの支払いに対して，営業店担当者に対する立替金が生じることがある。

② 監査手続

監査手続において，一般債権の回収見込額の算定根拠となる貸倒実績率の算定については，債権の対象範囲や算定方法に合理性があるかどうか，貸倒懸念債権・破産更生債権等の回収見込額の算定については，担保処分見込額や保証等，個別の支払能力を考慮したうえでの回収見込額に合理性があるかどうかに留意する必要がある。

第1章　証券会社の監査 | 407

監査人の視点　エディット・バリデーション・チェック

　証券会社の業務の特性として，顧客から注文を受け発注する際に，社内のダブルチェックや承認が行われないことが挙げられます。たとえば，証券会社の店頭で株式の委託注文を受けた場合，営業担当者が発注システムに入力すると，通常そのまま取引所に発注されます。

　では，世間ではコンビニエンスストアのプリン大量発注など，ITシステムへの入力を誤ったことによる誤発注の話もありましたが，証券会社でもそんなことが起こり得るのでしょうか？　株式取引の注文で発注数量と発注金額を取り違えるなど，ITシステムへの入力ミスに起因した事務ミスが生じる可能性はあります。このようなミスは，時に証券会社のみならず証券市場全体にも，大きな損失や影響を及ぼす可能性があります。

　そのため，証券会社においては，ITシステムへの入力ミスを防止するためのさまざまな対策が講じられています。たとえばその対策の一つに，ITシステムの入力項目それぞれに，入力可能な数値や，その閾値等を設定し，要件を満たしているかをITシステムが自動で検査するエディット・バリデーション・チェックという機能があります。ITシステムのマスターに登録されていない顧客コードや銘柄コードが入力された場合には，システムは入力を受け付けません。数値の場合には，閾値の要件とそれを逸脱した場合の設定が重要です。入力時に閾値を超えたとしてもアラートのみで処理が継続可能な場合，閾値を低く設定しすぎるとアラートの検出が頻発し形骸化してしまうおそれがあるからです。一方で閾値を高く設定しすぎるとアラートの検出がほぼ皆無となり，こちらも統制が形骸化してしまうおそれがあります。また，閾値を超える入力をまったく受け付けないとする設定も，閾値いかんでは業務上の効率性を害する結果となってしまいます。一般的には，証券会社が許容できるリスクを勘案し，一定の閾値を超える入力は受け付けないとするハードリミットと，一定の閾値を超える入力は，アラートが出たり，管理者の承認を必要とするソフトリミットが併用されています。

　しかし，閾値が固定化してしまうことにより，閾値ギリギリを狙ったり，あるいは，閾値以下に分割することで管理者の承認を回避するような不正が行われるリスクもあります。

　内部統制の形骸化，業務の非効率，閾値の固定化による不正リスクなど，これらマイナス要因を解決する手段として，AIによるモニタリングの導入も進んでいます。

408 | 第3編　監査

第2章

顧客資産の分別管理保証業務

1　顧客資産分別管理の制度

(1)　制度概要と背景

①　分別管理とは

　分別管理とは，証券会社等の金融商品取引業者等が顧客から預託を受けた金銭・有価証券について，証券会社の経営が破綻した場合でも確実に返還できるように管理することであり[1]，証券会社等に義務づけられている制度である（金商法43条の2）。

　証券会社が分別管理義務に違反した場合は，6ヵ月以内の業務停止等の行政処分，3億円以下の罰金が科せられる（金商法198条の5）。

②　分別管理の制度趣旨

　有価証券の売買等の取引を行う場合，顧客は，購入資金や売却資金を，通常証券会社に預託する。また，有価証券についても，国債が2003年に電子化されて以降，上場株式を含む一般的な有価証券は電子化され，証券会社が電子的に記録・管理することが一般的となっており，顧客が株券等の券面を手元で保管するケースは非常に少なくなっており，有価証券を証券会社に預託している。

　これらの証券会社が顧客から金銭や有価証券の預託を受ける行為は，金商法

---

[1] 日本証券業協会「顧客資産の分別管理Q&A」Q1。

において「有価証券等管理業務」と定められており，証券会社の主要業務として位置づけられている（金商法28条5項，28条1項5号，2条8項16号および17号）。

　一方で，証券会社は自己勘定でも有価証券の売買を行い，事業の運転資金としても当然金銭を保有していることから，証券会社自身の財産と顧客から預託を受けた財産を同時に保有・管理している。仮に証券会社が顧客の財産を自己の財産と区別せずにいた場合，万が一証券会社が破綻した場合に顧客に返還すべき財産の範囲が曖昧となり，顧客へ速やかに財産の返還が行われないばかりか，証券会社の債務の弁済等に顧客の財産が充当されてしまうリスクもある。このようなリスクがある状態では，顧客は安心して有価証券の取引を行うことができず，証券市場全体へ大きな影響を与える結果となる。

　このような事態を避けるため，有価証券等管理業務を行う証券会社に対し，いわゆる善管注意義務（金商法43条）を課すとともに，自己の財産と顧客の財産を区別して管理することを法律上明確に求めたものが「分別管理」である。また，証券会社ごとに管理方法に差が生じないよう金商業等府令において分別管理の方法が具体的に規定されている（金商業等府令136条，141条等）。

　なお，分別管理が適切に実施されていれば，万が一証券会社が破綻した場合にも顧客に財産が返還なされるが，証券会社が分別管理義務に違反するなど何らかの事故が生じたことにより顧客に財産が返還されない場合に備えて設立されたのが日本投資者保護基金である。日本投資者保護基金では，破綻した証券会社より顧客に財産が返還されない場合に，1顧客1,000万円を上限に補償を行うことにより，投資者を保護する役割を担っている[2]。

2　有価証券の分別管理

(1)　分別管理の対象となる有価証券

　分別管理の対象となる有価証券は，次のものである。ここでいう「顧客」に

---

(2) 金融機関等のプロ投資家は除く。また，有価証券関連店頭デリバティブ取引など一部の取引は補償の対象外となっている。

は，一般顧客に限らず広く同業者および銀行等の適格機関投資家も含まれることに留意が必要である。

① 有価証券関連の市場デリバティブ取引に関する証拠金代用有価証券として顧客から預託を受けた有価証券（金商法43条の２第１項１号）

具体的には，先物・オプション取引に係る委託証拠金および取次証拠金の代用有価証券が該当する。なお，直接預託された有価証券は，取引所やJSCCに差し入れているのは顧客であり，証券会社等が顧客から預託を受けたものに該当しないことから分別管理の対象ではない(3)。

② 信用取引の保証金代用有価証券として顧客から預託を受けた有価証券（金商法43条の２第１項１号）

なお，顧客からの書面による同意を得た場合には，保証金代用有価証券を担保に供することができるとされており(4)，このときは有価証券そのものが証券会社の手元にないことから分別管理の対象外となるが，その時価相当額を金銭として分別することが原則である(5)。

③ 有価証券関連業または付随する業務としての一定のものに係る取引（以下「対象有価証券関連取引」という）に関し，顧客の計算において証券会社等が占有する有価証券または顧客から預託を受けた有価証券（金商法43条の２第１項２号）

具体的には，売付けのために顧客から一時的に預託を受けた有価証券や，保護預り契約，振替決済口座管理契約にもとづき顧客から受け入れた有価証券等が含まれる。なお，契約により証券会社等が消費できるものは除かれるため，信用取引貸付金の本担保証券，消費寄託契約により受け入れている有価証券は分別管理の対象外となる。

また，金商法の改正により2010年４月１日からは，対象有価証券関連店頭デ

---

(3) 日本証券業協会「顧客資産の分別管理Q&A」Q７およびQ88-1。
(4) 金商法第43条の４第１項。
(5) 日本証券業協会「顧客資産の分別管理Q&A」Q72。

リバティブ取引等に関して預託を受けた有価証券も分別管理の対象に含められた。対象有価証券関連店頭デリバティブ取引等とは，有価証券の価格等を原資産とする店頭デリバティブ取引，外国市場デリバティブ取引および選択権付債券売買取引であり，たとえばCFD取引や債券オプション取引が該当し，その担保として受け入れた有価証券が分別管理の対象となる。ただし，店頭デリバティブ取引および選択権付債券売買取引のうち，第一種金融商品取引業者，登録金融機関，適格機関投資家および資本金が10億円以上の株式会社等を相手方とするものは対象有価証券関連店頭デリバティブ取引等の定義から除かれていることに留意が必要である[6]。

(2) 有価証券の管理方法

分別管理の対象となる有価証券（以下「顧客有価証券」という）は，確実にかつ整然と管理する方法として下記のいずれかの方法で管理しなければならない（金商業等府令136条）。いずれの方法でも最も重要なことは，顧客有価証券以外の有価証券等（たとえば，証券会社等の固有財産である有価証券等。以下「固有有価証券等」という）と，顧客有価証券の区別を明確にすることである。なお，顧客から預託を受けた有価証券をいずれの方法で管理するかは，証券会社等が任意で決められるものではなく，保護預り契約または振替決済口座管理契約において，あらかじめ顧客との間で契約すべき事項とされる[7]。

① 単純保管

金庫等で，固有有価証券等の保管場所と顧客有価証券の保管場所を物理的に明確に区分したうえで，どの顧客の有価証券であるかが直ちに判別できるように，顧客別あるいは証券の記番号順等により保管する方法をいう。

② 混蔵保管

金庫等で，固有有価証券等の保管場所と顧客有価証券の保管場所を物理的に

---

(6) 平成22年3月31日以前に約定された店頭デリバティブ取引に係るものは除かれている（金商法施行令附則（平成21年12月28日政令第303号））。

(7) 日本証券業協会「顧客資産の分別管理Q&A」Q15。

明確に区分したうえで，同一銘柄はまとめて保管し，個々の顧客の持分について帳簿で直ちに判別できる状態で管理する方法をいう。

③　振替法にもとづく口座管理

「社債，株式等の振替に関する法律」にもとづく振替口座簿において，顧客有価証券として明確に管理する方法をいう。

なお，①単純保管，②混蔵保管については，証券会社等が自社の金庫等でなく第三者に保管させる場合も上記同様に保管させる必要がある。

また，証券会社等と顧客との共有関係にある証券については，証券会社等の持分と顧客分を物理的に分別して管理することが不可能であるため，各顧客の持分が帳簿により直ちに判別できる状態で管理すればよいこととされている[8]。

3　金銭の分別管理

証券会社等が金融商品取引業を廃止した場合，その他金融商品取引業を行わないこととなった場合に顧客に返還すべき額（以下「顧客分別金必要額」という）を上回る信託財産を信託会社等に信託しなければならない（金商法42条の2第2項）。

上述②の有価証券と同様に，2010年4月1日より対象有価証券関連店頭デリバティブ取引等に係る金銭も分別管理の対象に含められた。対象有価証券関連店頭デリバティブ取引等に係る金銭とそれ以外の金銭では，顧客分別金必要額の算定や信託契約の要件が異なることから，以下では分けて説明することとする。

---

(8)　日本証券業協会「顧客資産の分別管理Q&A」Q16。

(1) 対象有価証券関連店頭デリバティブ取引等以外に係る金銭

① 顧客分別金必要額

顧客分別金必要額は，顧客ごとに図表3-2-1の算式により算出した額（以下「個別顧客分別金額」という）をすべての顧客分について合計した金額である[9]。なお，顧客ごとに正の値を算定するものであるため，マイナスとなる顧客の分はゼロとして扱い，そのマイナスを他の顧客分から控除してはならない。

ⅰ）有価証券関連の市場デリバティブ取引に関する証拠金として顧客から預託を受けた金銭（金商法43条の2第2項1号）

具体的には，先物・オプション取引に係る委託証拠金および取次証拠金であるが，代用有価証券と同様に，直接預託されている証拠金は分別管理の対象外である。

ⅱ）信用取引の保証金として顧客から預託を受けた金銭（金商法43条の2第2項1号）

顧客から受ける信用取引の保証金については，当該金銭を証券金融会社への保証金として差し入れたとしても直接預託ではないため，顧客から受け入れた金額の全額を個別顧客分別金額に算入する。ただし，後述するとおり，信用取引の評価損失等を控除することが可能である。

図表3-2-1 顧客分別金必要額の計算方法
＋　有価証券関連の市場デリバティブ取引に関する証拠金
＋　信用取引の保証金
＋　対象有価証券関連取引に関し顧客の計算に属する金銭および顧客から預託を受けた金銭
＋　再担保に供した有価証券の時価
△　控除することができる額（限定列挙）
△　一定の条件を満たした調達取引に係る有価証券の時価
顧客分別金必要額

---

[9] 金商業等府令第138条～140条。

ⅲ）対象有価証券関連取引に関し，顧客の計算に属する金銭および顧客から預託を受けた金銭の額（金商法43条の2第2項2号）

具体的には，買付代金への充当のために顧客から一時的に預託を受けた金銭，有価証券の売付代金，利金，償還金等が含まれ，いわゆる顧客勘定の金銭が該当する。また，市場デリバティブ取引に関し計算上の損益として取引所等と授受した値洗差金は証券会社等に一時的にでも滞留しているのであれば，個別顧客分別金額に算入する[10]。

同号の定義が広範囲に及ぶものであるため，社内処理の方法や勘定科目の名称にとらわれずに該当するものを漏れなく把握することに留意が必要である。

ⅳ）担保に供した分別管理対象の有価証券の時価（金商法43条の2第2項3号）

金商法第43条の4の規定にしたがって，分別管理対象である有価証券を証券会社等が担保に供した場合における，当該有価証券の時価を個別顧客分別金額に算入する。これは，担保に供することについて顧客から書面による同意を得た場合においても，証券会社等が破綻したときには，債権者（担保差入先）の別除権により当該有価証券が顧客へ返還されないことが想定されるため，時価相当額を金銭として分別することで顧客保護を図るものである[11]。

具体例として，信用取引保証金の代用有価証券を調達取引以外の債務を担保する目的で担保に供する場合が挙げられる。

ⅴ）控除することができる額（金商業等府令139条）

控除することができる額として列挙されているものは，顧客が買い付けた有価証券を分別管理している場合における当該買付代金の立替金，信用取引貸証券受入金，信用取引の評価損失等，現先取引に係る契約により顧客が担保に供した金銭の額である。

上記の信用取引の評価損失等とは，信用取引に係る有価証券の相場の変動にもとづく損失からその利益を差し引いた計算上の損失額，反対売買による損失額，委託手数料，借入金の利子，借入有価証券の品借料その他の顧客が負担すべきものが該当する。この信用取引の評価損失等として控除できる金額は，当

（10）日本証券業協会「顧客資産の分別管理 Q&A」Q88-1。
（11）日本証券業協会「顧客資産の分別管理 Q&A」Q23。

該顧客の信用取引受入保証金およびそれを担保に供した際の時価相当額が上限であり，他の顧客分から控除してはならない。評価損はこのような調整があるが，評価益については分別管理の対象外であるということに留意が必要である[12]。

　vi）調達取引に係る特例（金商業等府令140条）

　上記iv）のとおり，分別対象である有価証券を担保に供したときは，その時価相当額を金銭として分別管理するのが原則であるが，顧客との信用取引を執行する目的で証券金融会社または他の金融商品取引業者等から金銭または有価証券を借り入れるため代用有価証券を差し入れた場合で一定の条件を満たすときは，破綻時に顧客資産返還に支障がないと認められることから，個別顧客分別金額の算定上，当該代用有価証券の時価を含めないこととされている。

② 顧客分別金信託の要件（金商業等府令141条）

　顧客分別金信託は，証券会社等が破綻したときに，信託財産から顧客へ金銭が直接返還されるようにするために設けられるものである。その目的を達成できるように法令に信託契約の要件が定められている。

　法令で定められている要件は詳細に及ぶが，主な特徴は以下のとおりである。

- 顧客を元本の受益者とすること
- 元本補てん契約のあるものを除き，信託財産の金銭の運用方法が安全性の高いものに限られていること
- 個別顧客分別金額および顧客分別金必要額が毎日算定されるものであること（算定は証券会社等が行う）
- 週に1日以上設ける基準日（「差替計算基準日」という）において，信託財産の元本の評価額が顧客分別金必要額に満たない場合には，基準日の翌日から起算して3営業日以内に信託財産を追加しなければならないこと
- 差替計算基準日に信託財産の元本の評価額が顧客分別金必要額を超過する場合における超過額を解約するとき，または募集等受入金の払込日に一定の範囲内で解約するとき等を除いて解約ができないこと

（12）日本証券業協会「顧客資産の分別管理Q&A」Q72。

416 | 第3編 監査

(2) 対象有価証券関連店頭デリバティブ取引等に係る金銭

① 顧客分別金必要額（金商業等府令140条の2，140条の3）

対象有価証券関連店頭デリバティブ取引等に係る顧客分別金必要額は，顧客ごとに図表3-2-2の算式により算出した額（以下「個別顧客分別金額」という）をすべての顧客分について合計した金額であり，マイナスの顧客の分を他の顧客から控除してはならないことは，(1)対象有価証券関連店頭デリバティブ取引等以外と同様である。

　ⅰ）証拠金

具体的には，CFD取引，債券オプションの証拠金や，外国市場デリバティブ取引に係る証拠金で証券会社に滞留しているもの等が対象となる。

　ⅱ）決済した場合に顧客に生じることとなる利益の額（損失控除可）

対象有価証券関連店頭デリバティブ取引等の時価の変動から生じる顧客の評価益が分別管理の対象となる。また，この評価益から，その顧客の評価損を控除することができるものとされている。これらの評価損益の算定にあたっては分別管理の趣旨に沿うように社内規程等でその算定方法を定めておくことが必要である。

さらに，一括清算法の適用のある取引に関しては一定の場合に，対象有価証券関連店頭デリバティブ取引以外の取引の評価損等との通算が認められている。

　ⅲ）その他顧客の計算に属する金銭

たとえば，対象有価証券関連店頭デリバティブ取引等から生じる金利調整額や配当金調整額等も顧客の計算に属するものであり，個別顧客分別金額に算入する。

定義が広範囲に及ぶものであるため，社内処理の方法や勘定科目の名称にと

図表3-2-2　顧客分別金必要額の算定

＋　証拠金
＋　決済した場合に顧客に生じることとなる利益の額（損失控除可）
＋　その他顧客の計算に属する金銭
顧客分別金必要額

第2章　顧客資産の分別管理保証業務 | 417

らわれずに該当するものを漏れなく把握することに留意が必要である。

② 顧客分別金信託の要件（金商業等府令141条の2）

　対象有価証券関連店頭デリバティブ取引等以外の金銭に係る信託契約と要件はおおむね同じであるが，一部相違している。たとえば，週に一度ではなく日々差替えが必要であることや，信託財産の元本の評価額が顧客分別金必要額に満たない場合の信託財産の追加が2営業日以内とされていること等が挙げられる。

4　監査法人等による保証業務

(1)　保証業務の建付け

　分別管理の重要性に鑑み，証券会社等の金融商品取引業者[13]の顧客資産の分別管理の状況については，金商法上，監査法人等による監査[14]が義務づけられており（金商法43条の2第3項），日本証券業協会自主規制規則である「顧客資産の分別管理の適正な実施に関する規則」上も同様の定めがある。

　これを受けて日本公認会計士協会は「顧客資産の分別管理の法令遵守に関する検証業務」（業種別委員会実務指針第40号）および「証券会社における顧客資産の分別管理に関する合意された手続業務について」（業種別委員会研究報告第7号）を公表し，実務上の指針を示していたが，日本証券業協会のワーキンググループにおいて証券会社に対する分別管理監査等の外部監査のあり方について議論された結果，「顧客資産の分別管理の適正な実施に関する規則」等の改正がなされ，2016年7月に日本公認会計士協会より新たに「金融商品取引業者における顧客資産の分別管理の法令遵守に関する保証業務に関する実務指針」（業種別委員会実務指針第54号）が公表された。

　顧客資産の分別管理の適正な実施に関する規則および実務指針等の主な改正

---

(13)　登録金融機関は対象外である（金商法43条の2第3項）。

(14)　金商法上は「監査」としているが，実務指針では「保証業務」とされているため本書では「保証業務」と記載する。

点は以下のとおりである。

① 合意された手続業務の廃止

前述のワーキンググループにおいて，証券会社の顧客資産の流用事件が生じたことなどを背景に，一般的な「監査」の概念と一致する保証業務へ統一することが望ましい旨の提言がなされ，その結果，従来は認めていた合意された手続業務を廃止した。

なお，2018年3月31日までの日を基準日とする場合は移行期間として従来の合意された手続業務の実施も認められている。

② 監査法人等による保証業務にかかる保証報告書の開示の義務化

2018年4月1日以後の日を基準日として実施された監査法人等による保証業務にかかる保証報告書の写しおよび経営者報告書の写しをすべての営業所もしくは事務所に備え置いて公衆の縦覧に供する方法またはホームページに表示する方法等により公表しなければならないと定められた（顧客資産の分別管理の適正な実施に関する規則第2条第5項）。

保証業務の建付けは監査業務同様の保証業務として位置づけられ，証券会社等の経営者が，自社における分別管理の法令遵守の状況について「経営者報告書」を作成し，監査法人等がこの「経営者報告書」が適正に記載されていることについて十分かつ適切な手続を実施し，結論を表明するというものである。すなわち，経営者が分別管理にかかる法令を遵守していたまたはしていなかったという主張を「経営者報告書」に記載し，監査法人等がその主張について一定の手続を実施したうえで経営者の主張を合理的な範囲で保証するという，合理的保証業務である。

(2) 保証業務の概要

監査法人等は，前述の業種別委員会実務指針第54号にしたがい，リスクの評価や証拠の入手等の保証業務に必要な手続を経て，結論の表明を行う。保証業務は財務諸表監査における監査手続の結果を利用して行うことが前提とされており，通常，会計監査と同一の監査法人等が効率的に実施することが想定され

第2章　顧客資産の分別管理保証業務 | 419

ている。

　ここでは，具体的に行う保証業務の視点と，手続の一例を紹介することとする。

① 全般的な社内体制に関する手続例

視　点	手　続
手続を行った結果と記録	証券会社等が経営者報告書作成に際し，「分別管理に係る内部統制フレームワーク」やその添付資料である「顧客資産の分別管理のチェック項目，チェックポイント」等を使用した自己点検資料および「分別管理に係る調査表」等調査日時点で法令を遵守して分別管理されていたことを示す一覧表，それらの作成根拠資料といった，一定の手続を行った結果と記録を確かめる。
分別管理の社内規程等の整備	分別管理業務に関する社内規程，事務マニュアル等が証券会社等の実態に即して整備されていることを確かめる。
内部監査体制の整備	内部監査マニュアルが整備されていること，および分別管理に対する内部監査の頻度や実施内容を確かめる。
報告体制の整備	分別管理の状況の報告体制が整備されていること，および報告の記録を確かめる。
不測の事態の社内管理体制の整備	顧客分別金の信託不足，有価証券の保管相違等の不測の事態に対する社内対応について整備されていることを確かめる。
法令・諸規則対応	関係法令・諸規則の変更等の都度，適宜に伝達周知され，事務マニュアル等に反映されていることを確かめる。
指摘事項対応	外部検査（証券取引等監視委員会，取引所および日本証券業協会等）の検査結果において，分別管理に係る指摘事項がある場合，指摘事項に対応した措置が講じられているか確かめる。
IT 統制	分別管理にかかる IT 統制を検討し，関連するシステムの IT 全般統制を評価する。

② 有価証券に関する手続例

視　点	手　続
分別対象の網羅性	商品ごとに，分別対象の把握方法，集計範囲，集計方法等を確かめる。
入出庫記録・残高データに関する内部統制	約定データ等から有価証券の入出庫記録が正しく記帳され，有価証券残高データを適切に集計するための IT 業務処理統制を評価する。また，システム上のデータに対して，エラー対応等で人手により行われた修正がある場合，その適切性を検討する。

取引報告書・取引残高報告書に関する内部統制	取引または残高について顧客との認識一致を確認する手段である取引報告書，取引残高報告書等を適切に作成し，網羅的に対象顧客に送付するための内部統制を評価する。
顧客への残高確認	顧客から預託を受けた有価証券等について，顧客への残高確認を実施する。
差異内容および調整内容	帳簿数量残高と振替機関または保管機関等の所在別残高の差異数量・原因が記載してある所在別一覧表等を入手し，その差異内容および調整内容を検討する。また，顧客ごとの預り残高の数量合計と所在別の残高数量合計が一致していることを確かめる。
振替機関または保管機関等への残高確認	第三者保管，振替口座について残高確認を実施する。
現物の保管方法	現物有価証券が証券会社等に保管されている場合は，その保管方法が法令で要求されている条件を満たしていることを確かめる。
現物以外の管理方法	現物有価証券以外の管理方法が，法令で要求されている条件を満たしていることを確かめる。第三者保管の場合，当該保管機関による保管業務が安全かつ確実に行われているかを確認するための社内対応が具体的に図られていることを確かめる。また，特殊な場合を除き，自己の口座と顧客の口座を区分していることを確かめる。

③ 金銭に関する手続例

視　点	手　続
分別対象の網羅性	関連する勘定科目ごとに，分別対象の判断方法，把握方法，集計範囲，集計方法等を確かめる。
顧客分別金必要額の計算の正確性	個別顧客分別金額および顧客分別金必要額の計算を正確かつ網羅的に行うための IT 業務処理統制を含む内部統制を評価する。また，顧客分別金必要額の計算上除外または控除しているものがある場合，その適切性を検討する。
入出金記録・残高データに関する内部統制	約定データ等から入出金記録が正しく記帳され，金銭の残高データを適切に集計するための IT 業務処理統制を評価する。また，システム上のデータに対して，不明入金等で人手により行われた修正がある場合，その適切性を検討する。
取引報告書・取引残高報告書に関する内部統制	取引または残高について顧客との認識一致を確認する手段である取引報告書，取引残高報告書等を適切に作成し，網羅的に対象顧客に送付するための内部統制を評価する。

顧客への残高確認	顧客から預託を受けた金銭等について，顧客への残高確認を実施する。
信託契約および信託銀行等への残高確認	信託契約を入手し，金融商品取引業等に関する内閣府令第141条に規定される顧客分別金信託の要件が漏れなく盛り込まれていることを確かめるほか，顧客分別金信託の信託財産について，残高確認を実施する。また，有価証券関連店頭デリバティブ取引等を漏れなく把握し，従来の信託とは別に信託契約を締結し分別管理しているかを確かめる。
計算基準日の時価の妥当性	有価証券関連店頭デリバティブ取引等の評価損益を含む計算基準日の時価の妥当性を確かめる。

監査人の視点　IT自動化統制－ITシステムから出力されたレポート―

　証券会社の会計システムは高度にIT化され自動化されています。手作業による内部統制において，ITシステムから出力されたレポートや帳票を用いることがありますが，これらは常に正しいものでしょうか？

　証券会社におけるITシステムに依存した手作業の例として，社内システムで管理する有価証券残高と，保振機構の振替口座簿に記録されている残高が一致しているか否かをITシステムが自動的に照合し，その結果不一致があれば不一致レポートとして出力，バック部門がITシステムから出力されたレポートで表示された不一致の原因を調査し，必要に応じて社内データの修正をするというものです。このようなITシステムに依存した手作業において，仮に，ITシステムによる照合から除外されているものがあったり，あるいは照合結果の出力に欠落があったりというような，ITシステムから出力されたレポートの正確性と網羅性に問題がある場合には，結果としてバック部門が実施する調査は不十分なものとなります。

　そのため，ITシステムから出力されたレポートを利用する場合には，レポートの情報が内部統制目的に適合した適切な内容で，結果が正確かつ漏れなく出力されている必要があります。

　監査上，ITシステムに依存した手作業の内部統制の有効性を評価する場合，ITシステムから出力されたレポートを利用してバック部門がその原因を調査し必要に応じて社内データを修正する手作業の内部統制だけではなく，その手作業の前提となっているITシステムから出力されたレポートの正確性と網羅性を検討することが必要です。

◆参考文献◆

あずさ監査法人『Q&A　株式公開の実務ガイド（第3版）』中央経済社，2008年

あずさ監査法人『詳細解説　IFRS実務適用ガイドブック（第2版）』中央経済社，2016年

河原久『山一証券　失敗の本質』PHP研究所，2002年

河本一郎，大武泰南『金融商品取引法読本』有斐閣，2008年

企業会計審議会「財務報告に係る内部統制の評価及び監査の基準並びに財務報告に係る内部統制の評価及び監査に関する実施基準の設定について（意見書）」平成19年2月15日

岸田雅雄監修『注釈　金融商品取引法　第2巻　業者規制』金融財政事情研究会，2009年

金融審議会　市場ワーキング・グループ　報告「国民の安定的な資産形成に向けた取組みと市場・取引所を巡る制度整備について」

証券取引等監視委員会「証券取引等監視委員会の活動状況」平成10年10月

総務省家計調査年報（家計収支編）平成28年（2016年）家計の概要

東京証券取引所編『入門　日本の証券市場』東洋経済新報社，2007年

東京証券取引所「東証上場会社コーポレート・ガバナンス白書2011」

投資信託協会　資産運用状況に関する統計　外貨建純資産総額の推移

富安弘毅『カウンターパーティーリスクマネジメント（第2版）』金融財政事情研究会，2014年

中島真志，宿輪純一『証券決済システムのすべて（第2版）』東洋経済新報社，2008年

中島真志『SWIFTのすべて』東洋経済新報社，2009年

ニック・リーソン，戸田裕之訳『私がベアリングズ銀行をつぶした』新潮社，1997年

日本銀行　金融市場局市場企画課「わが国短期金融市場の動向　——東京短期金融市場サーベイ（17/8月）の結果——」

日本公認会計士協会　業種別委員会報告第54号「金融商品取引業者における顧客資産の分別管理の法令遵守に関する保証業務に関する実務指針」

日本公認会計士協会　業種別委員会研究報告第7号「証券会社における顧客資産の分別管理に関する合意された手続業務について」

日本証券業協会「会員におけるブックビルディングのあり方等に関するワーキング・グループ報告書」

日本証券業協会「顧客資産の分別管理Q&A　改訂第3版」2011年2月

日本証券業協会「債券の空売り及び貸借取引の取扱いに関する規則」2014年12月

日本証券業協会「株券等の貸借取引の取扱いに関する規則」2015年5月

日本証券業協会「「有価証券の引受け等に関する規則」に関する細則」2015年5月

日本証券業協会「顧客資産の分別管理の適正な実施に関する規則」2016年

日本証券業協会「債券等の条件付売買取引の取扱いに関する規則」2016年7月

日本証券業協会『平成29年版 外務員必携』日本証券業協会，2017年

日本証券業協会「有価証券の引受け等に関する規則」2017年7月

日本証券業協会 顧客資産の分別管理に関する外部監査等のあり方検討ワーキング・グループ「顧客資産の分別管理に関する外部監査等のあり方についての議論の取りまとめ」

日本証券業協会 国債の決済期間の短縮化に関する検討ワーキング・グループ「国債取引の決済期間の短縮（T＋1）化に向けたグランドデザイン」2014年11月26日

日本証券業協会 国債の決済期間の短縮化に関する検討ワーキング・グループ「国債決済期間の短縮化とレポ市場の展望」

日本証券業協会証券教育広報センター，髙橋文郎編『新証券市場2011』中央経済社，2011年

日本証券経済研究所『日本の証券市場 2016年版』日本証券経済研究所，2016年

日本取締役協会「上場会社のコーポレート・ガバナンス（社外取締役）調査」2009年8月

日本取引所グループホームページ 用語集

野村アセットマネジメント編著『投資信託の法務と税務』金融財政事情研究会，2008年

野村総合研究所 計理ハンドブック編集委員会『投資信託の計理ハンドブック――制度の仕組みから決算・開示まで――』中央経済社，2016年

福島良治『デリバティブ取引の法務（第5版）』金融財政事情研究会，2017年

保振機構「株式等の電子化に係る制限要綱の概要」

保振機構 会社概要

松尾直彦『金融商品取引法（第4版）』商事法務，2016年

三菱東京UFJ銀行『デリバティブ取引のすべて』きんざい，2014年

山下智志『市場リスクの計量化とVaR』朝倉書店，2000年

【ホームページ】

大阪取引所HP http://www.jpx.co.jp/derivatives/products/list/index.html

株式会社証券保管振替機構HP http://www.jasdec.com/

株式会社日本証券クリアリング機構HP https://www.jpx.co.jp/jscc/

金融庁HP http://www.fsa.go.jp/

財務省HP https://www.mof.go.jp/index.htm

短資協会HP　http://tanshi-kyokai.com/

東京金融取引所HP　https://www.tfx.co.jp/about_tfx/outline/outline01.html

投資信託協会HP　http://www.toushin.or.jp/

日本銀行HP　http://www.boj.or.jp/

日本証券業協会HP　http://www.jsda.or.jp/index.html

日本証券金融HP　http://www.jsf.co.jp/

日本取引所グループHP　http://www.jpx.co.jp/

索　引

欧　文

ABS（資産担保証券）…… 152, 157, 158
AIM 市場 …………………………………40
BB 国債価格 ………………………… 178
CCP（中央清算機関）…12, 276, 299, 386
CDO ………………………………… 157
CDS 市場 …………………………… 178
CDS スプレッド …………………… 178
CLO ………………………………… 157
CMBS……………………………… 157
CoCo 債 …………………………… 152
CP ……………………………… 354, 356
CSA（Credit Support Annex）
………………………… 277, 287, 398
CSD ………………………………… 7
CVA（Credit Valuation Adjustment）
………………………………… 288
DTCC（The Depository Trust &
Clearing Corporation）………47, 305
DVP 参加者 ………………………… 103
EB 債 ……………………………… 283
ETF ……………………… 37, 38, 191
ETN ……………………………… 192
FINMAC …………………………50
Fixing……………………………… 297
FOP（Free of Payment）決済
……………………………… 165, 167
GC 取引 …………………… 217, 358
HFT（High Frequency Trade）……67
IFRS ……………………………… 370
Intercontinental Exchange（ICE）
………………………………… 299
IOSCO ……………………………… 6, 7
ISDA ………………………11, 277
IT 業務処理統制 ………… 392, 393, 394

IT 全般統制 ………………………… 393
IT 統制 ………………………… 391, 392
JASDAQ ……………………………39
JDCC（ほふりクリアリング）
………………………………… 6, 7, 103
JGBCC（日本国債清算機関）………… 7
JSCC（日本証券クリアリング機構）
……………………………… 6, 7, 101
LCH. Clearnet（LCH）…………… 299
LIBOR（ロンドン銀行間貸出金利）
………………………………… 279
M&A アドバイザリー …………… 349
MMF ……………………………… 194
MRF ……………………………… 194
MTN プログラム ………………… 359
NISA（少額投資非課税制度）…… 189
NSCC ………………………………47
NYSE ユーロネクスト …………………40
PB ………………………………… 9
PTS………………………………6, 7, 9, 40
REIT ………………………………38
RMBS……………………………… 157
RTGS（Real Time Gross Settlement）
……………………………… 161, 365
SC 取引 …………………… 217, 358
SPAN® ……………………………… 257
SPV（Special Purpose Vehicle）… 157
SQ 決済 …………………………… 255
SSI ……………………………… 172
STP（Straight-Through Processing）
………………………………… 200
SWIFT ……………………………… 367
TARN（Target Redemption Note）
………………………………… 282
TIBOR（東京銀行間貸出金利）…… 279
TLAC 債 ……………………………… 152

TOPIX（東証株価指数）……………38
ToSTNeT……………………………98
TRACE ……………………………178
TRAX …………………………… 178
VaR（Value at Risk）……………56, 296
VWAP ………………………………94

あ 行

アービトラージ取引……………95, 253
アウト・オブ・ザ・マネー…… 255, 292
アウトライト取引……………… 167
アクティブ運用…………………… 193
アット・ザ・マネー…………… 292
アメリカンタイプ………………… 278
アルゴリズム取引…………………67
アレンジメントフィー………… 352
アローヘッド……………………9, 67
安定操作取引…………………… 341
委託会社………………… 188, 197
委託者報酬………………… 199
委託手数料…………………………81
委託取引………………………93, 106
委託保証金………………… 126, 129
板寄せ方式…………………………97
一括清算条項…………………… 229
一般債………………………… 149
一般債振替制度………………… 165
一般信用取引………………… 130, 131
一般振替 DVP 決済 ……………… 103
入口価格………………………… 378
イン・ザ・マネー……… 255, 292
インターバンク市場…………… 354
受取債券利子………………………82
受取差金………………… 262
受取差金勘定………………… 79, 81
受渡勘定………………… 109
受渡決済………………… 254
売出し……… 339, 340, 342, 343
運用報告書…………………… 197

永久債………………………… 152
エージェンシー取引………………93
エキゾチック・デリバティブ…… 279
エクイティスワップ…………… 282
エクイティ・リンク債………… 283
エクスポージャー……… 289, 313, 398
エディット・バリデーション・チェック
………………………… 394
オークション方式…………………38
大阪証券取引所……………………37
オーバーアロットメント………… 341
オーバーナイト物……… 355, 357
オープン・エンド型投資信託…… 191
オープンエンド取引…………… 228
オープン型……………………… 190
オファー・ビッド制…………… 355
オプション取引……… 251, 277
オプションプレミアム………… 303
オペレーショナルリスク…………57
終値取引……………………………99

か 行

外国株式……………………………92
外国債券………………………… 153
外国籍投信………………… 193
会社型投資信託………………… 188
買取引受………………… 340
外務員………………………………50
カウンターパーティリスク…… 280, 286
価格優先原則…………… 38, 98
確定拠出型年金（日本版401k）……63
貸倒引当金………………… 406
カスタマーサイド………………… 103
カストディアン……………………47
株価指数……………………………38
株券貸借取引…………………96, 225
株式オプション………………… 282
株式公開準備アドバイザリー…… 349
株式投資信託………………… 194

索　引　429

空売り……………………………… 125
借入有価証券担保金………………77, 238
監査リスク……………………………… 391
間接金融……………………………………5
元本払戻金……………………………… 195
ガンマ…………………………… 290, 292
偽計取引……………………………………25
基準価額……………………………… 191
規制リスク………………………………59
ギブアップ制度………………………… 256
決め商い……………………………………94
逆日歩…………………………… 133, 134
共同発行市場公募地方債……………… 149
緊急証拠金制度………………………… 258
金販法……………………………………27
金融商品取引業……………………………3, 18
金融商品取引業者………………………… 3
金融商品取引業者における顧客資産の
　分別管理の法令遵守に関する保証業
　務に関する実務指針（業種別委員会
　実務指針第54号）………………… 417
金融商品取引所……………………………36
金融商品取引責任準備金………… 23, 81
金融商品取引法………………………… 3
金利スワップ…………………………… 279
金利スワップション…………………… 281
金利入札方式…………………………… 357
区分管理……………………………………21
区分経理処理…………………………… 308
組込デリバティブ……………… 309, 374
グラス・スティーガル法……………… 4
グラム・リーチ・ブライリー法……… 5
グリーンシューオプション…… 341, 345
繰延税金資産…………………………… 405
クレジット・イベント………………… 283
クレジット・デフォルト・スワップ
　（Credit Default Swap；CDS）… 283
クレジットデリバティブ取引……… 283
グロース運用…………………………… 193

クローズド・エンド型投資信託…… 191
グローバルオファリング…………… 344
グローバルコーディネーター……… 344
クロスマージン制度………………… 259
契約型投資信託……………………… 188
契約締結時交付書面…………………19
契約締結前交付書面…………………19
決済機関……………………………………44
決済照合システム………………… 104, 160
決済リスク…………………………… 298
気配値制……………………………… 355
現先取引………… 216, 354, 357, 358, 360
現先取引貸付金………………………77, 242
現先取引借入金………………………79, 242
現先取引収益…………………………82, 244
現先取引費用…………………………82, 244
公開準備……………………………… 349, 350
口座振替システム………………… 104
公社債店頭売買参考統計値………… 178
公社債投資信託……………………… 194
更新差金……………………………… 133
公正価値……………………………… 377
公正価値ヒエラルキー……………… 377
公募………………………………… 189
コーポレート・ガバナンス…………51
コール市場…………………………… 354
コールマネー…………… 354, 355, 357, 361
コールレート………………………… 354
コールローン………………………… 354
顧客からの預り金……………………80
顧客分別金信託………………………76
顧客への立替金………………………78
顧客本位の業務運営に関する原則……32
国債………………………………… 149
国債DVP同時担保受払機能 ……… 163
国債振替決済制度…………………… 158
国内籍投信…………………………… 193
個人型確定拠出年金（iDeCo）………63
固定金利方式………………………… 357

固定利付債‥‥‥‥‥‥‥‥‥ 151	支払債券利子‥‥‥‥‥‥‥‥‥82
後場‥‥‥‥‥‥‥‥‥‥‥‥‥97	支払差金‥‥‥‥‥‥‥‥‥ 262
コマーシャル・ペーパー‥‥‥ 356	支払差金勘定‥‥‥‥‥‥‥‥79
コンスタント・マチュリティー・スワップ	私募‥‥‥‥‥‥‥‥‥‥‥ 189
（CMS）‥‥‥‥‥‥‥‥ 281	社債（事業債）‥‥‥‥‥‥‥ 150
コンバージョンファクター‥‥‥ 255	上海証券取引所‥‥‥‥‥‥‥41
コンファメーション‥ 276, 304, 396, 397	受益者‥‥‥‥‥‥‥‥‥‥ 197
コンベンショナル方式‥‥‥‥‥ 357	受託会社‥‥‥‥‥‥‥‥ 188, 197
	受託者報酬‥‥‥‥‥‥‥‥‥ 199

さ 行

債券貸借取引‥‥‥ 221, 354, 357, 358, 360	ジュニア NISA（未成年者少額投資非
最終決済‥‥‥‥‥‥‥‥‥ 254	課税制度）‥‥‥‥‥‥‥‥ 189
最終清算数値（SQ）‥‥‥‥‥ 250	種類株式‥‥‥‥‥‥‥‥‥‥92
裁定取引‥‥‥‥‥‥‥‥‥ 253	証券化取引‥‥‥‥‥‥‥‥ 155
財投機関債‥‥‥‥‥‥‥‥‥ 150	証券金融会社‥‥‥‥‥‥ 8, 126
再評価取引（リプライシング）‥‥ 229	証券取引等監視委員会‥‥‥6, 7, 26
財務報告リスク‥‥‥‥‥‥‥59	証券保管振替機構‥‥‥‥‥‥6, 45
差換預託‥‥‥‥‥‥‥‥‥ 257	証拠金規制‥‥‥‥‥‥‥‥ 287
先物取引‥‥‥‥‥‥‥‥‥ 249	証拠金制度‥‥‥‥‥‥‥‥ 257
先物取引受入証拠金‥‥‥‥‥80, 261	上場デリバティブ‥‥‥‥‥ 276
先渡取引‥‥‥‥‥‥‥‥‥ 277	上場投資信託‥‥‥‥‥‥‥ 191
サクセスフィー‥‥‥‥‥‥‥ 352	商品有価証券等‥‥‥‥‥ 76, 79
サブスティテューション‥‥‥‥ 229	シンガポール証券取引所（SGX）‥ 253
サムライ債‥‥‥‥‥‥‥‥‥ 153	新現先取引‥‥‥‥‥‥‥‥ 228
ザラバ方式‥‥‥‥‥‥‥‥‥98	シンジケートカバー取引‥‥‥ 341, 345
残株引受‥‥‥‥‥‥‥‥‥ 340	シンジケート団‥‥‥‥‥‥ 340
シカゴ・マーカンタイル取引所（CME）	深圳証券取引所‥‥‥‥‥‥‥41
‥‥‥‥‥‥‥‥‥‥‥‥ 253	信託報酬‥‥‥‥‥‥‥‥‥ 198
時間優先原則‥‥‥‥‥‥‥ 38, 98	信用事由‥‥‥‥‥‥‥‥‥ 283
事業報告書‥‥‥‥‥‥‥‥‥23	信用取引‥‥‥‥‥‥‥‥96, 125
仕組債‥‥‥‥‥‥‥‥‥‥ 153	信用取引受入保証金‥‥‥‥‥80
自己株式立会外買付取引‥‥‥‥99	信用取引貸証券‥‥‥‥‥‥ 147
自己勘定‥‥‥‥‥‥‥‥‥ 154	信用取引貸証券受入金‥‥‥79, 140
自己資本規制‥‥‥‥‥‥‥‥23	信用取引貸付金‥‥‥‥‥‥77, 138
自己資本比率‥‥‥‥‥‥‥‥16	信用取引貸付金の本担保証券‥‥‥ 146
自己取引‥‥‥‥‥‥‥‥‥‥94	信用取引借入金‥‥‥‥‥‥79, 138
資産担保証券（ABS）‥‥‥ 152, 157, 158	信用取引借入金の本担保証券‥‥‥ 146
市場リスク‥‥‥‥‥‥‥ 55, 56	信用取引借証券‥‥‥‥‥‥ 147
システミックリスク‥‥‥‥17, 365	信用取引借証券担保金‥‥‥77, 140
	信用取引差入保証金‥‥‥‥‥78

索 引 | 431

信用取引資産……………………77	通貨スワップ………………… 280
信用取引収益…………………82, 139	通貨ベーシス………………… 281
信用取引費用…………………82, 138	通貨ベーシス・スワップ………… 281
信用取引負債……………………79	通常方式……………………… 343
信用リスク………………… 55, 57	ディーリング方式………… 355, 361
ステップアップ……………… 359	テイクアップ………………… 256
ストリートサイド…………… 101	適合性の原則…………………21
ストレステスト……………… 296	出口価格……………………… 377
スプレッド方式……………… 343	デジタルオプション………… 278
スワップ取引………………… 278	デュアル・カレンシー債………… 281
スワップハウス………… 156, 157	デリバティブ取引………………76
清算機関………… 41, 42, 43, 46	デルタ………………… 290, 291
制度信用取引………… 130, 131	転換社債型新株予約権付社債……… 153
政府保証債…………………… 149	電子 CP……………………… 362
セータ………………… 290, 293	電子コンファメーション……… 305, 397
説明義務………………………20	店頭デリバティブ取引………… 276
前場…………………………97	東京証券取引所…………………37
総記法…………………84, 118	東京レポ・レート…………… 218
相場操縦行為等の禁止…………25	投資一任契約………………… 196
損失補てん……………………20	投資運用業……………………3, 18
	投資者保護基金…………………22
た 行	投資助言・代理業……………3, 18
	投資信託……………………… 188
第一種金融商品取引業…………3, 18	投資信託説明書（交付目論見書）… 197
代行手数料…………………… 199	東証マザーズ……………………39
貸借取引………………… 126, 216	トータル・リターン・スワップ…… 282
第二種金融商品取引業…………3, 18	特定投資家……………………22
ダイレクト取引……………… 355	特別分配金…………………… 195
建玉………………………… 127	特別目的会社（Special Purpose
建玉移管制度………………… 256	Company；SPC）…………… 156
単位型投資信託……………… 190	取次ぎ…………………………93
単一銘柄取引…………………98	取引残高報告書…………………19
短資会社………………… 355, 361	取引証拠金…………………… 257
断定的判断……………………19	取引証拠金所要額…………… 257
地方債………………………… 149	取引所外取引…………………99
中央清算機関（CCP）…12, 276, 299, 386	取引所立会外取引………98, 114
直接金融……………………… 7	取引所立会内取引………97, 111
直接預託……………………… 257	取引日損益…………………… 378
追加型投資信託……………… 190	取引報告書……………………19
追加保証金（追証）………… 129	

トレーディング損益‥‥‥‥‥‥‥82, 327

な 行

内部監査部門‥‥‥‥‥‥‥‥‥‥‥53
二項モデル‥‥‥‥‥‥‥‥‥‥‥ 316
日銀共通担保オペ
‥‥‥‥‥‥‥ 354, 357, 358, 360, 364
日銀ネット‥‥‥‥‥‥‥‥‥‥ 364, 365
日経平均株価（日経225）‥‥‥‥‥‥38
日本国債清算機関（JGBCC）‥‥‥‥ 7
日本証券業協会‥‥‥‥6, 25, 26, 27, 48, 49
日本証券クリアリング機構（JSCC）
‥‥‥‥‥‥‥‥‥‥‥‥‥6, 7, 43, 101
日本投資者保護基金‥‥‥‥‥‥‥ 6, 8
日本版金融ビッグバン‥‥‥‥‥‥5, 62
入札方式‥‥‥‥‥‥‥‥‥‥‥‥ 344
値洗い‥‥‥‥‥‥‥‥‥‥‥‥‥ 147
値洗差金‥‥‥‥‥‥‥‥‥‥‥‥ 259
ノーロード‥‥‥‥‥‥‥‥‥‥‥ 199
ノックアウトオプション‥‥‥‥‥‥ 278
ノックインオプション‥‥‥‥‥‥‥ 278

は 行

バーゼルⅡ‥‥‥‥‥‥‥‥‥‥‥ 152
バーゼルⅢ‥‥‥‥‥‥‥‥‥‥‥‥28
バーゼル規制‥‥‥‥‥‥‥‥‥‥‥28
バイ・イン‥‥‥‥‥‥‥‥‥‥‥ 103
配当金相当額‥‥‥‥‥‥‥‥‥‥ 134
始値‥‥‥‥‥‥‥‥‥‥‥‥‥‥‥97
バスケット取引‥‥‥‥‥‥‥‥‥‥98
バックテスト‥‥‥‥‥‥‥‥‥‥ 296
バック部門‥‥‥‥‥‥‥‥‥‥‥‥61
パッシブ（インデックス）運用‥‥‥ 193
バミューダタイプ‥‥‥‥‥‥‥‥ 278
パラメータ‥‥‥‥‥‥‥ 290, 319, 399
バリュー運用‥‥‥‥‥‥‥‥‥‥ 193
パワー・リバース・デュアル・カレン
　シー債（PRDC債）‥‥‥‥‥‥ 281
反対売買‥‥‥‥‥‥‥‥‥‥‥‥ 254

販売会社‥‥‥‥‥‥‥‥‥‥‥‥ 197
引受け・売出し・特定投資家向け売付
　け勧誘等の手数料‥‥‥‥‥‥81, 342
引受責任‥‥‥‥‥‥‥‥‥‥‥‥ 340
引け‥‥‥‥‥‥‥‥‥‥‥‥‥‥‥97
日々決算型ファンド‥‥‥‥‥‥‥ 201
評価技法‥‥‥‥‥‥‥‥‥‥‥‥ 378
評価モデル‥‥‥‥‥‥‥‥‥‥‥ 399
ファースト・トゥ・デフォルト
　（First To Default；FTD）‥‥‥‥ 284
ファンドラップ‥‥‥‥‥‥‥‥‥ 210
フィナンシャルアドバイザリー業務
‥‥‥‥‥‥‥‥‥‥‥‥‥‥ 351, 352
風説の流布‥‥‥‥‥‥‥‥‥‥‥‥25
フェイル‥‥‥‥‥‥‥‥‥ 78, 80, 102
複合金融商品‥‥‥‥‥‥‥‥‥‥ 309
普通株式‥‥‥‥‥‥‥‥‥‥‥‥‥92
普通分配金‥‥‥‥‥‥‥‥‥‥‥ 195
ブックビルディング方式‥‥‥‥‥ 344
不動産投資信託（J-REIT）‥‥‥‥‥ 188
ブラック・ショールズ・モデル‥‥‥ 316
振替機関‥‥‥‥‥‥‥‥‥‥‥‥‥45
振替決済制度‥‥‥‥‥‥‥‥‥‥‥ 7
振替口座簿‥‥‥‥‥‥‥‥44, 159, 161
プリンシパル取引‥‥‥‥‥‥‥‥‥94
プレーン・バニラ・スワップ‥‥‥ 279
ブローキング方式‥‥‥‥‥‥ 355, 361
プロダクトコントロール部門‥ 176, 177
プロップ取引‥‥‥‥‥‥‥‥ 94, 95
フロント部門‥‥‥‥‥‥‥‥‥‥‥60
フロントランニング‥‥‥‥‥‥‥‥20
分別管理‥‥‥‥‥‥‥‥‥‥‥21, 408
ヘアカット‥‥‥‥‥‥‥‥‥‥‥ 228
ペイヤーズスワップション‥‥‥‥ 281
ベーシス・スワップ（Basis Swap）
‥‥‥‥‥‥‥‥‥‥‥‥‥‥‥‥ 280
ベガ‥‥‥‥‥‥‥‥‥‥‥‥ 290, 292
変動利付債‥‥‥‥‥‥‥‥‥‥‥ 151
法定帳簿‥‥‥‥‥‥‥‥‥‥‥‥‥23

法務リスク……………………………58
ホールセール……………………………8
保管振替機関……………………………44
保護預り……………………………………99
募集……………………… 339, 340, 342, 343
募集・売出し・特定投資家向け売付け
　勧誘等の取扱手数料……………81, 205
募集等受入金………………………………80
募集等払込金……………………… 78, 80
ほふりクリアリング（JDCC）
　…………………………………6, 7, 43, 103
香港証券取引所…………………………41
本担保…………………………………… 130

ま 行

マーケットメイカー… 169, 254, 260, 285
マージンコール…………………… 237, 313
マクロヘッジ……………………………… 289
マスター・ネッティング契約… 383, 386
マッチド・ブック……………………… 219
三つの防衛線……………………………53
ミドル部門………………………………60
銘柄後決めレポ取引………………… 231
メザニン債……………………………… 152
モデルリザーブ………………………… 324

や 行

約定見返勘定………………………77, 78, 79
有価証券関連業経理の統一に関する規
　則……………………………………… 49, 73
有価証券関連店頭デリバティブ取引等
　………………………………… 411, 412, 416
有価証券貸借取引受入金…………79, 238
有価証券貸借取引収益……………82, 238

有価証券貸借取引費用……………82, 238
有価証券担保貸付金……………………77
有価証券担保借入金……………………79
有価証券等受入未了勘定………………80
有価証券等引渡未了勘定………………78
優先債（シニア債）………………… 152
ユーロクリア……………………………47
ユニット型……………………………… 190
ヨーロピアンタイプ………………… 278
寄り付き…………………………………97

ら 行

ラインチェック………………………… 355
ラップ口座…………………………………9
リザーブ………………………………… 323
リテーナーフィー……………………… 352
リテール……………………………… 8, 12, 14
リバース・デュアル・カレンシー債
　…………………………………………… 281
リバースフローター…………………… 359
リパッケージ債………………………… 156
流動性リザーブ………………………… 324
流動性リスク…………………………… 55, 56
レシーバーズスワップション……… 281
劣後債…………………………………… 152
レピュテーションリスク………………59
レポ取引………………………………… 216
レポレート……………………………… 218
ロー……………………………… 290, 294
ロング・ショート取引…………………96
ロンドン証券取引所……………………40

わ 行

割引債（ゼロ・クーポン債）……… 151

■執筆責任者

小澤　陽一　（オザワ　ヨウイチ）金融事業部，パートナー，公認会計士

■執筆者一覧

[第1編　経営]

貞廣　篤典　（サダヒロ　アツノリ）金融事業部，パートナー，公認会計士

中村　方昭　（ナカムラ　マサアキ）金融事業部，パートナー，公認会計士

松田　好弘　（マツダ　ヨシヒロ）金融事業部，パートナー，公認会計士

丹羽　　徹　（ニワ　トオル）金融事業部，ディレクター

野下　裕文　（ノシタ　ヒロフミ）金融事業部，ディレクター

曽我部　淳　（ソガベ　アツシ）金融事業部，ディレクター

保木　健次　（ホキ　ケンジ）金融事業部，シニアマネジャー，米国公認会計士

桜庭　貴志　（サクラバ　タカシ）金融事業部，シニアマネジャー

荒井　清太　（アライ　キヨタ）金融事業部，シニアマネジャー

榎本　貴之　（エノモト　タカユキ）金融事業部，シニアマネジャー，公認会計士

内藤　匡志　（ナイトウ　タダシ）金融事業部，シニアマネジャー，公認会計士

守谷　嘉洋　（モリタニ　ヨシヒロ）金融事業部，マネジャー

多田　雅明　（タダ　マサアキ）金融事業部，マネジャー，公認会計士

田中　勇弥　（タナカ　ユウヤ）金融事業部，アシスタントマネジャー，公認会計士

川上　俊介　（カワカミ　シュンスケ）金融事業部，マネジャー

[第2編　業務プロセス・会計]

松田　好弘　（マツダ　ヨシヒロ）金融事業部，パートナー，公認会計士

榎本　貴之　（エノモト　タカユキ）金融事業部，シニアマネジャー，公認会計士

内藤　匡志　（ナイトウ　タダシ）金融事業部，シニアマネジャー，公認会計士

高橋　佑典　（タカハシ　ユウスケ）金融事業部，シニアマネジャー，公認会計士

多田　雅明　（タダ　マサアキ）金融事業部，マネジャー，公認会計士

太田　陽介　（オオタ　ヨウスケ）金融事業部，アシスタントマネジャー，公認会計士

高橋　秀之　（タカハシ　ヒデユキ）金融事業部，スタッフ

和栗圭一郎　（ワグリ　ケイイチロウ）金融事業部，シニアマネジャー，公認会計士

北田　　哲　（キタダ　サトシ）金融事業部，マネジャー，公認会計士

菅原　健生　（スガワラ　タケオ）金融事業部，アシスタントマネジャー，公認会計士

須賀　　等　（スガ　ヒトシ）金融事業部，アシスタントマネジャー，公認会計士

鈴木　　恵　（スズキ　メグミ）金融事業部，アシスタントマネジャー，公認会計士

玉虫　雄太　（タマムシ　ユウタ）金融事業部，スタッフ

福本　淳司　（フクモト　アツシ）金融事業部，シニア，公認会計士
山口　卓馬　（ヤマグチ　タクマ）金融事業部，スタッフ
蝦名　　洋　（エビナ　ヒロシ）金融事業部，マネジャー，公認会計士
柳川　直毅　（ヤナガワ　ナオキ）金融事業部，シニア，公認会計士
大橋　俊彦　（オオハシ　トシヒコ）金融事業部，スタッフ
寺前　英和　（テラマエ　ヒデカズ）金融事業部，マネジャー，公認会計士
日比　慎一　（ヒビ　シンイチ）金融事業部，シニアマネジャー，公認会計士
吉澤　幸司　（ヨシザワ　コウジ）金融事業部，マネジャー，公認会計士

［第3編　監査］
松田　好弘　（マツダ　ヨシヒロ）金融事業部，パートナー，公認会計士
榎本　貴之　（エノモト　タカユキ）金融事業部，シニアマネジャー，公認会計士
内藤　匡志　（ナイトウ　タダシ）金融事業部，シニアマネジャー，公認会計士
多田　雅明　（タダ　マサアキ）金融事業部，マネジャー，公認会計士
田中　勇弥　（タナカ　ユウヤ）金融事業部，アシスタントマネジャー，公認会計士
山口　義行　（ヤマグチ　ヨシユキ）IT監査部，シニアマネジャー

《編者紹介》

有限責任 あずさ監査法人

　有限責任 あずさ監査法人は，全国主要都市に約6,000名の人員を擁し，監査や保証業務をはじめ，IFRS アドバイザリー，アカウンティングアドバイザリー，金融関連アドバイザリー，IT 関連アドバイザリー，企業成長支援アドバイザリーを提供しています。

　金融，情報・通信・メディア，パブリックセクター，流通・小売業，エネルギー，製造など，業界特有のニーズに対応した専門性の高いサービスを提供する体制を有するとともに，4大国際会計事務所のひとつである KPMG インターナショナルのメンバーファームとして，154ヵ国に拡がるネットワークを通じ，グローバルな視点からクライアントを支援しています。

業種別アカウンティング・シリーズⅡ ②
証券業の会計実務（第2版）

2012年9月25日	第1版第1刷発行
2015年9月5日	第1版第4刷発行
2018年3月30日	第2版第1刷発行
2023年4月10日	第2版第3刷発行

編　者　あずさ監査法人
発行者　山　本　　　継
発行所　㈱中央経済社
発売元　㈱中央経済グループ
　　　　　パブリッシング

〒101-0051　東京都千代田区神田神保町1-31-2
電話 03（3293）3371（編集代表）
　　　03（3293）3381（営業代表）
https://www.chuokeizai.co.jp
印刷／文唱堂印刷㈱
製本／誠　製　本㈱

©2018
Printed in Japan

＊頁の「欠落」や「順序違い」などがありましたらお取り替えいたしますので発売元までご送付ください。（送料小社負担）
ISBN978-4-502-25111-5　C3034

JCOPY〈出版者著作権管理機構委託出版物〉本書を無断で複写複製（コピー）することは，著作権法上の例外を除き，禁じられています。本書をコピーされる場合は事前に出版者著作権管理機構（JCOPY）の許諾を受けてください。
　JCOPY〈https://www.jcopy.or.jp　eメール：info@jcopy.or.jp〉

2017年1月1日現在の基準書・解釈指針を収める
IFRS財団公認日本語版！

IFRS®基準 2017

IFRS財団 編　企業会計基準委員会 監訳
　　　　　　　公益財団法人 財務会計基準機構

中央経済社刊　定価17,280円（分売はしておりません）B5判・4080頁
ISBN978-4-502-23701-0

IFRS適用に必備の書！

●**唯一の公式日本語訳・最新版**　本書はIFRSの基準書全文を収録した *IFRS Standards 2017* の唯一の公式日本語翻訳。2010年3月決算より、国際財務報告基準（IFRS）の任意適用がスタートしたが、わが国におけるIFRS会計実務は、日本語版IFRSに準拠することとなっているので、IFRS導入に向けた準備・学習には不可欠の一冊である。

●**使いやすい2分冊**　2010年版から英語版の原書が2分冊となったため、日本語版もPART AとPART B 2分冊の刊行となっている。各基準書の本文をPART Aに収録し、「結論の根拠」「設例」などの「付属文書」をPART Bに収録。基準書本文と付属文書の相互参照も容易となっている。

●**最新の基準と最新の翻訳**　第15号「顧客との契約から生じる収益」の明確化等の最新基準を収録したほか、2017年1月1日までの基準・解釈指針の新設・改訂をすべて織り込む。また、とくに改訂がなかった基準も、より読みやすい日本語訳を目指して訳文を見直した。
IFRSの参照に当たっては、つねに最新の日本語版をご覧ください。

中央経済社
東京・神田神保町1
電話 03-3293-3381
FAX 03-3291-4437
http://www.chuokeizai.co.jp/

収録内容
国際財務報告基準（IFRS）
国際会計基準（IAS）
解釈指針（IFRIC・SIC）
概念フレームワーク　ほか
　　　　　　　　　【PART A収録】
結論の根拠・適用ガイダンス・設例
用語集・索引ほか
　　　　　　　　　【PART B収録】

▶価格は税込みです。掲載書籍は中央経済社ホームページ http://www.chuokeizai.co.jp/ からもお求めいただけます。